平天下

曾国藩的暮年雄心

周禄丰 著

岳麓書社·长沙

目　录

序　章

一　入主安庆

咸丰十一年八月初一日（1861 年 9 月 5 日）中午，驻扎在安徽东流县（今安徽东至县）的湘军主帅曾国藩匆匆结束一局无趣的围棋，动笔给属下写信。他拾起纸笔，手汗涔涔，墨已渐浓，却久久不能成章。

皖江南岸连日酷暑，炎威如炽，复又东北风大作，旱风挟裹暑气，亢燥难当。因连日狂风，江船无法靠岸，湘军东流大营已三日未能收到安庆发来的书报。湘军主力正在安庆城外，与太平天国英王陈玉成的大军决战。在赤冈岭击败太平军悍将刘玱琳后，鲍超的霆营被调往南昌丰城一带阻击李秀成，安庆附近只剩曾国荃和多隆阿两支久疲之师。曾国荃一军欠饷半年，多隆阿的军队更是断粮多日，曾国藩因此昼夜焦思。

书报不通，一无所闻，曾国藩在热浪中来回踱步，万般忧惶纷至沓来。他先盼天降甘霖解此酷热，后恐滂沱大雨浇灭火器，加之皮肤病日夜发作，真是心烦虑乱，不知所从。

听闻鲍超在丰城击败李秀成，追杀五十里，歼敌七千人，曾国藩急忙致书李桓，令其催促鲍超急速回援安庆，江西军务改由左宗棠专任。写完给李桓的信，曾国藩又下令王必达督促各地衙门，加紧为围城湘军解送银两。不料两封信函尚未发出，他就收到了安庆城破的消息。[①]

清朝两江总督管辖江苏、安徽、江西三省，驻地原为金陵。太平军攻克金陵，改名天京后，两江总督部院屡次迁移，李秀成席卷苏南前，时任总督何桂清驻节常州。曾国藩继任江督，苏、常在内的苏南已大部被太平军占领，加之他暂时无意用兵下游，遂常驻安徽。安徽省城原是安庆，安庆被太平军攻占后，改以庐州（今合肥）暂代。后来庐州同样落入太平军之手，巡抚翁同书不得不在定远、寿州之间来回奔走，安徽就没了省城。

曾国藩此前未曾出任督抚，长期率客军寄人篱下。总督两江后，两座省城都在敌手，又因战事之需，只能镇守祁门、东流这种县城，他从未拥有属于自己的省城。安庆既克，不但天京门户洞开，上游之势为湘军所有，更让曾国藩得到可以驻节的省城，初具疆臣的体面规模。于曾国藩而言，安庆是千百人死难的杀戮之地，亦是他知行合一的证道之所。他一边给胡林翼、左宗棠等好友去信报捷，一面检点军马，准备赴安庆犒赏三军，接收自己的荣耀之城。

湘军水师原定八月初二护送主帅赶赴安庆，谁知天不作美，舟船还未出发又刮起了大风。长风怒卷高浪，皖江四处尘气茫茫，连长龙大舰也无法开船。狂风肆虐数日，到初五日稍息，曾国藩赶紧登舟出发，行不过六七里，东风复起，不得已返回东流小南门躲避风浪。次日勉强行船数十里，到黄石矶再为风浪所阻，水师战船冒风直抵黄石矶护卫主帅，随行的李鸿章所乘小船不能抵抗大风，只得半路折返。折腾到八月初七，这支船队才灰头土脸地抵达安庆江畔，春风得意的奏凯之游，变成一场跌宕滑稽的闹剧。

在安庆下船后，曾国藩先在城外查探之前两军血战的战场。他绕城十余里，将前后两道战壕和营垒一一看遍。尸踣江岸，血满长壕，数月间战斗的痕迹触目惊心，他惊叹“壕沟之深、地段之广、援贼之悍”，深感此次获胜实属不易。

初八日，曾国藩和九弟曾国荃联舆入城。这是他首次以督抚的身份进入省城，加上安庆大捷后声望正隆，前来迎接的队伍戎阵齐整，备极尊荣。[②]入城仪式办完，曾国藩用过午饭，立刻出城巡视安庆西北的战壕，安排诸路湘军进攻陈玉成残部。

多隆阿率军乘胜追击，十日内接连拿下重镇桐城、舒城、庐江，一路追击至湖北黄梅。湖北方向的湘军水师彭玉麟攻占了蕲州、广济，杨载福攻克了池州。各路湘军进展神速，曾国藩却不敢掉以轻心。他并无预知未来的本领，自然不知陈玉成的牺牲已在眼前。局中观棋，他眼中这盘天下残局，尚有很大变数：湘军只是重创了救援安庆的太平军，拿下安庆，改善了在安徽的处境，却并未消灭陈玉成。陈玉成战前在湖北德安、随州、黄州、蕲州一带留下了太平军三万，陈部原有两支精兵，步卒小右队在赤冈岭被歼，滞留湖北的骑兵小左队实力保存完好。安徽另一座省城庐州仍在太平军手中，陈玉成若能收拢在湖北的部众，再得到天京的增援，完全有望恢复实力，打一场庐州保卫战。另一位太平军统帅李秀成虽被鲍超击退，但他拥众数十万，随时能够转进浙江，与先前入浙的李世贤会师。若数十万太平军进入杭嘉湖平原，就有全占江浙，夺取上海，割据天下膏腴之地的态势。

实际上，无论安庆的夺占，还是此后湘军在皖北、鄂省的高歌猛进，都出乎曾国藩预料，他原以为仍有几年持久战要打。赵烈文从上海坐船到安徽投奔湘军，船至湘军水师驻扎的湖口老洲头，见到当地人还蓄着长发，十分不解。当时太平天国辖区内居民蓄长发，清朝地盘内居民则剃发结辫。在双方反复拉锯的战区，民众常因头发横遭无妄之灾：有时刚蓄起长发，战区就被清军攻占，成了清军要剿灭的“发逆”；有时刚刚剃头，就遇上反攻的太平军，被视为“清妖”。赵烈文询问当地平民，为何在湘军辖区内仍敢蓄发，得知杨军门（杨载福）发了告示，战区平民可以等到湘军拿下安徽全境，战局稳定后再剃发。他不禁感叹杨载福“用心宽厚，且合兵机”。[3]然而，杨载福的行为，亦证明湘军上下对局势缺乏信心，时刻担心陈玉成卷土重来。

八月初十，曾国藩收到咸丰皇帝已在七月十六（1861 年 8 月 21 日）驾崩的消息。咸丰皇帝奕詝践位时尚未弱冠，就遭遇洪秀全、杨秀清这种历代罕见的大敌，可谓临渊履薄，步步惊心；未及而立，又逢英法入侵，他的才智不能应对三千年未有之变局，仿佛盲人瞎马，夜临深池。不过，也因为他胸怀广阔，能大胆支持曾国藩创立湘军，能简拔江忠源、胡林翼、左宗棠这样的汉臣英俊，局面才不至全盘崩溃。

奕詝生于圆明园基福堂，堂内挂着“洪范五福”匾额，清宫内侍们由是私下附会传言：“洪范五福”预兆了洪氏将在咸丰一朝兴起。此后历史的发展也非常有趣：奕詝在公元 1850 年 3 月登基，洪秀全则于 1851 年 1 月起义；奕詝在公元 1851 年改元咸丰，洪秀全也在这年建号太平天国；咸丰 1861 年 8 月驾崩时，湘军即将攻破安庆奠定胜局，洪秀全则病逝于 1864 年，咸丰皇帝差点与天王洪秀全共始终。

在《战安庆》中，笔者曾论及，曾国藩对咸丰皇帝的感情非常复杂。他初创湘军，遭同僚百般攻讦，咸丰坚定地支持了他；初战湘潭，战功险为同僚所夺，咸丰果决地为他正名；他在湖北、江西多次参劾疆臣，咸丰也多从其愿。咸丰于曾国藩，实有知遇之恩。可是，咸丰长期不授他督抚实权，而且借丁忧之名夺走兵权一年有余，恩威并施，时宠时辱，以帝王操纵大臣的擒纵之术，使曾国藩终日惶惶，时虑颠蹶。此时咸丰驾崩，曾国藩一面叹息天不假年，未能让大行皇帝见证安庆的克复，与自己这个能臣善始善终，一面也不免窃喜多年来笼罩在头顶的乌云终于退散。

恩威难测的咸丰已逝，冲龄继位的新君年仅六岁，辅政大臣肃顺是湘军的暗援，两宫太后并无军政常识，曾国藩不禁有了海雨天风入胸怀，英雄从此任纵横的逍遥自得。虽已私下收到咸丰“龙驭上宾”的消息，他却借口朝廷的“哀诏”尚未送达，暂不组织属下“服丧”，将“大丧”之礼定在十一日之后。[4]根据曾国藩在此期间的日记，他不仅迟迟不服“国丧”，还每天与友人下围棋。下棋本是娱乐，皇帝“大丧”期间臣僚日日下棋，显然于礼不合。可见咸丰死后曾国藩是有几分飘飘然的，虽不能说毫无悲恸之情，胸中戚戚之意却也不多。

然而，接下来的变故，却沉重地打击了意气洋洋的曾国藩。九月初三，曾国藩接到老友胡林翼已于八月廿六日去世的消息，顿时悲痛难当，如失手足。曾、胡既是肝胆相照、缓急相济的友朋，又是呼吸相顾、休戚与共的同僚，二人在学问上更是砥砺琢磨、亦师亦友。胡林翼崛起于曾国藩落魄之时，他“赤心以忧国家，小心以事友生，苦心以护诸将”，其志节才德，为常人所难企及。若以曾国藩为湘军之首脑，胡林翼则是湘军之灵魂，尤其三河大败之后，湘军穷蹙之极，倘无曾、胡二人携手并力，大局将不堪设想。

安庆围城之时，胡林翼肺病已至晚期，每日咯血不止，却仍掬尽心血，奋力苦撑大局。安庆城破，湘军熬过低谷，给劲敌陈玉成以毁灭性打击，迎来了宏图大展的机遇，胡林翼却溘然长逝，湘军上下皆有大树飘零之慨。

逝者已矣，生者如斯，曾国藩虽悲不自胜，却也只能收拾心情勉力前行。参考胡林翼去世前的战略设计，他拟定了一个稳扎稳打的进军方案。这套战略，可称为“三面出击，四路进剿”。曾国藩将长江沿岸划分为三大战区：

其一，西面，曾国藩坐镇安庆，指挥湘军主力肃清上游后，顺流而下进攻天京，直逼太平天国根本之地。

其二，东面，以能出任方面之重臣，率军进驻上海，依托上海的资源，联络冯子材等友军规复苏南，寻机歼灭苏南太平军，策应天京方向的湘军主力，这一面最后交给了李鸿章。

其三，南面，以左宗棠为主帅，追击李秀成大军，攻入杭嘉湖平原，依托浙江饷源扩大军队，消灭浙江太平军，使其不得增援天京。

这个三面出击的战略，以新开苏南、浙江两大战场，隔绝天京与江南财赋之地的联系，再利用李秀成兄弟对自己“分地”的看重，切割太平军主力为三部，予以各个击破。最后三路大军会师天京，以收全局之功。

曾国藩一生谨慎，打仗未虑胜，先虑败，办大事总是先做好万一失败的预案。他怕李鸿章、左宗棠两路偏师无法按时会师天京，又做好了由自己指挥西线湘军独立攻打天京的准备。根据安庆围城的经验，攻打坚城需要一军围城，三军阻援，为此他在西面筹备了四路大军。第一路，多隆阿追击陈玉成残部，攻打桐城、庐州，策应湖北清军；在剿灭皖北、鄂省太平军后，自长江北岸出兵，进驻天京城北紫金山。第二路，鲍超进攻皖南，消灭杨辅清、黄文金等部太平军，突破宁国防线，经行句容、高淳，屯于天京之东北。第三路，曾国荃增募兵勇，向无为、巢县、和州等处进剿，扫清通往下游的通道后，破金柱关进逼天京城外雨花台。第四路，负责监视苗沛霖、清剿捻军的李续宜自淮甸南下，从镇江方向应援围城湘军。此外，彭玉麟、杨载福等水师会同湖北清军，歼灭陈玉成留守湖北的军队，然后顺江而下，为陆上各营护卫水道。

几路大军会师天京，以曾国荃围城，鲍超、多隆阿、李续宜打援，加上彭、杨水师往来机动，运送兵员、补给，纵使没有李鸿章、左宗棠的支援，也能确保天京之役获胜，成不世之功业。

曾国藩规模宏阔，用兵审慎，只是这种持重缓进、以力破敌的战法，真能如愿吗？

二　英王陨落

曾国藩在安庆运筹帷幄之时，英王陈玉成正率军向湖北转进。背靠安庆的湘军主力在五万以上，太平军已无可能取胜。之前为了夺占安庆，湖北方向的湘军多向皖北集中，湖北清军兵力甚弱，太平军倒是留有三万人马。经赖文光提议，陈玉成避开湘军在安徽的主力，绕道宿松，突入鄂北与之前留守的军队会合。襄阳一带流民、会党武装甚多，若能招抚湖北义士，再联络安徽的张洛行等捻军，依托庐州基地，或许还能东山再起。

谁知接连兵败后，军心大乱，皖北太平军不愿入鄂，只想在经营多年的安徽固守城池。进入湖北境内不久，太平军将士纷纷率部离队，经六安折返庐州。无奈之下，陈玉成招来精锐骑兵小左队，也回师庐州。

英王陈玉成少年从军，二十岁就做到了全军主帅，历史上，也只有霍去病、李世民等寥寥数人可比。世人皆称赞他用兵如神，“往来飘忽，如健鹰博空，一瞬千里，敌莫测其所至”。可惜他连遭打击，心烦意乱，已失去战胜湘军的信心，甚至滋生出自暴自弃的情绪。他不过二十四五岁的年纪，少年得志未逢挫折，没有足够的阅历和胸怀接受惨败。天京变乱后太平天国信仰破产，他也不像曾国藩那样有强大的精神支柱。尤其兵退庐州，洪秀全下诏夺了他“奉旨令专征剿”即太平军全军主帅的职务，又革留“英王”爵位。战事不利，再遭君主“赏罚革黜”，陈玉成心烦意乱，挫锋夺魄，已无心力擘画战局，只能率残部四五万人坐困庐州。

庐州太平军为数不少，安庆到天京之间的太平军据点，也散落着数万战士，皖南杨辅清等军更是兵强马壮。洪秀全若能全力支持陈玉成，授权他统辖这一战区的将士，湘军顺江直下江南的东征会变得艰难无比。奈何洪秀全不肯对陈玉成加以优恤，各路太平军不听调动，陈玉成孤立无援，局面自然越加糜烂。

陈玉成权柄在握之时，对非嫡系的太平军态度恶劣，韦俊就因他的逼迫而降清，安徽诸路捻军也因他的过度征调而分崩离析。捻军首领张洛行被俘后批评英王“待人不好”，赖文光更是嘲讽陈玉成在安

英王陈玉成

庆兵败后畏敌不前，不纳忠言。陈玉成兵败安庆折损了威信，加上全军主帅的地位被夺，无法调动友军。他在山穷水尽之时，向各路太平军发去信函苦求增援，只有陈坤书肯施以援手，这种局面，也未尝不是他的性格缺陷所致。这个曾经名震四海的少年感到了人生的无常，开始思索神秘莫测的命运，将一切归于天数、气运，可一旦有了“天欲亡我”的念头，就更加心志动摇，神气散乱。

见湖北太平军失去大将坐镇，湘军立即发动反攻，湖南巡抚衙门加派刘岳昭等近万湘军增援湖北，湘军声势极壮。被主帅抛弃的太平军很快被水陆并进的湘军击败。湖北太平军伤亡大半，一部突围投奔捻首苗沛霖，一部随赖文光转移，湖北全境遂为湘军所有。

进取荆襄未能成功，前来增援的陈坤书迟迟未能突破江北清军封锁，后来惨遭失败。庐州守军命悬一线之时，寿州捻首苗沛霖却主动联络了陈玉成。苗沛霖本是县学生员，因在家乡大办团练抵抗捻军袭扰，甚得官府嘉许，曾被授记名道员。安徽是太平军、捻军与清军来回争夺的战场，清廷的权威和地方秩序已然崩溃，根据战争形势变化，拥清的团练和起义的捻军经常转换身份，苗沛霖更是忽降忽叛，阴险多变。英法联军攻打北京，苗沛霖以为清朝气数已尽，就接受了太平天国的封号，割据皖北对抗清军。曾国藩取得安庆大捷后，清朝军势剥极则复，苗沛霖心生恐惧，暗中联络胜保，再次接受清廷招抚。为求进身之阶，他决心诱捕陈玉成。

苗沛霖致信英王，自称拥众百万，只缺名将指挥。他自愿交出兵马，助英王北伐中原，重开基业。陈玉成与多隆阿交战接连失败，各处太平军又不肯出力救援，这封书信让他看到了希望。溺水的人不会放弃任何一根救命稻草，陈玉成不听属下劝告，坚持撤走庐州守军，前去寿州与苗沛霖会合。

皖北战事已不可为，陈玉成果能鼓舞军心，以四五万人固守庐州，统筹北岸防务，同湘军打上一两年消耗战，也能延缓湘军攻打天京的速度，为李秀成争取到夺占上海的时间。等李秀成完全拿下江浙、上海，将会抽调兵力北上助战。他仓促撤出庐州，湘军唾手而取坚城，曾国藩的东征计划得以大幅提前。拿下庐州后，多隆阿以精锐骑兵昼夜追击，太平军在野战中损失很大，从庐州撤出的数万人，到寿州只剩下几千。

苗沛霖将陈玉成骗到寿州后，因为心虚不敢现身，只让侄子苗景开出寨迎接。是日寿州城外月光如水，城上明火照天，数千铁骑寂静无声。陈玉成刚率前军入城，苗景开立刻下令撤去吊桥。陈玉成心中大惊，急忙催动坐骑向前，苗军士卒见状一拥而上，将陈玉成拿下。陈玉成的亲随骑兵小左队招自安徽，多是苗沛霖的同乡，抓住陈玉成后，苗沛霖就兼并了这支精兵。苗沛霖把陈玉成解往颍州胜保军营，胜保当即将陈玉成押送京师邀功。因沿途多有义士救援，为防上京路上生变，胜保在请旨后将英王杀害于河南延津县。陈玉成留下遗言："太平天国去我一人，江山也算去了一半。"这位壮志未酬的英雄被历史的洪流淹没时，年仅二十五岁。

三　绝望的上海

安庆城破之时，李秀成尚在率军入浙的路上，不知道自己会在后世背上不救英王的骂名。洪仁玕被俘后回忆，最初诸王在朝议定，会合诸军西征湖北，"围魏救赵"调动湘军主力后，再合力进援安庆，结果"各王据守疆土，擅支粮饷，招兵自固，图升大爵，致调点不灵，安省少援"。依洪仁玕的说法，诸王都没有按计划进援安庆，只有李秀成执行了西征湖北的计划。[5]李秀成分派女婿黄金爱和重将吴定彩，率精兵数千归入陈玉成麾下，黄金爱还因被陈玉成留下阻援险些丧命。李秀成自己则按之前的约定率兵向湖北进攻，为安庆友军分散湘军之势，只因沿途遭到清军围剿，比陈玉成晚了两月抵达湖北。

攻入湖北后，李秀成曾在咸丰十一年五月十七日（1861 年 6 月 24 日），托汉口英国领事金执尔送信给驻军黄州的赖文光，询问英王陈玉成近况及下一步战事安排，随信附有致英王的公文一封。李秀成致信赖文光时，湘军已于安庆城外歼灭太平军精锐刘玱琳部，正在逐次拔除太平军在安庆城外的据点。若李秀成与赖文光通了音信，南北两岸太平军极有可能成功会师。陈玉成虽不在湖北，李秀成却有威望指挥他留下的三万军队，合二军之力兵临武汉三镇，有相当概率打乱湘军部署，形成对陈玉成的支援。从前英国人常为太平军传递消息，只是此一时彼一时，英国已在汉口圈地筹建租界，金执尔担心李秀成与湖北太平军并力攻打汉口，会影响英国在通商口岸的利益，于是扣留了这封事关大局的信函。[6]

李秀成

论自身利益，李秀成的分地在苏南，论战略规划，李秀成一心想要全据江南，不想在攻下浙江、上海前用兵上游。此次赴上游救援，只为成全与陈玉成多年协同作战的情分。因为迟迟得不到陈玉成消息，他无心在湖北逗留，很快从湖北撤军，转入江西。李秀成在江西收到安庆城破的消息，知道皖省之事已不可为，遂率军入浙，开拓浙江去了。

英、忠二王在天京变乱后，携手共赴艰难，联手击溃了湘军名将李续宾，二破江南大营，一度挽回太平天国的颓势。英、忠两军的合作，是维系太平天国国势不堕的关键，随着各自势力发展，两人也发生过一些冲突，但大部分时候都能相忍为国。因金执尔的欺诈，两人分道扬镳，李秀成率军入浙，陈玉成独留安徽，不久兵败身亡，二人再无相见之日，诚可谓“相违咫尺，藐若山河矣”。

一年多以前，太平军攻破江南大营，席卷苏南之际，李秀成就已筹划占领上海。因为受到了外国传教士的欺骗，误以为上海能够和平接收，他没能做好开战的准备。英法军队乘李秀成不备，突然袭击太平军，李秀成的数百亲兵战死，自己面部也受了轻伤，被迫撤回苏州。

太平天国方面以为这是一次误会，既然他们和洋人信仰同一个上帝，彼此的分歧就应通过和谈解决。洪秀全认为，和平接收上海才是上策，如果非得开战，也要尽力争取洋人中立，只打沪上清军。英法等国暂时也不想与太平天国全面交战，仍然宣称“中立”。英国驻华公使普鲁斯数年后在一封信里，自称攻击太平军，是出于利益的动机而不是出于感情的动机。巴夏礼亦称，“我们防卫上海，不是为了清帝国的利益，而是为了我们自己的利益。对我们说来，哪个朝廷统治中国是不重要的”。[7]

密迪乐估计，假如英国决定与太平天国全面开战，最少要调集精兵两万，这会变成英国从未遭到的麻烦最大、消费最多的战争。有鉴于此，他们也倾向于和谈。最后，太平天国和列强达成协议，一年内不再进攻上海。

巴夏礼

一年之期过后，英国人向洪秀全提议，上海停战协议应扩大到所有通商口岸。已被太平军占领的口岸，要参照清政府与列强签署的条约，同样授予他们特权。洪秀全断然拒绝了这种野蛮的提议，英国对华政策自此大变。

当时，英国工厂所用棉花，大部来自美国南方种植园。1861 年 3 月 4 日，林肯就任美国总统，随后南北战争爆发，英国工厂棉花供应大受影响。这种情况下，上海的稳定显得更加重要。据称，英国通过上海贸易获得的利润，甚至高于它在印度的收益。因此，英国决定放弃“中立”，有限度地出兵“助剿”太平军，法国在“助剿”问题上，也持有同样立场。

后人知悉历史走向，知道安庆战后，太平天国败亡之日已经不远。可在李秀成攻占浙江全境后，英法等国却觉得至暗时刻来临。以工商立国的欧洲人，比中国官员更清楚，工商业发达的江浙两省，蕴藏了何等强大的经济力量。虽然天王洪秀全不懂新学，镇守苏南的李秀成却有敏锐的近代意识。江浙强大的工商业，如果落入比清王朝更开明、更顽强的新兴势力掌中，英法在华特权势必难保。英国驻广州领事罗伯逊在密信中说，“事实上中国（清朝）的前途是很黑暗的，除非外边给他强有力的援助，这座房子就会倒塌下来，而我们最好的利益也就此埋入废墟”。[8]

为确保在华利益，英法决定为清政府提供军事援助，可惜他们能调动的军队非常有限。英法在沪军队不过两千人，最多也只能增加到四千，太平军却有数十万之众。随着美国南北内战持续，英国的处境更见艰难。英国支持美国南方，有介入南北内战的打算，而沪上美国人多支持北方。北美男子多是枪法精湛的民兵，英美一旦决裂，沪上英军未必能抵挡美国人的进攻。更致命的是，英法一手打造的洋枪队，首领华尔是美国人，而且是北方的支持者。上海租界传言，英国准备对美国北方宣战，英国舰队司令何伯即将命令上海英军，没收在华美籍人士的财产和枪支。沪上美国人纷纷劝说华尔，让他出动洋枪队先下手为强，将何伯所率英军缴械。尽管这些林肯的支持者不愿回国打内战，但若是英国介入美国内战，几乎人人都会参军抗击英军。

一边是正在进行的美国内战，一边是损兵数万才平定的印度土兵起义——英国在镇压起义后解散了东印度公司，正在努力恢复战后的印度秩序。印度驻军不能调动，欧洲军团被美国牵制，英国没有足够兵力投入上海。由于海运力量不足，法国在东方没有强大兵团，加上法军精锐正深陷墨西哥战争，英法只能指望曾国藩从安庆派出援军。沪上洋人因此陷入了精神分裂，他们焦急地等着援军到来，同时用狂妄的幻想麻醉自己：西洋枪炮威力无穷，欧罗巴的军人都是以一当百的勇士，如同在八里桥歼灭蒙古马队一样，沪上洋兵逐走太平军不过举手之劳。丧气的是，不久前在宁波见识了太平军战力的记者，给《纽约时报》寄出了一则报道，其中坦言“中国一片黯淡，我们不知明天会如何”。[9]

安庆到上海的水陆通道，大半被太平军控制，从安庆发往上海的援军，如果不想一路苦战突破太平军防线，就只能取道太平军据点之间的空隙，穿插行军一千多里，这是数千年都没有军队尝试过的冒险。曾国藩初任两江总督时，李续宜曾提议，用水师走水路把军队运到焦山，进入太平天国腹地，因为太过冒险，被曾国藩否决了。

沪上绅商到安庆向曾国藩求援，再次提议雇佣洋人的轮船，分批将援军运到上海。洪秀全对西洋各国的态度非常强硬，但他缺乏现代主权意识，不懂得何谓江河主权，默许了洋人的船队在太平军控制的长江航道通行。赵烈文回忆，他从上海坐英国轮船到安庆，一路见到很多太平军水师的战船，太平军大多不会拦截检查。有时太平军靠近了轮船，粗犷的英国船员还会招呼他们上船，他们上船后也不过问搭载的货物与行人。[10]

既然如此，安庆出发的援军，就可以坐洋人的轮船去上海。曾国藩也忍不住想赌上一把。他思量着，如果运气好，太平军会把这些轮船当成普通货轮放行，即使太平军发现了清军，轮船加足马力也能甩掉太平军的木船。唯一可虑的是遭到岸防炮火的袭击，但既是打仗，有所伤损亦在所难免。

曾国藩同意了轮船运兵的计划，英国人却变卦了。他们担心运兵的密谋暴露，激怒太平天国，引发太平军的大规模进攻。英国人希望还如之前那样，用剧烈的小规模战斗威吓太平军，最后通过和谈迫使洪秀全放弃上海。直到确认李秀成进攻上海的坚强决心，见识到太平军强大的战力，英国人才再次同意以轮船运兵，只是索要高达二十五万两白银的运费。曾国藩拿不出这笔巨款，驻扎上海的江苏巡抚薛焕也不同意拨款。

水运一时谈不妥，援军已经招募完毕，箭在弦上不得不发，曾国藩决心从陆路进攻上海。前有坚城，后无粮道，只能拼死杀开一条血路。他计划用曾国荃的军队围住巢县、和州，挡住太平军，让赴下游的援军抓紧从旁冲过，到了六合再转至镇江。

因为曾国藩对苏、常的重视超过上海，一旦援军到了镇江，深入苏南战场，就未必会照原计划增援上海。吴煦、杨坊、顾文彬等上海地方势力着急了，他们绕开薛焕直接与洋人商谈，经过讨价还价，把运费砍到了十八万两，分六个月付清。商定之后，吴煦才通知薛焕，运兵一事已然议定，经费顾文彬和下边的人会想办法，抚台大人无须多事。[11]

顾文彬同英商议定：由英国复和、德裕洋行出动七艘轮船，在五个星期内将援军运到上海；沿途如有清朝官员阻挠，唯清朝官员是问；轮船若被太平军击毁，不用清朝官方赔偿。

沪上名士钱鼎铭、潘馥带着运兵的轮船，到安庆与曾国藩会面。事到临头，曾国藩“踌躇久之，不能自决”。大概雇船前后的波折，让他有了退缩的情绪，担忧这种“自古行军所未有”的冒险失败。不但曾国藩踌躇，援军中也有很多人感到害怕，连久经战阵的“济”字营将领李济元都临阵退缩，要求回建德作战。然而四万两定金已经交割，无法反悔，前锋韩正国、程学启最终率军登上了东去的轮船。

同治元年春天，1862 年 4 月 5 日，三艘英国轮船开到了金陵城北的九洑洲。在两岸布防的太平军被汽笛声惊动，纷纷冲出营垒围观，虽说蒸汽轮船在长江之上往来已是寻常，但一次经过三艘，亦是难得一见的西洋景。

太平军看热闹的呼叫声传入船舱，舱内的清军将士吓得面无颜色。为了不被太平军发现，两千多名清军士兵只能像牲口一样躲在货仓里。后来官至两广总督的周馥更是紧张，双手紧紧抓住船舱的把手，双眼紧盯舱门，生怕有太平军冲进来。船舱又挤又闷，因为不敢出头，后续船队竟有一名士兵被闷死。

虽然沿途太平军都在观望船队，却没有登船检查，周馥方才松了一口气，急忙催促船长加速前行。哪知轮船开到镇江焦山门外岸前时，因为水浅，轮船竟然意外搁浅江中。看着不远处太平军的炮台，连猛将韩正国、程学启、周良才都“相顾失色”。清军提心吊胆地等到夜里，终于赶上江水涨潮，远离了太平军的威胁。[12]

程学启的船在焦山等候江潮的夜晚，他们的统帅李鸿章也在下一批赶赴上海的船上。李鸿章趁着天黑走出船舱，江浪猛烈拍打着船身，纵是蒸汽大船也不住地摇晃。夜色正浓，谁也看不清航道，江风浩荡，每个人都像尘埃。

【注释】

①“中饭后，围棋一局，写李辅堂、王霞轩各信一。申刻，沅弟专弁来，知安庆于昨日卯刻克复。”见《曾国藩全集》第17册191页，岳麓书社2011年版。

②“兄弟联舆入城，备极尊荣，自问何修得此，用为愧悚。”见《曾国藩全集》第17册193页，岳麓书社2011年版。

③“夜泊老洲头……民尚长发。问之，曰：‘杨军门出示，俟安省克复后再剃。’此举用心宽厚，且合兵机。”见赵烈文《能静居日记》第1册340页，岳麓书社2013年版。

④“余以哀诏未到，不克遽为位，成服哭临，须回东流，乃克设次行礼。”见《曾国藩全集》第17册194页，岳麓书社2011年版。

⑤“唯忠王执遵吾之前议，进取苏常，然后分兵进取江之南北，两路直到湖北会归。”见《洪仁玕自述》，《中国近代史资料丛刊续编·太平天国》第2册404页，广西师范大学出版社2004年版。

⑥ 见郭廷以《太平天国史事日志》第791页，上海书店1986年版。

⑦ 转引自茅家琦《太平天国对外关系史》第237页，人民出版社1984年版。

⑧ 转引自茅家琦《太平天国对外关系史》第 231 页，人民出版社 1984 年版。

⑨ 转引自［美］裴士锋《天国之秋》第 267 页，社会科学文献出版社 2014 年版。

⑩“轮船过此，贼不敢过问。夷兵船遣一弁十兵，棹小舟来船查看即去。”见赵烈文《能静居日记》第 1 册 338 页，岳麓书社 2013 年版。

⑪ 见《吴煦档案选编》第 2 辑第 287 页，江苏人民出版社 1983 年版。

⑫ 见翁飞《李鸿章与淮军的创建》，黄山书社 2012 年版。

一、李秀成的胜负手

一　东方繁华地

“申江鬼国正通商，繁华富丽压苏杭。番舶来银百万计，中国商人皆若狂。”

1843 年，上海成为通商口岸，正式开埠这年，未来的“鸦片大王”“宁波大亨”杨坊因欠下巨额赌债，被迫逃往上海，时年三十三岁。

杨坊是浙江宁波人，早年读过书，因家道中落，从十五岁起在本地一家丝绸铺做店员。尽管只是个小店员，面对时代吞吐的气息，他却比很多大人物更加敏锐。他利用业余时间，向在宁波的传教士学习英文，成了那个时代最早掌握英文的国人。[①]

三十三岁以前，杨坊的人生平淡无奇，他竭尽所能，也只从店员变成了一个小商贩。孰料一脚踏入上海，站在历史变革的飓风眼，这个精明干练又不择手段的商人顿时飞黄腾达。西洋商人万里来华，因不谙本地风土人情，许多事务只得委托华人代理，买办这个职业于是在上海兴起，通晓英文的杨坊很快在洋行找到了差事。他先在英商怡和洋行办理报关和丝、茶业务，因为办事有手段，在不久之后升任买办。在洋行任买办期间，杨坊背靠洋人，利用宁波同乡关系，很快布下一个庞大的网络，掌控了从上海向江浙走私鸦片的生意，十余年间积累了上百万两白银的资产。大发横财的杨坊在上海东门永安街开设“泰记钱庄”，无论鸦片、金融，还是丝、茶贸易，几乎上海一切赚钱的生意他都有份。

鸦片走私人神共愤，杨坊不得不设法为自己搽脂抹粉。他一边假惺惺地投身慈善事业，一边积极向朝廷表忠心。财政拮据的清廷大开捐官之门，杨坊得了官身，从买办摇身而变红顶商人。尤其在上海小刀会起义时，他协助镇压小刀会起义有功，因而一路升官。太平军威逼上海，杨坊协助“中外会防”，办理招募“洋枪队”事务。为了笼络“洋枪队”，杨坊甚至把女儿杨彰美嫁给了“洋枪队”头领华尔。

上海恒福银楼南京路分号

洋枪在手，银元开路，亦官亦商的杨坊最后竟然出任苏松粮储道，成了“道台大人”。

安庆城破前一年，太平军横扫苏南，因为害怕被太平军“打先锋”，苏州富豪程蟾香坐船避难上海。兵荒马乱，他随身携带的财物只有一张看起来普普通通的桌子，其实桌子四角已被挖空，里边塞满了金条。程蟾香到上海取出黄金，开办了“恒孚银楼”。“恒孚银楼”立足上海，辐射江南，最鼎盛时在江南拥有八家分号，一度跻身近代中国四大银楼之列，经百年风雨，至今犹存。

程蟾香所在程氏家族的另一脉，原本在苏州开典当行的程衡斋，也派儿子程卧云到上海发展。因为太平天国战争，程家在苏州的家业荡然无存，上海的“程氏钱庄”却风生水起，数年间资产翻了近十倍，程卧云也被上海人称作“程百万”，近代上海大批银行家多出自程氏门下。[②]

出生在美国麻省塞勒姆城的冒险家华尔，十五岁时上过美国文理军事学院，没有毕业就辍学，想趁墨西哥战争去做雇佣兵发大财。墨西哥淘金之旅未成，十六岁的华尔以二副的身份，乘“汉密尔顿”号飞剪船来中国捞金，因为来时尚早，他的中国之行并不美妙，最后只能离开中国去中南美洲闯荡。

华尔后来向人吹嘘，他闯荡五洋四洲，曾与意大利民族英雄加里波第在南美洲并肩作战。其实这段时间他声名狼藉，加入了“灰眼讨命鬼”威廉·沃克的雇佣军，还图谋在尼加拉瓜建立“索诺拉共和国”。华尔和他效命的团伙遭到各方势力唾骂，最后因为违反美国的中立法被通缉。美国公使蒲安臣在上海问起他在中美洲做强盗的经历，华尔尴尬地回答：“对此深表遗憾。”[③]

华尔第三次来到中国上海，在“孔子”号轮船上做大副。英法列强想军援清朝，又不敢大规模动用正规军，让华尔这种流浪佣兵参战就成了最佳选择。在吴煦和杨坊的支持下，华尔招募了大批在上海流浪的西洋人，组建“洋枪队”。华尔招募的这些冒险家，肤色人种各异，他们有的是海盗，有的是罪犯，还有的是各国船队跑路的水手乃至正规军里的逃兵。正如在中南美洲的军事冒险让华尔积累了丰富的军事经验，这些来自世界各地的暴力分子，很可能比欧洲正规军能打。

华尔的雇佣军高峰时有六百多名洋兵，中国籍雇佣兵更多达六千。华尔擅长挑选、训练士兵，战斗时能勇猛冲锋在前，他把西洋最新的军事技术带到了中国。华尔被太平军击毙于宁波，未能实现在中美洲建立国家的梦想，却留下了数十万两白银的遗产。他在南北战争期间向林肯总统捐款一万两白银，是内战时美国政府收到的最大一笔

洋枪队

个人捐款。华尔因此在后世成了美国人心里的英雄，连二战时期的麦克阿瑟都在装扮上模仿他的“前辈”华尔。

上海原本是个小县城，漫漫黄浦，渔船隐约，孰料洋人来华后，竟把它变得光怪陆离，万象云集。一个海滨小城，居然超越有千载底蕴的燕云雄州、三吴都会，站在了时代之巅。

这时的上海，是风云地，是英雄地，是全世界弄潮儿的应许之地。银行家、商人、鸦片贩子、赌徒、强盗、佣兵，被发财梦鼓动的冒险家从全球蜂拥而来。他们身后，无数火轮船浓烟滚滚，把上海天际的云霞染得妖异怪诞。

程蟾香、程卧云到上海这年，英国输入中国的商品总值高达五百三十一万英镑，折合白银一千七百多万两，其中大部分从上海口岸输入。罪恶的鸦片输入也在这时泛滥成灾，沪上买办几乎家家都像杨坊那样兼营鸦片，从上海散到各地的鸦片，比过去二十年输入中国的还多。[4]传统中国最畅销的出口商品，丝几乎全部从上海放洋，茶则七成以上从上海出口，上海茶叶出口十年间增长了六十八倍。

在欧美工厂里，等待运往上海的商品堆积成山，全球市场上，汹涌而来的资本数以千万。世界上一切工业品、艺术品，先进的机械、技术，种种稀奇古怪的造物，乃至穷尽中国书生想象力也无法理解的生活方式，统统输入上海，连欧美的垃圾都能卖出好价钱。“工厂、船厂及锅炉厂所剪割下来的一切，格拉斯哥、利物浦及伦敦所不要了的运货马车及载客马车的马蹄铁，一切旧铁路的废铁，似乎都在这里找到了一个市场。”[5]

江浙之人以为有英法军保护的上海租界永不陷落，富人、中产乃至穷人，纷纷逃奔上海。程蟾香只带去了一张塞满金子的桌子，而吴江的吴少溪一家就带去了一百万两白银。过去一千年，江浙商人的财富雄踞世界，他们给上海输入的资本甚至比洋商更多。他们有的乘风而起，变成了未来一百年名震东亚的财阀，有的在租界挥金如土、醉生梦死。伴随上百万穷苦难民的到来，巨大的投资，无尽的消费，与最吃苦耐劳的劳动力结合，数不清的洋房、教堂、工厂、商店奇迹般出现。上海街头车水马龙，人来人往，到处是金钱与罪恶的气息，一切皆有可能，一切皆如梦幻。时代的浪潮之下，英雄与小人，理想与罪恶，交织纠葛，不可分离。

忠王李秀成也在这年第一次来到上海，身后跟着数万虎狼之师。他方才击败宿敌张国梁，拿下富甲天下的苏南。十里吴都，朱阁鳞构，苏州的繁华已让这个广西农家子弟震惊，远方上海的景象更让他瞠目结舌。当年李秀成眼中的上海究竟何等模样已不可考，但十年后，一个书生在此地的观感或许与他相差仿佛："西人之楼阁连云，火灯耀日。东西两洋之车往来于市，轮帆各种之舟排列于河。洋行所陈货物，百怪千奇。真有目所未见，耳所未闻。……租界之内，光怪陆离，无奇不有。……若上海不过一邑，沿海偏隅，租界数里，不过贸易聚会，乃其繁华竟能过于诸处（苏、杭、扬）。"⑥

李秀成初来上海，以为挟大胜清军之威，上海唾手可得，不意惨遭暗算。接收上海不成，太平军只得经行金山向嘉兴"转进"。金山的海滩是一个烂泥滩，金山海边望见的东海海面也不够开阔，然而海终究是海，它连通了世界，"挟着人类超越了思想和行动的有限的圈子"。李秀成在金山高处眺望，迎面吹来的海风带有东海的咸涩。从山区来到江南，再从江南转战海滨，眼见琉璃之海，耳听澎湃之潮，蓦然之间，眼界无穷天地宽，他看见了世界。

李秀成曾言，只拿下苏州，而不得杭州，如鸟无双翼。在他心里，拿下苏、杭，才如鸟生双翅，可以纵情遨游于世界。而得到上海，才打开了飞往无边世界的通道。

江南工商业兴盛已近千载，工商业市镇星罗棋布，江南物产之丰富更是闻名世界。无数巧匠能工，无数机变商才，距离近代商业社会只差临门一脚的长三角，积蓄着巨大潜能。五口通商，洋商接踵而来，依托长江这条黄金水道，江南市镇的工商业潜能将空前爆发。这股无与伦比的威力，若能转向大海，通达世界，就能逆转乾坤。

可是在当时，曾国藩、陈玉成乃至洪秀全，都只看重安徽得失，盖安徽一省，既是庇护天京的门户，又粮产甚丰，能源源不断地向天京输送物资。他们囿于传统智识局限，忽略了江南和上海的巨大价值。开埠通商以来，沿海港口城市兴起，受国内外市场驱动及新式交通影响，天下物资纷纷涌向通商口岸。虽说粮产区在湖广、江西、安徽，但在现代政府出现之前，传统官吏机构在基层汲取资源的能力，怎么比得上近代商业组织？商业发达的口岸城市，物资之丰远超商品原产地，近代商业调集物资的效率更是百倍于从前。纵然失去安徽这个产粮区，只要有了江南，有了宁波和上海的口岸，就绝不会缺粮。安庆围城期间，陈玉成的军粮正是依靠商人的火轮船输入。

湘军与太平军的战争，已从半热兵器向全热兵器转化，火药、钢铁消耗巨大，上海作为当时最大的对外口岸，能源源不断从外洋购入工业生产的战争物资，甚至能够雇佣工程师、购买机器，以近代工业模式生产军火，生产效率十倍于传统军火作坊。上海一口的关税、厘金，每月竟高达六十万两白银，抵得上中原大省半年赋税。正如法国历史学家布罗代尔所说，里昂纺织业的钱虽然从总量上讲远不如法国内地广大农村，但对于国王来说远比广大内地重要，因为农民太分散了，收税成本过高；里昂纺织业只要抓住少数一些工厂，就可以收到很多钱。

一打上海失败，李秀成未能接收上海，也没买到他和洪仁玕商议的火轮船、洋炮，只能回头去救安庆。陈玉成安庆战败，他却拿下了浙江省，基本全据江浙。也许是读书无多，不曾受过“义利之辨”“农本商末”的教育，这个“苦力之王”没有传统士大夫那种“知见障”，他对商业，对工业文明，有着远超时代的深刻认知。在曾国藩眼中，上海只是个年入数百万两银子的饷源地，而在李秀成眼中，上海是一个能催生出近代文明的母体。李鸿章未来的人生际遇证明了李秀成的眼光，李鸿章得到上海后，以上海一地之力，在一年内打造出七万多全西式装备的淮军，“用沪平吴”，从此雄踞天下数十年。

洪秀全对商业十分歧视，按他的理想，应该在城市消灭商业，军管手工业，把手工作坊变成百工衙门或者匠户营，产品由圣库统一支取、划拨。幸好洪秀全为了拉拢天京变乱后人心离散的军队，实行“分地制”，把土地授予军方统帅“自治”。因为在“分地”上有较大的自主权，李秀成得以在苏南大兴工商。

在战争中，城池是双方激烈争夺的要塞，李秀成不得不禁止在前线城市内经商，但他鼓励在城外和乡镇做生意。他在城外划拨出地盘，作为商品流通的场所“买卖街”。在“买卖街”和其他商品市场做生意的商人，先向太平天国官方领取“店凭”（营业执照），在承诺买卖公平，无损太平天国利益之后，拿到“店凭”的商人可以正常经营商业。苏州“买卖街”设在虎丘一带，暂无大战的杭州则允许商人在城中清河坊、孩儿巷经商。

李秀成对商业给予极大的鼓励和扶植，如苏州山塘一带的买卖街，就由苏州太平军出资重修，乌镇的西南北三栅失火被焚，也是李秀成主持重修扩大。有意经商却暂无资本的商人乃至贫民，可以向太平天国官方申请借贷本钱，有的地方甚至提供无息贷款。嘉兴通元镇曾有告示：凡无力开店，店许发本，永不取民间分毫。⑦李秀成回忆说，他发放的商业贷款，不收利息，借贷期限最长六个月。在苏州，他允许商人借贷本钱后，只归还七成本金，剩下三成留作周转资金，以确保商铺的兴旺。[8]

为加强商业流通，李秀成准许部将和乡官开设官营商铺。他带头在苏州开设染房、药行、酒楼，常熟的太平军所建商铺从西门延绵到南门，南浔太平军还开设了官营丝绸行。

李秀成这些措施，与近代政府扶植工商业的做法接近，某些领域还有超越，已然触及国家资本主义的门槛，令人耳目一新。识字不多，未曾出洋游历的军人，仅凭自己的经验和感悟，就能对经济的理解这样深刻，确实是百年难逢的经世奇才。世人皆称道洪仁玕的《资政新篇》，实际上《资政新篇》根本没有付诸实践，李秀成在江浙的治理，倒是真有几分近代化色彩。

经过一年多治理，江浙的工商业略有恢复，有些行业甚至比战前还繁荣。李秀成拿下江浙前一年，生丝出口 69137 包，李秀成败亡后一年，出口 46863 包，而他稳定占领江浙这年，生丝出口高达 83264 包。[9]当然，生丝出口量如此之大，与战争酷烈、内需减缩有关，然而也得益于李秀成对商业出口的扶持。因战争的破坏，加上李秀成不能很好地约束手下将领，太平军如陈坤书等将领时常劫掠民众，大量富商、地主、平民逃亡上海。尽管李秀成为商人提供了贷款，江浙民间商业还是未达到他的期望，这让他更加着急夺取上海。

工商业的恢复，为太平军注入相当数量的战略资源。用乡官制度稳住基层后，李秀成模仿清朝的厘金制度设卡抽税。由于资料匮乏，太平天国在江浙的财政收入缺乏准确数字，但一些零星的记载仍能让后人窥见这个数字的庞大。据《庚癸纪略》所载，长兴夹浦关，每日收税几千两，年入当有数十万两。柯超在《辛壬琐记》里估算，仅慈溪一城，每月税入约三四万两白银。慈溪和长兴都不算江南第一等富庶的区域，若再算上苏、杭、宁这种大城市，即使把这些记载打下好几层折扣，李秀成在江南岁入亦当以千万两白银计，曾国藩说敌之财赋“五倍于我”，应该是准确的。

二 洋枪洋炮

李秀成的财源五倍于曾国藩，以至能用数倍的高价购买洋商走私来的军火，甚至聘请西方工程师开办近代工厂。太平天国以上帝教起家，对西方的东西天然有亲切感，对“洋兄弟”发明的各种精巧机械不像清朝官员那样视为“奇技淫巧”。在引入西方军械和洋教官方面，太平天国比清朝更早、更主动、更有成效。还在杨秀清时代，英国商人已多次向太平天国出售军火，仅其中一次交易，就有洋枪两百把。到访天京的传教士回忆，东王杨秀清的卫队全部配备洋枪。根据吴健彰的说法，清军曾在长江截获一艘宁波钓船，搜到“夷人三名、洋剑一把，洋枪六十杆，洋刀四十把，洋硝一包，火药一罐”，被逮捕的船主供称，在后边还有一艘走私船，搭载了洋枪一百四十杆，洋刀六十把。[10]

由于李秀成对中外贸易的态度更加开放，对火器的认识更加深刻，拥有的资金更加充裕，军火贸易规模随之进一步扩大。富礼赐写过这样一段文字：“我见到大量船只在上海、苏州之间从事贸易活动。……船只总数计达五千之多。”这些贸易不但为李秀成提供了巨大的财富，也送去了大量西式军械。

英法等国早就禁止本国商人贩卖军火给太平天国，可由于军火贸易利润太大，许多洋商仍然冒着风险维持军火贸易，甚至有的同情太平天国的商人，宁可不赚钱也要为其输送军火。这些商人把军火从新加坡、香港等地海运到上海，变换成民用商品的包装，在使馆监视不到的地方与太平军交易。或者再从上海陆运到苏州，走水路运到天京，直接送货上门。除了天京、苏州、上海外，松江、吴江、嘉定、宁波、绍兴、嘉兴都是走私商人活跃的地方。李秀成为这些外国冒险家颁发了专用的路凭，还下令沿途的乡官和军队为运送军火的商人提供食宿。

太平天国在通商口岸派出了大量购买军火的代理人，汪心耕、沈枝珊长期潜伏上海，替李秀成购买枪炮。[11]因为李秀成付给走私商人的枪价是市场价的五六倍，所以上海多家洋行为牟取暴利，半公开地同他交易军火。据沪上洋人记录，上海有洋行在一个月内，向李秀成提供了步枪 3046、野炮 795 尊、火药 10947 磅、子弹 18000 发。此外，一份上海的报纸披露，曾有英国走私商人一次向太平军出售火炮

美国春田 M1861 型步枪，前装线膛枪

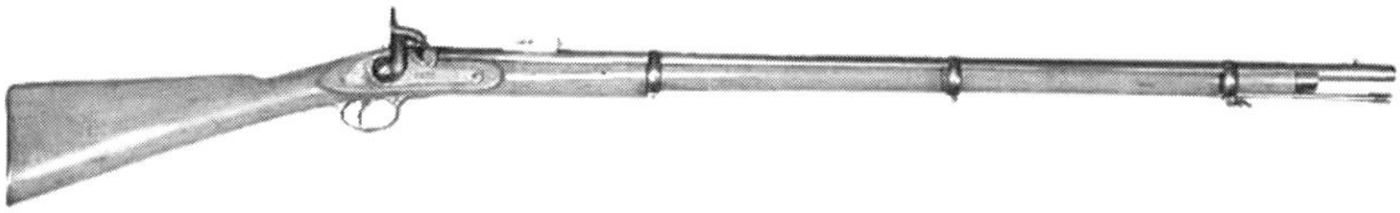

英国恩费尔德 P53 型步枪，前装线膛枪

法国 P1851 型步枪（图片为英军版），前装线膛枪

西洋火枪

300门。[12]到后来，连奉命统领"洋枪队"镇压太平天国的英国军官戈登，也私下把军火转手卖给李秀成。在海量的军火支持下，仅驻扎在苏州的太平军就装备洋枪三万多杆，主力部队四分之一配有洋枪，大炮也颇为不少。

获得大量走私军火，加上同情太平天国的"洋兄弟"加盟，太平天国诸王陆续组建了不少"洋枪队"，其中以李秀成的"洋枪队"规模最大。李秀成聘请的首位西洋军事教官，是已退役的英国陆军上尉萨维奇。萨维奇精通近代步兵战术，曾指挥太平军于青浦大破"洋枪队"，击中华尔五枪。萨维奇在松江之战阵亡后，接任者是美国人波克。

李秀成甚至请"洋兄弟"帮忙购置炮船，只因受到英国严密封锁，大型舰船无法走私，购舰之事未能成功，故而他对上海的渴望愈益狂热。于李秀成来说，遥远的安庆、庐州，近处的天京，都不重要。死守这些兵家必争之地，不过是掌控过去，经营工商业繁荣的江浙，也仅是把握当下，只有进军上海，才算真正扼住了将来。

阻挡太平军占领上海的力量，主要是英法等国在沪势力，以及云集上海的绅商、买办。列强之所以支持清朝，是因为清朝与洋人签订了和约，太平天国却坚决拒绝了他们的条件。尽管如此，太平天国仍有机会争取列强转变立场。洪秀全不肯承认清朝与列强签订的条约，却也没有禁止外国舰船在长江航行。至于英法各国朝思暮想的中外通商，掌控江浙的李秀成兄弟都表示了欢迎。唯一可虑的，是太平天国坚决禁止贩吸鸦片，而鸦片带给了英商海量利润。

但李秀成深信，即使禁绝鸦片贸易，中外正当贸易的高额利润，也足以吸引英法，只要雷霆一击拿下上海，造成既定事实，正当收入得到满足的列强也只能默认现状，出兵替清朝打回上海的风险，要远大于鸦片贸易的损失。攻占杭州后，李秀成亲率太平军主力从杭州出发，沿海塘北上，兵锋直指浦东。苏州太平军则在嘉定、吴淞发动佯攻，将清、洋联军主力吸引到上海西面，为主力大军创造机会。李秀成在1862年1月7日发出了对上海、松江的劝降告谕："尚（上）海、松江人民，清朝兵勇，各宜去逆归顺，同沐天恩……纯良之百姓加意抚安，其于归降之兵勇留营效用。"[13]

太平军各路人马约十二万人，很快完成了对上海的合围。主持防务的江苏巡抚薛焕，名义上拥有四五万清军，实则可用之兵不足二万。即便加上两千英法正规军，一千多"洋枪队"，亦不过是杯水车薪。东南半壁几乎尽在太平军手中，上海周边唯有扬州都兴阿、镇江冯子材尚在苦苦支撑。"满局残棋余劫子"，上海是清朝在东南唯一的希望，清朝希望得到英法支持，在上海"劫争"翻盘。

李秀成离开苏州大本营已经一年有余，他的"分地"久失节度，加之洪秀全在忠殿众将里大肆封王，苏州渐有不稳之势。太平军刚在上海周边展开进攻，苏州守将陈坤书就在城中大肆劫掠，李文炳甚至与当地土豪勾结谋反，李秀成只得借回家过年的名义匆匆返苏坐镇。因为害怕李秀成责罚，陈坤书逃亡常州，花钱向洪秀全买得护王头衔自保。"分地"局势动荡，李秀成越加不敢离开，在苏州停留四个月之久，攻打上海的太平军只能由谭绍光指挥。[14]

从苏州出发的太平军，在猛将刘肇均率领下进展神速，很快逼近了上海英租界。这支太平军广布旗帜，每七八个人里就有一人挥舞大旗，红、黄绸缎裹头的旗手呼啸呐喊，刘肇均亦手擎大旗，策马当先。众兵随着帅旗冲锋，犹如潮水登岸，气势磅礴，清军望之无不心惊胆寒。因为战场距离租界仅有十里，洋兵以炮台、军舰疯狂炮击，清军亦调集了上百艘战船封锁江面。缺乏水面力量的谭绍光无法渡江增援，刘肇均孤立无援，被猛烈的炮火击退。

刘肇均虽然战败，却吸引了清、洋联军的注意力，为主力谭绍光在浦东突破创造了机会，谭绍光在南桥以摧枯拉朽之势，击败了清军六千多人。太平军在浦东昼夜进攻，白日烟雾迷离，夜间火光不绝，清军遇敌即溃。数万太平军展开攻击阵型，到处都是红头巾、黄头巾，大地一片璀璨斑斓，宛如倏然降落的云霞。法国军舰在黄浦江内来回游弋，拼命炮击太平军，但区区几艘军舰发射的炮弹，落到纵深几十里的战场上，又能打死几个人呢？谭绍光的大军连战连捷，不到半月就占领了浦东大部地区，与上海县城隔江相望。危局之下，绝望的西洋商人居然把大捆大捆的曼彻斯特棉布堆在街头充当掩体。

四个月前，曾国藩攻克安庆，天上出现了日月同天和五星连珠的天象，占星家们认为这是大清将要中兴的预兆。沪上绅商都深知上海潜能，知道上海一旦不保，太平天国势力必定大张，恶劣的形势之下，“神棍”们对天象作出了全新解读。他们声称，日月及五星现于二十八宿中的张、轸二宿，张宿和轸宿正是荆州楚地分野，这是楚人大兴之兆。有神棍宣称，上海是楚国春申君黄歇的封地，此天象预示上海必将崛起，不管是大清的上海还是太平天国的上海，都会从此一跃成为天下最富庶的城邑。也有人说，楚人大兴，是指楚人曾国藩将要派兵收复江南，在上海做皇帝。更有甚者，认为按中国传统地理，荆州包含湖南大部，旁及湖北、安徽、广东、江西乃至贵州，洪秀全、李秀成其实也是楚人，这是预兆上海将成为太平天国的万世基业。[15]

沪上人心被各路神棍搞得人心惶惶，薛焕仓促招募的民团，还未打仗竟已逃散大半。冯桂芬哀叹道：“我远近防兵，二十余军四五万人者尽矣。”李秀成闻讯大喜，以为不用亲临前敌，就能拿下上海，浙江、苏南、上海尽在己手，从此可以高枕无忧了。于是他安心在苏州住下，准备好好过一个春节。

三　李秀成的无奈

谁料到了腊月廿七日，漫天乌云浓如泼墨，疾风卷地而来，一场百年不遇的暴雪突然降临。上海地处海滨，素来罕见下雪，纵然下雪，也不过积雪寸许，这场暴雪竟连下三昼夜。上海县城内积雪三尺，城郊积雪五六尺，闵行、青浦一带居然积雪一丈有余。二百多里长的黄浦江完全封冻，一眼望去，江面如水晶耀眼，四面宛似银海。

这场暴风雪范围极广，上海周围一千多里，江苏、安徽、湖北、湖南、江浙乃至山东，全都被大雪覆盖。赵烈文在湖北，登上黄鹤楼赏雪，看到积雪厚达三尺，“江流煎赭”，“界际划然”。[16]

一场茫茫大雪，足以改变生死的态势，践踏人间的一切算计。很多人冻死在雪地里，原本硝烟四起的战场，变得寂静无声。满是弹痕的城墙，半被风雪遮盖，城外的太平军三五成群，靠在茅草上取暖，武器、旗帜四处散落。围城的营帐大多倒塌，营火也难以点燃，灰烬里冒出缕缕青烟，很快在风雪中消散。生与死似乎没有了界线，漫天雪花掩埋了尸体，也湮灭了杀戮的痕迹。

暴雪打乱了太平军的攻势，也截断了从苏杭增援的大军。李秀成被俘后回忆，当时“苏、杭河水浅，下雪冰冻，不能行舟”，习惯坐船的太平军很难机动。[17]因为大量士卒冻死冻伤，谭绍光无可奈何，只能下令太平军撤回避寒。一场意外到来的大雪，救下了清朝的上海。

太平军坐等冰雪消融之时，“洋枪队”统领华尔四处搜罗物资、兵力，重新布置战场。趁着严寒，华尔以有心算无心，在天马山一带以少胜多，击退了一万太平军。薛焕大受鼓舞，把华尔的“洋枪队”改名“常胜军”，增加了四千五百名兵额。驻天津大沽口的士迪佛立，率一千八百名英军赴上海增援，将驻沪英法正规军扩大到四千人，加上扩军后的五千多“常胜军”，上海清、洋联军拥有近万名西式军队，兵力、火力都超过了在八里桥击败僧格林沁的英法联军。李鸿章的八千名精锐淮军亦整备完毕，随时准备增援下游。大批精锐驰援上海清军，太平军再想取胜就难了。

指挥和军力都得到加强的联军，很快发动反击。华尔伪装成打猎的外国人，潜入高桥附近侦察，由于太平军承诺保护外国平民在华安全，竟没有抓捕和制止。华尔查得高桥附近虚实后，在何伯所率英法军队配合下，借助先进的火器，发动对高桥的猛攻。高桥是太平军进攻吴淞、威胁上海县城最重要的前沿阵地，镇守此地的太平军吉庆元部号称万人，装备了几百杆滑膛枪，还构筑营垒六座，炮台五十座。战斗打响后，太平军炮火射程不足，遭常胜军火力压制，吉庆元遂带头冲锋，与常胜军展开白刃战。剧烈的战斗中，一名太平军悍卒刺伤了常胜军将领白齐文左臂，常胜军士气为之所夺。见常胜军无法取胜，英法军队也果断投入战斗，在猛烈的炮火中夹击太平军。英法军队攻陷了多处太平军阵地，吉庆元不得已率三千多人撤退，在慌乱中受伤坠马。华尔率常胜军穷追三十余里，大获全胜。[18]

华尔拿下高桥，极大地缓解了沪上清、洋联军的窘迫，联军自是转守为攻。在十几门野战炮和数艘军舰的配合下，何伯、华尔统率联军两千多人在闵行附近打响了萧塘之战。萧塘太平军有不少“洋兄弟”助阵，不但装备精良，战斗素养也很高。萧塘太平军枪法精准，击中华尔、白齐文数枪，白齐文伤势尤为严重，一发子弹穿透他的腹部，从左膀透出。可惜太平军终究无法抵挡清、洋联军的优势炮火，萧塘守将及援军主将阵亡，十几名“洋兄弟”战死，萧塘失守，太平军在浦东南部的基地亦全部沦陷。

华尔在南线高歌猛进时，谭绍光指挥太平军在敌军较为空虚的防线发动攻击，清、洋联军主力被迫调往北线防御。3 月 11 日，英国外交大臣公开宣布介入中国内战，正式批准英国武装力量全面进攻太平军，大量英国舰队进入长江布防，上海清、洋联军战斗力大大加强。

随后的一系列战斗中，太平军丢失了最重要的基地王家寺，沪西和浦东的据点大部沦丧，对上海的包围被打破。稍后，清、洋联军攻陷了嘉定、青浦，兵临太仓，随着李鸿章率淮军参战，太平军攻击上海的战役宣告失败。

清、洋联军获胜后，知府李庆琛率精锐清军五千进攻太仓，直接威胁李秀成的核心地盘苏州。李秀成坐镇苏州已有四月之久，情急之下挑选精兵万人，亲赴太仓救援。青浦大胜之后，洋兵忙于在上海周边各城镇劫掠，无心作战，李秀成得以集中兵力攻击李庆琛。

李秀成的指挥能力，远在沪上清、洋将领之上。太仓一战，他先集中一万精兵，攻击李庆琛后路，斩杀上千清兵，随后下令将全军枪炮集中到一处，以密集的火力攻击洋兵营垒。洋兵的营垒很快被打破，洋兵付出数百人的伤亡后撤退，失去炮火支援的清军大溃，除参将姜德率二百人突围外，知府李庆琛、副将王国安、梁安邦、周士廉阵亡，太平军打出了一场漂亮的歼灭战，歼灭敌军近五千人，缴获大量洋枪洋炮。

李秀成用兵太仓之时，另一支清、洋联军正在攻击南桥。联军一方，拥有英法正规军三千，常胜军一千，携带了先进的阿姆斯特朗炮和拿破仑火箭炮，而太平军守军不足三千。联军猛烈炮击南桥，炮子如雨，烟炎张天，但收效甚微。太平军根据前期作战经验调整了战术，除利用城墙躲避炮火外，还修建了大量野战工事。他们先挖掘深坑、壕沟，以厚实的木板覆顶，然后在木板上铺上几尺泥土，建成一个隐蔽、防御都非常优秀的掩体，大大抵消了重炮的威力。

在敌人发炮的间隙，太平军会先集中枪炮打出一阵弹幕，进行火力压制，然后低姿突进，抵近与敌肉搏，展开白刃战。这些李秀成新探索出来的战术，加上特殊的地形，抵消了敌军新式枪炮的优势，予以南桥附近的敌人极大杀伤。虽然太平军最终未能守住阵地，却牵制了大批洋兵，使其不得增援太仓，为太仓的胜利创造了条件。南桥洋兵损失惨重，法国提督卜罗德阵亡，成了极少数在中国阵亡的西洋高级将领。卜罗德是法国海军少将，担任过法国在殖民地塞内加尔的总督，曾在西非血腥地讨伐非洲土著。他原本以为中国人是弱小的东方蛮族，可以随意蹂躏，不料却在上海送了性命。李秀成对英法军队造成的杀伤，在十九世纪所有中国将领中首屈一指。

太仓大捷后，李秀成又在青浦击败华尔，兵围松江，一度被调往湖州攻打团练赵景贤的谭绍光也攻下了湖州，会同猛将黄文金回援上海，太平军声势更壮。英法军队本来以先进武器自负，然而在卜罗德被击毙后，他们陷入了惶恐。他们惧怕太平军的勇猛与李秀成的多谋，只能躲在城池之内，再不敢出战。只有李鸿章的淮军勉强维持局面。洋兵不敢出战，等于放弃了武装干涉这场战争。何伯、士迪佛立都不想再打下去，借口养病，何伯去了烟台，士迪佛立去了日本。法国历史学家傅立德评价道："卜罗德上将（应为少将）的死，就标志了联军之间基于理性基础上的一切合作的结束。"[19]

李秀成赌对了，英法正规军大败，他们没有更多资源投入，已经不敢再介入战争，事实上承认了李秀成即将占领上海的现实——这是后人在讨论太平天国后期战争时经常忽略的一点。如果无法阻止李秀成占领上海，英法就只能选择"止损"，在太平天国治下的上海继续通商。如此一来，李秀成将赢得战胜湘军最大的筹码。利用上海的资源，他将在一年内，武装出几万洋枪队，坐着火轮船与湘军决战。

李秀成亲自督师上海，太平军指挥统一，战法改进，加上李秀成无与伦比的战争天才，完成了一次绝地反击，再度实现了对上海的包围。现在，他只需击败李鸿章的八千淮军，就能夺得这盘天下残局最重要的胜负手。李鸿章的八千人，能挡住连英法列强都无可奈何的十万雄兵吗？

然而曾国荃孤注一掷，孤军深入直冲到天京城外雨花台，吓倒了洪秀全。洪秀全严令李秀成兄弟增援天京。李秀成眼见上海即将攻下，怎肯撤军？湘军攻城能力很弱，遇到城防坚固的大城，往往要围城一两年才能得手，何况天京这样的形胜之地？李秀成认为，湘军远来穷斗，锐不可当，又有强大的水师，此时与之在城外交战必败。太平军应当坚守天京城池两年，利用城防工事消磨敌之锐气，待湘军久惰之后方可一战。

安庆会战时，李秀成率军远征上游，曾入天京觐见洪秀全。他对满朝文武说，江南大营崩溃，天京已经解围，但下一次来困天京的，必是曾国藩的湘军。湘军战力非江南大营可比，如果安庆得保，自然不怕湘军。如果安庆有失，天京必然危急。大家手中有银子的，一定要赶紧采办粮草，做好长期战斗的准备。洪秀全见他把湘军说得十分厉害，破口大骂道："尔怕死，朕天生真命主，不用兵而定太平一统。"李秀成无话可说，退朝后私下联络天京文武大臣出银购买粮草，大家都信任他，纷纷出资买粮。

正因为相信天京城中已囤积大批粮草，李秀成认定天京城坚不可破，完全能为他争取消灭李鸿章的时间。他后来才知道，当时太平天国诸位首领出城买粮，被洪秀全的兄弟们阻拦。洪氏诸王宣称，要出城买粮，必须有洪氏颁发的票证。出京票证需用银子购买，无票不能出城。纵然得到票证买到粮食，回到天京还要缴纳重税。众人心灰意冷，再也不肯买粮，天京城内存粮不多，这也是洪秀全恐慌的原因。

李秀成不肯率军回天京，焦急的洪秀全一天之内派出三波差官，手捧诏书到松江催促。李秀成万般无奈，只得回苏州召集诸将商议救援天京。到了苏州后，他仍然不肯死心，一边将苏州的财物、米粮、火药、大炮解往天京，一边上奏争取不用回援。苏州众将正在商议时，洪秀全差人前来训斥李秀成，说已发三道诏书让你救援，为何还不出发？你意欲何为，知道国法吗？[20]

君命难违，事已至此，李秀成也只能遵命。他站在苏州城墙之上俯瞰大地，山川秀丽，夜色黯淡，星河倾泻而下，宛如命运的逆转。李秀成悄然而立，感到满腹苍凉。

李秀成撤出围攻上海的大部精兵开赴天京，在浙江与左宗棠鏖战的李世贤也率部回援。李鸿章绝处逢生，左宗棠拳脚大张，湘淮军获得了依靠上海、浙江资源扩军的机会，李秀成谋划已久的上海攻略，功亏一篑！

【注释】

① 通常的说法，杨坊在教会学校学会了英文，但宁波第一家教会学校是1844年建立的宁波女塾，此时杨坊已经到了上海，而且宁波女塾是女校。上海第一所教会学校是1850年创办的徐汇公学，而杨坊已在1849年担任怡和洋行买办。因此不能认定他的外文是在教会学校学的，只能猜测可能是在教会学的。

② 苏州程氏在上海的经历，见许敬《金融是本故事书》第110页，鹭江出版社2016年版。

③ 见R. J. 史密斯《十九世纪中国的常胜军：外国雇佣兵与清帝国官员》第28页，中国社会科学出版社2003年版。

④ 见张海鹏主编《中国近代通史》第2卷208页，江苏人民出版社2009年版。

⑤ 见贺耀敏《中国近代社会经济》第15页，首都师范大学出版社1994年版。

⑥《论上海繁华》，《申报》1874年2月14日。

⑦ 见《中国近代史资料丛刊·太平天国》第6册第703页，上海人民出版社2000年版。

⑧ 见《李秀成自述》，载《中国近代史资料丛刊续编·太平天国》第2册第378页，广西师范大学出版社2004年版。

⑨ 见郭毅生《太平天国经济史》第424页，广西人民出版社1991年版。

⑩ 转引自夏东元《洋务运动史》第38页，华东师范大学出版社1996年版。

⑪ 见《太平天国史料丛编简辑》第2册第184页，中华书局1962年版。

⑫ 转引自许金芳《太平天国对外军火贸易的探讨》，《安徽史学》1993年第2期第42页。

⑬ 见《中国近代史资料丛刊·太平天国》第2册第74页，上海人民出版社2000年版。

⑭ 见《李秀成自述》，载《中国近代史资料丛刊续编·太平天国》第2册第379页，广西师范大学出版社2004年版。

⑮ 见于醒民《上海，1862年》第4页，上海人民出版社1991年版。

⑯ 见赵烈文《能静居日记》第1册第460页，岳麓书社2013年版。

⑰ 见《李秀成自述》，载《中国近代史资料丛刊续编·太平天国》第2册第378页，广西师范大学出版社2004年版。

⑱ 见《中国近代史资料丛刊·太平天国》第4册第534页，上海人民出版社2000年版。

⑲ 见［法］梅朋、傅立德著，倪静兰译《上海法租界史》第281页，上海译文出版社1983年版。

⑳“天王又差官捧照（诏）来推（摧），诏云：‘三诏追救京城，何不启队发行？尔意欲何为？尔身受重任，而知朕法否？若不遵诏，国法难容！’”见《李秀成自述》，载《中国近代史资料丛刊续编·太平天国》第2册第382页，广西师范大学出版社2004年版。

四　曾国荃蛮破珍珑局

曾国荃率军从安庆出发，攻打太平军江北防线，发动东征，在曾国藩的日记里，却只有轻描淡写的几句话。曾国藩出城送别曾国荃，回来在日记中写道：“午初出城，至九弟舟次送行。弟将至下游，进兵攻巢县也。”他并未记录此日雨雪阴晴，想必当时天气甚为寻常，没有特异天象。送别九弟之前，曾国藩整理了文件，写了几封家信，下了一盘围棋，还与张仲远交谈甚久，日程一切照旧。临行前他与曾国荃“久谈”，也无机宜相授，似乎此次出兵只是日常战斗，连誓师仪式都没有。①

这次毫无“仪式感”的出征，却注定载入史册。曾国荃九天前才率新募兵勇六千抵达安庆，到安庆后方知自己被任命为江苏布政使。在安庆草草庆功之后，他即率吉字营一万多名将士开拔，沿着长江北岸顺江而下，彭玉麟也管带水师随行。与此同时，庐州城外的多隆阿亲督万人对皖北太平军残部发起最后的进攻，皖南的鲍超全军出动攻打杨辅清。直捣天京的东征之役就此展开，战火燃遍千里长江。

为何曾国藩把此次出征看得如此平常？因为按他的设想，这几路湘军将会“持重”推进，花上一两年的时间肃清通往下游的道路，与太平军的最终决战，尚在数年之后——他没料到九弟这次会一口气打到天京。

如前所述，曾国藩攻打天京的战略，所谓“三面出击，四路进攻”，包含了对战局的两种预测。最理想的结果，是等到李鸿章、左宗棠解决苏南、浙江后，与上游湘军主力三面围攻天京。若苏南、浙江战事不顺，就等多隆阿、李续宜、鲍超完成“剪其枝叶”的任务后，与曾国荃会师天京“图其根本”。

湘军在战略上“三面出击、四路进攻”，战术上则要按照一贯作风“结硬寨，打呆仗”。曾国藩指示手下众将：开仗宜稳，随时联络友军，做到齐头并进，绝不孤军深入、贪功冒进；行军宜缓，每走一段时间就应停下，在靠近水道处扎营休整，与水师相依；必须保护好粮道再徐图深入。

“儒缓”“稳慎”的战法，只有己方兵力、资源都远胜敌军时方可奏效，只有占据绝对优势才能“平推”敌手，倚仗强大实力“硬吃”敌人。然而，曾国藩掌握的资源，真比太平天国多吗？

江南大营崩溃后，曾国藩出任两江总督，节制赣、皖、苏、浙四省军务。清朝南方各省资源多由湘军掌控，湘军兵力、饷源倍增，曾国藩从未这样阔绰过。但他实际能掌控的财力，相比太平军仍处于劣势。曾国藩名义上节制江苏、浙江、安徽、江西四省，然而江苏、浙江大部已被太平军占领，扬州的都兴阿自顾不暇，镇江的冯子材不听指挥，上海的李鸿章暂时无法输送饷银，更不确定能否在李秀成的围攻下守住阵地。湘军占领了大半个安徽，却因战争来回拉锯，皖省饿殍遍地，基本不能提供粮饷。江西巡抚沈葆桢，后来与曾国藩因为争饷闹翻，克扣了供应湘军的大半协饷。能全力支持湘军作战的，只有湖北、湖南两省。两广和四川虽然也奉命为湘军筹饷，可惜距离遥远，数量有限。与之相比，太平军占据天下最富庶的江浙，财源胜过了湘军。

以兵源而言，湖南“以一楚支持两粤、黔、蜀、江、皖、豫、兖于天下”，湘中兵员已近枯竭。相较而言，太平军仅李秀成所部就号称百万。后人常误以为李秀成的军队招募自江南温软之地，纵有百万也不敌湖南的虎狼之师。其实，即便不说江南人不擅打仗是一种刻板印象（晚明浙兵的战绩非常耀眼），李秀成的部队亦多是四方纠合之勇士，并非只有江南土著。驻扎江南的太平军，有三十万招自湖北，有二十万是随石达开转战数省，后又脱离石达开“回朝扶主”的老兵。这数十万众皆是上等兵源，只是训练不精、纪律不严，看似不堪一击。如果战事拖延日久，李秀成有了时间整顿，自能将其训练成精锐之师，甚至升级军械变成“洋枪太平军”。

正因如此，倘若湘军完全执行曾国藩的“稳慎”战术，太平军就能赢得从容布置的时间，战局会出现很多出乎意料的变化，尤其是李秀成也有一套多面出击的战略。

曾国荃东征时，陈玉成还未被苗沛霖诱捕，虽然湘军攻占安庆，肃清皖北，将陈玉成困于庐州，但英王麾下仍有数万人马，纵横江淮的精骑多达四千。除了英殿人马，皖南尚有十几万太平军，其中杨辅清一军老兵较多，还装备了洋枪，其他如黄文金、古隆贤都是能打硬仗的悍将。太平军之外，捻军也在这一战区活动。往常湘军攻打重兵把守的坚城动辄年余，此时再刻意缓进，纵能攻下庐州，消灭皖南太平军，突破安庆到天京之间的防线，只怕需要数年之功。对太平军来说，这将会是他们占领上海，统齐东南的天赐良机。

湘军东征之际，太平军陈坤书也在江北大举出击，一方面试图消灭都兴阿、李世忠乃至冯子材，夺回天京附近的重要城池、据点，重建镇、宁、扬防线，增强天京防御；另一方面，数万太平军活跃于江北，也在寻找机会增援上游，与庐州的陈玉成会师，迟滞湘军攻势。

陈坤书奋战于江北时，李秀成攻打上海，李世贤用兵浙江。李秀成拿下上海，就能掌控上海的进出口贸易，修复同洋人的关系，从而获得新式枪炮乃至轮船，提升战斗力。李世贤若能挡住刚率军进入浙江的左宗棠，就能以杭嘉湖平原的粮饷供应太平军作战。

李秀成对上游的作战不积极，不等于他的战略只局限于下游江浙。李秀成自认眼下无力与湘军在上游争雄，遂将战略重心放在清军兵力薄弱的浙江、上海，期望以江浙、上海的资源壮大自身，再回头与曾国藩较量。夺取上海后，江南地盘连成一片，他将会与李世贤一起发兵增援上游。届时若上游仍在坚守，李秀成、李世贤、皖南太平军、陈玉成残部当能合兵一处迎战湘军。若上游已经战败，湘军直趋天京，李秀成、李世贤亦会率领整顿完备、军械精良的大军，与湘军决战于天京城外。

李秀成甚至做了最坏的打算，万一他和李世贤尚未解决李鸿章、左宗棠，湘军已经打到天京城下，那就靠天京坚固的城防迟滞湘军的攻势，坚守二十四个月，为他争取时间。后来的历史发展证明，从曾国荃屯兵天京城外，到天京城破，恰好两年时间。只要能争取到两年时间，太平军一定能够消灭李鸿章的淮军，完成军备升级，增加天京保卫战的把握。假如洪秀全不愿冒险在天京吸引火力，也可以“让城别走”，留下重将守城，天王移驾苏南督战。

曾国藩、李秀成可谓棋逢对手的战略家，他们都针对敌手设了一个“稳慎”的局，期望“硬吃”对手。这场战役如果真的按他们的设计来打，定会打成旷日持久的消耗战，直到有外力或意外因素破局。

李鸿章刚到上海时，淮军不过七八千，加上洋枪队也不过万余，沪上的英法正规军兵力、战力尚不及洋枪队。清、洋联军陷入二十万太平军的日夜围攻中，除了败亡，还能有什么下场？就连指挥能力，李鸿章都是远不如李秀成的。

浙江方面，李世贤此前与左宗棠交手多次，胜负各半，或许左宗棠后来居上，指挥才能更胜一筹，但湘军入浙时，太平军已据浙江九成以上地盘，险要地形尽在掌握，拥有八倍以上的兵力优势，左宗棠也无法在李鸿章败亡以前有所突破。若李秀成消灭李鸿章后增援李世贤，左宗棠也只能退出浙江。

此外，困守庐州的陈玉成随手落的一着闲子，意外地绝处逢生。他派陈得才转战北方，“往河南、陕西等处去打江山”，陈得才与捻军张宗禹会师西北，逃脱了与陈玉成一同在安徽被消灭的命运，还将西北太平军发展到十万人。陈玉成被苗沛霖诱捕后，陈得才改隶李秀

浙江清军与太平军力量对比图[②]

清军各路首领	人数	布防地区	太平军各路首领	人数	布防地区
左宗棠、王开化、王开琳	8000	婺源、白沙关	李世贤 洪春元 谭　星	200000	开化、遂安、龙游、汤溪、兰溪、金华
蒋益澧	1000	（未到）			
刘培元	3200	（未到）			
李定太	8000	衢州	汪海洋	10000	徐杭、富阳
李元度	8000	江山			
日意格、勒伯勒东	1500	宁波			
丢乐德	1000	宁波	练业坤	（不详）	绍光
张景梁、陈世章	（不详）	定海	（受黄、范、练指挥）	100000	诸暨、义乌、东阳、永康
林如虎	（不详）	温州			
林文察	2000	浙南			
总计	41700		总计	330000	

成麾下。李秀成与他约定，去北方招募人马，限期二十四个月回来解救天京。陈得才在郧阳招抚流民，“一路滔滔，攻无不克，战无不胜”，最后竟然率二十万大军攻克西北名城汉中。如果陈得才按李秀成的计划，在西北经略两年，很可能打下西安，占领关中，开辟太平天国在北方的基业。如果陈得才不被洪秀全催促南下，等两年后整顿军队再南下增援，多出这一路大军，湘淮军又靠什么肃清江浙呢？

若是李鸿章和左宗棠不能应援上游湘军，三面出击不行，那曾国藩的备用方案四路进剿能否奏效？湘军能不能会齐从西面出动的四路大军，击败救援的李秀成、李世贤，攻占天京呢？恐怕也很困难。因为历史上，曾国荃击败李秀成、李世贤的救援大军，一个非常关键的因素是，太平军尚未消灭李鸿章、左宗棠，就仓促来救天京，准备不足、装备不齐，且因牵挂后方军心不稳。假如曾国荃所率湘军真的持重推进，花上一两年时间才到下游，待多隆阿、李续宜、鲍超与他会师才进攻天京，在天京城下等待湘军的，将是完成了部队整训、军备升级，后方稳固无忧的李秀成、李世贤、陈得才大军，胜负势难预料。纵使湘军仍能超水平发挥，击败这三支大军，因完整的苏南、浙江、上海尚在太平天国掌控下，李秀成能够源源不断地从后方获得补充，与湘军打一场持久战。湘军纵然能免于全军覆没，也会与太平军两败俱伤，最后让清军其他派系来收拾残局。

然而，历史不能只凭推理。历史上太平天国国势急转直下，不到两年就灭亡了，其主因在于曾国荃抵制了曾国藩的“稳慎”战略。曾国荃不等东面、南面打出结果，也不等多隆阿、鲍超前来会师，独领孤军直逼天京城池，利用洪秀全的恐惧，破了李秀成的战略布局。

针对曾国藩的三面出击计划，老九曾国荃毫不客气地批评说这是“不知时务”。他认为，湘军从成军之日起，军中人人都以攻下天京为志向，如今安庆已经克复，天京已不遥远，不趁士气可用之时直趋天京城下，反而旷日持久地等待苏南、浙江的战斗，是极迂腐的战法。不直接进攻敌人的老巢，在天京城下扎好营垒工事围城打援，而在外围广阔的战场和敌军浪战，等士气泄了，就是置将士于“间地”。[③]针对曾国藩一贯主张的“先剪枝叶，再图根本”，他指出，打仗应该抓大放小，直逼敌之首脑，“拔其根本，即枝叶不披而靡”。[④]

由于曾国荃极力反对，曾国藩无奈之下也只能让步，同意在李鸿章、左宗棠这两处打出结果前，先让西面湘军攻打天京试试。但是，他也一再告诫曾国荃，此次出兵，要做到“先清后路，稳步推进”，不可再犯当初李续宾在三河轻敌冒进的错误。湘军每攻下一地，务要先扫清残敌，再分兵把守，得一处守一处，保全后路安稳之后，再向纵深持续推进。

按照安庆围城的经验，一支军队围城，须三支强力的部队在外围负责阻击敌之援军，所以曾国藩说，曾国荃此次东征，要不时停下脚步，与多隆阿、鲍超等“打援”的军队协调，援军不至，绝不能孤军深入。

这看似稳妥的主张，实际也颇“迂腐”，负责打援的三支军队最后都出了意外。多隆阿与曾氏兄弟素来关系不睦，胡林翼去世后无人居中协调，他不愿再为曾国荃作嫁衣，承担阻援之责。恰逢西北大乱，多隆阿请旨脱离曾国藩节制，率一万五千清军转战西北，三路援军去了一路。

安徽巡抚李续宜，原本任务是镇压捻军，监视反复无常的苗沛霖，他的人马多数在同捻军作战。李续宜因母亲去世回家丁忧，在家服丧时身染重病，不幸病故于家中。李续宜不能前来，曾国藩只好寄希望于镇江绿营将领冯子材，殊不知冯子材在镇江自身难保，还要求李鸿章救命，怎么可能增援湘军呢？这一路援军也没了。

鲍超的霆军被皖南太平军阻于宁国，一年内无法突破。曾国藩筹算的三支援军，都已无法按计划为曾国荃阻援。如果曾国荃生硬地执行兄长的计划，慢悠悠地清剿上游敌军，等曾国藩重新筹措出三路援军，天京战役便会遥遥无期，而且，那时李鸿章恐怕早被李秀成消灭了。

李鸿章到上海后，虽然会合洋枪队，取得过一些局部胜利，却无法改变整个战局。淮军未来全面换装西洋火器，夺占苏南，发展到七万人的规模，那是李秀成被迫从上海撤军，李鸿章得以全据上海的结果。如果不是曾国荃猛攻天京，在上海战役关键时刻引走李秀成，这段历史恐怕就不会发生。

综上所述，曾国荃在离开安庆后，擅自改变兄长的计划，以极度冒险的战法孤军深入，才是改变东征局势的关键。

五　孤注一掷

同治元年二月廿四日（1862 年 3 月 24 日），曾国荃率军向巢县发动攻击。他摒弃“结硬寨，打呆仗”的战法，飞速行军、雷霆作战，集中兵力凌厉地攻城。打下城池后，不稍停留，也不清剿残敌，立刻奔赴下一个战场，绝不给太平军反应、协调的时间，以最快的速度向天京突击。

在安庆与天京之间，横亘着巢县、含山、和州三座城池，太平天国在三城皆有重兵驻守。三城守军依托坚城，扼守险要地势，截断湘军进军下游的通道。[⑤]巢、含、和防线之后，是裕溪口、西梁山两处天险，太平军在此经营多日，“倚山为险，深沟高垒，炮眼层列，势难仰攻”，仰攻的敌军若不付出惨重伤亡，绝不可能攻克如此雄关。西梁山天险与东梁山相倚，背后更是天京锁钥金柱关。太平军在江北的战线，防线完整、重兵分列，又勾连庐州和天京两座囤积重兵的大城，洪秀全、李秀成都对挡住湘军进攻有很大信心。

曾国荃东征之时，下游江北也陷入血战。太平军将领陈坤书、洪春元诸将率军渡江，攻击叛将李世忠统领的豫胜营，同时发兵袭扰扬州都兴阿。太平军声势浩大，连驻扎镇江的清将冯子材都动摇了。假使曾国荃一时无法突破巢、含、和防线，太平军就能先夺下扬州、镇江，与天京形成掎角之势，重建镇、宁、扬防线。太平军在江北大打出手，自然是通过攻略扬州、镇江，逼湘军分兵救援，以缓庐州之敌。陈坤书甚至计划在江北大胜后，趁势进援庐州，打通与陈玉成残部的联系。

太平军的战略意图没能实现，都兴阿勉强守住了扬州，曾国荃的突破更是势若狂飙。曾国荃于三月十五日败顾王吴如孝，二十日克巢县、含山，廿三日拔和州，廿五日破西梁山，延绵数百里的江北防线，只抵挡了湘军十天。突破江北防线后，曾国荃在四月二十日会合水师拿下了天险东梁山、金柱关。

东梁山和西梁山分布长江之东、西两岸，两山夹江对峙，犹如江上一扇大门，所以古时将东、西梁山合起来称为天门山。天门两山远望如巨兽擎天，近视则如鬼神伏地，东梁山尤为陡峭，其山突兀江心，巍峨竦峙如倚天绝壁，直下江流千尺。长江万里东注，却在此处为山势所断，折转向北而去，形成“碧水回头，天门烟浪”的奇景。唐人李白曾赋绝句：“天门中断楚江开，碧水东流至此回。两岸青山相对出，孤帆一片日边来。”

长江顺天门山北去，不远处即是采石矶，采石矶是江中凸起的巨岩，为长江三大矶之一，乃历代兵家必争之地，人称“金陵屏障，建康锁钥”。南宋名臣虞允文曾在采石矶大破金主完颜亮，朱元璋亦击败陈友谅于此地。太平军若能在东、西梁山布置炮火，埋伏重兵，在采石矶拉上截江之锁链，就仿佛关上了大门，令湘军寸板不得过

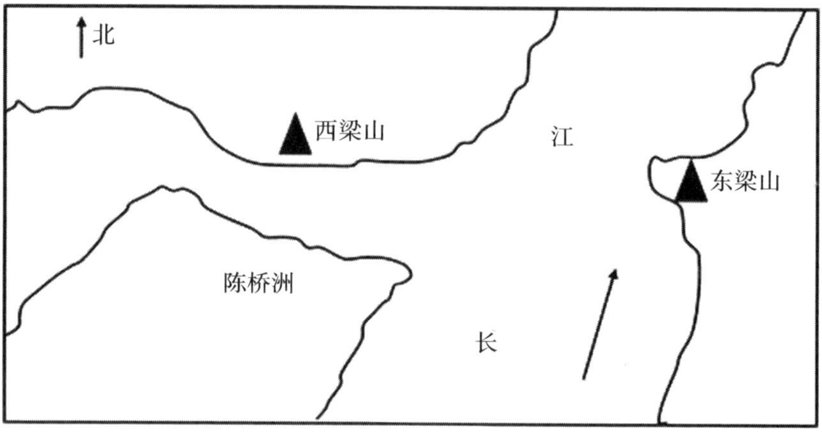

天门山示意图

江。可是湘军一鼓作气拿下东、西梁山，占据金柱关，顿时砸开了天京外围屏障。

五月初，曾国荃不顾曾国藩的劝阻，不等援军抵达就孤军深入，直冲到距离天京城墙四里外的雨花台扎营，彭玉麟也率水师冒死开进天京护城河口，天京之役正式展开。

曾国荃此次东征，是典型的“乱拳打死老师傅”。两军交战多年，都很熟悉对手的战法，谁知湘军一反常态，不再稳打稳扎，而是不顾生死狂飙突进，太平军猝不及防，根本来不及布置。倘若太平军军心稳定，几座城池相互支援，像东、西梁山这样的防线其实很难攻破。因为湘军攻势太快，遭到攻击的城池无暇求援，太平军在上游没有主帅协调，城隘、关卡各自为战，曾国荃得以轻易突破防线，直逼天京城下。

湘军孤军深入，在四处皆敌的天京城外扎下营盘，后方不稳、援军不至，曾国藩吓得“肝胆俱裂”。然而，天王洪秀全也被湘军的雷霆一击吓得魂飞魄散。洪秀全以为，此前若非李秀成施巧计二破江南大营，和春、张国梁差点就攻占了天京。眼下清军再围天京，来者是连陈玉成都打不过的湘军，他怎能不惊恐？于是他急调各地太平军回师救援。

天京城扼守虎踞龙盘的险要地形，十分利于防守。作为明朝旧都，经过数百年经营，天京已是天下有数的坚城，城防体系异常完善。湘军孤军深入，不经数年苦战，绝无可能攻破天京。东王杨秀清主持太平天国军政时，向荣率江南大营围困天京，杨秀清不但不从前线调兵为天京解围，反而从天京派出大量兵力，发动北伐、西征，只留少数兵马与江南大营对峙。清军围困太平天国的都城，杨秀清就派兵攻击清朝的首善之区，占领清朝的粮产区。直到太平军西征大获全胜，杨秀清才调西征军回师消灭江南大营。东王深知天京城防的可靠，不以一城的安危牵动大局，“你围你的，我打我的”。可惜东王去后，洪秀全不通军务，以一京牵动全局，到头来满盘皆输。

接到洪秀全的援京诏书后，各地正有条不紊展开战略攻势的太平军，只能放弃原定作战计划，赶赴天京增援。李秀成原本想拖延时间，待攻克上海后再救天京，可惜他挡不住洪秀全连番的催促与威逼，无奈之下停止进攻李鸿章，率精锐大军回天京解围。正同左宗棠在浙江金华对峙的李世贤，同样收到了回师救援的严令，他以金华战事焦灼为由拖延了四个月，最后也被迫撤离战场，赴天京救援。

李秀成、李世贤兄弟带走大量精锐，在上海孤城一筹莫展的李鸿章绝处逢生，左宗棠也夺得浙江战场的主动权。左、李二帅获得整军的空隙，急忙裁汰、收编、训练江苏、浙江两省清军，加上诱降太平军，招募新勇，很快扩大了军队。购入西洋军械后，左、李二军增强了火力，逐渐在洋兵协助下蚕食苏南、浙江，获得大量钱粮，成长为堪与曾系湘军匹敌的军事集团，清军与太平军的实力对比顿时颠倒。

曾国荃在三个月内打穿太平军防线，孤军深入雨花台，虽把自己置于数十万江南太平军的包围中，却因威胁了天京的安危，逼迫洪秀全撤回上海、浙江等地太平军，破坏了李秀成的战略部署。可以说，从曾国荃进驻雨花台的那一刻起，战争的胜负便已锁定。就算曾国荃战败于雨花台，兵强马壮的李鸿章、左宗棠都能独力打下天京。左宗棠晚年夸奖曾国荃“老九才气胜乃兄”，甚至说曾国荃才能超过自己，连办洋务都比自己厉害，极可能是因为受了曾国荃的恩惠——若无曾国荃引走李秀成、李世贤，左宗棠恐难得志于浙江。（有趣的是，湘军洋务专家郭嵩焘也认为曾国荃对洋务的见识比自己高明。）

曾国藩与李秀成的过招，是绝世高手之间势均力敌的拼斗，曾国荃的冒险之举，则是以置之死地的一手，搅乱两大高手布置的棋局，最后乱中取胜。这是大局成败相关的一着“险棋”，正如金庸小说《天龙八部》里的譬喻：懵懂无知的围棋新手，胡乱一着破去高手比拼的“珍珑局”。世事变化、形气转续，确实是无比玄妙。

安庆会战后，曾国藩勋望正隆，连朝廷都不敢轻易开罪他，僚属、弟子就更加不敢忤逆。李鸿章以巡抚身份自领一军，在上海开府建牙，这个“意气高于百尺楼”的狂生，每逢要务都小心翼翼地向老师请示汇报。曾国藩的幕僚赵烈文到上海，李鸿章把他请入内室，战战兢兢地询问，老师那里可有人议论自己，老师对自己评价如何，一副生怕失了老师信任的样子。[6]有一个月没接到曾国藩的公私信函，李鸿章内心彷徨无措，“深为悬系”。

连李鸿章都不敢轻慢老师，只有曾国荃能顶住压力，打乱兄长的布局。作为曾国藩一直耳提面命的亲兄弟，曾国荃却不像兄长那般隐忍稳重，他勇于做事，敢于冒险，甚至还有几分莽撞。胡林翼在世时评价曾国荃为人“懵懂”，但对这种“懵懂”很是欣赏，因为“儒缓”的曾国藩，最需要明快果决的助手。下围棋喜欢纠缠的曾国藩，需要“莽撞”的九弟，在紧要关头替自己把棋盘砸了。

因祖父星冈公曾玉屏的潜移默化，曾氏兄弟骨子里都是刚强倔强之人。曾国藩到京师后，受教于权相穆彰阿，学到了老官僚的隐忍，把刚强倔强变成了绵里藏针。白杨坪悟道后，他更学到了道家的“知雄守雌”，虽说做事、做人的功夫因而大成，却也染上几分“退让”“琐屑”的习气，这正是他早年极为不屑的官场作风。

曾国荃年少时被父亲送去京师，跟随兄长读书，曾国藩自然要把自己的道德学问全盘传授。曾国藩在京时悉心学习朱子理学，每日所想都是“以理化人”“化成天下”，曾国荃成了他第一个要“化”的人。曾国藩对理学修身养性的功夫有着虔诚的信仰，他试图把这些规矩、道理教给兄弟，陶铸出“少年圣人”。

彼时曾国荃还是十几岁的少年，正是少年心性、天马行空之时。四十多年后，曾国荃在回忆少年经历时，作诗一首云“我方十六游京国，海上扬尘正沸腾”。他晚年回忆都这样意气风发，青春蓬勃的少年时光，怎会接受“存天理，灭人欲”的理学？

懵懂的少年往往叛逆严厉的父兄，亲近平辈的朋友，因为朋友之间的交往，是有距离感的。穆彰阿也好，唐鉴也好，他们提点曾国藩，不过在关键处点拨几句而已，曾国荃却要和曾国藩生活在一个屋檐下，每天接受兄长的“训诫”。理学功夫与少年心性不符，曾国藩当年又是“长傲”“多言”之人，枯燥生硬的说教，严厉苛刻的监督，常使得曾国荃生出无法自抑的叛逆之情。不止曾国荃，其他兄弟也受不了曾国藩。曾国华抱怨兄长的面色令人难堪，曾国潢也直言不讳地批评曾国藩，说他喜欢求全责备，每天无休止地拿空话、套话教训人，把兄弟们说得一无是处，实在令人生厌。[7]曾国藩也知道自己不被兄弟喜欢，他在家书中说，四弟曾国潢和六弟曾国华都很讨厌自己，从来不给自己写信。[8]

在读书、生活的细节上，曾国荃试探着顶撞兄长，以凸显自己的“都门少年习气”。每次兄弟冲突之后，他会因自己的鲁莽行为感到愧疚，但本心的冲动并不因兄友弟恭的礼法消退，这种矛盾常使他陷入自我怀疑。在规矩和本性之间，曾国荃无法达成内心的平衡，这使得他对于兄长既敬重又疏远。

面对兄弟的反抗，还未学会体察人情世故的曾国藩，采取了更加不近人情的管教，兄弟间的隔阂变得更深。跟随曾国藩读了一段时间书后，曾国荃开始装病，稍后更是不读书，也不和兄长一家吃饭，甚至提出要回湖南老家。[9]曾国藩似乎完全不能洞察兄弟内心的冲突，他在给父母的家书里说，不知道哪里开罪了九弟，令九弟起了回家之心。他怀疑曾国荃是“年少无知”“厌常而喜新”，也许在北京待腻了才想回湖南。曾国藩为此写了两千多字的长篇大论，劝九弟不要回家，应当留在京师用功读书——显然，他没发现曾国荃究竟讨厌什么。

曾国荃最终摆脱了迂阔的兄长，回到湖南老家。在湖南，他得以肆无忌惮地按自己的性子行事，让自己野蛮生长。这无疑意味着曾国藩对九弟的教育失败，但从另一个层面看，他也成功地在曾国荃的人生中打上了自己的烙印。父兄若是不把子弟看作独立的个体，一心要把他们当成自己意志的延伸，甚至想把子弟培养成另一个自己，一个完美的“替身”，通常会得到两种结果：一是成功压制子弟的天性，让他们完全按照父辈的意志成长，将父辈的为人处世完全模仿，成为一个毫无个性可言的傀儡；二是激发出子弟强烈的逆反心理，处处与父兄作对，成为与父兄截然相反的叛逆者。但无论是全盘复刻父兄，还是个性截然相反，子弟的个性都已被父兄深深烙印。他们的人生轨迹，不管是顺从还是抗拒，都无法摆脱父兄的影响。是故曾国藩儒缓、隐忍，曾国荃果决、放纵，正是顺逆阴阳，恰成两面。

在湖南老家，曾国荃交了很多意气相投的朋友，其中一位是与曾国藩、胡林翼齐名的江忠源。江忠源是湖南新宁县人，道光十七年中过举人，据说是湖南宝庆府（今邵阳市）第一个举人。江忠源读书进学前是著名的无赖子弟，好饮酒、赌博、交游，中了秀才后仍不受礼法束缚，纠集乡中子弟作狎邪之游，礼法之士都对他避之不及，曾国藩也称他为“无赖秀才”。

江忠源少年时进京赶考，同乡举子邓鹤龄客死他乡，江忠源竟不远千里，将尸体背回湖南安葬。[10]京师湖南相距千里，他身负死尸，沿途客栈皆不让其投宿，江忠源以为人死他乡，回归故土，是天下最大的道理，竟然收起读书人的斯文面孔，以武力胁迫店家让他住店。他的个性不似儒生，更像是伉爽尚义的侠客。

曾国藩对江忠源的才能、见识十分赞赏，但对他的"任侠"之气颇为不满。曾国藩不喜欢的侠气，恰恰是曾国荃钦慕的风仪。开朗放浪、畅快淋漓的江忠源，简直就是少年曾国荃心中理想人格的化身。和江忠源在一起，他可以尽情地发泄被曾国藩压抑已久的"真我"，不再受那些繁文缛节的拘束。他在给兄长的家书里赞叹江忠源"天下无与伦比，不胜钦慕"，"自非一切世人所能及……窃向慕者久之"。[11]曾国荃称赞江忠源"自非一切世人所能及"，当然也包括了他的兄长曾国藩。少年曾国荃一方面处处求与兄长逆反，一方面深受江忠源影响，形成不受规则约束，敢做敢闯的性格。

湘军另一位统帅左宗棠，与曾国藩时分时合，其中内情虽然复杂，然个性上的不合，当是导致二人分歧的重要原因。左宗棠常嫌曾国藩才具不够展开，办事思前想后，不是爽利之人，曾国荃的为人却深得他欣赏。曾国藩丁父忧复出后，要缓和与左宗棠的关系，还得托兄弟出面斡旋。左宗棠曾问曾国荃："老九一生得力何处?"曾国荃回答："挥金如土，杀人如麻。"左宗棠大笑道："吾固谓老九才气胜乃兄。"左宗棠未必赞成"挥金如土，杀人如麻"，但这种直言不讳，敢于捅破修饰、遮掩的作风，确是两人共有的。[12]

父兄欲将子弟塑造成自己的理想人格，是人之常情，子弟渴望自我超越，亦是人之天性。通过超越父兄来证明自己的成熟，是人类社会心照不宣的成人礼。曾国荃刚上战场时，慑于兄长的赫赫战功，还不敢随意违抗指挥，在安庆打败名将陈玉成，建立自信之后，就敢于挑战兄长的权威了。正因为曾国荃与兄长个性截然相反，二人合作时，稳健的战略和凌厉的战法相配合，取得了巨大的战果。曾国藩稳重过头，需要一个作风果断的人从旁协助，这个人最初是胡林翼，后来是李鸿章，李鸿章离去后，这个人只能是曾国荃。只不过曾国荃比胡林翼、李鸿章更大胆，更无畏，因此这场战役就打得更惊险，战果也就更丰硕。

【注释】

① 见《曾国藩全集》第 17 册 264 页，岳麓书社 2011 年版。

② 引自崔之清《太平天国战争全史》第 4 册第 2216 页，南京大学出版社 2002 年版。

③“诸军士自应募起义，人人以攻金陵为志，今不乘势薄城下，还军待寇，旷日持久，非利也。若舍金陵老巢弗攻，置将士于间地，浪战而意怠，在老九看来，先图苏浙，后拔金陵之说，是不知时务也，攻必无成。”王闿运《湘军志·曾军后篇第五》见《湘军史料四种》第 65 页，岳麓书社 2008 年版。

④ 王定安《湘军记·围攻金陵下篇》，见《湘军史料四种》第 458 页，岳麓书社 2008 年版。

⑤ 见崔之清《太平天国战争全史》第 4 册第 2438 页，南京大学出版社 2002 年版。

⑥“烈（赵烈文）元年冬到沪，少帅（李鸿章）犹未即真苏抚，邀烈坐坑（炕），固问老师处有人议论鸿章者否？意甚颛颛（惴惴）”。见赵烈文《能静居日记》第 2 册第 1097 页，岳麓书社 2013 年版。

⑦“谓月月书信徒以空言责弟辈，却又不能实有好消息。”见《曾国藩全集》第 20 册第 46 页，岳麓书社 2011 年版。

⑧“故四弟、六弟不免怨男（曾国藩）……故四弟、六弟难免内怀隐衷。前次含意不申，故从不写信与男。”见《曾国藩全集》第 20 册第 52 页，岳麓书社 2011 年版。

⑨“九弟体好如常，但不甚读书。……惟不读书，不肯在上房共饭。”见《曾

国藩全集》第20册第14页，岳麓书社2011年版。

⑩ 见朱孔彰《中兴将帅别传》第25页，岳麓书社2008年版。

⑪ 见《曾国荃集》第5册第7页，岳麓书社2008年版

⑫ 见《清代名人轶事辑览》第3册第1338页，中国社会科学出版社2004年版。

二、乱　战

一　主客之势异也

旬日间突破江北防线已是意外惊喜，曾国藩又岂敢让曾国荃直逼金陵，孤身迎战江南几十万太平军？他怕九弟被攻占金陵的功利心迷乱，一面发信劝曾国荃撤退，一面催鲍超等部火速增援。援军赶到之前，金陵附近的湘军有三部，曾国荃亲领的湘军九千，曾贞干统领的援军五千，彭玉麟所率湘军水师九千，总共二万三千人，兵力较为单薄。有李续宾战殁三河的前车之鉴，曾国藩当然不会让九弟孤军深入。

作为湘军后起之秀，曾国荃击败陈玉成后信心膨胀，正想一鼓作气攻下天京，收取不世之功。无论兄长如何劝告，他都不肯从雨花台撤军，反而指挥士卒修筑营垒，准备与太平军打一场恶战。曾国荃后来在给郭崑焘的信函中检讨道："自去夏、秋在安庆经过恶风巨浪，以为贼不足以制我，敢于悬军深入，不意事与愿违，多（多隆阿）、鲍（鲍超）大军皆不能并集于二百里内。"[1]

曾国荃执意深入，曾国藩在安庆没有援军可派，只得设法从其他战区借兵。多隆阿不愿与湘军合作，曾国藩只好上奏朝廷说，倘若朝廷能严令多隆阿会师金陵，他将以江南财赋分润户部，以纾朝廷财政之困。[2]朝廷本已心动，无奈北上的太平军将领陈得才戎马渐兴，十万大军纵横陕西、威临河南，威胁到清朝根本重地，加上西北民变四起，朝廷最终还是下诏让多隆阿统兵北进陕甘。

多隆阿不能“会猎”江南，曾国藩只得寄希望于鲍超。他督促鲍超火速消灭皖南之敌，然后驰援曾国荃。鲍超拼死出击，一举歼灭杨辅清所部二万，夺占宁国。见皖南局势糜烂，太平军将领童容海决定投降。

安徽人童容海，本名洪容海，为避洪秀全之讳易姓为童。天京变乱后，石达开与洪秀全分裂，童容海也在随石达开出走的大军中。见石达开意志消沉，大业终究难成，他便率军数万“回朝扶主”，复归洪秀全。童容海回朝后受封王爵，号为保王。他曾受李秀成调遣，参与攻略浙江之战。因在浙江擅杀部将十余人，纵兵焚烧杭州城，受到李秀成责罚，童容海不得已避走皖南。他早有降敌之心，此刻见霆军势不可挡，遂率七万兵马投降，投降前击杀大将马桂功，攻陷广德州，向鲍超纳上投名状。

宁国、广德在手，七万敌军投降，霆军在皖南占尽优势，随时能出兵与曾国荃会师。曾国藩致书鲍超，令他在出发前，将童容海带来的降兵遣散，只裁留精锐三千。鲍超还未及动手裁军，童部骁将张得胜、陶子高已率两万人反正，投奔杨辅清去了。童容海率队追击，被张、陶二将击败，皖南局势再度陷入动荡。雪上加霜的是，皖南瘟疫流行，六千多霆军将士染病，全军病死者十之二三，患病者十之三四，还能上阵者不到一半。猛将黄庆、伍华瀚病死，鲍超、张运兰也身染瘟疫，只能留在皖南休养。霆军非但不能增援曾国荃，反而连平定皖南都成了问题。皖南这路援军亦成泡影，曾国藩听闻噩耗传来，心胆俱碎。

援军不继，悬军雨花台的湘军处境极为险恶。尽管曾国藩屡次催促撤军，曾国荃坚决不为所动。曾国藩只得嘱咐他深挖壕沟、多建营垒，“专谋坚守，不图出战”，在雨花台收缩防线，暂取守势。曾国藩命水师加紧为九弟运送粮草补给，又四处搜罗火药、子弹，竭尽全力支撑前线。

曾国藩用兵，既有“主客之辨”的讲究，也有“反客为主”的战法。在传统战争中，守城一方依托坚固的城池、要塞，居高临下迎战仰攻的敌军，这是占据“主势”。攻城一方凭借血肉之躯强攻城池，这是处于“客势”。处于“客势”的攻城之军，要击败占据“主势”的守军，往往要付出数倍于敌的伤亡。

总结多年的经验，曾国藩悟出了“反客为主”“以客欺主”的战法。面对坚固的大城，湘军会在城外开掘两道长壕，构建大量防御工事，“围城”而不“攻城”。倚仗优势水师在旁策应，粮草、军火补给方便，湘军不怕长期消耗。因为湘军不攻城池，守军无法借助城墙和工事杀伤湘军，“主势”变得毫无意义。为了不被困在城中饿死，守军只能冒险出城，凭借血肉之躯，强攻湘军的长壕、营垒。这样就变成湘军依托长壕、土墙杀伤守军，主客之势逆转，湘军反而占据“主势”。纵是敌军增援到来，湘军也能以长壕拒敌，同样处于“主势”。

南方河网密布，舟船往来如飞，只要水师不灭，湘军自能粮道畅通，资源厚积，靠“围而不攻”战法占尽上风。即使暂时没有负责阻援的友军，只要将士勇猛、坚韧耐战，也能坚守到己方援军到来。

曾国荃统帅的湘军，有六七千人刚从湖南农村招来，刚参军的农民最擅土工作业。趁李秀成还在苏州犹豫不决，湘军用两个月时间，在雨花台附近挖好了长壕，筑起了营垒。这些防御都构筑了两层，一层阻挡城中守军，一层防范后方援敌。有了这些深沟高垒，金陵城外的湘军开始"自守有余"。[3]曾国藩叮嘱曾国荃，切不可出壕与太平军浪战，实在抵挡不住时，连长壕亦可弃守，只要保全营垒就算胜利。

清军各部互不统辖，平日"败不相救，胜则生妒"，很难跨系联合作战。幸运的是，江北李世忠和扬州都兴阿这两支清军，都与曾国藩关系甚密。驻扎江北的降将李世忠，为人残暴骄横、阴险多变，却肯听从曾国藩调遣，曾国藩指挥他如同嫡系湘军一样顺手。曾国藩向九弟传授驾驭李世忠的秘诀，有"两宽两严"之说。两宽，指舍得撒钱，舍得分功。曾国藩有钱时，对李世忠发放赏格，数十百万两银子如掷粪土，纵是穷窘之时也会尽量解囊分润；调动李世忠的豫胜营打仗，有战功则以全功分润，有保举则尽量优先。两严，是指平日书信往来疏淡，话不多，情分也不亲密；李世忠有了扰民之事，与百姓起了纠纷诉讼，曾国藩一定会秉公执法，绝不姑息。[4]曾国藩曾总结自己的治军要诀，以"千金在前，猛虎在后"为要。他撒钱、分功，是以功利引诱属下，让属下觉得追随他名利皆收、功名有望；他秉公执法、绝不姑息，是严明军纪、厘清上下尊卑，这是以礼治军，让属下清楚违逆他的后果。诱之以利、御之以礼，恩威并施自然无往不利。

李世忠得知湘军已至金陵，当即尽起本部精兵，围困九洑洲。虽然一时未能攻下九洑洲，与雨花台湘军会师，却也替湘军牵制了不少太平军。镇守扬州的旗人都兴阿，长期与湘军联合作战，还指挥过多隆阿、鲍超两支湘军劲旅。为配合曾国荃的攻势，都兴阿下令扬州守军兵发燕子矶，协同李世忠围困九洑洲，试图切断太平军粮道。只是李、都二将都无法带兵直抵雨花台，金陵附近的湘军不过两万出头，兵力远不敷其用。

二　李秀成的踌躇

李秀成亲自督师上海后，沪上之役已近全胜，洪秀全强行调走李秀成，上海战役功亏一篑，胡乱指挥的洪秀全对全局的崩溃应当担负最大责任。但在后人眼里，李秀成的战略似乎也有很大缺陷。同治元年（1862）春节前，上海战役已经爆发，距曾国荃进逼天京尚有五个月。开战初期，沪上清军只有杂兵三四万，华尔的“洋枪队”不到千人，英法军主力大部滞留天津，李鸿章还没到上海，清军统帅是薛焕这种无能之辈。如果李秀成积极应对，本当在四月之前，抢在淮军援沪前收取上海，然后回返天京，在天京城下修筑营垒以待湘军。如是则曾国荃根本没有进驻雨花台的机会，李鸿章也不会有以上海为基地，扩军夺占苏南的机会。后世论者因而批评李秀成不该在上海开战后回镇苏州四个月，将战役交给谭绍光指挥。还有论者指责李秀成过于轻敌，手握百万大军却只派出了十二万人，未能集中数十万大军以万钧之势攻克上海。

这些评论都忽略了一个问题，尽管李秀成所统大军号称百万，然而能打仗的部队不超过二十万。上海战役发动前一年，李秀成策划二破江南大营，能够调动的精兵只有七千人，兵力还不如李世贤。偷取杭州之后，他依靠杨辅清、李世贤、陈玉成的援军，才击败了和春、张国梁。消灭江南大营，在苏南搜罗到大量溃兵，李秀成才有了六七万军队，但多数是乌合之众。安庆会战时，他在湖北招兵三十万，接收“回朝扶主”的石达开旧部二十万，军力急速膨胀，成了太平军中兵力最多的兵团。只不过湖北所得三十万皆是流民，石达开的旧部纪律涣散，都打不得硬仗。

安庆之役，在湖北的李秀成风闻鲍超率霆军八千赶来，不敢攻城就慌忙撤军，对此，湘军也非常不解。李秀成被俘后，赵烈文曾特意到狱中询问此事，李秀成回答是因为“兵不足也”。[5]足见这五六十万军队，真能打仗的不多。若是李秀成有充足的时间整顿军队，倒有可能把这些流民裁汰、训练出二三十万能战之兵。然而他从上游返回后，攻略浙江、进攻上海一刻未能稍息，未能获得整军时间。这几十万乌合之众，遇到顺风仗还能一拥而上，跟随精兵壮大声势、收割战果，倘若派去与英法正规军打仗，只会与清军杂牌一样，听见枪炮声就一哄而散，白白消耗粮草。

除开苏南、浙江等地留守之兵，派十二万人攻打上海，已接近李秀成动员力的极限。谭绍光指挥这十二万人，在上海战役第一阶段击败了薛焕手下的杂牌清军，但等到大雪过后，英法正规军和“洋枪队”压上来，太平军就大败而回。直到李秀成亲自到上海督战，带来了一万精锐，方才反败为胜。可见李秀成的百万大军里，能勉强束伍成兵、阵列而战的人不过十几万，真正能与一流军队交手的，只有亲随精兵一两万。这一两万精锐，当是他昔日偷袭杭州，攻打江南大营那队老兵扩充所得。至于其他凑数的军队，在整备完成之前，只能用来虚张声势。英王陈玉成善战之名犹在李秀成之上，其所统精兵，也只有四千精骑加上刘玱琳的几千步卒，与李秀成差不太多。安庆一役，陈玉成前后投入十几万人，都不是湘军的敌手，直到刘玱琳的数千精锐投入战斗，才有与鲍超血战之力。

当然，如果李秀成一直坐镇上海指挥战斗，及早投入一万精锐，确实能在李鸿章抵达上海前结束战役，可是他回苏州也有不得已的原因。洪秀全对李秀成猜忌甚深，长期以封王为手段，分化李秀成的部将，试图将李秀成架空。李秀成离开苏州太久，后方不稳，加上有人在苏南谋乱，陈坤书也在苏州劫掠，李秀成不得不回镇苏州。他为了安抚被陈坤书劫掠的民众，在苏州赈济灾民数月，因此离开上海前线，实在情非得已。

如果硬要说李秀成在上海战役前期布置有什么不妥，那就是上海战役打得正激烈的时候，为了平定湖州赵景贤，他将谭绍光调往湖州打仗，使上海太平军的指挥及兵力更加减弱，因此被英法军队打得一败涂地，上海清军趁机挽回颓势，撑到了李鸿章率淮军增援。然而李秀成从上海调谭绍光往湖州对付赵景贤，而不是从苏州等地另拨新军，也说明在上海的十二万大军，已经是他兵力的极限。

纵使谭绍光不离开上海，没有李秀成和他的一万精兵，太平军也打不过沪上的清、洋联军。李秀成从苏州返回上海后，投入精锐万人，成功恢复了在上海的优势。李秀成打得英法军队被迫放弃干涉时，突然被洪秀全严令回援，上海战役这才功败垂成。单就上海战役的部署而言，李秀成没有太大责任。

李秀成的失误，是在接到洪秀全的调令后，撤离了上海战场，却在苏州踌躇两个月，没有火速前往天京救援。洪秀全被曾国荃的攻势吓倒，强令李秀成从上海撤军来救天京，无疑是"乱命"。然而，李秀成既然无法抵制洪秀全的乱命，不得已撤离了上海，上海战役基本失败，那就应该赶紧下定决心攻打曾国荃。如果他撤离上海后，即刻率精兵起行，应当能在曾国荃修好防御工事前赶到雨花台。根据三河之役的经验，少数精锐湘军若是没有防御工事依托，根本无法在野战中抵挡优势敌军围攻。若在曾国荃工事未成，"主客之势"还未逆转时开战，李秀成极有可能一举击退湘军，获得三河大捷后的又一次大胜，甚至还有时间回师上海消灭李鸿章。即便错失歼灭李鸿章的机会，至少也解除了曾国荃对天京的围困。

洪秀全严令各地太平军援天京后，李秀成一面遵旨从上海撤走大量军队，一面在苏州拖延时间，想等到两年后湘军锐气消磨再与之决战。他既不能抵制乱命，持续围攻上海，给了李鸿章发展的时机，又不敢趁曾国荃立足未稳时立即与湘军决战，五心不定遂满盘皆输。湘军名将罗泽南曾言：“乱极时要站得定，方是有用之学。”李秀成就稍微少了一点站得定的“有用之学”。他在兵微将寡时敢于行险，兵多粮足时会瞻前顾后、优柔寡断。曾国藩用兵也有这种毛病，然而这次主导天京战役的不是曾国藩，而是擅长“以蛮破巧”的曾国荃。

三　血战雨花台

李秀成出兵前，洪秀全下令天京守军开城出击，趁湘军营垒未成之际与敌决战。湘军在雨花台只有两万多人，天京城内太平军也不下两万，两军数量相当，湘军尚无营垒可恃，洪秀全这个决定倒是颇合兵机。可惜天京太平军无名将统带，与湘军几次交手都以失败告终，还让曾国荃在秣陵关夺得不少辎重。

洪秀全急发诏书催促李秀成，李秀成派胞弟李明成先统数万大军，从苏州急驰天京。李明成不是曾国荃对手，他在雨花台与湘军交战两次，尽管击毙了湘军猛将张胜禄，却无法攻破湘军营垒。见李明成不能破敌，洪秀全令“对王”洪春元统合天京内外四万多太平军，再度进攻雨花台。洪春元是洪秀全族侄，乃是洪氏诸王中唯一知兵之人。他率军多次出击，损兵数千亦未能解围。稍后洪仁玕、杨辅清率军两万自皖南来援，会合城内守军后，潜行至湘军后路发动偷袭，也在激烈的搏杀中被曾国荃击败。

几场恶仗下来，曾国荃信心大增。雨花台湘军陆师虽然不过万人（两万大军中一半是水师），但粮草充足、士气高昂，历经数年恶战的锻炼，战力已臻巅峰，对抗十几万太平军毫无压力。曾国荃一面加固防御工事，一面从和州、西梁山调兵增援，湘军在雨花台立根既深，似已立于不败之地。曾国荃宣称：“只要米粮、子药来得充足，虽来援贼二三十万，尽足支持数月之久。”[⑥]

大兵之后，必有大疫。夏季刚至，江南瘟疫大作，仅上海就有百万民众死亡。曾国藩派往上海卧底的名士领袖周腾虎病故，天主教外籍传教士也病死三分之一，在沪英军病死十分之一，新任英军舰队司令古柏的旗舰甫抵上海，四百名船员已病倒一百，只得紧急驶回香港。自德川秀忠颁布锁国令以来，两百多年与中国没有官方往来的日本，在这年派出外交使团访问上海，因为感染瘟疫后三人病死，日本使团仓促结束访问，乘坐“千岁丸”匆匆离开。

到了秋季，江南二十四个县被瘟疫波及，军民死亡相继，罹难者多达数百万。鲍超驻扎的宁国一带，河中积尸生虫，河水及井水皆不可饮用，曾国藩感慨这是“宇宙之大劫，军行之奇苦也”。雨花台湘军也多染时疫，病死数千，患病不能出队的人很多，还能列阵的士兵只有八千。湘军兵力遽减，战斗力也大幅下降。因为太平军医官齐备，常驻江南又比湘军擅长防避疫病，故染病者甚少，此刻正是太平军挫败湘军的绝佳时机。李秀成会合诸将，统兵二十余万，号称六十万来攻。太平军携带洋枪两万多杆，还有不少走私获得的开花大炮，声势极为浩大。[⑦]

同治元年闰八月二十日（1862 年 10 月 13 日），李秀成与十三王率兵抵达雨花台，与湘军展开激战。李秀成将援兵分为东西两路，和数万天京守军同时向湘军发动进攻。因为太平军兵力有二十倍优势，火器更是百倍于湘军，李秀成不打算长期作战。太平军作战的惯例是先驱使大队人马围攻，关键时刻才押上精锐“老兄弟”底定胜局。为一鼓作气解决湘军，李秀成未采用传统战法，一开战就派出了大部精锐老兵，试图在最短时间内取胜。作为对雨花台战役的策应，杨辅清进攻宁国的鲍超、张运兰，防止霆军自宁国增援雨花台，陈坤书则攻击金柱关的湘军水师，以绝湘军粮路。

李秀成兵分两路，曾国荃则将湘军分为三队，其中两队在东、西两路迎战，他自率一队作为游兵，在战场上奔走救急。两军血战六昼夜，太平军奋勇向前，炮弹如雨，密集的火力将湘军压得无法出战，只得依托营垒，收缩防线抵抗。集中枪炮实施弹幕遮断的同时，太平军土营四处挖掘地道，试图以地道突破、炸塌湘军营垒。

尽管同袍大多感染瘟疫，立功心切的湘军士气却丝毫不减，尚能作战的湘军都能依托营垒，死战不退。太平军洋枪洋炮甚多，火力空前强大，只是湘军阵地“节节严营，壕深垒坚，木桥叠叠层层”，曾国荃又带着游兵顶着炮火抢修营垒，太平军多数火力都被防御工事抵消。

交战六日后，李秀成见太平军因兵分两路力量不足，于是将西路军并入东路，集中兵力直扑湘军中军营垒，更激烈的战斗随即打响。太平军日夜攻打，枪炮骤如飞蝗，开花炮弹横飞入垒，宛如流星坠地，激起的烟火遮天蔽日。守备的湘军遇敌冲入，立刻在长壕中放火，大火借助秋风之力，四纷五落，散入密集的人群中。两军士兵在烈焰中扭曲翻滚，战斗极为惨烈。战至八月廿九日，李秀成派出数千名手持洋枪的锐卒，发动对曾国荃所在阵地的突袭。战场上黑云覆地，红日无光，硝烟弥漫中太平军如怒潮般涌来。两军激烈交战时，曾国荃左颊被一颗流弹击中，血流满面仍率军酣战不已。秋色苍凉，生死一念，太平军最终因伤亡过重退去，湘军损失也很严重，副将倪桂被太平军击杀，主帅曾国荃伤势不轻，脸颊的鲜血沾满了衣襟。

十余日后，李世贤也率军赶到了雨花台。李世贤原本在浙江金华一带与左宗棠相持。他在衢州战败后放弃进攻，依靠兵力优势收缩战线抵挡湘军。李世贤收缩战线后，在龙游的防御战中挫败了敌之攻势，给湘军造成很大损失。但洪秀全连续催促李世贤援京，李世贤急欲击退湘军后回天京，于是再度仓促出击。左宗棠敏锐地抓住战机，在野战中接连大败李世贤。天京战事正酣，李世贤顾不得浙江战事，只能将军务托付李尚杨，自率四万精兵从龙游进援天京。李世贤和李尚杨约定四十天后返回浙江继续战斗，谁料从此一去不回，李尚杨无协调诸将的名望和能力，浙江战局遂为左宗棠掌控。

李秀成与李世贤会师后，兵力增至三十万人，曾国藩"忧心如焚"，再度发信让曾国荃撤退。曾国荃个性极其坚韧，坚决不肯撤军，曾国藩只得四处搜罗援军，最后凑出了几千兵马增援。都兴阿派出杨心纯率军千余人进驻金陵城外，与曾国荃合军一处，原本驻扎芜湖的王可升也率军一千五百人增援雨花台。

尽管有了王可升、杨心纯的增援，金陵城外的湘军陆师数量也很少，即便加上水师八千，兵力仍远不足用。曾国藩致信李鸿章，想让淮军程学启部从上海雇轮船赶赴金陵救援，但李鸿章在上海也兵力吃紧，能打仗的悍将唯程学启一人，怎肯放走程学启？几番商榷之下，

焕然一新的淮军

李鸿章另外拨出了三营较弱的援军，安庆方面又加拨巡湖的两营士卒来援，但这也只给金陵战场增加了不到三千兵力。

李秀成命令前敌将士以竹条和门板搭建高台，再以泥土夯实，在湘军的壕墙前垒起更高的攻城台。太平军中的“洋枪队”在高台上用洋枪向下射击，以密集弹幕压制湘军，其余士兵则顶着湿木板做蛇形机动，贴近湘军营垒，往墙内投掷燃烧弹，趁湘军忙于救火时，用草捆填满壕沟，在开花人炮掩护下翻越墙壁，夺占营垒。除了正面攻垒，李秀成还指挥士兵挖掘明暗两重地道，明面上的地道以木板覆盖，抵挡湘军土炮攻击，暗地在下开挖多重地道，越过湘军工事进攻，令湘军防不胜防。

曾国荃在关键时刻体现了卓越的指挥能力。他在防御的土墙后加修一道土墙，这道土墙故意修得比外层土墙低矮，以免太平军发现。一旦太平军通过地道爆破炸开外层土墙，湘军士兵就退守第二道土墙，站在墙后向攻入的太平军射击、放火。湘军火药十分充足，一见太平军冲入，马上将大桶火药倒入壕沟点火，很多太平军被烧死在战壕中，损失惨重只能撤退。太平军撤退之后，曾国荃一边派人抢修土墙，一边派出猛将带精兵反扑，冲出土墙破坏地道。太平军在激烈的争夺战中死伤甚多，但仍不肯放弃。曾国荃说：“目击枪炮打死之贼与火蛋烧死之贼极多，无如前者打死，后者继进，恃其洋枪、洋炮之多，且利负嵎之势，更番而来。”⑧

王闿运在《湘军志》中嘲讽李秀成的大军只敢在远处放枪，不敢近身搏战，士气与早期太平军相比已经衰竭。⑨王闿运素不知兵，这段臆测不但贬低了李秀成、曾国荃，更贬低了被李秀成击毙的卜罗德。在雨花台的数十天战斗里，李秀成进攻非常凶猛，不但用洋枪洋炮拼命攻打，与湘军近身搏杀的战斗也很多，太平军常在死伤惨重的情况下反复冲杀，并非“罕搏战”。李秀成救援安庆时与曾国藩有过交手，彼时李秀成所部多杂兵，战力不强，曾国藩因此认为李秀成的部队较弱，这也是他最终同意曾国荃坚守雨花台的原因。[10]但雨花台几番冲击下来，他不得不改口说：“忠（李秀成）、侍（李世贤）两酋极悍极多之贼。”[11]

刚开战时，曾国荃对李秀成的“穴地”战术非常头疼。湘军无法找到太平军开掘的暗道，只能等太平军冲出地道后再迎战，仓促之间难免惊慌失措。仔细观察之后，曾国荃发现了李秀成开掘地道的规律：只要西面的太平军往东面射击掩护，则东面兵力集结地必为地道所在，反过来也一样。另外，曾国荃还发现，太平军开掘地道之处，一定会有猛烈的炮火掩护。发现了太平军开掘暗道的规律，曾国荃能够预判暗道方向，然后指挥湘军对准暗道方向，也向外挖掘地道。湘军的地道从高处向下开掘，等到两军地道交接，立即从高处放水，既能淹死地道中的敌军，又能让地道积水无法爆炸。即使太平军侥幸爆破成功，早有准备的湘军就在缺口处迎战。湘军洋枪不多，但曾国荃也装备了数百杆西式步枪，一见太平军冲出缺口，马上下令几百杆洋枪在缺口处密集射击，一般几次齐射就能将太平军击退。由于水师保障了后勤通畅，湘军弹药补给充足，比太平军更耐久战，加上曾国荃大撒银子犒赏士兵，湘军士气得到鼓舞，渐渐占据上风。

太平军多次攻击曾国荃的营垒，皆付出惨痛代价而收效甚微，每攻破湘军一道土墙，都会阵亡数百人，而“以客欺主”的湘军付出的代价不过十几人。由于带头冲营的都是李秀成部下精锐，曾国荃甚至盼望李秀成日日攻营——这种攻击多来几次，太平军精锐就消耗殆尽了。

与曾国荃血战的同时，李秀成派兵在雨花台西面挖掘江堤，试图决长江之水淹没湘军后路。他不停地催促陈坤书，尽早攻克金柱关，截断湘军粮道。为了保卫粮道，曾国藩令王可升所部、安庆调来的巡湖营，以及李鸿章派来的三营士卒进驻金柱关，加强后路兵力。在彭玉麟的指挥下，湘军水陆大军在金柱关奋力击败陈坤书，歼敌一万余人，成功护住了粮道。

从八月二十到十月初四，太平军与湘军在雨花台大战四十余日，未能歼灭湘军，反而损失精锐近万。李秀成未做长期战斗的准备，万般无奈之下率军撤退，雨花台大战结束。

雨花台解围战，李秀成以二十倍兵力围攻尚在瘟疫中的湘军竟然失败，其军事指挥能力因此遭到质疑。其实雨花台一战，李秀成的指挥没有明显失误。湘军虽染瘟疫，但能出队作战的士兵尚有八千人，后来逐步增加到万人。根据两军以往交战的经验，一万湘军在旷野中打遭遇战，很容易被拥有洋枪洋炮的十几万太平军围歼。但曾国荃坚决不出头野战，只依托防御工事和李秀成进行营垒争夺战。长壕、营垒抵消了太平军的火力、兵力优势，湘军自然能借助更高超的军事素养取胜。

曾国荃人称“曾铁桶”，用兵的确有常人不可及之处。赵烈文曾见过和春、张国梁围天京的营垒，也见过曾国荃此前在安庆的布置，对比之后，他认为曾国荃有五处胜过了前者：和、张二帅不敢靠近前敌，帅营距离前线有十余里，曾国荃胆气粗豪，帅营扎在前沿阵地的土墙边，直当冲要之地；江南大营的战壕深不及二丈，遇到挖不动的地方，就用石块垒一道矮墙阻挡，曾国荃的长壕无论深、广都倍于和、张；江南大营的壕沟十分简单，前敌各营没有严密的防御工事，曾国荃的营垒、工事非常复杂、精密；江南大营来了客人，都会热情招待，客人未到，茶饭早已备好，不像军营倒像官方接待处，曾国荃的营中一般不接待客人，从不准备客人伙食；江南大营营官、亲随都身着华服，曾国荃全军上下打扮都像农民，分不出官与兵。[12]

与湘军作战的太平军，装备了洋枪两万杆，以及大量开花大炮，但这些洋枪洋炮在战斗中没发挥太大作用。李秀成的洋枪多是走私来的劣等货，型号不能统一，性能不能保障，弹药补给也不充分，很多还是射程、威力都很差的滑膛枪，远不及英法军队装备的制式步枪好用。李鸿章对曾国藩说，国内能买到的洋枪，按质量分为天字号、元字号、万字号三等，天字号、元字号不易得，淮军普遍装备的是万字号。即便是最上等的天字号，与西洋各国正规军所用枪械相比都是破烂。曾国藩试过这些枪后也说，可靠性很差，打十几枪就会哑火。淮军有英法相助，装备的洋枪都如此糟糕，李秀成走私来的枪械就更等而下之。他被俘后建议曾国藩，宁可买广东仿造的土制洋炮，也不要买走私的洋炮，洋炮还不如广东造的土炮好用，可见他手中的洋枪洋炮质量堪忧。加上湘军以深沟高垒抵挡枪炮之威，太平军的洋枪洋炮自然收效甚微。

得益于曾国藩这位主帅的"工匠精神"，湘军在雨花台拥有的步兵支援火力，比倚仗劣等洋枪的太平军更加强大。湘军陆军打仗，常用劈山炮袭击太平军。劈山炮是清朝工匠根据西洋火器改造而得，在乾隆平金川时开始大量使用。作为清军制式的步兵支援炮，劈山炮不是攻城重炮，主要用途是在野战中大规模杀伤步兵。劈山炮发射葡萄弹，通过爆裂的弹片杀伤组成密集阵型的步兵。据估算，劈山炮对步兵的杀伤力与美国南北内战时期所用的老式火炮相当，稍逊于普法战争时期的普军火炮。

组建湘军后，曾国藩亲自对劈山炮的炮弹进行了改良，改生铁为熟铁，将炮子打造成半寸大小的圆形颗粒，然后再锻打至葡萄大小，称为"群子"即霰弹。改用"群子"后，劈山炮每炮少则发射炮子百余颗，多则三四百颗，对密集步兵的杀伤力，超过同时期普鲁士的步兵支援炮——不要以为清朝官僚曾国藩的土发明，就一定比西洋工

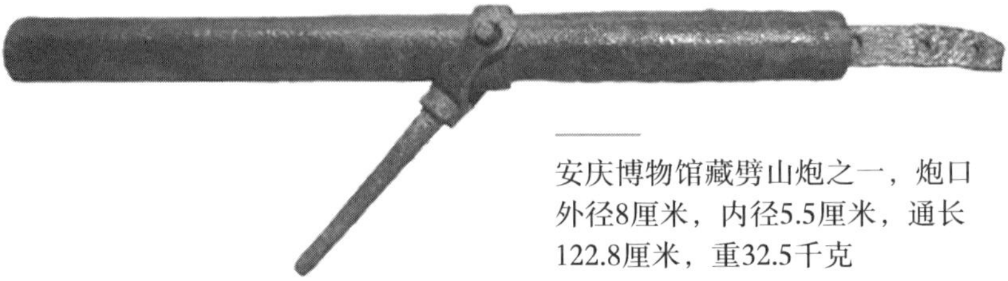

安庆博物馆藏劈山炮之一，炮口外径8厘米，内径5.5厘米，通长122.8厘米，重32.5千克

安庆博物馆藏劈山炮之二，炮口外径7.7厘米，内径5.7厘米，通长95.5厘米，重19.5千克

安庆博物馆藏劈山炮之三，炮口外径8厘米，内径6厘米，通长94.7厘米，重19.5千克

清军装备的劈山炮

程师差。[13]

有了装备“群子”的劈山炮，湘军虽无攻城重炮，在野战中却十分得力。太平天国战争时期洋枪还不能连发，装备劣质洋枪的步兵，往往会被劈山炮火力压制。李鸿章到上海后，淮军大量换装洋枪，但战斗中仍要大量使用劈山炮压制太平军的洋枪队。李鸿章在给曾国荃的信中交流对付李秀成的心得，说江苏太平军没有劈山炮，火

力全靠洋枪，每次进击必有数千杆洋枪冲击。淮军洋枪只有千余杆，但战时以劈山炮掩护洋枪队，因而屡屡获胜。曾国藩总结雨花台的作战经验也说，李秀成的精兵专靠洋枪，又有上百骑兵手持洋枪冲锋，非常凶悍。湘军应对的办法是用劈山炮，多装“群子”，连环轰击，以抵挡敌军冲锋的威势。

李秀成自述其撤军的原因是弹药粮草耗尽，随着天气逐渐寒冷，太平军未带寒衣，不得不撤退。后世论者常指出，雨花台之役时尚在初秋，江南的秋季并不寒冷。九洑洲一直没有失守，高淳、溧水等水运粮道还在太平军手中，句容、丹阳一路的苏浙粮道也畅通无阻，可见李秀成事后所云纯属托词。

雨花台大战时天气不冷确为事实，然太平军粮道虽通，后勤却无法保障大军作战。曾国藩在给曾国荃的家书中指出，太平军援军以十万计，每日至少消耗大米千石。李秀成没有大船，纵然陆上粮道通畅，也无法保障大军补给。天京城内虽有粮食，洪氏诸王却未必舍得分润给李秀成。[14]湘军烧掉太平军在大官圩的存粮后，曾国藩已预见李秀成、李世贤会因为补给不足退兵。[15]

尽管粮草不足，但天气未寒，李秀成撤军仍很奇怪——太平军虽未攻破湘军营垒，却已基本摧毁了湘军战斗力。湘军能作战的士兵不到一万，在四十多天的战斗中死伤六千多人，战损过半。传统军队战损超过三成就会失去战斗力，即便湘军坚韧耐战远超其他军队，战斗力已所剩无几。李秀成撤军后，曾国荃不敢出营追击，自称“官军疫疹之后，继以伤亡，重以疲困，自不能再出征剿”。

李秀成指挥的三十万太平军，损失不到一万人，战损不过百分之三。在两军猛烈的对攻中，一方损失六千，一方损失近万，看起来战斗力也非常接近。拥有兵力优势的李秀成只要再坚持一个月，幸存的三四千湘军必然崩溃，按之前的伤亡比算，太平军最多再损失一万人就能全歼湘军。李秀成的粮草再拮据，撑上一个月应该毫无问题，为什么不接着打呢？难道三十万大军还承受不了两万伤亡？

事实上，太平军确实无力再战了。李秀成开战之初过于轻敌，妄图一举歼灭湘军，一开战就把最善战的老兵投入战斗，过早耗尽了军中精锐。在这四十多天惨烈的搏杀里，损失的近万军队，恰是太平军中真正有战斗力的精锐。李秀成击败和春、张国梁时，只用了七千精锐，在上海击败英法联军，真正有用的，也只是精兵万人。如前所述，李秀成能调动的精兵只有一两万人，因为着急解围，过早压上了底牌，精锐士卒损失殆尽，剩下的二十多万人只有摇旗助威的能力。

李秀成仓促撤军的第二个原因，是李鸿章在四江口大破十万太平军。在李秀成筹备雨花台攻势的数月时间，李鸿章从太平军密不透风的围攻中逃脱，整合了所有资源，扩充淮军发起反攻。雨花台激战之时，李鸿章攻克了青浦、嘉定，又在四江口打了大胜仗。李秀成留在上海的军队彻底战败，数万淮军进逼苏南。在李鸿章的重压之下，苏南守将如熊万荃、李文炳、钱桂仁等，趁李秀成不在苏州，私下与清军勾结，做好了叛乱投降的准备，苏南陷入危机。李秀成生怕苏南重地失陷，无心与曾国荃血战，加上精锐士卒损失大半，就撤离了战场。

雨花台大战虽未消灭曾国荃，但天京并未沦陷，李秀成还手握数十万大军。真正致命的危机是雨花台大战之时，李鸿章和左宗棠趁机扩充实力，苏南、浙江两地太平军纷纷叛降。李秀成撤离雨花台时，江南局面已很难挽回，左、李二人大势已成，李秀成无力回天。就战略全局而言，洪秀全不顾上海、苏南、浙江的得失，一心要保护天京，将前线将帅的布局全盘打乱，是太平天国后期最致命的失误。

湘军的特点是兵力不足但战斗力强大，旷野浪战不强但依托深沟坚垒作战坚韧。这种情况下，湘军不能分出多支部队与太平军在广袤的战区争胜，只能集中力量战安庆、围天京，通过攻击洪秀全重视的要害之地，将其他战区的太平军吸引到自己选定的战场上决战。如果太平军一心要保安庆、天京，就必须从其他战场撤退，到湘军以逸待劳、占据“主势”的战场作战。而湘军往往根据自身作战特点，选择江河附近为战场，以发挥其水师优势。有了水师依托，再进一步选择地势崎岖，容易构筑防御工事的地方为阵地。除此之外，湘军还会派出精兵抢占形胜之地，扼守援军进军通道，为围城之兵打援。在湘军精心选择的战场上打仗，纵然太平军兵多将广，亦不能取胜。

站在太平军角度，敌人希望我们做什么，我们就一定不能去做。敌人想与我们决战安庆、天京，就绝不能被他们牵着鼻子走。湘军攻安庆，未必太平军就要援安庆，湘军困天京，太平军未必就要战天京。一味争论李秀成援救安庆、天京态度坚不坚决，其实已落下乘。东王杨秀清从不受天京所累，李秀成也很清楚战争主动权的重要，所以曾国藩战安庆，李秀成就打浙江，曾国荃围天京，李秀成就战上海。李秀成的想法是，你打你的，我打我的，要让你跟着我的节奏，而不是我跟着你的节奏，就算天京不保，照样可以迁都再战。问题就在于，李秀成得不到天王洪秀全的充分信任，他的战略不能被洪秀全采纳。

曾国藩在给曾国荃的家书里说，无论如何也想不到李秀成会攻击雨花台，因为只要稍通兵法，就知道当时的形势，应该先攻宁国的鲍超。曾国藩猜测李秀成可能觉得曾国荃不如鲍超强悍，想捡个软柿子捏。[16]这一点他猜错了，李秀成攻雨花台，是受了天王严令，并不是自己的决策。李秀成被俘后自述天国十误，曾国藩阅后特意加上了一句话“误不应专保天京，扯动各处兵马”。尽管这句话有为曾国荃夸功的嫌疑，却也是他的肺腑之言。

对李秀成来说，雨花台未能战胜，固然挫伤锐气，但他仍有再战之力，毕竟苏南尚在手中，几十万大军仍在。可惜造化弄人，李秀成才着手清除叛逆，整顿“分地”内的军心，洪秀全就下了一道匪夷所思的圣旨，让李秀成率几十万大军北进皖省收复失地。接到圣旨，李秀成心中悲不自胜，却也无可奈何。十年征战之功眼看将要崩溃，他不由感叹这是劫数难逃，英雄该受此劫。天王之命难违，李秀成只能收拾疲惫狐疑之兵，仓促北上。望着散乱的队伍，他如大梦醒来，周遭寒气逼人。

【注释】

① 见《曾国荃集》第3册第239页，岳麓书社2008年版。

②“臣拟调多隆阿一军前往会剿……但使每年能解苏漕百余万石、淮课数百万两进京，俾户部稍资周转。京师根本之地，有恃不恐。”见《曾国藩全集》第4册第236页，岳麓书社2011年版。

③“处处皆系两层，前层拒城贼，后层防援贼，当可稳固无虞。”。见《曾国藩全集》第21册第29页，岳麓书社2011年版。

④ 见《曾国藩全集》第21册第16页，岳麓书社2011年版。

⑤“余又问：‘十一年秋，尔兵至鄂省南境，更进则武昌动摇，皖围撤矣，一闻鲍帅至，不战而退，何耶？’曰：‘兵不足也。’”见赵烈文《能静居日记》第2册第804页，岳麓书社2013年版。

⑥ 见《曾国荃集》第5册第128页，岳麓书社2008年版。

⑦“贼之火器精利于我者百倍之多，又无日不以开花大炮子打垒内，洋枪队多至二万杆。”见《曾国荃集》第3册第240页，岳麓书社2008年版。

⑧“贼多用油篓、门片、杉木垒成数台，均皆比我壕墙高。其实目击枪炮打死之贼与火蛋烧死之贼极多，无如前者打死，后者继进，恃其洋枪、洋炮之多，且利负嵎之势，更番而来，我早已劳且惫矣。”见《曾国荃集》第5册第147页，岳麓书社2008年版。

⑨ 见王闿运《湘军志·曾军后篇第五》，《湘军史料四种》第67页，岳麓书

社2008年版。

⑩“伪忠王前年十月在羊栈岭，去年春在建昌等处，均不甚悍。”见《曾国藩全集》第21册第31页，岳麓书社2011年版。

⑪见《曾国藩全集》第21册第65页，岳麓书社2011年版。

⑫见赵烈文《能静居日记》第1册第369页，岳麓书社2013年版。

⑬见复旦大学王涛博士论文《清军火器、军制与战争》第132页。

⑭“贼数闻以十万计，每日须食米千石，若无大舟搬运，何能持久？吾在徽用兵二载，深知陆路运米之难……况城贼之米，未必肯多搬出耶。”见《曾国藩全集》第21册第51页，岳麓书社2011年版。

⑮“大官圩等处之粮多为我军所焚，则金陵援贼之粮必难久支，城贼之粮多寡，则不敢必耳，计忠、侍引退之期必不甚远。”见《曾国藩全集》第21册第69页，岳麓书社2011年版。

⑯“伪忠王之初计，本以全力先攻鲍军，不知何以变计，改而先攻弟军，必有献策者言鲍军坚而弟军瑕也。”见《曾国藩全集》第21册第62、63页，岳麓书社2011年版。

三、李鸿章的毕业大考

一　投奔曾国藩

同治元年三月初十（1862 年 4 月 8 日），“绿林翰林”李鸿章，乘坐洋商的轮船抵达上海，参加老师曾国藩为他举行的毕业大考。

安徽合肥人李鸿章，生于道光三年正月初五（1823 年 2 月 15 日），比曾国藩小十二岁。他父亲李文安是曾国藩的同年，道光十八年（1838）进士，官至正五品刑部郎中。李鸿章在道光二十七年（1847）中进士点翰林时才二十四岁，是清代安徽最年轻的翰林。他在京师时，以年家子身份拜曾国藩为师，学习“义理之学”。曾国藩还没有上过战场，经世学问还止于纸面，李鸿章所得传授，想来相当有限。

太平军攻占安庆，阵斩安徽巡抚蒋文庆，咸丰下令安徽籍刑部侍郎吕贤基回家乡帮办团练，李鸿章也一同前往，从此开启他的军事生涯。吕贤基在军事上是个草包，而当时李鸿章用兵的水平，与这位少司寇亦在伯仲之间，难兄难弟，彼此彼此。

李鸿章在安徽率兵守卫漕运，上游有人放河灯祈福，河灯顺流直下，远望一片火光，李鸿章看见火光以为是太平军杀来，吓得马上带队逃跑，散入山中躲避。受此惊吓后，他更是杯弓蛇影，草木皆兵，于是派人四处收购好马，直接拴在行辕里，只为逃跑方便。[①]

李鸿章后来流窜到上司吕贤基处，而吕贤基的形势非常危险，士卒纷纷逃亡，吕贤基一筹莫展，准备一死以报清廷。李鸿章乃是惜命之人，找借口回了老家。太平军攻克舒城，吕贤基投水自杀，李鸿章却逃脱大难。

湘军统帅江忠源升任安徽巡抚，因幕中少人，曾国藩向他推荐了李鸿章。李鸿章得到邀请，纠合六百多乡勇去庐州投江忠源。李鸿章还未抵达庐州，江忠源已被太平军以十几倍优势兵力围困。李鸿章见势不妙又提前逃跑，太平军名将胡以晃攻陷庐州，江忠源自杀身亡。

连续死了两任上司后，李鸿章被座师满人福济招入幕中。李鸿章的父亲李文安也在福济军中效力，父子一同率领团练跟随福济作战。在福济麾下，李鸿章立了一些战功，得授知府之衔。其实，李鸿章这时仍不会用兵，留下了一大堆笑料。

李鸿章和本地土匪打仗，尽管对手只是土匪，仍然打了大败仗，一路狂奔逃回营垒。逃进营垒后，他直入厨房，一条腿搭在灶头上，一手揭开锅盖，一手拿碗舀饭狂吃，边吃边喊："兄弟们快吃，吃饱好有力气逃跑。"

太平军进攻柘皋，清军筑有营垒数十座，可是李鸿章弹压不住手下，手下乡勇大肆逃跑，导致防线崩溃。幸得和春亲率精兵数千来援，最终大获全胜。李鸿章第二天面见和春，称赞道："天下名将，若论声威，当以和军门为最。"和春讥讽地说："畏敌而逃，当以阁下为先。"这件事成为风靡大江南北的一则笑谈，安徽人私下嘲讽李鸿章为"逃跑知府"。[②]

李鸿章的团练军纪败坏，见敌即溃，平日最好扰民。一介书生成了兵痞头子，士林纷纷耻笑他翰林变作"绿林"，还给他起了一个绰号“绿林翰林”。“绿林翰林”李鸿章在安徽打了好几年仗，因无名家传授，自己也无悟性，用兵手段始终无长进。

传统意义上的兵家，大致分为三种。一曰“练兵家”，善于规划管理，能立规矩、正军纪、定军心，把招募来的农民训练成如臂使指

李鸿章

的铁军；二曰“指挥家”，察天时、明地利，临敌机变、奇谋迭出，指挥大军游刃有余；三曰“战略家”，天下大势尽在掌中，万里戎机运筹帷幄。曾国藩、胡林翼、杨秀清身兼练兵家和战略家，临敌打仗却不灵光。李秀成是指挥家和战略家，练兵的本事非常一般。三种本事都精通的，历史上也只有诸葛亮、李世民、李靖、岳飞寥寥数人。

李鸿章在安徽办团练时不会治军，也不懂前敌指挥，但他文人出身，读多了经史，见多了世面，在战略上倒是颇有眼力。多年之后，他创立的淮军兵锋极盛，威风甚至凌驾于湘军之上，那是因为曾国藩传授了李鸿章全套练兵本事，又送了他十几个营官、几千名老兵。淮军以湘军为模板，全盘复制湘军的营制，到上海后又引入了洋教官和西洋枪炮，战斗力大为增强。李鸿章虽然不擅长临阵指挥，但狼奔鼠窜的经历让他有了自知之明，能够放手让属下将领施展本事。他在办团练时结识了安徽各路豪杰，能笼络地方上的骁勇之士为己所用。李鸿章的智谋远在一般文臣之上，在战场厮混多年后，知道如何判断将才之优劣，分辨计策之好坏。这样一来，他虽做不来临敌机变的将军，却能胜任“将将”的元帅。李鸿章亲自办团时因为要自己带兵，只能望敌而逃，做了大帅后有猛将用命，自然百战百胜。

李鸿章在安徽沉浮多年，始终没有成就，反而常有性命之忧，座师福济调离前线后，他也找借口从安徽的泥潭里抽身离去。咸丰九年(1859)，赋闲许久的李鸿章到江西建昌投奔老师曾国藩，入湘军幕府做了一名幕僚。

李鸿章在建昌与恩师连日长谈，把多年打仗所思所得尽数告知曾国藩。李鸿章在战场上生死逃奔多次，早已洗去一身“不合时宜”的书生气，沉稳干练远胜寻常进士。尤为重要的是，他是翰林出身的文官，身份十分显赫。湘军号称书生领军，其实大部分将帅不过举人、秀才乃至文童出身。湘军要想扩大势力，必须广布党羽、多建山头，只是将帅出任方面统帅，就得有办法筹饷，要想筹饷，就得兼任地方大员，没有进士功名想做封疆大吏非常困难。翰林出身又久经考验，李鸿章的双重资历意味着他将是新山头的领头人，不能看作寻常幕僚。

曾国藩最初想让李鸿章独领一军，令他去两淮招募健儿组建一支新军。三河一役湘军吃尽了太平军骑兵的苦头，也想扩充马队。淮上民风彪悍，豪杰遍地，加上出产战马，正是编练马队的好地方。太平军进入安徽后，安徽遍地烽火，团练、土匪、捻子、太平军犬牙交错，多招一个猛士入伍，地方上就少一个人反抗清廷。

李鸿章到曾国藩幕府不到十日，曾国藩已决定通过官文从察哈尔调拨战马三千，再由李鸿章从颍州、亳州一带招募骑士千人，新立骑兵营头试用。如果淮上马队好用，曾国藩还打算再增募三千人，让李鸿章统带八营骑兵。接到招募两淮马队的命令后，李鸿章踌躇良久，始终不敢领命。他知道自己威望不足，两淮实力派不会轻易听从调遣，与兄长李瀚章商议后，回绝了老师。曾国藩有意栽培借重这名弟子，就鼓励他放胆一试。曾国藩对胡林翼说，李鸿章有大才，令人惋惜的是，在吕贤基、福济手下办事太久，沾染了暮气，不敢任事，这个脾气得让他改一改。

曾国藩勉励李鸿章道：老师在衡阳办水师，其实也没有半分把握，只是大着胆子去做，等打开局面后，慢慢得到专业人士帮忙，才一步步办了起来。要办天下大事，绝不能等有了必胜把握再动手，你姑且放胆一试。[③]在曾、胡的鼓励下，李鸿章答应先招募五百人看看效果。很可惜，如其所料，两淮土豪都不买账，地方政府也不断阻挠、抗命，最终一个骑兵也没招来。曾国藩不禁哀叹，如今官场都在磨洋工，“水磨办法”最是消磨人才，连李鸿章这样的大才都被荒废了。[4]

二 郁郁不得志

经此一事，曾国藩知道这个弟子暂时没有操持实务的经验，遂打发他去曾国荃军中帮忙。从曾国藩的幕僚降级为曾国荃的幕僚，李鸿章很不高兴。按官场惯例，曾国荃区区一贡生，连给翰林出身的大员做幕僚的资格都没有，如今仰仗湘军威势，居然与李鸿章地位颠倒，李鸿章如何能忍？曾国荃只比李鸿章大一岁，却处处以“师叔”自居，对这位兄长“门生”不甚客气。李鸿章觉得受了侮辱，就给老师写信发牢骚，要求调离。

曾国藩回信说，阁下此去军中学习，要仔细察看湘军各个营头的气象，看看得在何处、失在何处，军中制度法规可有要改进之处……都要一一悉心体察。这封信绵里藏针，在客套话里暗含了对李鸿章的敲打——我派你去曾国荃军中，是让你去学习军事，你应当认真观察我军中法度，悉心学习我军将帅的经验。你想做大事，然而做大事很不容易，不是你想做就能做的，你不好好表现我怎么安排你呢？[5]

李鸿章自诩翰林出身，不肯受气，连发了几封信给曾国藩，说自己还是想离开。这次曾国藩的回信更不客气，他在笺函里说：“观阁下精悍之色，露于眉宇，作字则筋胜于肉，似非长处玉堂鸣佩优游者。倘为四方诸侯按图求索，不南之粤，则东之吴，北之齐豫耳。”[6]这是直接告诉李鸿章，你这个人太狂傲，不谦虚，这不是好事，老夫不喜欢。你是翰林，到哪儿都有饭吃，你要是觉得我湘军对不住你，你也可以到别处去试试。

话说到这种程度，李鸿章就踌躇了。要是离开湘军另谋去处，天下哪家幕府有湘军的这样气势宏大，前途无量？若是留下来，自己的地位又着实尴尬。幸亏有兄长李瀚章帮忙周转，经李瀚章斡旋，曾国藩写了封言辞和缓的信挽留李鸿章，李鸿章有了台阶，当即离开曾国荃回到曾国藩幕府。

经过这一番周折，曾国藩也不再考虑让李鸿章独自带兵，而是让他发挥写文章的特长，在幕府中帮办文案。李鸿章是案牍高手，作起文章笔下生花，灿若烟霞，得他加盟，湘军文案水平大大提升。曾国藩称赞道："此间一切，取办于国藩与少荃（李鸿章字少荃）二人之手"，"少荃天资与公牍最相近，所拟奏咨，皆大有过人处，将来建树非凡，或竟有青出于蓝亦未可知"。

尽管曾国藩对他的文案功夫十分赞赏，李鸿章却意气消沉、郁郁寡欢。这期间他写过一些诗，如"灞陵猎马短后衣，昨梦封侯今已非。南浮富春下彭蠡，山川辽绝音问稀。任人呼牛或呼马，长醉不醒胡为者""去年三月梁园住，明年春日知何处。雪泥风絮不暂停，冥冥主张岂定数。醉浮大白仰天高，天高不闻人悲号。世事如火炼油膏，百年瞬息无坚牢"，这些诗作充满沉郁、怨怼的情绪，还夹杂了面对命运的无可奈何。

为何李鸿章在曾国藩幕府如此颓丧？有这样一则记载：某日彭玉麟来找李鸿章闲谈，话语间不断讥讽安徽人。李鸿章反唇相讥，彭玉麟干脆和他动起手来。李鸿章与彭玉麟在地上扭打作一团，幸得座上宾客拉开。

湘军以地域、血缘为凝聚团队的纽带，连多隆阿这样的旗人猛将都遭到排挤，更何况手无寸柄的李鸿章。李鸿章本是进士出身，地位应当高于曾国藩的所有幕僚，然而曾国藩幕府中的湘籍幕僚，都有同乡的大军为后盾，有机会欺负翰林自然不会客气。同在幕府本该一团和气，彭玉麟却毫不留情地当面讥讽安徽人，最后引发斗殴，童生殴打翰林，足见李鸿章处境之艰难。[7]

寄人篱下的孤独和怀才不遇的凄凉交织在一起，李鸿章体验了官宦生涯中少有的寒意。老谋深算的曾国藩既知李鸿章前途远大，为何不对他稍加看护？因为曾国藩深知，李鸿章虚骄浮夸，锋芒外露，缺乏政治家应有的城府。这个门生天性滑头，做事常遇难而退，浅尝辄止，缺乏艰苦卓绝的意志。要把李鸿章培养成独当一面的统帅，就要挫去他的锋芒，磨砺他的个性，让他神物自晦，无声无色。放纵下属和李鸿章冲突，正是曾国藩对他的磨砺。

忍辱包羞的李鸿章，在数年的幕友生涯中，逐渐把曾国藩办事的方略都学会了。江南大营崩溃，曾国藩总督两江，要扩大军事实力，李鸿章苦等的机会终于来临。尤其辛酉政变后，湘军在朝中的后台肃顺被杀，为了减少朝廷的猜忌，曾国藩决心扶植李鸿章建立淮军，以分湘军之势。李鸿章最终得到了独立建军增援上海的机会，但上海的恶劣形势，正是曾国藩留给他的“毕业设计”。

三　土包子进城

李鸿章的上海之行，开局十分不利。他所率军队，虽说都是经过曾国藩调教的精锐士卒，形象却十分糟糕。淮军军械陈旧，大多是冷兵器加一些老式抬枪。士兵身着短衣，脚踏草鞋，还按淮上风俗用布帕子包着头。在上海市民眼里，简直就是一群山村里流浪出来的乞丐。别说和驻扎上海的英法军队相比，淮军军容连上海的杂兵都不如。上海钱粮丰厚，本地杂兵打仗不行，打扮倒是一等一的鲜亮。知府李庆琛管带的几千兵马，个个身着锦绣衣裳，手持雪亮刀斧，出入军营时闪闪发光，像戏台上的武生一样威风。

上海人见惯了洋场上的奢华，怎会相信这样土气的士兵是精兵？

“土气”的淮军

依他们看来，这群叫花子就是被两江总督临时抓来凑数的炮灰。附近数十里的市民纷纷赶来看热闹，很多人围在码头上叫骂、起哄，嘲讽这群江北来的杂兵。李鸿章十分羞愧，一度坐在轮船上不肯出舱，生怕被市民当面羞辱。他在给左宗棠的私函里抱怨道，上海虽然还在中国版图里，但官民早已归心洋人，根本不知道中国人还能办大事，中国的兵还可以打仗。[⑧]经过湘军幕府的锤炼，李鸿章已经变得意志坚定，他自勉道：“军贵能战，待吾破敌慑之。”

嘲讽“叫花子兵”的，多是上海普通市民，上海的官僚、商人却不敢小觑淮军。上海的官商两界要人，此前多次赴安庆会谈，早就见过湘淮军的军容，定然知道军队的战斗力不能看表面。他们如果瞧不起淮军，哪儿还会花十八万两银子将其接到上海来呢？吴煦、顾文彬可是绕开巡抚薛焕，自筹资金雇船运送淮军的。然而，当初在安庆

“往复数千言，继以痛哭”，像包胥哭秦庭一样求援的上海绅商，很快就后悔了。

传统中国社会虽有“钱能通神”的说法，但在官本位社会里，金钱的威力却敌不过官印，官高一级压死人。欧美列强进入上海后，这一切开始被颠覆，因为在欧美世界，资本的力量最大。从前官印和军刀能够指挥银子，而现在的上海，有银子可以结交连皇帝都害怕的洋人，可以雇佣军刀，甚至能买到枪。于钱鼎铭、顾文彬、吴煦、杨坊诸人而言，安庆“请兵”“乞师”只是客套话，实情应是“雇兵”而非“请兵”，甚至是“饵兵出战”。付给淮军的饷银，不是“供奉”“纳捐”，而是佣金。他们把自己和淮军的关系，定位为雇主与佣兵。他们雇佣淮军来保卫乡土，而不是请父母官来整顿上海。既是这样，沪上绅商认为，淮军收了定金，就应马上出动，打几个胜仗给雇主看。淮军只有收复上海周边，夺回苏南、浙江，才对得起他们撒出去的银子。

可在曾国藩看来，淮军是代表朝廷，代表两江总督，前来武装接收上海。淮军此来首要任务是站稳脚跟，重建体统，把上海这个“聚宝盆”纳入湘淮集团的势力范围。正因如此，淮军当以“稳”、以“守”为先，绝不能仓促出动，在十几万太平军的枪口下，葬送掉宝贵的精兵。在曾国藩的计划里，淮军抵沪后只能采取守势，在防御战中打几个小仗立威，然后收缩战线，等李鸿章理顺上海的秩序，掌控、疏浚财源，十倍扩充淮军后，才能和李秀成打大仗。

东南遍地烽火，旧有统治秩序崩溃，地方督抚只有掌握强大的军队，才能强势镇压地方利益集团，掌控实际权力。这就出现了一个悖论：拥有充裕的财力才能供养大军，可是没有强大的军队，就无法掌控实权以筹措资金。为了让自己的得意门生顺利接管上海，曾国藩竭尽所能，帮助李鸿章打造了一支规模较小但阵容空前豪华的军队。

分数批乘坐轮船，或绕道陆路抵达上海的淮军，总兵力尚不及万人，但淮军中久经战阵的“老勇”，比湘军嫡系吉字营还多。韩正国的亲兵营，程学启的开字营，这两支淮军劲旅是曾国藩精心为门生筹办的“陪嫁”。

咸丰八年（1858），在家为父亲丁忧守制的曾国藩奉旨复出，名将李续宾在其所部精锐万人中，挑出一千人，充任曾国藩的亲兵营。这一千敢战之士乃是精锐中的精锐，现在由韩正国率领，划归李鸿章指挥。

程学启是安徽桐城人，原为安庆太平军守将叶芸来麾下猛将，深受叶芸来器重，还娶了叶的外侄女。程学启被湘军策反后，率数千安徽籍太平军投降，这数千人皆是百战余生的劲卒，曾国藩将其裁汰后编为两营，交给曾国荃管带。李鸿章出征上海，程学启和这两营老勇被调入淮军。程学启虽是降将，其军事才能在湘军中亦是一流。曾国藩在临行时勉励他道，江南人对张国梁（江南大营副统领，降将出身）赞不绝口，你此去即是第二个张国梁。同治三年（1864）曾国藩还在信中对曾国荃致歉道，我最愧对你这个兄弟的事，便是调走你麾下名将程学启，大大折损了你的战力。[⑨]曾国藩去世后，曾国荃也对侄儿曾纪泽抱怨说，李鸿章是个福大如海的人，他的好运气，源头就是你父亲给了他程学启这员虎将。[⑩]将亲兵营和开字营划入淮军，足见曾国藩对李鸿章的扶持，确是出于至诚。

除了这两千精锐，淮军各营也多以“老勇”为主，如张遇春的春字营、李济元的济字营，都是被曾国藩收编的精锐安徽团练，在湘军旗帜下作战多年，战斗经验丰富。李鸿章自募的淮军，如张树声、刘铭传、潘鼎新、吴长庆的树字营、铭字营、鼎字营和庆字营，亦是在安徽镇压民变多年的民团。只有林字营、熊字营和垣字营相对较弱：滕嗣林兄弟的林字营由时任江苏巡抚薛焕在湖南招募，最初计划招募一万二千人，经曾国藩削减为四千人，后来进一步裁汰为一千人。林字营兵员经过四选一的严格淘汰，弥补了作战经验少的缺点。原隶陈士杰的熊字营、垣字营，因新兵较多，被曾国藩留在安庆亲自整训了四十天，营制颇为齐整。

不但士卒多为“老勇”，淮军的营官也多是打惯了仗的宿将。为提高淮军组织能力，曾国藩特许李鸿章向湘军各位统领借调军中骨干。尽管很多统领对“借将”十分吝啬，但湘军分支甚众，李鸿章积少成多，也借到了不少干才。和他关系较好的鲍超，更是慷慨相助，把几位擅长打硬仗的营官如覃联升、杨鼎勋、宋友胜调入淮军。这八千淮军是聚半个中国之力纠合的精锐，是为日后扩军准备的骨架、兵胆，即今人所谓士官营或教导团。

可是李鸿章所面临的问题实在太复杂，中国遭遇数千年未有之变局，那时的上海，正是这个变局的风口。自五口通商以来，上海作为最早受欧风美雨侵袭的口岸，近代工商业崛起，原有社会结构瓦解。传统的官绅，江浙的商团，新兴的买办，本土的宗族，加上西来的商人、教士，各地拥入的流民、冒险家，甚至各种传统帮会、土匪纷纷会集上海。十里洋场各方势力错综复杂，外来的官长纵是手握雄兵，也很难理出头绪，掌握权柄。

四　千头万绪，纷至沓来

沪上第一大势力是洋人，仅英法两国在上海租界驻扎的军队就有数千，还有炮兵联队和十余艘军舰助战。何况经过第二次鸦片战争，清王朝已被英法联军打得销魂丧胆，英法两国就算在上海不放一兵一卒，也是手可遮天的庞然大物。

自开埠通商以来，上海经营进出口贸易的商人、买办势力不断膨胀，尤其在太平军横扫东南之际，江浙绅商大批进入上海租界避难，他们在给上海带来大批资本的同时，又强化了商人的力量。李秀成攻取苏南，上海几为太平军所夺，沪上官僚、绅商因而大多结洋自保。他们以中外会防、借师助剿的名义，为洋人军队输送粮饷换取保护，甚至出资招募洋人雇佣军。有了洋人为靠山，他们进一步侵蚀治权、财权，逐渐架空巡抚薛焕，隐隐有“自治”的势头，吴煦就是这群上海实力派的首领。

吴煦是浙江钱塘人，出身于著名的浙江师爷家族，他的亲族很多是佐理地方官的钱粮、刑名师爷，或者是替人打官司的状师。宋代以来，“官无封建而吏有封建”，以诗赋八股选拔出来的进士官员，不熟悉具体的行政技术，而且是经常调换、升迁的“流官”，无法在辖区培养势力，多数“流官”只掌握地方政务的决策权。受他们雇佣的本地胥吏，因为世代为吏，在地方上养成了家族势力，加上掌握家传的基层行政技术，把控了地方政务的执行权。浙江因为经济发达、文化繁荣，科考难度极大，很多文士考不上举人，只能转而钻研实务，为官员充任幕僚。经过长时间积累，浙江尤其是绍兴的“祖传”师爷名满天下。朝廷新任官员，若是不想让本土胥吏坐大，就得从外地雇佣幕僚随侍，他们首选的往往是浙江师爷。

吴煦青年时跟随父兄出入州县衙门，掌握了衙门治狱办案、钱粮理财等实务，也熟悉了官场里笼络市恩、行贿分赃的内幕。这些世代家传的师爷在民间风评很不好，属于社会地位不高的“浊流”。吴氏家族决心通过捐官，替吴煦买一个官位，自拔家族于“浊流”。道光二十五年（1845），吴煦因捐纳而得试用知县，从此成为朝廷正式职官。咸丰元年（1851）太平天国起义时，吴煦已任松江府海防同知，负责办理江苏漕粮和往来海运事务。这种正牌进士很难胜任的事务型、技术型公务，正是吴煦的特长。他因擅长管理钱粮支出等“财会”吏务一路升迁，更因心思活泛，善理洋务，在第二次鸦片战争期间担任了大学士桂良的随员，参与对英法的谈判。时代的风潮，最终将吴煦推上苏松太道、江苏布政使这样显要的位置。

吴煦和“宁波大亨”杨坊组成了一个庞大的官商利益联合体，二人背靠英法列强，雇佣上千洋枪队为武力，再安插浙江同乡控制上海各级要害部门，进而掌控财政税收。关税、厘金在手，势力炙手可热，吴煦成了手可遮天的“上海王”。

不能解决吴煦、杨坊，李鸿章就无法掌控上海。面对吴、杨背后盘根错节的庞大势力，李鸿章可恃的力量只有手上的几千军队。然而洋枪队首领华尔是杨坊的女婿，吴煦、杨坊控制着数以千计的洋枪队为武力后盾，背后更站着英法两大强国。

最为棘手的是，李鸿章手头这几千淮军，很可能在朝廷和洋人的逼迫下，被当作炮灰送死。按惯例，江苏巡抚驻地在苏州，苏州被太平军攻陷后，江苏巡抚应驻镇江。只是曾国藩派李鸿章赴援下游时，镇江由江南大营残部冯子材驻扎，李鸿章虽署理江苏巡抚，他的资历却不足以指挥冯子材。如果李鸿章驻扎镇江，为了事权专一，必须让冯子材换防他处，以当时的情形，这个“他处”只能是上海。为了不让上海财源落入冯子材之手，曾国藩只能让李鸿章以巡抚身份出镇上海。

淮军还在赶往上海的轮船上，太平军已集中大队人马攻打江北，镇守扬州的旗人将领都兴阿势单力薄，难以抵挡太平军攻势。为了支援都兴阿，清廷越过曾国藩，直接下令李鸿章赴镇江驻守，应援在扬州的都兴阿。

清廷下令淮军增援扬州，是因为在清廷眼里，旗将都兴阿的存亡，胜过了淮军的安危，何况江苏巡抚本就该在镇江任职。但于李鸿章而言，淮军调往镇江，会丢掉上海每月六十万两白银的财源，失去扩军壮大的机会。曾国藩为李鸿章搜罗的数千精锐，若做兵胆使用，很快能拉出几万大军，而送到镇江、扬州战场，这几千精锐恐怕会被太平军以人数优势消耗精光。

除了清廷，沪上绅商、洋人也在逼迫李鸿章出战。上海的官僚、士绅以雇主的身份，要求李鸿章赶紧出动，协同洋兵进攻内地，英国舰队司令何伯更是胁迫李鸿章与他会攻浦东，想把这群叫花子兵送去替洋兵当炮灰。英国人强令李鸿章随从作战的同时，又要求李鸿章拨出数千人，交给他们整训。万一顶不住洋人的压力，淮军可能一半当炮灰送死，一半被洋人分化、接管。

在李鸿章忙于应付清廷和洋人之际，忠王李秀成从苏州亲率装备了洋枪的精兵万人，至上海督战。因为李秀成亲自领军，太平军指挥统一，士气高涨，有一举消灭清、洋联军，占领上海的势头。内外交困的李鸿章，既要应付朝廷、安抚洋人，又要收回权力、掌控财源，还得设法击退李秀成。这般艰巨的任务，只有兼备高超的政治、外交、管理、军事才能，拥有坚韧不拔的意志，方能破局突围，这正是曾国藩为李鸿章的毕业考试出的“压轴题”。

五　荆棘中周旋

李鸿章晚年回忆时，称曾国藩是“大人先生”，最擅长教导弟子。面对这样艰难的“大考”，老师也不会不给提示。曾国藩在李鸿章离开安庆时面授机宜：吏治、夷务都可以先放一边不管，只有练兵学战是第一要务。曾国藩眼光老辣，从一团乱麻中理出了破局的要害，用现代的话来说，他非常擅长抓主要矛盾。

乱世之中，有兵才有权，军事问题是所有问题的关键。强军在手，才有和洋人、朝廷讨价还价的实力，才能压服地方实力派。针对上海错综复杂的本土势力，曾国藩也指出，重点是解决吴煦。吴煦不除，权力不能统一，上海的事就办不了，一旦解决吴煦，上海本地的利益集团便可不攻自破。[11]

机变无双的李鸿章，得了曾国藩的指点，再加上他独有的“痞子”办法，纵横捭阖、借力用力，在一年多时间里，出色地完成了这场通往权力巅峰的考验。

因为担心李鸿章顶不住朝廷的压力，曾国藩让他把责任推到自己身上，由自己来“背锅”。李鸿章在听取老师的意见后，想到了更好的办法：狐假虎威，借洋人的威势对抗朝廷。他首先向朝廷表明，自己很想援助都兴阿，可惜手头实在无兵可派。李鸿章在奏折上称：上海本地兵勇，人数虽众，但纪律不明，根本无法出战。只有裁汰士卒，更换将领，再按湘军营制加以训练整顿方可出战。按湘军经验，军队训练要艰苦经营，不能期望旦夕可成，英国海军提督何伯也说现代军队至少要训练六个月才能打仗。至于刚到上海的淮军，曾国藩已来函强调，这支军队同样训练不熟，人数不齐，也不宜出战。

自污战斗力不足之外，李鸿章还奏称洋人要他派兵会攻浦东，淮军兵力较少，也无战斗力，原本不能出兵会剿，但洋人都在为大清出力，自己作为大清忠臣岂能拒绝？淮军人马战斗力低下，又大多在与洋人协同作战，所以无法赶赴镇江。[12]

他明确告知朝廷，我的兵马目前没有打仗能力，曾国藩也不同意用兵镇江。即便朝廷强令出战也不行，因为洋人把我的军队调走了。这是借重洋人的威势和老师的名望来敷衍、搪塞。

那淮军还没到上海的后续兵力，能不能直接开到镇江、扬州呢？李鸿章在奏折中说，我也考虑让尚在船上的淮军改道，直接救援都兴阿，虽说战斗力不行，也算为朝廷效了死力。但是我指挥不了开船的洋人，洋人坚决不同意临时改道，实在是毫无办法。这是把责任推给洋人：朝廷都命令不了洋人，我李鸿章就更不行了。

李鸿章成功抵制朝廷的上谕，赢得了整顿上海的时间，但他担心朝廷迟早还会催促他赴镇江作战，尤其在多隆阿请旨西征后，镇江方面更加急迫地请求淮军增援。于是他在一个月后又上了一封奏折，说冯子材等镇江守将屡屡向上海请援，恐怕要兵是假，要钱要饷才是真。冯子材勇猛过人，只要饷源充足，镇江靠自己的力量就能坚守，我在上海一定会负起责任，为镇江筹措军饷。[13]

兵不能派，钱粮倒可商量，先借洋人阻挠上谕，再用钱粮、军饷来安抚朝廷和冯子材，李鸿章把这件事处理得滴水不漏。

李鸿章借洋人的名义回绝了朝廷，却不能以朝廷的名义来婉拒洋人。清廷怕洋人，洋人却不怕清廷。怎么应付洋人，老谋深算的曾国藩也不知道，他只知道以诚相待，以诚动人——这等于没办法。李鸿章对付英法列强的办法是"打痞子腔"，所谓"打痞子腔"，大概就是油腔滑调，耍无赖手段。

何伯要求李鸿章拨兵三千交给他整训，日后再增补到六千，另外还要求上海每年为这支部队供饷一百万两白银。英国人把手伸向淮军，这让讲求"至诚"的曾国藩很头疼，但对善打"痞子腔"的李鸿章来说却不是难事。前任巡抚薛焕在上海招募的"杂兵"多达数万，傲慢的英国人也分不清他们和正牌淮军有何区别，于是李鸿章从薛焕招募的海勇里挑选了一千人，组成"会字营"交给何伯。法国人也要求整训淮军，得到的是六百名上海本地团练。[14]如果洋人继续索要兵勇，李鸿章打算再调几千薛焕旧部给他们，倘若洋人胁迫淮军参与会攻，他也打算用“杂兵”交差。

李鸿章甚至希望这些“杂兵”在洋人手上多少练出点名堂来，将来还能通过他们偷师西洋战法。可惜洋人所选用的军官，大多是与他们关系更好的吴煦旧部，这些军队到了洋人手上，就再也无法掌控。“少赚即是吃亏”，李鸿章没在洋人手上占到便宜，以后他宁可笼络华尔这样的雇佣军，也不聘请西洋正规军官。他在给曾国藩的书信里说：洋人训练中国兵，其本意不是打仗，而是想多安排西洋教官，借此多赚薪水。所以其他事情都能商量，唯独洋教官不能多请，钱不能多给。不管洋人怎么纠缠，我既不答应，也不决裂，慢慢和他们耗着。[15]

李鸿章使尽浑身解数，多方周旋，总算保住了淮军，没有被洋人的胡乱指挥葬送，也未被洋人吞并，勉强渡过第一个难关。有强硬的军队为后盾，纵横之术才可以锦上添花，没有军事力量为依托，权谋算计只是镜花水月。无论如何，李鸿章必须要狠狠地打上几场恶仗，打出淮军的军威，才能赢得众人的敬畏，才能在上海立足。

对于上海作战的军事原则，李鸿章有一套想法：洋人火力强大，从不扎营，淮军却要像湘军那样，结硬寨打呆仗，节节进扎；洋人打仗喜欢分兵，多路进攻，淮军火力弱小，必须如狮子搏兔，每次出战必最大限度集中兵力；洋兵打仗急切，淮军却要持重，“徐图进剿”。[16]

曾国藩得知后急了，在他眼里，“徐图进剿”也是自寻死路，最好是“不进不剿”。淮军需要立威，却不能真去攻剿太平军，进攻远比防守危险。淮军守住有利地形，抓住机会打几个漂亮的防御战，再大肆宣传战果就行了。他遣书告诫李鸿章，当下淮军只能打防御战，在扩军完成前，绝不能打进攻战。遇到太平军攻击，可以会同洋兵守城，万一洋人率兵出击，绝对不能配合，只能“会防不会剿”。李鸿章早年打仗孟浪，喜欢与敌浪战，因为怕弟子旧病复发，曾国藩还罕见地说了重话，说你的部下除了程学启，暂时都还不堪大用。你早年在巢县打仗那些经历和小孩子的把戏差不多，千万不要以为自己能当大敌了。一年之内，你都必须和营官、士卒待在营房里，专心把部队整顿好。[17]

收到老师的书信，李鸿章深感佩服，决心按老师的意见，坚守不出。大战在即，十几万太平军不能不抵挡，淮军如何才能躲避太平军主力呢？曾、李这对师徒胆子很大，为了稳步推进，赢得练兵发展的时间，他们准备算计洋人。洋人想让淮军当炮灰，他们却反过来推洋人在前头给自己挡枪。

李鸿章说淮军要“自强”，只能专防一处，绝不与洋兵混杂，受其制约。如果洋人强要清军出战，薛焕的旧部可以去，华尔的常胜军可以去，唯独淮军不能去。由于看穿了洋人的底牌，李鸿章有了反客为主的办法——上海城北是英法等国的根本之地，就算清军不配合，英法军队也必须不惜一切代价保住城北。于是他把淮军驻守在上海西南，留下英法军队在城北阻挡太平军，替淮军吸引火力。

驻扎上海的英法军队，气焰非常嚣张，作战时常在各城镇掠夺财物，又惯于欺凌清兵。洋兵与清兵联手攻下城镇，往往由洋兵把守城门，不准清朝官兵搜刮战利品，先让洋兵将城中洗劫一空。如果清朝官兵有意见，不论官职大小，一律痛打不饶。李鸿章在给曾国藩的信中说，洋兵任意欺凌清兵，以致两军有隙，不能很好协同作战。

忠王李秀成对上海守军这种态势很清楚，他亲督锐卒而来，抓住清、洋联军不能协同的机会，集中大量兵力，在太仓、嘉定、青浦等地接连大捷。吃了大亏的洋人在撤出嘉定后，再也不敢大举出动。这是李秀成一生最荣耀的战绩，左宗棠也犀利地评价道：“夷人之畏长毛亦与我同，委而去之，真情毕露。”[18]

19 世纪 60 年代，西洋军队的火力投放密度数倍于清军这种半热兵器部队，西洋操法也优于清军，数千英法军队往往能力敌数万清兵杂牌，但这并不等于数千西洋军队就能横行中原。英军在鸦片战争中击败清军，是因为清军兵力分散，在很多战斗中没有兵力优势。而且英军从不攻击大城市，采取“一沾即走”的战法，不让军队久顿于坚城之下，不给清军集结大队人马的时间。实际上，西洋列强的军队，尽管操练之法更科学，但也只训练六个月就上战场，其战斗技能熟练程度，并未超过中国军队中打了数年仗的精锐老兵。太平军中的“老兄弟”，湘淮军中的“老勇”，都毫不逊色于西洋士兵。西洋操法的优势，在于廉价且快速，科学的训练和优越的组织，能够在六至八个月内把市民训练成正规军，能够源源不断地动员战斗力较高的部队。相较而言，太平军和湘军则需要数年战争经验，加上血火淘汰才能选拔出老兵，老兵养成的代价太高，且不具备持续性。

欧洲大陆距离中国太过遥远，列强能在中国投放的军队规模很小，浩瀚的大海抵消了他们强大的动员力，洋兵在东方每战少不过数千，多不过一万。中国人口众多，战争规模巨大，无论太平军还是湘淮军，精锐都以万人计。无论太平军还是清军，若能坚定战斗决心，一次投入数万精锐，是可以战胜列强的。可惜鸦片战争时，清朝文恬武嬉多年，没有精兵强将，因为英国的“骚扰”战术，也未获得集结大军倚多为胜的机会。第二次鸦片战争时，太平天国战争已为双方锻炼出数万精兵，然而英法入侵时，清军精锐都在长江流域与太平军血战，英法联军方能攻占中国大城乃至首都。上海之役，李秀成亲统精兵万人，区区数千洋兵自然被打得偃旗息鼓，再也不敢出动。

数千洋兵畏缩不出，李鸿章的淮军却在上海接连取胜，尤其虹桥一战，五千淮军一举击溃听王陈炳文、纳王部永宽，“收队时，西人相顾，至以拇指示之”。李鸿章在虹桥出动的兵力远胜英法军队，淮军又是经曾国藩调教选拔的敢战之士，新近成军锐气十足，战斗力尤胜洋兵。太平军主力已经撤退，占据地利的淮军，自然不难获得胜利。

湘淮集团的文士在上海大造舆论，吹嘘五千淮军击败了十万太平军。一时之间，李鸿章声名鹊起，沪上再无人敢小看他的“叫花子兵”，向来鄙视中国军队的上海英文报刊《华北先驱周报》，发文称赞淮军骁勇善战，几有古罗马军团的英勇。既然洋人打不过李秀成，李秀成打不过李鸿章，洋人与李鸿章之间顿时气势逆转，李鸿章这个巡抚也有了整顿上海的底气。

六　强龙力压地头蛇

吴煦、杨坊敢于欺凌上官，架空前任巡抚薛焕，除了靠英法列强与“洋枪队”撑腰，还利用了上海吏务的复杂。如前所述，科举出身的传统地方官，生平所学是务虚的、形而上的学问，遇到具体的行政事务如钱粮、刑名都只能交给师爷、幕僚代办。上海通商后，工商业发展，新增了很多经商模式、财税手段，对行政技术要求更高。特别是洋人来华后，上海事务多涉洋务，这更让传统官员头疼。关税、盐税、厘金，各种烦琐的账目开销，只有精通实务的浙江师爷才能应对。只要吴煦、杨坊离职，薛焕立即两眼一抹黑，连账本都看不明白，面对部下的咄咄逼人，他只能唯唯诺诺。

李鸿章刚到上海时，吴煦、杨坊也赌这个翰林出身的老爷不通吏务，无法接管钱粮、财税这个烂摊子，干脆以辞职相威胁，给他一个下马威。吴煦认为只要自己一撒手，上海政务瘫痪，李鸿章就会服软投降，是故李鸿章下车伊始，吴煦就提请辞职，假装要让出权力。

李鸿章和薛焕不一样，薛焕忌惮吴煦背后的洋枪队，他身后却站着十万湘淮军。虽然到了上海才接触洋务，但李鸿章是天生的纵横家，很快就掌握了洋务交涉的诀窍，与何伯等洋将协调了关系，属下很难拿洋务欺他。

曾国藩早将吴煦定为必须清除的对象，为此提前将幕僚周腾虎安插到上海，为湘军刺探消息。曾、李二人对上海的势力纠葛非常清楚，只是李鸿章初到上海，立足未稳，还不能在内部大动干戈。曾国藩寄书李鸿章，说淮军打出威风前，人心未附，不好收拾吴煦。更何况仓促之间，忙于统筹军务的湘淮幕僚无法分心接管上海钱粮，目前不妨先退一步。

曾国藩的稳慎极有道理，如果让吴煦立刻辞职，不但后勤很难以保障，若是李鸿章不能迅速接管钱粮账目，稍有耽搁，吴煦贪腐留下的烂账，就再也查不清了。

难办的还有汉口、九江分税问题。此前上海代征了汉口、九江关税，现在朝廷要求把代征的汉口、九江关税解交湖北、江西。可是这笔关税在李鸿章到沪前已经被挪用了，上海须得另外筹钱归还税款。按清朝的政治规矩，在谁任上挪用的税款，就应当由谁来还债，李鸿章不会替前任解决这种烂账。前巡抚薛焕奉诏离职，吴煦就是偿还关税的第一负责人，曾国藩、李鸿章怎么可能让他辞职逃跑？贪腐归贪腐，吴煦确是一流的理财高手，曾国藩寻思不妨先让他管着财务再说。如果吴煦无法偿还欠款，湖北、江西的愤怒定会集中在他身上，岂不是为李鸿章收拾吴煦借到了外力？曾国藩老于官场，李鸿章谋略过人，定然不会放过这种一石二鸟、施展阳谋的机会。师徒二人议定之后，李鸿章随即上奏朝廷，奏称上海事务非吴煦不可，竭力阻止吴煦辞职。这一轮交手，吴煦似乎占了上风，他以为李鸿章和薛焕一样，可以任他拿捏，因此也少了许多防备。

曾国藩打仗，讲究先剪枝叶，再图根本，这个道理，移到政治斗争中同样实用。得到他真传的李鸿章，也打算先剪除吴煦的党羽，等军事上立威后再发动致命一击。不能马上对付吴煦，那就动一动他的走狗杨坊。

杨坊的母亲在咸丰十一年七月廿八日（1861 年 9 月 2 日）病故于浙江，按清朝制度，杨坊应当申请开缺离职，回家丁忧。薛焕等人借口当时战事危急，浙江省城遭到围困，没有向朝廷奏报此事。李鸿章得知此事后，与曾国藩会奏朝廷，要求杨坊按例开缺，不得再任苏松粮储道。清朝号称以孝治天下，李鸿章祭出丁忧的大义名分，杨坊也无话可说。按照惯例，“金革之事无避”，父母去世时，正在前线打仗的官员不用丁忧，即使大臣自请丁忧去职，朝廷也当下旨“夺情”，不能让他离开前线。李鸿章以丁忧为名奏请将杨坊开缺，同时也指出杨坊奉命管带常胜军，按例不能回原籍丁忧。苏松粮储道的官职开缺后，杨坊本人必须留在江苏军营听候调遣，继续为大军操办粮饷。[19]

吴煦为官多年，以当官为安身立命之本，倘若尚未剪除党羽就仓促将其革职，困兽犹斗的吴煦，会给立足未稳的李鸿章带去很大麻烦。而杨坊买办出身，是一个借助官场势力做生意的“红顶商人”，虽得授道员之任，主业却不是当官。李鸿章革去杨坊的苏松粮储道一职，但仍留他在军中管带常胜军，负责筹措军饷。只要常胜军在手，经办粮饷的名分还在，杨坊仍能大发横财。作为一个商人，杨坊虽然心里十分不甘，却不会因此和李鸿章鱼死网破。李鸿章对杨坊的安排，分寸拿捏得恰到好处。

七　郭嵩焘出山

苏松粮储道的官职空了出来，湘淮集团亟需保举新人接替。奏请开缺杨坊的同时，李鸿章保举郭嵩焘接任苏松粮储道。郭嵩焘是湖南湘阴人，也是曾国藩的儿女亲家。郭嵩焘在咸丰六年（1856）替曾国藩筹措军饷时，就曾到过上海。他上过洋人的轮船，吃过西餐，还进了传教士开的墨海书院。郭嵩焘在上海为曾国藩买了两件礼物，一个风雨表，一副望远镜。他对洋务十分精通，对上海的情况也非常熟悉。

郭嵩焘得到江忠源举荐，出任翰林院编修，任上深得皇帝信任，一度成为咸丰的心腹。他奉诏襄赞僧格林沁军务，不意开罪了僧王，遭到阴谋陷害，干脆辞职回家。他在湘阴家中治学读书数年，其间胡林翼、李续宜多次礼聘他出山，都遭到了拒绝。杨坊出缺后，李鸿章需要精通钱粮财会，同时擅长洋务的人帮忙，就想起了郭嵩焘。

郭嵩焘

郭嵩焘是曾国藩的儿女亲家，按回避之例不能在曾国藩总督的两江地面任职，曾国藩最初不同意李鸿章的保举。而且在曾国藩看来，郭嵩焘与僧格林沁闹翻，是因为郭身上有传统读书人常见的自恋、清高与幼稚，不能和光同尘，也不能知雄守雌，缺乏办大事需要的坚韧、细致、耐心。他告诉李鸿章，郭嵩焘是著述之才，不胜繁剧的事务，别人是不敢任事，郭嵩焘是过于任事，行事过分追求速效，容易得罪人，上海事务非常分棘手，搞不好既误了公事，又坏了郭嵩焘的声名。

李鸿章坚持请郭嵩焘出山，多次寄牍与曾国藩商榷。曾国藩也意识到，上海是个全新的天地，清朝官场那套游戏规则未必适用。郭嵩焘不能适应清朝官场，未必就不能适应十里洋场。郭嵩焘不擅长协调人际关系，不可独镇一方，但是他见识高明，行政亦颇有专长，完全能够胜任管理钱粮的技术工作。最终曾国藩也同意郭嵩焘去上海襄赞李鸿章。

郭嵩焘接到邀请后覆函李鸿章，说自己嫉恶如仇，有不能忍让的偏狭，平日说话太快，容易得罪人，恐难胜任上海事务。经曾国藩、曾国荃等亲友反复劝说，他终于还是离开了老家，先到安庆拜会曾国藩，然后乘坐李鸿章派来的兵舰抵达上海，正式接手湘淮军后勤。郭嵩焘在上海一年多，先任苏松粮储道，后以两淮盐运使的身份整顿两淮盐务，为曾、左、李筹措军饷。在他的努力下，淮盐收入提升了数倍，长江上下游的厘金都大幅增加。郭嵩焘理财之能，远过吴煦、杨坊，有了这样的理财能手在沪，吴煦、杨坊管理钱粮的才能不再是独家垄断，二人也低调了许多，再不敢随意掣肘李鸿章。

举荐郭嵩焘不到一个月，李鸿章再度上折奏调人才，一口气保举了冯桂芬、钱鼎铭、王凯泰、王大经、王学懋、阎炜、薛时雨七人，这七人中最有名望的是冯桂芬。冯桂芬是苏州吴县人，道光二十年（1840）进士，是与周腾虎齐名的沪上名士，上海士绅赴安庆乞师就出自他的策划。冯桂芬于经世致用之学十分留心，又精通历算、勾股之法，还有深厚的西学素养。道光十二年（1832），他被时任江苏巡抚林则徐收为弟子，带进抚署读书，林则徐曾许他为百年难得一见的人才。有这位青史留名的恩师加持，冯桂芬自然名动天下。

上海原本是个小县城，在上海得势的名流“大亨”，几乎没有真正意义上的上海土著，所谓上海本土实力派，其实就是吴煦、杨坊这种较早到上海发展的江浙绅商。李鸿章奏调上海名士、苏州人冯桂芬入幕，不但得到了一个难得的干才，更借此释放对上海本土实力派的善意，争取到不少支持。

八　图穷匕见

李鸿章在虹桥打了胜仗，赢得洋人尊重，终于能够着手收拾吴煦了。薛焕没有人手替换吴煦党羽，李鸿章却有。他背靠湘淮集团，有大把人才可用。湖湘士子皆经世派出身，求的是经世致用之学。他们和一般“务虚”的儒生不同，在科场时文之外，关心盐务、河工、刑名、钱粮、理财，同浙江师爷一样“吏务”精熟——很多湘军骨干本就是师爷、幕友出身。在湘军崛起的十年间，这些中小地主家庭出身的书生经湘军粮台、营务处历练，行政技术更是炉火纯青。吴煦等人自矜的洋务，在他们眼里也不是个难事。除了李鸿章自己，湘军还有郭嵩焘这样的洋务专家。

上海岁入之主体，一为关税，一为厘金，以前皆由吴煦掌控。李鸿章立下章程，将厘金和关税分开，实行“关厘分途，以厘济饷”的政策。每月十万两的关税供应常胜军、镇江防军及中外会防局军需，仍由吴煦收支。每月二十万两的厘金原本由吴煦心腹、流亡苏州的知府吴云执掌，李鸿章罢免吴云，代之以淮军幕僚、河南籍进士薛书常。从此，上海厘金专为淮军协饷，还能匀出一部分支持湘军。通过关、厘分途，李鸿章得以掌控上海最大一笔税收，获得扩大淮军的军资，顺便重创了吴煦一党。

“关厘分途”后，李鸿章以巡抚的身份给吴煦立下规矩，“明定海关章程”，以后海关每一笔收支，都必须有详细的账目存档。吴煦随手支取关税习惯了，根本报不出账目，只好让幕僚做一份假账敷衍了事。

吴煦的麻烦还不仅仅是报销账目。朝廷明发上谕，被上海挪用的江西、湖北关税，应从上海关税中拨还。然而关、厘分途后，吴煦掌握的收入只有关税，扣除常胜军军费等各项开销后，已所剩无几，哪里有钱偿还？湖广总督官文反复发函催提欠款，甚而派出道员张曜孙到上海坐地讨债。屡次催款失败后，官文上奏朝廷，重重地参了吴煦一本。

满大臣官文上奏参劾吴煦，彻底解决吴煦的时机到来。如果由两江总督曾国藩或者江苏巡抚李鸿章率先上折参劾，朝廷会认为这是地方大员在排斥异己，借机培植私人势力。基本无涉两江官场，且是朝廷心腹的满大臣官文带头上折发难，正好说明清除吴煦完全出于公义。最擅长借势的李鸿章马上动手，将吴煦掌控海关以来的账本抢到了手中。李鸿章抢夺账本的经过，幕僚薛福成在《书合肥伯相李公用沪平吴》一文中，描写得活灵活现。据薛文所载，一天夜里，李鸿章趁着月色，突然骑马闯入吴煦官署，吴煦猝不及防，匆忙出来迎接。李鸿章先假意与吴煦闲谈，趁吴煦心神不宁之际，突然问道：“我当巡抚这么久，连上海关税的收支账目都不清楚，你能拿个简明的账簿给我看看吗？”吴煦寻思，仓促之间，谅李鸿章也看不出什么名堂，于是拿了十几本账簿出来。李鸿章接过账簿后道：“海关账簿肯定不止这些，再拿几本出来。”吴煦无奈之下，又拿出几本账簿呈上。李鸿章仍然索要不停，如是再三，吴煦只得把账簿全部拿出。李鸿章得到全部账簿，“打痞子腔”道：“账簿太多，我匆忙之间也看不明白，看来得带回去细看。”说完让随从赶紧把账簿打包带走。吴煦被李鸿章搞了个突然袭击，“无如之何”。

淮军幕府精通账目的人才极多，拿到账簿后，很快看出了这些“花账”的破绽。李鸿章有了吴煦集团贪腐、走私的证据，立刻对“吴党”布下天罗地网。吴煦搜刮钱财的助手，主要是闵钊、金鸿保、俞斌三人。闵钊是吴煦在生意场上的白手套，替他代理商业走私和出租房屋，吴煦给他捐了个候补县丞的官身。金鸿保是个擅长画画的假名士，平时在厘金局帮办事务，为吴煦贪污厘金。俞斌本人是一名候补知府，其弟俞奎又是水师参将，除了合伙开钱庄、当铺外，吴、俞两家利用俞奎经管水师的便利，大肆走私洋货。

早在咸丰十一年（1861）秋，就有舆论攻击这三只蠹虫，有人偷偷在上海道署门前画了一只大龟讽刺吴煦。这只乌龟以俞斌为首，金鸿保为背，闵钊为心腹，画得惟妙惟肖，上海市民围观者甚众。还有官员把吴煦伙同三人走私洋货的事情上奏了朝廷。

曾任詹事府詹事的殷兆镛，把上海道署门前被画乌龟的事上奏朝廷，参劾吴煦伙同金鸿保、俞斌、闵钊开设钱庄、当铺敛财，私设关卡滥收厘金自肥，走私洋货乃至囤积鸦片等不法之事。殷兆镛的弹章里，有两条罪名特别严重，一条是俞斌的私藏中，有劫掠圆明园的洋兵所售宫中东珠、翡翠西瓜、颜真卿真迹及乾隆御题的祥符瑞草图等禁物，另一条是杨坊的小妾女扮男装，戴上五品官的顶戴花翎，挂上洋兵在圆明园劫来的禁中东珠、朝珠，招摇过市。[20]

私藏宫中禁物一事，倘若按大不敬论罪，吴、杨、俞等人都会被处极刑。奉旨查案的曾国藩、李鸿章对办案火候拿捏得异常精准，李鸿章回奏称，抄了俞斌的家，没有发现东珠、翡翠西瓜等禁物，也没有证据证明杨坊小妾曾佩戴东珠。其他禁物确实存在，但那是俞斌、杨坊在拍卖行见到，怕珍贵国宝流出海外，花大价钱买下来准备进献朝廷的。只因军务繁忙，这些物件又有损坏，还在请工匠修复，所以暂时没有上奏。[21]曾国藩的奏折则称，吴煦等人确有擅开钱庄牟利、私买海船贩卖洋货之事，但理财、洋务有功，实不宜深究。

曾国藩的目的是收服上海官绅，李鸿章甚至连吴煦、杨坊都想收为己用，自然不愿意给他们扣上杀头的罪名，结下不解深仇。师徒二人联手，查证一些稍轻的罪名，将俞斌抄家，吴煦、杨坊降职也就足够。李鸿章以刘郇膏兼署江苏布政使，黄芳署理苏松太道，把吴煦最重要的两个职务拿下，只留下统带常胜军的职责。

吴煦、杨坊遭到处分后，原吴、杨集团的要员纷纷转投李鸿章。李鸿章从中选出操守较好的人才留用，终于彻底掌控上海政局。淮军幕府也因此得到扩充，其人才之盛，几与湘军幕府颉颃。

李鸿章最后借常胜军白齐文哗变闹饷一事，革除了吴煦、杨坊仅剩的官职，弄得二人倾家荡产。吴、杨二人沦落到最低谷时，李鸿章赏了他们办理劝捐的差事，让二人借劝捐之机弥补财产损失，免于彻底破家。在一打一拉之间，李鸿章彻底收复了吴、杨。杨坊对李鸿章感恩戴德，在淮军粮台尽心操办了一年多后勤。见李鸿章没有赶尽杀绝，上海官绅都对抚台大人的“仁德”深为钦服。李鸿章在上海的声望、地位越见高涨，外国人都称他为“无冕之王”。

李鸿章对吴煦、杨坊的处理，与其师曾国藩大不相同。曾国藩用人最重品德，根本不会留用吴煦、杨坊及其党羽。如果在上海的是曾国藩，他会除恶务尽，将吴、杨等人彻底封杀，把重要岗位统统换成自己信任的才德之士。这种官场作风，能让吏治、政风大幅好转，只是才德之士发掘、培养不易，见效肯定十分缓慢。李鸿章做事总留有几分余地，对人有绿林作风，带有几分“江湖义气”，他更愿意收服人才而不是培养人才。通过兼并吴、杨集团，李鸿章在短时间内将其幕府扩充至曾国藩历经十年方才养成的规模，见效甚快。但是，淮军集团不讲大义，只论私谊，不谈理想，只重利益，操守远逊湘军人物，因此在历史上留下许多污点。

【注释】

① 耕石老农《皖碧吟》，见《太平天国史料丛编简辑》第 6 册第 428 页，中华书局 1962 年版。

② 萧盛远《粤匪纪略》，见《太平天国史料丛编简辑》第 1 册第 36 页，中华书局 1961 年版。

③ 见《曾国藩全集》第 23 册第 51 页，岳麓书社 2011 年版。

④ 见《曾国藩全集》第 23 册第 147 页，岳麓书社 2011 年版。

⑤ 见《曾国藩全集》第 23 册第 177 页，岳麓书社 2011 年版。

⑥ 见《曾国藩全集》第 23 册第 187、188 页，岳麓书社 2011 年版。

⑦“曾军湘人为多，值彭刚直（彭玉麟）来谒。讥评之中，忽涉皖籍人士，刚直尊人久任合肥青阳司巡检。文忠（李鸿章）反唇相讥，刚直遂用老拳。文忠亦施毒手，二公互殴，相扭扑地，座客两解之，乃已。文忠与文襄（左宗棠）、刚直始终不协……盖文忠皖人，性情坦直，以率性为道；湘军自讲学起，修道为教，不免有许多勉强之处”。见刘体智《异辞录》第 22 页，中华书局 1997 年版。

⑧“上海虽隶版图，官民久已归心洋人，若不知中国之人尚能办事，中国之兵尚能打仗。”见《李鸿章全集》第 29 册第 101 页，安徽教育出版社 2008 年版。

⑨“余年来愧对老弟之事，惟拨去程学启一名将，有损于阿弟。”见《曾国藩全集》第 21 册第 275 页，岳麓书社 2011 年版。

⑩“李中堂福大如海，均由文正助程学启得来，亦天赐”。见《曾国荃集》第 5 册 452 页，岳麓书社 2008 年版。

⑪“不去煦，政权不一，沪事未可理也。”见《庸庵文续编》，卷下第 18 页。

⑫ 见《李鸿章全集》第 1 册第 4 页，安徽教育出版社 2008 年版。

⑬ 见《李鸿章全集》第 1 册第 29 页，安徽教育出版社 2008 年版。

⑭ 见《李鸿章全集》第 29 册第 98 页，安徽教育出版社 2008 年版。

⑮ 见《李鸿章全集》第 29 册第 167 页，安徽教育出版社 2008 年版。

⑯ 见《李鸿章全集》第 29 册第 86 页，安徽教育出版社 2008 年版。

⑰ 见《曾国藩全集》第 25 册第 231 页，岳麓书社 2011 年版。

⑱ 见《曾国藩全集》第 4 册第 362 页，岳麓书社 2011 年版。

⑲ 见《李鸿章全集》第 1 册第 7 页，安徽教育出版社 2008 年版。

⑳ 见《曾国藩全集》第 4 册第 326 页，岳麓书社 2011 年版。

㉑ 见《李鸿章全集》第 1 册第 49 页，安徽教育出版社 2008 年版。

四、燃烧的长江

一　忧谗畏讥

李秀成雨花台解围失败，曾国荃在天京外围扎下了坚实的营垒，原本被皖南太平军牵制的湘军悍将鲍超也连战连捷。左宗棠在浙江占据上风，逐渐扩大地盘。李鸿章在四江口打了大胜仗，不但收复上海及其周边地区，还把淮军扩充至五万人，威胁到李秀成的“分地”苏南。经过曾国荃直逼金陵这一冒险“跃进”，曾国藩围绕太平天国的布局提前实现，战争进入新的阶段。

东、西两面有曾国荃、李鸿章层层逼近，南面有左宗棠牵制浙江，其余诸路清军亦蓄势待发。面对咄咄逼人的清军，洪秀全的想法是尽快解除湘军对天京的围困，以保卫天京为第一要务，而李秀成的战略则是“让城别走”，劝洪秀全放弃天京这个包袱，转战清军力量薄弱的地区。

敌军直逼京师，君主或坚守京师不撤，或率部撤离保存实力，在军事史上皆有成功和失败的案例。坚守还是撤离，应当根据整个战场态势而定。如果本身军力不弱，仅仅因为战略部署失误，让敌军主力冲到了京畿附近，但己方在京师之外的广袤战区内，仍有大片稳定领土，拥有优势军队，且敌之主力已大部聚集于京师，此时正应固守京师。尤其当君主本身是“马上皇帝”，拥有一定军事素养，或者京师内有擅长军事的股肱之臣，坚守几乎是必然选择。只要君主在京师坚持抗敌，利用坚固的城防迟滞敌军，待到天下勤王兵马齐聚，自能里应外合，一举歼灭敌军主力。明朝“土木堡”之变，明英宗被俘，也先率瓦剌大军围攻北京。此时明朝虽在土木堡损失大量军队，然大部领土完好，明军仍占有兵力优势。于谦力排南迁之议，在王直、陈循等大臣支持下，拥立代宗皇帝，整编京畿附近军队，抽调四方兵马北上勤王，最终一举击溃瓦剌大军，就是这种战法。

如果京师被围时，敌人的地盘、战力已占优势，不但威胁了京师，还在多个战场分兵缠住了援军，坚守京师就属下策。倘若坚守京师不撤，从各个战区抽调军队援京，会让敌军在其他战区获得优势，借机扩大地盘。即便京师得以保全，大片国土已经沦丧，只留下孤立无援的京城，战略态势反而恶化。万一抽调四方兵马勤王，仍然解围失败，那就一败涂地了。

根据当时的战略态势，如果继续从各地抽调太平军救援天京，西北、苏南、浙江的大部地盘将会被清军攻陷。若是天京解围失败，太平天国的灭亡马上进入倒计时。即便侥幸歼灭曾国荃，守住天京，太平军也无法抵挡不断壮大的李鸿章、左宗棠。如若不能支持苏南、浙江太平军保持对李鸿章、左宗棠的压制，让二人获得发展空间，纵是武侯再世也无法击败湘淮军了。

天京早就成为广大太平军将士身上沉重的包袱，是阻挠太平军发展的一道枷锁。太平天国虽然占有天京，却未能持续控制镇江、扬州等重镇，也未能与太平天国其他领土连成一片，形成战略纵深。正常情况下，一国之都应居国土之中，以要冲、重镇拱卫四周。天京却处于两军交战前沿，被清军夹攻其腹背：湘军在上游作战时，下游的清军江南大营两困天京。江南大营彻底覆灭，湘军又顺江而下，再度逼迫天京。

因为天京被清军长期围困，在外线战场获得巨大胜利的太平军，不得不一次次回师救援天京，不得不冒着巨大风险穿越战场将粮草输入天京。为保天京，各地太平军付出了巨大代价。是故曾国藩在《李秀成自述》里所添“误不应专保天京，扯动各处兵马”一句，确实是对太平天国在军事上败因最好的总结。

雨花台战后，洪秀全严令李秀成整顿兵马，限期渡江北上，执行“进北攻南”的计划，以牵动下游湘军，为天京解围。督促李秀成攻略皖北的同时，洪秀全又令李世贤、杨辅清、黄文金等各部经皖南转入江西，配合李秀成“北进”。

洪秀全认为，湘军主力大部集中在天京战场，安徽、江西、湖北等地防务空虚，长江上游除安庆、庐州外，清军在千里战线上几无一兵一卒。一旦李秀成率军攻入上游，夺占安徽、湖北，湘军后方起火，曾国藩就只能下令曾国荃回上游救援，天京即可解围。而且李秀成到了上游后，可与在北方发展迅猛的陈得才、张洛行等友军会合，不但能壮大声势，还能设法恢复之前丢掉的江西、安徽、湖北等省要地，夺回粮产区，庇护天京。

“进北攻南”，是太平军第三次行“围魏救赵”之策。第一次“围魏救赵”，是李秀成佯攻杭州，逼和春、张国梁分江南大营围困天京之兵来救杭州。诱出江南大营四成兵力后，李秀成虚晃一枪，调头集合各路太平军主力攻破了江南大营。第二次“围魏救赵”，则是太平军西征湖北，虚攻省城武昌，试图调动安庆湘军围城主力，为安庆解围，因为曾国藩坚持不撤围城兵力，行动失败。

太平军反复使用“围魏救赵”之计，曾国藩对此早已了然于胸，再来一次虚攻上游以救天京，怎么能成功呢？曾国藩在奏折中，揭露了洪秀全的全盘谋划：“意欲掣我南岸之兵以援北，掣我下游之兵以援上，无非图解金陵之围”。[①]

“围魏救赵”之策，实为比拼胆量的阳谋：当你的刀要砍下我的头时，我不去抵挡你的刀，反而用剑去捅你的心脏，你如果不想一起死，就得收刀去挡剑。究其实质，是利用敌人不想同归于尽的心理，以决死的心态实施战略欺诈，解除自身危机。

因为杭州乃江南大营粮饷根本，加上和春、张国梁战略定力不足，才会被李秀成算计。安庆会战时，胡林翼被太平军在武昌的佯攻吓到，一度想撤军回援，最终为曾国藩所阻，陈玉成“围魏救赵”失败。胡林翼去世后，湘军连保卫武昌的责任都没有了，新任巡抚严树森没有统带军队，太平军就算进逼湖北，负全责的也是湖广总督官文，曾国藩还怕什么呢？太平军进入湖北，万一官文战败被解职，正好换个湘军统帅总督湖广，对湘军有利无害。

曾国藩定力深厚，他敢弃上游不顾，坚持不撤下游湘军，洪秀全却不敢拿天京和曾国藩的安庆、武昌“兑子”，“围魏救赵”还有什么用呢？曾国藩的后方兵力空虚，太平军似有可乘之机。然自湘军围安庆以来，上游连番恶战，很多地方被打成了无人区，不但不能提供粮秣辎重，曾国藩还得从两湖水运粮食供养大军、赈济灾民。湘军兵精而少，消耗粮草不多，加上优势水师帮助运送补给，只需守住几个战略据点即可。上游民生凋敝至此，怎能供养李秀成的二十万大军？后方大片土地暂时让给太平军又何妨？饥饿将是北进太平军最大的敌人。

曾国藩虽然胜券在握，但他人老成精，故意在奏折中叫苦，说上游战线几百里，地段太长，敌军太多，自己完全顾不过来，反复筹划思量，总怕战局溃败决裂，前功尽弃，只能请求朝廷派出亲信大臣来协助湘军，减轻自己的压力。[2]

江南大营崩溃，曾国藩受命总督两江，稍后又节制四省军务，权力之大，在整个清代历史上都是罕见的。他手握十余万湘军，安庆大捷之后声威日隆，因而一直担忧朝廷对自己的猜忌。在给九弟的家书中，曾国藩自省地位太高，名望太盛，“深以为惧”。在另一封家书中，曾国藩对兄弟们说，自己忝列将相，曾国荃统兵二万，曾贞干统兵四五千，近世以来像这样的还有几家？日中则昃，月盈则亏，曾家已经到了月盈之时，兄弟们宜多警惕，应懂得“自概”。[3]他引用蔡襄的诗劝诫曾国荃，你如今颇有春夏发舒之气，我却更近秋冬收啬，你应该懂得“花未全开月未圆”的好处，平日要注意节制。[4]

曾国藩时时提防朝廷的猜忌与同僚的嫉妒，是他中年以来屡屡碰壁所得教训，亦是对时局的即时反应。同治元年以来，陈玉成败亡，湘军进逼下游，在雨花台击退了李秀成，东南军务已渐有起色，朝廷以为天下即将转危而安，是时候对湘军加以限制了。朝中一些“泄沓”之臣，见大局将定，分润战功、权柄的时刻到来，便故态萌发，开始兴风作浪，争权夺利。

雨花台战前，曾国藩保举的江西巡抚沈葆桢，截留了原属湘军的漕折和厘金，使前敌湘军有断饷之虞。沈葆桢与曾国藩争饷，是着眼于江西本省的财政、军务，最多算地方本位，并非出于私心。但随后朝中大臣纷纷支持沈葆桢，借机对曾国藩打压排挤，连素来与曾国藩关系较好的倭仁也加入了对他的倾轧。

与沈葆桢“争饷”的笔墨官司，涉及湘军后勤，曾国藩寸步不让，以强硬的姿态抗争。但强硬抗争的同时，他亦需向朝廷展现自己的忠诚，奏请朝廷派大臣分理军务就是最好的办法。按他的筹算，太平军“进北攻南”不会成功，但几十万大军渡江北进，声势浩大，不妨夸大其威胁，再假意奏请朝廷派员协助自己，而与曾氏地位相埒的重臣僧格林沁忙于剿捻，清廷实无知兵大臣可派。请求朝廷加派大臣来主持军务，实际是一种姿态，表示自己不介意朝廷派驻监军，不介意权柄、军功被分润，以此表达自己的忠诚和大度，减少上峰猜忌。

曾国藩“忧谗畏讥”之时，李秀成亦正受洪秀全猜忌。洪秀全经历过东王杨秀清的跋扈与欺凌，又在“天京变乱”的流血之夜，受到韦昌辉、石达开的逼迫，性格阴郁、常年藏于深宫的天王早被吓破了胆，对手握重兵的大将非常恐惧。李秀成拥兵百万，洪秀全如何能不紧张？他在李秀成军中大肆封王，以分忠殿之势。洪秀全多次下诏怒斥忠王不忠，以折辱李秀成的威望。李秀成被俘后在自述中写道，天王对他越来越不信任，不愿与他分说军事，每每以宗教语言“天话”逼他，暗中降他的职，革他的权。忠殿将士见此，内心不服，从此再无战心，遂各自筹划前程。

内外交困、进退维谷的李秀成“无心在世”，终日郁郁寡欢。但他尚有六十多岁的老母需要奉养，不敢自暴自弃。许多太平军将帅是他的知交好友，举国兵马多是追随他而来，若连他都放弃了自己，那些与他羁绊至深的人将会死无葬身之地。事已至此，李秀成只得强打精神，直面绝望的现实，竭力为大家谋取一线生机。[⑤]

为了打消天王的猜忌，李秀成将母亲、家眷送入天京，作为人质交给天王，以表示自己的忠诚。洪秀全当面斥责他作战不力，革除了忠王爵位，然后勒令他即刻率军北进。

曾国藩和李秀成都因手握强大的军队饱受上峰猜忌，都在担忧朝廷胡乱干预前线军务。曾国藩的幸运在于，两军交战之地距离北京甚远，前线的一时成败无法威胁朝廷安危，清廷不会因为恐慌而颁下乱命，平日一般“不遥制”前线。洪秀全在军中滥封王爵，剖分李秀成的权柄，清廷其实也很想这样对付曾国藩。但湘军为曾国藩一手招募，实行兵为将有的原则，湘军统领多是与曾国藩和衷共济的友朋，清廷无法大规模分化湘军。太后不比洪秀全更信任属下，北京的糊涂军机也不比天京的洪氏诸王更能干，两边朝廷的政治水平一般无二，之所以一成一败，不过是所处形势不同罢了。

二 乱起苏南

趁太平军主力北进，李鸿章亲率淮军，与洋人并力，发起对苏南的进攻。

一年多来，在老师的大力支持下，李鸿章掌控了常胜军，在淮军中全面换装洋枪。他添募新兵，招降纳叛，极大地扩充了淮军。

苏南地区有大量枪船武装，其成员多是溃兵、团练乃至山贼水匪，对本地交通、水文非常熟悉。李鸿章收编枪船后，不但为淮军补充了精悍的水上力量，更有了熟悉苏南民情、掌控基层的武装为向导，在苏南作战更是如虎添翼。

枪船俗称蚱蜢舟，是一种形似蚱蜢的小船。这种小船依靠四桨双橹行驶水面，在狭窄的河道里往来如飞。江南地区的土匪、团练大量使用蚱蜢舟，他们在船上安置抬枪、鸟枪战斗，所以又唤作枪船。枪船武装一般以打劫货运、走私禁物为生，也有的开设赌场、妓院，因而被太平军称为枪匪。

枪匪没有统一组织，分散在很多头领手下。清朝道光年间漕运废弛，大批原属漕帮的失业水手入伙，枪匪势力愈益壮大，成了江浙一带的地下王者。清政府曾多次清剿枪匪，终究无法彻底歼灭。太平天国崛起后，清朝地方官以团练之名招抚枪匪，依靠他们抵御太平军。

李秀成席卷江南，清军望风而降，枪匪改编的团练也纷纷投降。获得太平天国授予的正式官身后，他们继续操持走私、赌博、卖淫的老行当。太湖流域处处有枪船，几乎每个地方都可以参加赌博。太平军前来巡逻，他们就钻进河道一哄而散，等巡逻队走后再出来开张。除了赌博之外，他们在赌场边上招募女艺人表演时装剧目，为赌徒助兴，赌场旁往往设有妓船，供赌徒淫乐。

太平天国治下，严厉禁止吸食、贩卖鸦片，连抽“黄烟”（普通的烟草）都要责打一百军棍，戴枷示众一个礼拜。洪秀全曾把淫邪定为第一不正，赌博定为第六不正，妓院、赌场当然也在严禁之列。在杀头的威胁下，鸦片、赌博、嫖娼乃至饮酒一度在太平天国销声匿迹。

天京变乱后，强人杨秀清逝去，严密的纪律崩溃，以上恶习在太平军中死灰复燃。江浙是天下第一的销金窟，原本质朴的太平军“老兄弟”从赤地千里的安徽、湖北来到“地上天堂”，逐渐学会享乐（高级统帅在天京变乱之前就开始享乐了）。李秀成大量招抚绿营、团练、枪匪，这些陈腐堕落的兵痞把赌博、嫖娼、抽大烟的风气带到太平军中，太平军军纪更加败坏。很多出身团练、枪匪的官员参与赌博、嫖娼，连“老兄弟”也有人私设赌局、拐卖人口，李秀成在江南民众那里争取到的好名声逐渐丧失。

据沈梓的《避寇日记》记载，仅在秀水县一个镇上，就“停妓船二百余艘，琉璃窗，锦绣帐，箫管声细细……长毛、富商出入其中，千金一掷。”为了整顿社会风气，李秀成曾下狠手血洗枪匪。然而在他血洗枪匪后，元和县周庄的费秀元还拥有近百艘妓船。

随着太平军战事不利，加上李秀成对枪匪的血洗，不少枪匪投降李鸿章。李鸿章来者不拒，他将孙金彪的枪船编为“魁字副营”，周庄的费氏枪船收为“抚标水师新后营”。李鸿章不但得到大量兵员补充，还令部分投降的枪船潜伏苏南，为淮军卧底。

见李鸿章日益势大，一些太平军将领私下联络清军，策划献城投降。太平军常熟守将钱桂仁、骆国忠在上海战役刚爆发时，就与苏州熊万荃、昆山李文炳等人谋划向清朝献上苏州、昆山、常熟三城。李秀成发现他们的阴谋后，从上海返回苏州坐镇，熊万荃、钱桂仁献城的阴谋未能得逞。李秀成对部下非常宽纵，虽然识破阴谋之后，却没有彻底清查叛逆，居然继续让钱桂仁担任常熟守将。

血战雨花台后，李秀成滞留天京，为“北进”做准备，钱桂仁通过叛降清军的原太平军将领周兴隆联络程学启，向李鸿章乞降。李鸿章派周兴隆潜入常熟，与钱桂仁约定于同治元年腊月初一（1863年1月19日）发动叛乱。程学启承诺派兵支援钱桂仁，里应外合拿下常熟后，联军进攻太仓，太平军太仓守将钱寿仁也答应策应淮军攻城。

李秀成在天京收到苏南局势不稳的情报，万分焦急。他匆忙出京，在冬月廿二日，即叛乱发动前八日赶到苏州。钱桂仁心生恐惧，借口为忠王拜寿赴苏州探听消息。钱桂仁离开常熟后，骆国忠想抢夺献城头功，洗劫钱桂仁家产，于是提前二日发动叛乱。骆国忠杀掉钱嘉仁、姚得时、侯阿瞒、高疯子等太平军“老兄弟”五百余人，下令全城剃发降清。

骆国忠向淮军献上常熟后，又分兵攻下福山，与周兴隆联合攻打太仓。钱寿仁率二千太仓守军出城投降，淮军飞速赶赴太仓增援骆国忠。李秀成部将谭绍光领兵数万夺回福山，兵围常熟。李秀成亲身驰援，督军攻陷常熟城外石城要塞，谭绍光、陈炳文攻破常熟大北门、西门营垒。可惜洪秀全限令北进的时日已到，李秀成被迫放弃常熟，向江北进军。骆国忠侥幸保住常熟，淮军获得了进军苏南的桥头堡。⑥

三　仓皇北进

太平军大举进入皖北，曾国藩亦在调动兵马应对上游局势。皖北处处饥荒，湘军只需保住几处粮草充裕、城坚可恃的据点即可。曾国藩先派兵两千防守西梁山、裕溪口要地，防李秀成截断下游湘军粮道，又令李昭庆、张树声率二千五百人马进驻无为州，保卫皖南鲍超、张运兰的后勤基地。护住粮路后，曾国藩决定再加强几个要隘，他调李续宜部将箫庆衍、毛有铭镇守舒城，又让唐训方为庐州石清吉加拨三营援兵。除安徽现有兵力外，他函请湘军名将、贵州提督江忠义率兵三千增援，与其兄江忠濬协防皖北，只是江忠义还在湖南整训军队，到达皖北尚需时日。[7]以湘淮军一营有战兵五百人计算，曾国藩在庐州、舒城、无为州都只投放了两三千兵力，合计陆师及水营，不过调动了万余兵勇，并未减少曾国荃围天京的军力，洪秀全“围魏救赵”的计划没有成功。

二十余万太平军进入皖北，很快陷入困境。李秀成进至巢县，发现当地不但不能为大军提供补给，反而到处是陷入饥荒的民众等待救援。李秀成心下不忍，派汪宏建外出购买粮草、谷种赈济灾民，如此一来他的后勤压力更大。湘军坚守不出，依托营垒迟滞太平军进攻。太平军人数虽众，但精锐老卒一半留守苏南防备淮军，一半已阵亡于雨花台，没有精兵充当军胆，攻坚能力甚差，加上连日天降暴雨，瘟疫蔓延，二十万大军被万余湘军拖得狼狈不堪。

按计划，李世贤、杨辅清、黄文金应在皖南突围，直入江西，配合李秀成的攻势。但李世贤始终无法击败杨载福，突破金柱关。在浙江左宗棠派出刘典，江西沈葆桢派出韩进春后，杨辅清、黄文金被刘、韩会同鲍超围堵，损失极为惨重。原定增援皖北的江忠义还未抵达安徽，就收到改援江西的命令。江忠义与席宝田两支湘军生力军开进江西，鲍超的霆军反而得以解脱，成为一支机动的游击之师，进入皖北会攻李秀成。

李秀成在皖北使尽浑身解数，把他熟知的兵法“诈道”用了个遍，奈何皖北湘军坚守不出，鲍超又时刻威胁后路，加之粮饷不济，他浑身本事无法施展。李秀成对这一阶段的战斗有如下描述：

> 彼不出军，专守为稳，以逸代（待）劳，攻数日未下。天连降大雨不息，官兵困苦，病者甚多，一夜至天明，合（各）管（馆）病倒，见势为难，攻又不下，战又不成，思无法处，清军又不出战，总以严守为强，后路救兵又至，我军病者又多，无兵可用。⑧

李秀成在皖北六安无法筹措粮草，不得已撤军至寿州就食。谁知寿州经捻首苗沛霖的乱军反复掠夺，早已民穷财尽，饥荒比六安尤甚。洪秀全希望李秀成与陈得才、张洛行会师后攻略上游，以纾下游天京之困。然而张洛行为清军僧格林沁击败，陈得才不得已退回陕西，会师已无可能。李秀成在皖北孤立无援，太平军饿死、病死极多，“未得食，饿死多多，食草冲（充）饥，如何为力”。

陈得才不能南下，皖北、江西无法突破，逼迫天京的湘军兵力丝毫未减，北进战略已然落空。恰在此时，曾国荃督湘军突破了天京城外雨花台石城及聚宝门石垒，天京大震。洪秀全被迫放弃围魏救赵的计划，紧急差官捧诏书令李秀成撤回天京。北进上游非但未能分去湘军围困天京的兵力，反而为曾国荃突破石城创造了机会。“围魏救赵”不成，反被曾国荃“围魏救赵”，这是太平天国战争史上最愚蠢的军事冒险。

大获全胜之后，曾国藩信心大增，对未来的战事更有把握，他分析战况指出：东南重要的关隘、要塞，无非就是安庆、芜湖、庐州、宁国、东西梁山、金柱关、裕溪口，加上浙江的金华、绍兴。这些要塞如同山川的筋骨脉络，乃兵家必争之地，如今大部在我手上。只需少数精兵守住关隘，即能制敌死命，其他大部分地区，让他拿去又何妨呢？太平军初起时，治理还算粗有条理，能禁止奸淫掳掠，令民众安于耕种。如今民户一听太平军来就逃亡，地里无颗粒之收。敌军行于无民之境，犹如鱼儿行于无水之地，敌驻不耕之乡，仿佛鸟儿居住无木之林，哪能不完蛋呢？昔日太平军中的广西“老兄弟”打仗，营垒修得坚如城池，战壕挖得深如大河，真是坚固无匹。现在敌军所修工事十分草率，我军营垒工事，反而坚固远胜昔日，这是战力此消彼长。太平军中封王很多，各不服从，各争雄长，最后苦乐不均，打了败仗也不相互救援。清军目下三江两湖、水陆各营，都能和衷共济、呼应灵通，打起来如何不胜？[9]

如果说北进因为洪秀全瞎指挥而导致失败，那北进之后返回天京的溃败，就是李秀成的责任。由于天降暴雨，陆上道路多被冲垮，李秀成选择渡江南返。洪秀全催促甚急，洪春元又被鲍超接连击败，南返太平军军心大乱，返京之行成了大溃败。

湘军攻打江浦、浦口和九洑洲三处要塞，江浦、浦口太平军不战而逃。拿下两浦，湘军有了封锁江面的据点，加强了对渡江太平军的拦截。大雨连日，江水暴涨，江面被湘军炮火遮断，见两浦无人接应，连日饥疲的太平军顿时崩溃。这时李秀成可能失去了对军队的控制，渡江成了毫无组织的大溃退。在湘军水师的猛烈打击下，数万太平军阵亡于江中。还未渡江的太平军被湘军水师困在九洑洲，九洑洲大水漫灌，幸存的士兵陷在泥浆里寸步难行，人马堆积，阵亡枕藉，哀号声此起彼伏。湘军水师趁乱登陆九洑洲，洲上太平军半数为湘军击杀，半数溺亡水中，前后死难三万多人。

在下关防守的太平军“洋兄弟”呤唎回忆当时的惨况道：“他们的人数太多，所以他们的同伴无法一一加以援手，帮助他们在敌人的炮火之下渡江。炮弹不断地在这些骨瘦如柴的人们中间轰轰地爆炸。人群过于密集，许多人都被后面的人挤落江中，为江水卷去。成千的炮舰向这些拥挤在一起寸步难行的人们猛烈地轰去。那些精疲力尽的残存的兵士，从倒在地上的自己同伴的尸体中间慢慢地挣扎起来。这些景象真是令人惨不忍睹。”[10]

湘军以两千多兵勇的损失，夺占了李世忠多次猛攻而不可得的九洑洲，拔去太平军封锁天京附近水面的重要据点，从此湘军水师在天京上下江面畅通无阻，后勤得到很大改善。

随李秀成北进的太平军，只有四五万人得以过江，过江后因为粮草断绝，又分散去了苏州、浙江，只有一万多人返回天京，北进之兵几乎全军覆没。李秀成自责道：“此举前后失去战士数万余人，因我一人之失锐，而国之危也。”[11]

四　鏖战包村

曾国藩四处调兵击败李秀成之时，左宗棠在浙江取得了重大进展。左宗棠自立门户以来，就与太平军大将李世贤是一对冤家对手。左宗棠所率湘军，以昔日王鑫留下的老湘营为骨干，是湘军中营制最严整的部队，战斗力十分强大。李世贤所率军队战力不及左系湘军（楚军），但拥有二十倍兵力优势，以多打少还稍占上风。论军事指挥，左宗棠初领军时数败于李世贤，然而他从战争中不断总结经验，军事能力日臻圆熟，很快跻身名将之列；李世贤的军事才能却停滞不前，逐渐弱于左宗棠。左宗棠初入浙江时，由于太平军已占据浙江大部，有城池可依，湘军实际处于不利地位。

浙江太平军第一着失策，是未能集中优势兵力，在左宗棠初入浙江、立足未稳时将其歼灭。李世贤被左宗棠击败于衢州后改变策略，在龙游、寿昌、兰溪一带依托城池、营垒转攻为守，占据了曾国藩所说的“主势”，果然数次击败湘军，与左宗棠战成僵局。倘若此时浙江其他地区的太平军全力增援李世贤，当有较大机会打垮湘军。却不承想，大敌当前，李秀成、李世贤居然把十几万浙江太平军派到浙江诸暨，清剿一个叫包村的小村庄。

包村附近略图

包村在浙江诸暨城东北七十里处，地近绍兴，三面环山，地势险要，只有一条通道外出，是当地包氏族人聚居的小山村。包村领袖包立身，本系农户子弟，年少时行为痴傻，见人不爱讲话，只会傻笑，村里人都当他是弱智少年。包立身可能发育迟缓，所以少年时被视为痴呆，成年后智力发育完全，却显得极有智慧。村里人皆以为他痴痴傻傻十几年，突然开启智慧，怕不是遇到了神仙。包立身趁机蛊惑村民，自称懵懂半生，一朝得到仙人白玉蟾点化，开了窍通了神，不但智力大增，还得授兵书、奇门遁甲之术。他在村中装神弄鬼，平日先焚香静坐，然后为人预测吉凶，村里都称他“包神仙”。[12]

太平军进入浙江绍兴后，包村附近士绅纷纷筹办团练抵抗，包立身遂在包村举起大旗。他把包村百余户农民组织起来，家家配备竹刀、长矛，习练武艺。附近来归附他的民团很多，被太平军打散的团练、游兵也来投靠，包立身很快聚集起数千兵马，两万多民壮，自封“东安义军统领”，属下统一穿戴白盔白甲，打白色旗帜，俨然是个缩水版的洪秀全。

浙江太平军多次派员招抚包立身不成，派去的官员还被擒杀，不得不下令清剿包村。太平军第一次以三千人进攻包村，因为大雾弥漫，不幸中伏战败。事后包立身宣称是他作法变出大雾，以法术击败太平军。来王陆顺德得知此事后，又加派一千多精兵进剿，不幸再次遭到伏击，阵亡一百余人。

连续被包立身设伏，陆顺德勃然大怒，干脆分拨两万大军，大举进攻包村。刚一交战，包村一千多人突然冲出，手持长矛锐不可当，直刺太平军大将胡兴霖于马下。太平军大队人马冲上来，欲为胡兴霖报仇，包村这一千多人赶紧撤退。等太平军追进包村土城，忽见山后白旗挥舞，数千白衣人从两边包抄而来，先前佯败的一千人回身冲杀。猝不及防之下，太平军损失两千余人，主帅姚克刚险些送命。

陆顺德多次被小小包村打败，为雪耻辱，亲率号称二十万的大军进攻。因为听说包立身会法术，能在阵前布下五里大雾，陆顺德居然不信上帝，反以中国传统的厌胜之术对抗：他荒唐地将女子裸身绑在竹竿上，企图以此破去包立身的法术。太平军冲进包村后，受村中狭窄道路和密林所限，进退不能。包立身率四乡猎户手持火枪埋伏山麓，遇到太平军就瞄准脖子射击，这群猎户枪法精准，往往一发必中。太平军伤亡惨重，陆顺德不得已率军撤退，包立身带领长矛手穷追不舍，击杀太平军数十人。

听闻陆顺德败绩，从天京来援浙江的猛将孟文悦主动请战。孟文悦是太平军中一流猛士，平日练武能挥舞五十斤重的器械，在马上大刀舞动如轮，冲阵如猛虎出山。他的兄弟也是一流猛士，兄弟二人联袂而进，当之者必死。这次进攻包村，孟文悦兄弟率本部兵马数千冲锋在前，陆顺德率大队人马继之，以为万无一失。谁料战斗刚一打响，孟文悦的兄弟就被包村悍卒刺落马下，包立身率军几千包抄，加上村外友军来援，陆顺德再次落败，太平军被杀五千余人。

包立身用兵如神，但他知道这几千人马一旦离开包村，必定不是几十万太平军的对手，因此他只谨守包村，从不派兵向外发展，也不攻打城池。既然包立身不向外发展，太平军就当暂且放过他不打，专心进攻左宗棠。

区区几千人马，竟能击败陆顺德号称二十万的大军，这对太平天国而言，危害性不大，侮辱性却极强。军人多是血性斗狠之徒，太平军如何能容忍在包村屡次战败的羞辱？当时浙江太平军中传言，纵是丢掉天京不要，也要灭了包立身。

军心如此，主帅也只得下令全力围剿包村，然而这般意气用事，最终错失了歼灭左宗棠的良机。浙江太平军没有增援打成僵局的金华，反而集结杭州、宁波、金华等地兵马，以号称四十万的兵力，连营五十里围困包村。

梯王练业坤与来王陆顺德联手，先将包村对外通道破坏，然后派兵轮流进攻，夜间火光冲天，照得如同白昼。包立身反复使用诱敌深入、四面包抄的办法对付敌人，太平军昼夜强攻也无法得手。

为了攻克包村，太平军征集了附近许多耕牛，策划以火牛阵突破阵地。包立身提前得知对手计划，派死士向敌阵投掷大量火把，牛群受惊后调头冲撞，冲垮了身后的太平军阵地，包村兵马趁机掩杀，歼敌不少。会稽来的太平军猛士徐某冒死冲到土城下，大呼我是太平军炳天豫，谁敢与我决战，话音未落已被城头枪手射杀。孟文悦欲为兄弟报仇，率死士勇猛冲杀，旋即为炮火击毙。[13]

交战两月，太平军始终无法攻入包村，两军大小战斗上百次，包立身都能顽强抵抗。熟知地形的将领周文嘉设法断了包村水源，包村虽然还有两月粮草，但水源断绝无法支持，包立身被逼冒险突围，在突围中中弹身死，太平军这才拿下包村。

包村只是一百多户农民聚居的小村庄，包立身举起东安义军旗号后，前后不过汇集万人。假使包立身率领几千精兵攻城略地，扩大武装，为防日后势大难治，太平军就只能趁其弱小时彻底剿灭。可是包立身既无意争夺天下，也无效忠清朝的想法，他只有守住包村、保卫乡土的念头。一心为清朝收复领土的古塘团练陈兆云多次劝包立身与他合军攻打城池，被包立身拒绝后分道扬镳。

既然包立身只想固守村庄，太平军实在犯不着为了斗气，前后调集十几万大军，用时八个月来剿灭包村。尤其太平军最后一次围剿包立身时，左宗棠正和李世贤死斗于龙游，法国人亦在调度清、洋联军攻打宁波。被包村牵制的十几万太平军若及时投入龙游战场，定能在李世贤被调到雨花台作战前击退左宗棠。正因包村牵制了大量太平军，李世贤始终无法在赴天京前稳定浙江战局。他被洪秀全调离后，先是参与雨花台大战，后又配合李秀成北进，浙江少了他这样德高望重的主将坐镇，又被带走数万大军，左宗棠因而势力大涨。

五　左宗棠占据浙江

左宗棠在安徽婺源（今属江西）时，只有八千人马，进军浙江后兼并了李元度的十五营湘军，将其裁汰为五营。尔后刘培元、蒋益澧率四千湘军援浙，浙江湘军达到一万五千人。加上绿营李定太、陈世章等部，左宗棠统领的兵马约为四万。他在浙江所占地盘，尚不及全省二成，军械、粮饷都很匮乏。

太平军一部被牵制在包村，李世贤着急在赴京解围前击退湘军，仓促之下露出破绽。左宗棠抓住机会打了几个胜仗，但仍未改变其窘境。太平军在金华附近有巨大优势，不但兵力远远超过左宗棠，还修筑了坚固的防御工事。左宗棠曾言，金华府城被李世贤经营得坚固异常，攻取难度十倍于其他城池。除了金华坚不可下，太平军还在龙游、寿昌、兰溪、汤溪等金华外围重地构筑了纵深防御，左宗棠急切间无从措手。

李世贤率军赴天京参战，将与左宗棠交战的浙江西部战区交由李尚扬主持，李世贤下令各军依托城池坚守不出，等他四十天后回来主持大局。然而李世贤离开金华后，先是参与雨花台之战，后又配合李秀成“北进”，再未返回浙西战场。李尚扬是在湖南参加太平军的将领，不是广西“老兄弟”，资历不深，爵位也不高。区区一“天将”，纵然深受李世贤信任，亦无法指挥来王陆顺德、梯王练业坤、首王范汝增、戴王黄呈忠这些大将。太平军在金华防线没有名将坐镇，陷入各自为战的局面。

纵使如此，湘军苦战多日，仍未能拔取龙游。左宗棠切断龙游粮道后，缺衣少食的龙游守军仍坚持苦斗，给湘军造成巨大杀伤。左宗棠在奏折里称："惟各城及附城诸垒坚不可拔，每猛攻一次，将士之奋勇最著者多带枪炮子伤，或登时殒命……官军逼攻愈猛，伤亡愈多。"⑭

左宗棠用兵异常灵活，他见龙游守军都是李世贤嫡系，战斗意志坚决，一时无法攻克，遂率军攻打严州。驻守严州的是天地会武装，战斗力较差，很快被湘军歼灭。严州丢失，金华防线的左翼崩溃，清军总兵林文察又攻克浙江南部的处州，废了金华太平军右翼。从福建来援的清军与湘军会师，不仅保住了湘军后路，还直接增援龙游、金华的战斗，湘军势力大张。

清军迭获胜利，奈何李世贤经营的防御体系非常牢靠，占尽优势的湘军损兵折将，无法拿下龙游，更不能攻克金华。军事上无法取胜，左宗棠试着诱降太平军将领。他的诱降取得了意想不到的成效，兰溪、汤溪太平军大量出降，左宗棠于是加大诱降力度。汤溪守将彭禹兰与湘军里应外合，将李尚扬骗出城池谈判。湘军在谈判时将李尚扬等八名将领俘虏，龙游、汤溪、兰溪守军无心为战，一部分投降，一部分撤离，湘军竟然不战而胜，夺取了包括金华在内的整个浙西。

受上海雇佣洋兵的启发，浙江也与英法合作组建"洋枪队"。英国人丢乐德组建的雇佣军称为"常安军""定胜军"，法国人日意格招募的雇佣军称为"常捷军"。清、洋联军加上中西混合的"洋枪队"，在左宗棠奋战浙西之时，攻克了太平军占领的宁波，继而打下了整个浙东地区。

清、洋联军拿下浙东后，李世贤在浙江省的"分地"已全部沦丧，尚在太平天国手中的只有杭州、嘉兴、湖州即杭嘉湖平原，这是李秀成的"分地"。左宗棠得到浙东、浙南、浙西，有了稳定的地盘、饷源，得以大肆扩充军队，购入洋枪洋炮，左系湘军一跃而成与曾系湘军、淮军相匹敌的军政集团。

洪秀全下令李秀成撤走上海围城之军后，原本达到疆域极盛时期的太平军（苏南、浙江在手，上海即将拿下），开始遭受一系列军事灾难，大好局面迅速崩盘。曾国荃在雨花台扎下根基，从湖南增募兵勇持续围困天京；李鸿章全据上海，扩军到六万多人，逐步蚕食苏南，左宗常拿下了浙江大部，扩军到四万多人，兵锋直指杭州；鲍超击溃皖南太平军，向天京进发。曾国藩苦心经营多年，终于把湘军，以及从湘军派生出去的淮军，扩大到二十几万人的规模，从各个方向将他的宿敌洪秀全包围。太平军在上海、雨花台、浙西、皖南、皖北损失军队数十万，李秀成亲自指挥的主力二十余万只剩下一万五千人，李世贤的十万大军也只余万人，两个庞大的兵团烟消云散，只在杭州、嘉兴、湖州和苏州还有二三十万军队。

李鸿章在奏折中高兴地说，李秀成自咸丰十年（1860）春破江南大营，拿下苏州、常州、杭州、嘉兴、湖州等江南重地，又在江西、湖北招募大批兵勇，兵马超过百万，又得江南财赋以充军实，取精用宏，日见强大，几乎到了无法收拾的地步。然而这一年来，李秀成屡战屡败，损兵不下二十万。这次北进，又损兵十几万，能战之兵只有四五万人了。[15]

“草木摇杀气”，“白骨成丘山”。太平天国战争这盘天下残局，终于进入了收官之时。

【注释】

① 见《曾国藩全集》第6册90页，岳麓书社2011年版。

②“金陵至徽州、祁门八百余里，地段太长，贼股太众，加以皖北十余城毫无准备。臣反复筹思，实恐溃败决裂，尽隳前功。……合无吁恳皇上天恩，

简派大臣，与臣会办诸务。”见《曾国藩全集》第 5 册 260 页，岳麓书社 2011 年版。

③“余家目下鼎盛之际，余忝窃将相，沅所统近二万人，季所统四五千人，近世似此者曾有几家？沅弟半年以来，七拜君恩，近世似弟者曾有几人？日中则昃，月盈则亏，吾家亦盈时矣。”见《曾国藩全集》第 21 册 24 页，岳麓书社 2011 年版。

④“弟之志事，颇近春夏发舒之气；余之志事，颇近秋冬收啬之气。弟意以发舒而生机乃王，余意以收啬而生机乃厚。平日最好昔人‘花未全开月未圆’七字，以为惜福之道、保泰之法莫精于此。”见《曾国藩全集》第 21 册 114 页，岳麓书社 2011 年版。

⑤“天王日（越）格（更）不信，具（俱）将天话逼来，降我之职，暗中密革我权。我手下部将见此，其心不服，未有战心，各筹一路。……主逼甚严，我亦无心在世，不故（过）我母六十余旬（岁），育我之（至）大，是以曲而就之。见势如此，亦知不能久图，主不修德政，尽我人生一世之愚忠对天。……一朝之大，亦有好友，亦有不情，人心是肉，劝化多言，而心自遂。心虽不欲佐理，国中之将，兵是我多，牵牵缠缠，不能离身，朝内人人之抑（仰）望，不得不由。”见《李秀成自述》，载《中国近代史资料丛刊续编·太平天国》第 2 册第 380、382 页，广西师范大学出版社 2004 年版。

⑥ 见《李鸿章全集》第 1 册第 230、233 页，安徽教育出版社 2008 年版。

⑦ 以上军事调动，见《曾国藩全集》第 5 册 267、268、269 页，岳麓书社 2011 年版。

⑧ 见《李秀成自述》，载《中国近代史资料丛刊续编·太平天国》第 2 册第 383 页，广西师范大学出版社 2004 年版。

⑨ 见《曾国藩全集》第 6 册 45 页，岳麓书社 2011 年版。

⑩ 见呤唎《太平天国革命亲历记》下册第 497 页，上海古籍出版社 1985 年版。

⑪《李秀成自述校注本》及罗尔纲《忠王李秀成自述原稿笺证》作“失去战士十余万人”，查湘乡曾氏所藏原稿，此处应为“失去战士数万余”。

⑫ 见半窝居士《粤寇起事纪实》，《太平天国史料丛编简辑》第 1 册第 16 页，中华书局 1961 年版。

⑬ 见王兴福《太平天国在浙江》，社会科学文献出版社 2007 年版。

⑭ 见《左宗棠全集》第 1 册第 106 页，岳麓书社 2014 年版。

⑮“伪忠王李秀成自十年春间攻破金陵长围，迭陷苏、常、杭、嘉、湖各处，上窜江西、湖北，先后掳胁溃兵游匪，众以百万计，分置各城。又尽得东南财赋之区，取精用宏，日以强大，几至不可收拾。自去岁屡战屡败及投降各城，精锐散亡不下二十余万。近年春夏间窜皖北失利，经上游官军截杀解散又十数万众，其自九洑洲过江仅存四五万人。”见《李鸿章全集》第 1 册第 398 页，安徽教育出版社 2008 年版。

五、洪秀全的天京岁月

一　受惊的天王

李秀成北进失败，湘军拿下金陵城外多处堡垒，将城外驻守的太平军大部逐回城内。湘军水师攻克九洑洲，完全掌控金陵江面，断了金陵太平军的水运通道。此前江南大营两围金陵，之所以不能彻底困死，关键就在于不能完全封锁金陵粮道。

太平军保卫天京，以雨花台石城为陆路藩篱，以九洑洲为水路锁钥，通过水路运入粮草，粮草外援不绝，天京自能坚守。太平军水运力量孱弱，但长江上一直有贪图暴利的洋商，用轮船向天京输送粮草乃至军火，甚至很多清军中下级军官也暗中组织走私队伍，向天京贩卖米粮。流亡香港的洪仁玕假扮医生投奔天京，一度混进了清军蔡康业的队伍。为了穿过清军防线抵达天京，洪仁玕建议清军中的广东老乡组织走私商队，从湖北采购粮食去天京发财。最后，洪仁玕竟然真的混在走私商队里，成功抵达天京。

曾国藩认为，杨秀清主政时，在中关、下关、紫金山、秣陵关、江东桥、上方桥等处修筑了大量防御工事，营垒坚固如城，壕沟宽阔如川，远非后期仓促修建的工事可比。加上金陵城原本就占据天下形胜，明代以来历次加固的城防高大雄伟，湘军若是直接进攻必然伤亡惨重。如今雨花台、九洑洲在手，敌之粮道被我截断，不如围而不攻，逼迫城内守军弹尽粮绝后开城出击，反过来攻打湘军营垒。

曾国藩函告九弟，围城之道，第一要义是断绝水运。金陵乃百里之城，城中有数十万人要养活，绝非陆运能满足。此前有走私商人用红单船、洋船接济金陵粮草，如今九洑洲克复，外援断绝，眼下只需封禁水面，严查走私，胜利就不远了。[①]

洋商的轮船强行闯关，湘军水师不敢开炮拦截，为了防止冲突，曾国藩奏请总理衙门照会欧美诸国公使，务必在战争结束前约束本国商人，不得在战区附近停泊轮船。湘军水师封锁了江面，清军招募的枪船又在四处河道昼夜巡查，太平军只剩陆路运送粮草，后勤极为窘迫。

天京水路粮道被断，唯一可恃之大将李秀成又返回苏州抵抗淮军，天京顿时陷入恐慌。获悉情报的曾国藩觉得“事机大顺”，彻底合围的时刻到了，他飞檄鲍超率军南渡，先驻扎下关幕府山，再逐渐向孝陵卫推进。曾国荃也从湖南增募兵勇，挖掘了二三十里的长壕，东西两面包围天京。

同治元年（1862）盛夏，李鸿章在叛将骆国忠协助下收常熟、拔太仓、陷昆山，三路包围苏州；左宗棠攻占浙江大部，兵锋直指杭州门户富阳；鲍超也与曾国荃会师金陵。被三处战场牵制，李秀成已是回天乏力，用曾国藩的话说，清军的胜利已经上了三道保险，苏州、杭州、金陵只要有一处取胜，其余两处自然顺势可得。[②]

曾国藩希望李秀成在三个战场上疲于奔命，李秀成乃是曾国藩战略上最大的对手，自然也有应对的方略。被三路牵制的太平军，可以选择在两个方向上暂时退缩，集中兵力于一路，只要彻底打垮一路清军，同样可以摆脱困境。太平军破局的要害在于选准突破方向，必须保证集中兵力后，在主要用兵方向能够一举突破；暂时退却的两个战略方向也要设法拖住清军，不被敌人彻底打垮。李秀成离开天京返回苏州，预备抽调四路兵马反守为攻，规复常熟、昆山、太仓、江阴，直逼上海，从内线转至外线，打到李鸿章的地盘上去。

综合战事的发展看，李秀成的选择颇有眼光，确实是当时唯一可行的战略选择。曾国荃人称曾铁桶，他所率湘军的特点是火力弱小，攻坚力量不强，但防守特别坚韧。曾国荃围困天京，采用围而不打、反客为主的办法，与太平军打消耗战。这样一来，即使李秀成暂时放弃天京防务不管，天京亦能坚守一年以上，天京战区可以暂时退却而不担心崩盘。

浙江方面，左宗棠拿下金华后，在富阳与汪海洋、陈炳文交战三月，未有尺寸之功，完全不如在浙西攻势迅猛。左宗棠不得已，向朝廷请罪说，他兵力不够，又被瘟疫困扰，所以“兵事尚滞”。历史上，左系湘军围攻六个月才拿下富阳，在杭州城外又被陈炳文、邓光明阻挡半年之久，直到天京陷落前四个月才拿下杭州。李鸿章曾说浙江陈炳文统率的是第一流的强兵，左宗棠亦在奏折中抱怨，邓光明、汪海洋、陈炳文极为善战且多诡计，浙江太平军以杭州为老巢、以余杭为犄角，加上湖州、嘉兴为援助，急切难以攻取。③

无论曾国荃还是左宗棠，尽管作战风格不同，但他们所辖皆是湘军，湘军的优点是坚忍耐苦战，缺点是不擅攻坚。太平军以优势兵力进攻湘军，湘军可以依托营垒抵抗很长时间，但反过来湘军发动进攻，太平军亦能依托城池长久消耗。倘若李秀成以重兵打击曾国荃或是左宗棠，将会被防御状态的湘军拖入苦战，让李鸿章得志于苏南。一旦他放过曾国荃、左宗棠，进攻李鸿章，这盘棋就活了。曾、左用兵持重，太平天国的天京、杭州一时无忧，而李鸿章很可能被李秀成击败。

淮军脱胎自湘军，只是在上海扩军后，大量招降纳叛，无论兵员、训练、纪律都远不如湘军，无法像湘军在雨花台那样坚韧不拔地战斗。淮军纪律、营制较为粗疏，其战力来自西洋火器与少数受过新式训练的“洋枪队”。李鸿章曾经对曾国藩说，观察沪上洋人用兵，喜进攻而不喜防御，利速战而不利持久，盖其行军不够持重，不喜欢修筑营垒。[4]其实，长期受英法军队影响，淮军也染上了这种毛病，而且没有英法军队的器械先进。因此与湘军作战，需要耐久苦战，与淮军作战，只需要顶住淮军凶猛火力的三板斧——淮军是不耐久战的。

李秀成对曾氏兄弟有些畏惧，却很瞧不起李鸿章，他在上海见识过“洋枪队”、洋兵还有淮军，觉得并没有什么了不起。他在上海把洋人打得不敢出战，倘若不是洪秀全把他召回，李鸿章已被消灭。李秀成被俘后，评价苏南战事说，“攻克稣（苏）州等县，非算李鸿章本事。……鬼兵及李抚台（李鸿章）见我未在省城，是以顺势攻之。若我不来京者，不过北者，其万不能攻我城池也。”[5]

李秀成自恃“洋鬼并不敢与我见仗，战其（则）即败”，更瞧不起李鸿章，自然选择集中兵力攻打李鸿章。如若他真能集中兵力击败李鸿章，太平天国或许还能寻得一线生机。

李秀成回苏州布防，准备反攻淮军，清廷大为惊恐，在发给曾国藩、李鸿章、左宗棠的上谕中反复追问李秀成动向。李鸿章在上海见识过忠王的手段，这时候还不敢与其全面开战。李秀成还未渡江南返，他就致信曾国荃，请湘军帮忙拦截李秀成，使其不能回返苏州，让“敝军不至过于吃重”。为了讨好曾国荃，李鸿章竟一反常态，在信中称比自己小一岁的曾国荃为“世叔大人”，落款“世愚侄鸿章”，足见他对李秀成的畏惧。[6]李秀成回到苏州，李鸿章又寄书苦苦哀求

"世叔大人"，加大袭扰天京的力度，逼洪秀全召回李秀成。[7]

安徽捻首苗沛霖，原本已经投降清朝，还替清军诱捕了陈玉成。不料反复无常的苗沛霖再次叛变，在李秀成回到苏州的第十二天攻克寿州，皖南太平军趁机反攻青阳，曾国藩只好把天京城外的鲍超调回皖南救急。

天京围城湘军兵力减少，正是李秀成进攻李鸿章的大好时机，只要打败李鸿章，将淮军逐出苏南，太平军就有机会恢复军力，无论救援天京还是支援浙江都有把握。然而李鸿章的计谋得逞，鲍超的霆军移营后，曾国荃非但不收缩战线示弱，反而虚张声势地发动进攻。洪秀全受到惊吓，再次严令李秀成停止攻势，返回天京布防，最后的破局机会就此丢失！

二　树倒猢狲散

鲍超的霆军被调走，为了增强围城兵力，曾国荃瞒着曾国藩，私自增募两万陆师，还计划招募完全由自己掌控的水师十二营。曾国藩获悉后，阻止了招募水师的计划，但同意增募陆师两万，曾国荃指挥的军队至此达到五万人。

李秀成被俘后回忆，他被迫回到天京主持防御，可是城里尽是当官的，能打仗的士兵很少，老弱妇孺亦很多，天京很难守住。他仓促率军出战，多次被湘军击败，梯王练业坤也战死了。

天京城内一筹莫展，苏南重镇吴江、江阴亦告失守，告急文书不断发来。苏州是当时唯一还能为天京输送粮饷的城池，亦是太平天国所剩无多的疆土中，离天京最近的大城。苏州若失，天京将彻底断绝粮源，变成一座孤城。李秀成急切出京主持苏南战事，洪秀全却不肯放他出京。反复求告后，洪秀全让他以家产助饷十万两白银，方可出京，且四十日内必须回来。李秀成用家中首饰、财物抵足十万两白银后，终于得以出京，重返苏州。[8]

李秀成抵达苏州后，因为苏州战事前后反复，军心为之动摇，与他数月前策划进攻李鸿章时相比，情势已经大为不同。但他仍从苏南、浙江抽调了十万大军，试图再与李鸿章打一场决战，解除苏州之围。李秀成与淮军在无锡附近展开数次激战，未能击退淮军，只得率军退回苏州。淮军包围苏州，切断苏州与外界联系。

虽未能击退淮军的进攻，但李秀成将兵力收缩回苏州后，在守城战中大量杀伤了淮军。戈登所率常胜军一直在缓慢推进，可是损失极大，多名英国军官伤亡。戈登对李鸿章坦言，虽然联军一直在进攻，一直在胜利，但已无法承受这般巨大的伤亡，很可能下一刻就会崩盘。

戈登建议李鸿章与苏州守军谈判，设法诱降苏州太平军，他说："在十一月二十七日和二十九日两次战争中，我的官兵死伤太多，你们不能希望我准可以打下苏州，太平军只要在那座长七码的大桥上稍作抵抗，就可以把我们击溃，因此，我盼望李抚台（李鸿章）尽力赞助谈判。"[9]

李鸿章通过降将郑国魁与纳王部永宽联络，对苏州守将进行策反。康王汪安钧出城与淮军大将程学启秘密会面，商谈投降事宜。他告诉程学启，城中除了慕王谭绍光意志坚定，不肯投降外，比王伍贵文、宁王周文佳等诸王、天将和士兵都愿意投降。他们决定把慕王谭绍光骗出城外，然后举城投降。程学启不同意这个计划，他认为，苏州太平军已经走投无路，仅仅献城没有诚意，想投降，必须生擒李秀成、斩首谭绍光。

李秀成威望甚高，且有恩于诸人，一众叛将不肯杀李秀成，最后与程学启达成协议，捕杀谭绍光为进身之本。议定之后，戈登率军佯攻苏州齐门外石垒，诱使谭绍光出城迎战。郜永宽等人本当里应外合，立刻杀死谭绍光，然后献城投降。然而李秀成坐镇苏州，郜永宽诸将皆不敢动手，只是拖延出战，坐看淮军越过石垒，直趋苏州城下。

李秀成召集诸将，指出天京、苏州眼看不保，但是太平军在各地仍有数十万兵马。拥有强大水师的湘军在江南无可抵挡，李鸿章又得到了英国人援助，不如放弃天京、苏州，将大队人马转入内地，尤其是转移到群众基础深厚的广西，离开湘军水师纵横的战场，也让英国人无法为清军提供支援。

此时苏州城内尚有数万人马，其中一半装备了西洋枪械，算是太平天国最后的精锐。谭绍光坚持要守卫苏州，拱卫天京，执行天王洪秀全坚守的计划，其他诸将想要投降，也坚决不肯撤离，无奈之下，李秀成只能率嫡系弃城而走。冬月初二日，寒风劲切，草木凋零，寒意四处蔓延，李秀成和忠诚于他的一万多太平军趁夜色撤离苏州。

李秀成离开前，已经知道郜永宽、周文佳等人投降的企图。但他认为，洪秀全不修德政，搞得部下离心，眼下大厦将倾，他自己不得已要尽“愚忠”，却不想拦着他人求生。天真的李秀成对这帮叛将推心置腹，说“现今我主上蒙尘，其势不久，尔是两湖之人，此事由尔便，尔我不必相害。现今之势，我亦不能留尔”。[10]为什么说这些叛将是两湖之人，所以随你们投降呢？因为清朝认定两广太平军将士皆是首倡反清之人，是太平军的骨干、洪秀全的死忠，除了少数例外如韦俊，粤桂之人投降亦不免死；苏州一干叛将都是半路加入的两湖人氏，如果率部投降，大部分会得到清廷赦免。

明眼人都知道，清军几路逼迫，固守天京、苏州的太平军已无出路，覆灭即在眼前。李秀成受洪秀全猜忌、夺权，被洪氏诸王排挤，内外交困，心中彷徨无措，对前途十分绝望。他不信洪秀全的“天话”，却信中国传统的“天命”。他内心煎熬，把心魂寄托于神秘的占星术。曾有一个术士在苏州传授他占星、天文之术，他对此深信不疑。根据占星术的预测，李秀成认为天命不在洪秀全，太平天国的事业终将覆灭。

李秀成不信洪秀全发明的宗教神话，加上洪秀全晚年昏聩乱政，太平军诸将耽于享乐，他不但对太平天国的胜利不抱希望，甚至怀疑太平天国的正义性。既已怀疑太平天国的正义性，李秀成虽有杀身成仁之心，却不会逼着各怀鬼胎的部将为洪秀全殉节。

李秀成放任一干将领降清，想在穷途末路之时，送这些人一场富贵。可惜他为私人恩义放纵部将投降，不但于公大节有亏，于私也实属不智。为了让郜永宽、汪安钧等人放心投降，他离开时没有警告忠臣谭绍光，导致慕王毫无防备，被汪安钧刺杀，害了忠义之士的性命。

郜永宽、汪安钧诸将降清后，也未等来梦想中的荣华富贵。他们在献城投降后与李鸿章谈判待遇，要求降军编为两万人，继续由他们统带。苏州城分为两半，东北一半交给清军镇守，西南一半仍由降军占领。为了增加谈判的筹码，郜永宽等人与全城太平军歃血为盟，宣誓共同进退。

他们的要求吓坏了李鸿章。之前清军收编捻首苗沛霖，因为保留了苗捻大部兵力，导致苗沛霖雄兵在握，随时要挟清廷，忽叛忽降。收编李世忠，也因留用了他的数万人马，使得朝廷无法节制，只能忍受他在地方纵兵劫掠，除了曾国藩外无人能够指挥。有鉴于此，曾国藩、李鸿章接受太平军投降后，都要裁汰其大部分兵马。如童容海号称六万投降，仅留用五千人；古隆贤率众七万投降，仅编留一千人。苏州降军号称二十万，战兵实数在三万人以上，接近淮军六成兵力，李鸿章如何敢留下这么多不可靠的兵马？

李秀成尚离苏州不远，李鸿章也怕苏州守军再度归顺李秀成。郜永宽等人索要总兵、副将官职，还指定了任职省区，百般要挟之下，心狠手辣的李鸿章寻思，与其一直受他们威胁，不如来一场大屠杀。

李鸿章在城中摆下宴席，宴请这几个叛将，他先以温言稳住众人，还假意赏赐每人红顶大帽一具。郜永宽等人正得意时，冷不防李鸿章下令兵卒冲入席中，将几人擒住杀死。稍后程学启率军入城，鸣枪开炮，先诛杀数百骨干立威，然后将城中降军缴械遣散，只留下精锐两千人。[11]

苏州杀降，激起中外舆论哗然，尤其苏州太平军投降的担保人洋将戈登，更是大骂李鸿章玷污了军人的荣誉，犯下违背道义的罪行。他宣称将以武力讨伐淮军，还叫嚣要把自己打下的城池归还太平军，以示对不义之徒的惩戒。但在朝廷的支持下，戈登最终也对李鸿章无可奈何——其实常胜军根本打不过淮军。湘淮众将对李鸿章杀降颇为不满，唯有曾国藩称赞这个弟子“眼明手辣，最快人意”。[12]

三　天王的发迹史

苏州失陷，天京已成孤城。五万湘军逐次拔除天京城外的太平军据点，除了钟山的天堡、地堡，城北的神策、太平二门之外，其余关隘皆被湘军占领。此前湘军占领九洑洲，断了天京水路粮道，现在连陆上粮道都断了，天京成了死城。

站在深宫里的洪秀全，在焦虑和彷徨中更加精神恍惚，如同科场落第那年一样，陷入无尽的异梦和癫狂。他不作军事与政治上的布置，反而大讲“天话”。李秀成说形势万分危急，应赶紧率军撤离，徐图后计。可是洪秀全哪里肯走？他觉得自己承天受运，“天京”就是“地上天堂”，怎么需要撤离呢？李秀成着急地问他现在该怎么办，洪秀全回答：“朕奉上帝圣旨，天兄耶稣圣旨，下凡作天下万国独一真主，何惧之有？不用尔奏，政事不用尔理，尔欲出外去，欲在京，任由于尔。朕铁桶江山，尔不扶，有人扶。”——这完全是在胡闹。

李秀成问他：“天京兵少，外救不至，怎么办？”洪秀全说：“尔说无兵，朕之天兵多过于水，何具（惧）曾妖（曾国藩）者乎！尔怕死，便是会死。政事不与尔干。”李秀成又问没粮草怎么办，洪秀全回答道：“合城具食甜露，可以养生。”[13]

所谓“甜露”，就是将地上的苔藓、地衣之类搜集起来，用清水煮熟，拿来糊口。据说“甜露”典出《圣经》，耶稣曾用“甜露”救活多人，于是洪秀全也带头吃“甜露”。亲自吃“甜露”，可见洪秀全真信这是上帝的恩典，能够养活人民，坚持到胜利来临。他说会有“多过于水”的“天兵”来援，恐怕不是故作镇静，而是对“神迹”深信不疑。他的精神，大概已经崩溃了。

从洪秀全和冯云山创立上帝教算起，他已和清朝奋战二十年。曾国荃攻下天京雨花台石垒那一个月，远走四川的石达开在大渡河被俘，遭洪秀全的广东花县同乡、四川总督骆秉章凌迟处死。洪秀全当初的结义兄弟，已全部死去，只留他一人在孤城里，与湘军绝望地对峙。

洪秀全的个性十分偏激，甚至性格有一些分裂，这种特异在他少年时已经显露无遗。一方面，他“品格坦白而正直。……其言每含真确而高尚之思想”，但另一方面，他“品性躁暴易怒，且好自尊自大。每与群儿嬉戏，必以领袖自居，发号施令，莫敢不遵……以故全村儿童均甚畏其严厉之性”。洪秀全自幼以领袖自居，他对自我过高的期许，与成年后落魄的生涯构成了巨大的冲突。[14]

因为科考不利，屡试秀才不中，洪秀全在沉重的精神打击下得了重病，精神出了问题。在病中，他梦见自己升上天空，得到了天启，奉一个身着黑龙袍的老人之命，将在人间斩妖除魔。

三次科考失败，他的自尊不能允许，他的父母不能允许，他身边的亲友不能允许，周围的人对他的冷言冷语使他充满了失落、挫败和绝望。巨大的人生期望与冰冷的现实之间的落差，使洪秀全心理失衡，最终这一切，都被他通过异梦中的承天受运得到了心理补偿。

在这场幻梦三年之前，鸦片战争爆发，清政府耻辱地战败。身在广东的洪秀全感触十分深刻，他见证了这场光怪陆离的战争中，许多稀奇古怪的事情，见证了朝廷的腐败和昏庸。欧风美雨冲击着沿海地区，当地人处于一种末日将近的惶惶不安之中。两广地区天灾不断，洋人入侵又使得铜钱贬值，商业陷入混乱，农工商一齐崩坏，广西人都快活不下去了。

洪秀全

沉寂多年的反清会党再度浮出水面，各种末世理论在两广盛行，这让洪秀全感到彷徨和迷惘。作为一个关心国家命运的读书人，他在苦苦思索制造这一切混乱的根源。可是，他熟读的儒家经典不能解答这个问题，他擅长的打油诗不能排遣这种苦闷。这是三千年未有之变局，过往的一切经验都无助问题的解决。对个人命运审视，对天下前程思考，踌躇的洪秀全站在黑夜的歧路口，苦苦等待启明星出现。

经亲戚李敬芳推荐，洪秀全读了华人基督徒梁发编撰的《劝世良言》，他越读越觉得相见恨晚。这本小册子以一种全新的声音震撼了洪秀全，以一种前所未有的世界观开启他的心灵和头脑。传教士用来恐吓信徒的“末世论”，似乎解答了洪秀全心中的疑惑。书中偶尔流露出的人人平等的思想，更是深深地打动了他。洪秀全仿佛从《劝世良言》里寻得了解脱，获得了从迷雾中突围的大道至理。与当初的梦境相印证，他越发认定梁发是上天派来的使者，《劝世良言》是专门为自己预备的天书，他就是天国之子，将会扫灭这个国家一切虚妄的偶像，建设一个平等的地上天国。

洪秀全没有政治、军事上的才能，他的特长是编撰宗教文献，发明宗教理论。对自身这一缺陷，他颇有自知之明，所以尽管想拯救天下，洪秀全最初的想法是传教而非率众起义。为了更好地传播教义，洪秀全曾到美国传教士罗孝全主持的“粤东施蘸圣会”学习基督教正统教义。他在罗孝全指导下研究宗教仪式和教条，读了《旧约》《新约》，丰富了宗教理论。据罗孝全回忆说，洪秀全每天在教堂学习两个小时宗教理论，学习刻苦，品行端正。也许因为洪秀全总想证明自己是“上帝次子”，看起来像是亵渎经义；也许因为他曾开口咨询传教士的工资待遇，看起来不够虔诚，总之，罗孝全最终没有为洪秀全“洗礼”。

清王朝的科举不录取洪秀全，他就自己打天下开科取士；洋人的教堂不为洪秀全“洗礼”，他就自己创一个新的教会。洪秀全这段生涯，很有几分“莫欺少年穷”的豪迈。从“粤东施蘸圣会”走出来的中年人，不再是落魄的不第书生，不再是一心向善的基督徒，洪秀全未来十年将手拨云雾开，大呼海鹏来，直教九州大地山河变色。

四　洪秀全式“人间天国”

上帝教创立后，洪秀全整日忙于经文编撰，教中庶务一直是冯云山操办。与本地团练发生武装冲突后，由韦昌辉、胡以晃等人负责指挥战斗。到后来，杨秀清、萧朝贵以“天父”“天兄”名义掌控大权，洪秀全也不在意，他很清楚自己能力的短长。

金田起义后，在永安建立全套官制，太平天国确立了军师负责制。“主”洪秀全只是精神领袖，垂拱而治，“军师”才实际掌握政治、军事大权。在天京变乱前，洪秀全经常把权柄非常大度地交付属下。

洪秀全打着“拜上帝”的旗号，长期禁绝儒家的书籍，将儒生视为不共戴天的敌人。但他对儒家的敌视，只是缘于科场失利后的报复，其实他本人受儒家的影响极深，他的理想甚至比曾国藩更接近“原始儒家”。

朝廷认可的正统儒生，虽说自幼读四书五经，言必称孔孟，其实他们的思想早已混入了“秦法”，与周公、孔子相去甚远。反而洪秀全的施政方针，大部分能在儒家的“六经”中找到依据，源出基督教的很少。洪秀全自称拨乱反正，人主称“王”而不称“帝”，这显然是符合周礼的。周天子的尊号是王，如“文王”“武王”，“帝”是天神才能用的尊号。再往前追溯，殷商天子亦称王，死后方可尊为“帝”，因为在商人眼里，祖灵即是天神。

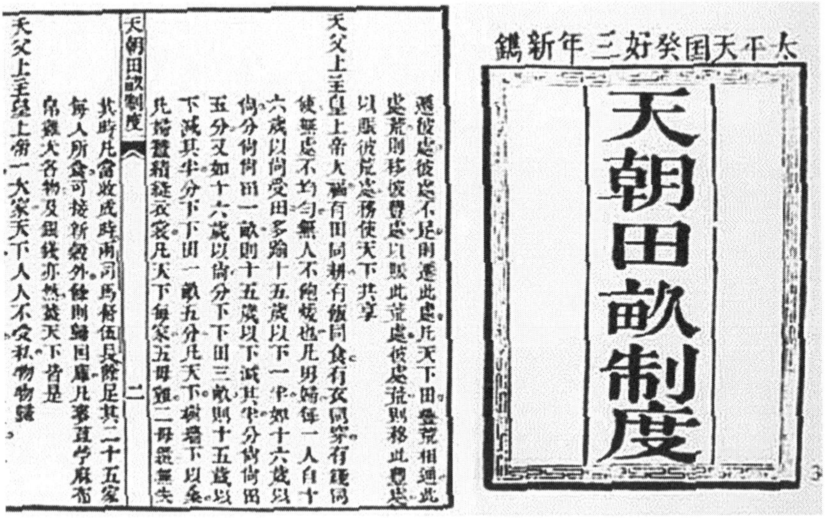
太平天国癸好三年新鐫
天朝田畝制度

遷彼處彼處不足則遷此處凡天下田豐荒相通此
處荒則移彼豐處以賑此荒處彼處荒則移此豐處
以賑彼荒處務使天下共享
天父上主皇上帝大福有田同耕有飯同食有衣同穿有錢同
使無處不均勻無人不飽煖也凡男婦每一人自十
六歲以倘受田多踰十五歲以下一半如十六歲以
倘分倘田一畝則十五歲以下減其半分倘田
五分又如十六歲以倘分下下田三畝則十五歲以
下減其半分下下田一畝五分凡天下樹牆下以桑
凡婦蠶績縫衣裳凡天下每家五母雞二母彘無失
天朝田畝制度 二
其時凡當收成時兩司馬督伍長除足其二十五家
每人所食可接新穀外餘則歸國庫凡麥豆苧麻布
帛雞犬各物及銀錢亦然蓋天下皆是
天父上主皇上帝一大家天下人人不受私物物歸

《天朝田亩制度》

洪秀全分封诸王，允许诸王自设职官，自领军队，到后期甚至授予实际封地，称为“分地制”，这正是孔夫子念念不忘要恢复的“周制”“分制”，大清的地方行政反而是法家发明的“秦制”。洪秀全未来得及彻底实行的《天朝田亩制度》，要将天下土地公有，均分给农民，这是孔子以来，诸位儒家先辈乃至王莽这种奇特的政治家，都想要恢复的“井田”。《天朝田亩制度》里“无处不均匀”的理想，源自《礼记·大同篇》。洪秀全自居精神领袖，不干预军政，以“军师”总领朝纲，正是儒家天子教化万民，垂拱而治，由宰辅统齐政务的梦想。

就连最推崇洪秀全的太平天国史专家罗尔纲，都忍不住讥讽洪秀全发明的太平礼制过于烦琐无聊，像农村的赛神会。但这不正是儒家的“礼乐”吗？只是土气了一点。从表面上看，洪秀全比咸丰更像儒家的一代“圣王”，只是和王莽一样不合时宜。或者说，洪秀全理想的社会，和孔夫子的理想一样，只是他想用霸道的手段去削平社会不公，以实现理想天国。洪秀全痛恨儒家，又摆脱不了儒家——他是一个撕裂的人。

进入天京后，有了稳定的地盘，洪秀全开始实践他的社会理想，改造天京城内的政权和社会组织。

太平天国的社会组织形式，大致上按《天朝田亩制度》实行。洪秀全想用兵农合一的组织将所有的群众组织起来，彻底废除土地私有，建立财产公有的大同世界。他的制度设计里，最底层的社会组织是“两”，由二十五家农民组成，凡二十五家设国库一所，保管公共财产。“两”的管理人称为“两司马”，农隙治事，战时动员军队，这是一个兵农合一的基层组织。“两”之上，四“两”为“卒”，五“卒”为“旅”，五“旅”为“师”，五“师”成“军”，分别以卒长、旅帅、师帅、军帅为首领，一“军”统辖农民一万三千一百五十六家。

用这套方法管理农村，在短期内是有效的。把治下全体农民的生产、分配和生活，用一个准军事组织管理起来，战争动员效率极高，清军入关前实行的八旗制度也大多类此。但洪秀全设计制度时，想象不出管理城市的办法，只好将天京变成一个大军营。他偏执地认为，农业是创造社会财富的来源，左手倒腾右手的商人，非但不能创造价值，反而会破坏社会稳定。

洪秀全认为，城市里必须实行圣库制度，取缔商业的存在，把居民的财产全部没收，由官府统一分发口粮。废除商业后，手艺好的工匠编入诸匠营，在军官的管理下生产，老弱病残及无手艺的人编入牌尾馆，做点简单的粗活。

如果真按洪秀全的设想贯彻下去，太平天国的辖区内必然天翻地覆。然而洪秀全分封了诸王，赐予诸王在战区内较大的自主权，石达开、李秀成、陈玉成这样的务实派，当然不会推行如此剧烈的变革。《天朝田亩制度》关于土地、财产公有的设想，几乎一天也没推行过。石达开在江西，推行“照旧交粮纳税”的办法，承认土地私有，承认地主和农民的租佃关系，地主只需按照清朝旧例交税即可。这个办法得到杨秀清的认可，被推广到所有占领区。倒是用军、师、旅、卒、两来建立基层组织的设想，因为有利于组织、动员农民，汲取社会资源，被诸王经过变通之后，以乡官制的形式在“分地”内普遍采用。

只有洪秀全亲自管理的天京城，一度废除了工商业，严格执行了圣库制，随着城内各大王府的生活需求与日俱增，洪秀全慢慢放松了对工商业的管控。天京城内渐渐有了商店，凭太平天国发放的执照，出售圣库提供的物品。由于圣库提供不了足够的商品，洪秀全再次作出妥协，允许天京市民适度发展私营手工业，甚至恢复了商业税。在当时的经济条件下，即便是“上帝次子”，也消灭不了商业这个“魔鬼”。

普通人遇上血腥惨烈的战争，大部分都会精神错乱。一部分天生的战士，熬过最初的战争应激状态后，会变得无所畏惧，而大部分人始终无法适应血腥的杀戮，会变得过分敏感、谨慎，对外界产生恐惧，这在现代称为战场综合征。洪秀全受到战争刺激，早年所患精神疾病竟有复发的态势，他精神很抑郁，长年躲在深宫中不见人，只有高高的宫墙才能给他安全感。

在天京变乱前的悠长岁月中，洪秀全从不插手军国大事，大小事务都交给东王裁决。他一面奢侈享乐，一面自我封闭，除了修改《圣经》，主持宗教事务外，数年不下一封诏书，连东王杨秀清见他都要提前预约。洪秀全亲手编造了“上帝次子”的神话，却深深地陷入虚妄的迷信中不能自拔。

洪秀全在天京当了十一年天王，只出过一次天王府，从未走出天京城。他对天京之外的世界十分恐惧，无论天京多么危急，他总是拒绝“让城别走”。除了宗教事务，洪秀全把大量的精力用来管理后宫。洪秀全的妻妾多达八十余人，以致他连名字都记不住，只好给妻妾编上数字，称为第几十几妻。

洪秀全写过一首打油诗，用来规范妻妾的行为：

服事不虔诚，一该打。硬颈不听教，二该打。
起眼看丈夫，三该打。问王不虔诚，四该打。
躁气不纯静，五该打。讲话极大声，六该打。
有唤（嗉）不应声，七该打。面情不喜欢，八该打。
眼左右望，九该打。讲话不悠然，十该打。

根据这首诗，妻妾看到洪秀全时，目光越过了肩膀该打，露出不高兴的表情该打，答话太大声该打。如果妻妾不服管束，洪秀全惩罚她们的花样很多，轻一些的是关进黑屋子挨饿，重一些的有杖责、砍手、点天灯等等。除了制定这些烦琐的行为规范，洪秀全还写诗挖苦妻妾的长相：“面突乌骚身腥臭，嗉饿臭化烧硫磺。”不但暴虐，还很无聊。

洪秀全的小妾，多数只是干杂务粗活的宫女，因为天王府没有太监。他的妻妾数量远远超过清朝皇帝，实则多数时候只是替他摆摆排场，显示皇权的高贵。上面那首打油诗，不像在管理妻妾，更像是管理佣人。妻妾连丈夫的脸都不能抬头看，洪秀全的后宫生活毫无情趣，谈不上多么荒淫。

“幼天王”洪天贵福从九岁起，就不能与其他王娘、姐妹见面。洪秀全专门写诗教育儿子严别男女大防。他告诫儿子，男孩满了七岁，懂得男女之事了，就必须和母亲别居，和姐姐保持一丈以上的距离；五岁以上的妹妹，做兄长的不能碰她的手。“哥别妹，妹别哥，别上天，无别魔。瞒天混杂是妖魔，妹大五岁手莫摸，妹大九岁远别清。男行女行不同坐，妹长成时不相见，遵条分别福江河。”洪秀全对儿子的异性封锁政策，比对属下执行得还要苛严。这样的人，似乎很难和荒淫二字联系在一起。

五 “克里斯玛”统治的衰落

天京变乱，杨秀清、韦昌辉被杀，石达开率军出走，洪秀全决定从此“主”由自己做，“军师”也由自己做。然而洪秀全终究精力、能力不足，只能把打仗的事交给地方将领全权负责。他的族弟洪仁玕来到天京后，受封为“军师”，接过统领全军的重任，却无法指挥陈玉成、李秀成这样的悍将。事权专一的领导集团无法重建，太平天国的中枢完全瘫痪，各地驻军但凭心意，自谋出路。洪仁玕被俘后说，洪秀全为了笼络统兵将领，实施“分地制”，使地方将领变成割据一方的诸侯，国事因此不振。实际上，“分地制”的危害没有那么大，“天京变乱”前，石达开、韦昌辉在驻地皆有自专之权与直属军队，相当于拥有“分地”，这是他们能带兵回天京诛杀杨秀清的原因。

杨秀清能够如臂使指般指挥太平军，不仅依靠“军师”的名义，还仰仗自身崇高的威望。洪仁玕虽有军师之名，却非首义诸王，在军中素无威信。他性格柔弱，军事才能低下，得不到前方将领信任，这才是他调不动军队的原因。李秀成批评洪氏族人昏庸乱国，其中就包括洪仁玕。

哪怕有了“分地制”，天王洪秀全照样能随意调动太平军。陈玉成被天王罢黜英王爵位，就只能在庐州彷徨无措；李秀成拥众百万，洪秀全一纸诏令就能让他不顾一切“北进”。洪秀全真正的错误在于，他自己不愿意亲自管理军务，又不肯任命陈玉成、李秀成为军师，让软弱无能的族弟洪仁玕执掌大权，等于废掉了中枢。杨秀清在世时，东王府就是太平天国这个巨人的大脑，杨秀清死后，巨人已经脑瘫，手脚只能凭着本能打人，而且手脚还十分不协调。

清朝一方的问题同样很多，湘军、八旗兵、绿营兵都是各自为政。咸丰死后，曾国藩得以节制四省军务，但他同样指挥不了多隆阿、冯子材，甚至连自己举荐的沈葆桢、左宗棠都指挥不了。清、太双方都在束手束脚地打仗，只是曾国藩犯的错误较少，而洪秀全下的多是乱命。

为了钳制李秀成，洪秀全大封王爵，李秀成的部将如陈坤书等，纷纷得授王爵，不再听从李秀成的调度。洪秀全虽有威望指挥全军，却无法胜任擘画全局的责任。多次受到惊吓后，洪秀全的精神疾病加重，越来越沉浸在宗教幻梦里。他听不进臣下的正确意见，只知道朕受命于天，遇难必有天兵相救这种鬼话，朝政自然愈发不可收拾。

太平天国初起时，太平军将士大多深信洪秀全的教义。对苦难深重的中国农民来说，洪秀全杂糅宗教神秘主义与平均、平等理想的主张，是解脱苦难的通天之道。相比往常用来发动起义的秘密会社，太平天国的组织更加严密，信仰更加单纯。

克里斯玛是巫术文化中的一个重要概念，指某种特殊的超自然的人格特质。它可以通过某种渠道遗传或是继承，具有它的人即具有支配的力量，而被支配者就会产生对它完全效忠和献身的情感。洪秀全的统治秘密，就在于这种超自然的人格特质所产生的支配力。

洪秀全、冯云山的发明，虽受过西洋信仰的一些影响，骨子里却与正统基督教截然不同。正统基督教严禁巫术，洪秀全、杨秀清、萧朝贵却把各种民间巫术糅合在一起，用类似魔术表演的方法，在教徒面前展现“神迹”。这种荒唐的巫术表演，让文盲、半文盲为主体的太平军将士，以为神话中的圣人真实存在。他们坚信太平天国诸王的威严与神力无处不在，坚信自己终将杀绝“清妖”，建立地上天国。

洪秀全把专为帝王陈设的礼仪，同民间做法事的科仪融合在一起，创造出“赛龙会”般的太平天国礼制。在文化人眼里，这些礼制无聊且庸俗，而在农民眼里，它充满了神秘感、仪式感，还如同过节一样热闹、喜庆。大家怎么会不支持这样可爱的天王呢?

自陈胜、吴广大泽乡起义以来，农民起义军大多由流民组成，既无军事素养，亦无政治组织能力，他们随起随灭，偶尔夺占城池也不会治理。经过残酷的死亡淘汰，才有部分义军统帅在战争中学会战争，试着约束军纪，治理地方。即便如此，他们仍需收编正规军后，得到职业军人，尤其是文人士绅的加盟后，才会拥有问鼎天下的

金田起义

能力。

太平军具有强烈的排他性，无论是首义诸王，还是中下层将士，基本没有原属清朝的文武官员。直到败亡前四年，太平军才开始小规模地收编清朝溃兵。然而，太平军刚在金田起义，就展现出极其专业的军事素养，拥有以少胜多，击破大规模清军的能力。这些前半生很少走出家乡的农民，把清王朝高高在上的大学士、巡抚、提督、总兵打得落花流水。攻占地方后，他们同样展现出优秀的执政能力，连左宗棠都承认，石达开在江西的治理，远远超过清朝的进士老爷。

这是因为，清朝定鼎中原后，大量抗清武装潜入地下，以秘密会党的形式长期对抗清朝。两百年的抗清斗争，加上广西、湖南等地的村落械斗，培养出彪悍善战的农民。通过底层社会的武装斗争，许多英雄磨砺而出。只是常年分散在各地，力量无法聚合，等到洪秀全举起大旗，四方英雄会聚，就打造出了太平军这样“汉唐以来罕见”，“举世大帅无可匹敌”的义军。

后世常有人疑惑，洪秀全行政、组织能力不如冯云山，军事、治理能力不如杨秀清，除了撰写“经书”，几乎百无一能，为什么始终能坐稳天王的位置。同样，也有人问，湘军中最杰出的军事家是江忠源，然后是胡林翼、左宗棠，为什么湘军主帅是曾国藩？

对一个军政集团来说，管理、组织、行政、军事的专业人才，不是最核心的资源。在洪秀全之前，中国民间的英雄人物一直都在，却没见到他们成就大事。在曾国藩之前，经世致用的湖湘士子也一直都在，却无人能够建立湘军。一个军政集团，首要任务是树立旗帜，提出凝聚人心的理论，发明指明前进方向的学说。

无论是英雄豪杰，抑或是普通民众，他们因何聚集在一起？这需要给他们一个答案。固然，许多人加入太平军的初衷，只是为了吃口饱饭，可是吃饱之后呢？如果参加起义仅仅是为了吃饭，或者发点小财，那大可以抢到钱就跑路回家，甚至投降清军弄个官身。要让大家吃饱了，有钱了，还愿意继续打仗，就要给他们一个理想。只有超越基本生存的理想、道义，才能持久凝聚人心。

可以想象，倘若历史上没有洪秀全，天地会、白莲教这些会党勉强把农民聚集到一起。如果农民提问，我们聚集在一起要干吗？他们是无法回答的。就算勉强提出个“反清复明”，那我们要恢复一个什么样的大明？复了大明要做什么？我们的前路在何处？被官兵围剿到穷蹙的境地，我们凭何相信我们终将胜利？

洪秀全的伟大贡献，就是构建了一套理论，为天下义士的奋斗赋予了意义。有了洪秀全，他们就不是为了“抢粮、抢钱”而造反，而是为了建立“无处不均匀，无处不饱暖”的太平世界而牺牲，他们不是乌合的流民，而是奋斗的英雄。

曾国藩能够坐稳湘军主帅的位置，同样是因为他理学宗师的身份，为湘军将士提供了一套“保卫名教”“化成天下”的理论。

定都天京前，南王冯云山、西王萧朝贵不幸阵亡，但他们毕竟是死于敌人之手。天京变乱，天王、北王合谋杀东王，天王再杀北王，翼王分裂出走，太平天国的信仰彻底破灭。无论从神话还是宗教的角度，都无法解释这种违背教义、人伦的内讧。

对于不信上帝教迷信的将领来说，天京变乱让他们感受到内部斗争的残酷，从此把精力从打击清军转向培植私人势力，转向权力争夺。对于曾经坚信上帝教神话的将士，天京变乱让他们怀疑之前信奉的教义。这种怀疑，让太平军因信仰而获得的强大战斗力崩盘。

经此一劫，太平军从充满理想的战士，变得和当兵吃饭的绿营兵一样，不再把艰苦战斗和奋勇捐躯当作是信仰上的考验。一旦局势不利，他们就会投降清朝。当时太平军中流传一首谶言：“天父杀天兄，江山打不通，长毛非正主，依旧让咸丰。”这首谶言最值得注意的是，它把太平天国当作一个争夺江山的政权，而不是践行真理与道义的组织。

因为科举失败，洪秀全一直痛恨孔孟。他曾在起义之初，与西王萧朝贵联袂唱双簧戏，声称孔子在天上被他们捆起来鞭打。幼天王洪天贵福回忆，洪秀全不让看儒家的书，只准读御制的《天朝十全大吉诗》《醒世文》《幼学诗》。可是洪天贵福发现，父亲经常偷偷看古书，看完一本烧一本。这些书是洪仁玕从杭州运来的，一共有上万卷，估计是李秀成缴获的杭州文澜阁藏书。洪天贵福趁洪秀全不注意，偷了三十多本拿出来看，有《艺海珠尘》《续宏简录》《史记》《帝王庙谥年讳谱》，都是些传统帝王读物。据说还有一些洋人的书，比如《博物新编》。

洪天贵福说，洪秀全不准众人喝酒，但叔父洪仁玕是好酒的。洪秀全习惯吃生冷的东西，还把蜈蚣当成美味，经常用油煎了吃。洪秀全在儿子九岁时给他娶了四个老婆，不准他与母亲和姐妹见面，也不让他出门，洪天贵福在天京城破前从未出过城。

洪秀全晚年似乎有一些思想变化，他早年不但禁止儒学，连佛、道都一并禁了。但洪仁玕编订《英杰归真》，其中提到“学尧舜之孝悌忠信，遵孔孟之仁义道德”，洪秀全没有反对。洪天贵福提到，天王晚年非常信任一个叫沈桂的人，连封李秀成、黄金爱、吴如孝、刘逢亮、吉庆元等人为六主帅，都是沈桂的提议。洪秀全去世后，洪天贵福接位，朝政由洪仁发、洪仁达、萧有和、沈桂执掌。

沈桂是安徽歙县人，人称“沈真人”，真人是对道教人物的称呼，他也许是个道士。太平军到处捣毁道观，而安徽休宁县境内的齐云山道院，直到咸丰十一年（1861），曾国藩路过时仍保存完好。因此有人推测，太平军没有摧毁齐云山道院，可能是因为沈桂，沈桂应当是齐云山的道士。沈桂在太平天国地位如此之高，或许因为洪秀全晚年接受了道教的一些理论。[15]

越是经过残酷斗争的人，晚年就越感到恐惧，尤其回顾自己一生，多次幸运地绝处逢生，就会把这种小概率事件归于天命，在神秘主义中寻求寄托。洪秀全虽是自创宗教起家，但晚年也许在潜意识里，产生了自我怀疑，于是向传承千年的道教寻求精神慰藉。李秀成也迷信占星术，相信“五百年大数难逃”，连颇具科学精神的曾国藩，同样在思考风水堪舆的理论。不过他们这种相信，只是一种半信半疑的精神寄托。中国历史上有多位皇帝下狠手打击宗教，接到诏令后，再迷信的官员也不会抗旨。

五十岁生日之后，洪秀全身染沉疴，却执拗地不肯服食汤药。他以“甜露”为食，营养供应不上，病情越加严重。

根据洪秀全颁布的历法，太平天国甲子十四年四月十九日，即清朝同治三年四月廿七日，公历 1864 年 6 月 1 日，洪秀全在天王府里安静地去世了。依照他制定的丧礼，臣下没有大办丧事，也没有使用棺木，只用一块绸缎将他包裹下葬。在太平天国行将覆灭之前，一生轰轰烈烈的天王洪秀全，从自己导演的这场风起云涌的活剧里悄然退场。

洪秀全的灵魂已经安静，长江之上的风涛却将翻涌过很多年代。李秀成还在战斗，太平军余部还在战斗，捻军还在战斗。甚至在这一切都平息后数十年，还有听洪秀全故事长大的广东人站起来振臂一呼。

洪秀全是个优点和缺点都非常显著的人。一百多年来，后人对他有各种各样的评价，有人称他是率众举义的英雄，也有人骂他是荒淫无道的昏君。无论怎样的评价，都动摇不了他的历史地位。洪秀全在万马齐喑、暮气沉沉的晚清，邀约一干英雄，掀起一场波澜壮阔的战争，动摇了清朝的统治，加速了这个没落王朝的灭亡。这个出身农家的不第秀才，来到人间，完成了他的历史使命。

【注释】

① "合围之道，总以断水中接济为第一义。百余里之城，数十万之贼，断非肩挑陆运所能养活。从前有红单船接济，有洋船接济，今九洑洲既克，二者皆可力禁。弟与厚、雪以全副精神查禁水次接济，则克城之期，不甚远矣。"见《曾国藩全集》第 21 册 165 页，岳麓书社 2011 年版。

② "以浙攻富阳，沪攻苏州，金陵亦宜迅速合围，使该逆备多力分，不遑兼顾；或者致力于金陵，收效于苏、杭，三处有一得手，两处可期并下。"见《曾国藩全集》第 6 册 289 页，岳麓书社 2011 年版。

③ "杭州、余杭逆首中凶狡著名者以邓光明、汪海洋为最，而陈炳文等次之。其诡计以杭州为老巢，以余杭为犄角，均盼嘉兴、湖州之援，并资其接济……两城之贼仍可往来自如。纵西路紧逼城根，亦未能制其死命。"见《左宗棠全集》第 1 册第 261 页，岳麓书社 2014 年版。

④ "洋人不扎营，我军必要节节进扎；洋人喜分兵，我军不能零星分割。"见《李鸿章全集》第 29 册第 86 页，安徽教育出版社 2008 年版。

⑤ 见《李秀成自述》，载《中国近代史资料丛刊续编・太平天国》第 2 册第 384 页，广西师范大学出版社 2004 年版。

⑥ 见《李鸿章全集》第 29 册第 225 页，安徽教育出版社 2008 年版。

⑦ 见《李鸿章全集》第 29 册第 232 页，安徽教育出版社 2008 年版。

⑧ 见《李秀成自述》，载《中国近代史资料丛刊续编・太平天国》第 2 册第 385 页，广西师范大学出版社 2004 年版。

⑨ 转引自崔之清《太平天国战争全史》第 4 册第 2393 页，南京大学出版社 2002 年版。

⑩ 见《李秀成自述》，载《中国近代史资料丛刊续编・太平天国》第 2 册第 385 页，广西师范大学出版社 2004 年版。

⑪ 见《李鸿章全集》第 1 册第 393 页，安徽教育出版社 2008 年版。

⑫ 见《曾国藩全集》第17册487页，岳麓书社2011年版。

⑬ 见《李秀成自述》，载《中国近代史资料丛刊续编·太平天国》第2册第386页，广西师范大学出版社2004年版。

⑭ 此处系洪秀全侄媳对历史学家简又文口述，见《太平天国全史》上册第16页，猛进书屋1962年版。

⑮ 以上见《洪天贵福亲书自述、诗句等十件》，载《中国近代史资料丛刊续编·太平天国》第2册第422—435页，广西师范大学出版社2004年版。

六、贪天之功

一　打虎亲兄弟

天京曾是明朝都城，为明太祖朱元璋主持修筑。明太祖调集全国工匠三十万，征发民夫一百余万，在五省烧制城砖三点五亿块，历时二十八年，方才建成这座十四世纪中叶，中国乃至世界最雄伟的城池。

为充分利用“虎踞龙盘”的地理形胜，明朝工匠一改“取方取直”的传统营造法式，将这座城池沿着附近山脉、水系的走势修筑。金陵大城矗立长江东岸，浩荡的江水绕城而过，城南以秦淮河为藩篱，城北以后湖为屏障，东踞钟山险隘，西筑石城锁钥，三十余公里长的城墙，将六朝建康和南唐金陵旧城也包围其中。

金陵旧城墙高二丈五尺，墙根宽三丈五尺，墙顶宽二丈五尺，后经多次加固，重要地段的城墙增至五六丈高。金陵城开了里城门十三，外城门十八，其中里城门十三，正对应古代天文学中的南斗六星与北斗七星。十三座里城门，分别是城南聚宝门、通济门、正阳门，城北太平门、神策门、金川门，城东朝阳门，城西清凉门、石城门、三山门，西北钟阜门、仪凤门和定淮门。金陵城门上都建有防御所用的敌楼，内外两侧还修筑了月城，整座城池共有垛口一万三千座。吴敬梓在《儒林外史》中描述道：“这南京乃是太祖皇帝建都的所在，里城门十三，外城门十八，穿城四十里，沿城一转足有一百二十多里。”

太平天国攻占金陵，改名天京后，进一步加固了城防。杨秀清布置最为严密，城外如九洑洲、七里洲、中关、下关、雨花台、紫金山、秣陵关、江东桥、上方桥等处，皆筑垒如城，掘濠如江，为坚不可摧之基。

曾国荃进驻雨花台后，用时八个月，将天京外围太平军据点全部

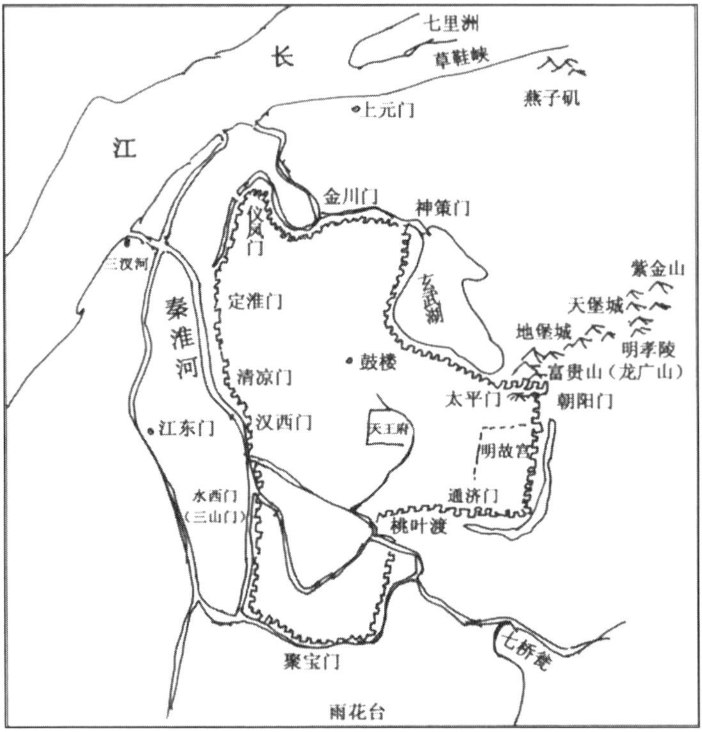

天京城各门图

扫清。但他仅有五万兵力，没有攻城重炮助力，无法强攻入城。湘军攻九江、安庆，都是挖掘长壕，围困一年以上方才破城。攻打天京，曾国藩也做好了“长围”的准备。

湘军围安庆时，既要与城内守军交战，又要阻击城外援军，战斗非常激烈。此番围天京，因太平军主力多在“北进”时被歼灭，苏南、浙江太平军余部被李鸿章、左宗棠牵制，自陕甘南下的陈得才亦被阻于湖北，曾国荃的兵马可以专心围城。天京城内粮草匮乏，太平军无力开城出击，曾国藩因此断定，围城的五万湘军无须攻城，只要阻断天京外援，守军自会崩溃瓦解。

苏南、浙江已胜券在握，天京即将攻克，清朝因覆亡之忧一度收敛的政争再度活跃，为平定太平天国而隐忍不发的权臣们开始兴风作浪。曾国藩的政敌动手非常迅速，天京围城之前，他的宿敌彭蕴章就已复出，担任兵部尚书一职，还兼任了左都御史。彭蕴章在《密陈事务六条》中，建议朝廷及早削弱曾国藩的权柄，分化湘军势力。①天京围城年余，朝中暗潮涌动，分化湘淮、打压曾国藩的阴谋不时发动，“围天京”和“围湘军”，构成了明暗两条战线。黑云压城，山雨欲来，一张由世俗文法、官场阴谋织成的罗网撒向曾氏兄弟。

扶植左宗棠、李鸿章，分化湘军势力，是朝中政敌打压曾国藩的重要手段。左宗棠在同治二年（1863）升任闽浙总督后，浙江巡抚被朝廷赏给了曾国荃。曾国荃奏称自己力不胜任，坚辞巡抚之衔，甚至扬言自请改任京中闲散文职，或者由文改武，转任武将。②宋明以来，文武殊途且文贵武贱，曾国荃已是高级文官，转任武职岂非自贬？他当然不是想改任京卿、武职，而是在向朝廷抗争。

攻占杭州前，左宗棠的军功远不及曾国荃，却已升任闽浙总督。

湘淮军两位后起之秀，李鸿章未有尺寸之功已奉诏署理江苏巡抚，沈葆桢更是只用四年半就从广信知府升任江西巡抚。曾国荃重创陈玉成、李秀成，拔安庆、围天京，功盖一时竟然只得了一个浙江巡抚，还是左宗棠不做了才舍给他的。更有甚者，清廷在上谕中强调，浙江庶务仍由左宗棠署理，曾国荃不用到浙江上任，继续主持围攻金陵事宜——等于只给了曾国荃一个空衔。清廷待曾国荃何其不公？曾国荃是个直来直去的人，他公开向朝廷示威，既然朝廷待功臣如此刻薄寡恩，不如把我当武弁用好了。朝中诸位大人老爷想要羞辱曾家，何不撕破脸皮明着动手？

曾国荃为人质直，比他“圆熟”的兄长容易控制，朝廷原本喜欢曾国荃多过曾国藩。他升官比左宗棠、李鸿章、沈葆桢慢，其实是受了兄长拖累。曾国藩知道九弟太过懵懂、耿直，做事不留余地，只得去信开解。过去他总劝曾国荃为官要低调、谦和，此刻却假意不知九弟是在以退为进。曾国藩劝兄弟赶紧接了巡抚头衔，不要再推辞谦让，“过谦则近于伪，过让则近于矫”。当他发现曾国荃已经在用浙江巡抚衔发公文时，就更严厉地批评说：“你既已私下换了新头衔，就再不可上疏辞官了。天下皆知你的辞谢不是出于至诚，你这是欺自己的内心呢，还是欺朝廷呢？”[③]

曾国藩没有点明曾国荃是在和朝廷闹脾气，但也委婉指出，清议难当，“不出于至诚”的行为，容易落人口实。曾国荃得到兄长指点，很快醒悟过来，可他转念一想，此刻曾家正处风口浪尖，辞掉浙江巡抚岂不更遂朝廷之意？于是他在回函中创作了一则警句，“乱世功名之际尤为难处”。既然难处，不如辞官——朝廷还在和曾氏兄弟下棋，这个愣头青却想把棋盘砸烂。

清廷确实想压一压曾家兄弟，可是为了宣示朝廷厚待功臣的气度，也不能对曾家压制太过。任命曾国荃为浙江巡抚，轻重火候恰如其分。若是曾国荃真的赌气辞官，无异于把朝廷背后的用心昭告天下，等于和上峰公开决裂。斗而不破，把政争限制在适当的程度，是官场斗争的基本原则，曾国藩反复去信，就是在告诫曾国荃，做事应当把握分寸。

一个懵懂敢为，一个隐忍谦让，曾家两兄弟无论打仗还是做官，都是极佳的搭档。曾国荃请辞的折子由曾国藩代奏，如果曾国藩想阻拦此事，根本用不着事后劝阻，直接不为他代奏便是。待曾国荃向李鸿章、左宗棠等疆臣遍发书信，声称欲改武职，弄到天下皆知后，曾国藩才出来收场。曾国藩熟知人性，对火爆脾气的曾国荃知根知底，为何不在曾国荃上奏请辞之际就加以阻拦？这也是他对官场斗争分寸的把握。他深知一味柔顺、退让，会让朝中大臣以为自己软弱可欺，加剧对自己的倾轧。曾国藩是方正持重的儒臣，不能公开与人争权夺利，就放任兄弟闹事，然后出来收场，既保全了清誉，又表达了抗议。

二　奏折中的“关窍”

在兄长的劝告下，曾国荃接受了浙江巡抚衔，曾家从此有了一个总督，一个巡抚。可虑的是，曾国荃长年在前线打仗，没有治理地方与官场周旋的经验。曾国藩的当务之急，是为曾国荃这个官场“菜鸟”培训一番为官之道。

曾国藩频频给兄弟去信指点关窍，他所传授的，自然是在家为父丁忧时悟出的那一套“柔术”。他不厌其烦地教导兄弟，为官要谦卑、收敛，遇事应当小心翼翼、如履薄冰，切不可狂妄自大。而在行政技术方面，他告诫曾国荃，最关键的功夫是奏折。

起草奏议是大臣最重要的事务，也是君臣沟通最重要的媒介，清代大臣只有获得“专折奏事”的权力，才算进入权力核心。曾国藩谆谆告诫九弟，虽说奏议十分重要，却不可随便上奏，否则会显得为人轻佻。如果事无大小都向朝廷奏报，朝廷就会对你的奏折麻木，等到你真有功劳上奏时，朝廷也不再惊喜。④他给曾国荃立有“三不奏”的原则：谣言不奏，未落实的事不奏，计划不奏。前两个“不奏”很好理解，“计划不奏”则是曾国藩中年悟道后独有的心得。

自战国以来，谋臣、策士若欲封侯拜相，须得谋划一套纵横捭阖的战略，以之游说诸侯。汉末刘备三顾草庐，诸葛亮在隆中拟定三足鼎立之策，这番君臣恩遇，正是历代谋臣梦寐以求的机缘。曾国藩年轻时候喜欢给皇帝奏对大战略、大方针，人到中年就不再奏陈方略擘画，只有当朝廷下文咨询时，他才回奏自己的近期安排。

为什么曾国藩会有如此转变？因为自康乾以来，国家战略皆是皇帝乾纲独断，最多让军机大臣充任决策顾问。换言之，制定国家战略是皇帝的专属权力，地方督抚妄谈国家战略实为人臣大忌。虽然剿平太平天国的方略实质上由曾国藩制定，他却尽量把自己的设想伪装成朝廷的决断。在战略抉择的关头，曾国藩先等朝廷下发指导意见，再就具体细节与朝廷“商榷”，在关键处略作几处修改，以“四两拨千斤”的巧劲，改变朝廷决策。实在无法更改朝廷谕旨时，他就在执行时灵活变通，把朝廷的规划转换成自己的战略。

督抚的主业是治理地方，执行能力才是安身立命之本。倘若每日空谈战略，朝廷会把自己定位为纸上谈兵的谋士而非帅臣。在传统中国政治序列里，治才地位高于谋士，出镇方面的帅臣地位高于策划战略的“军师”，曾国藩不让兄弟空谈战略，正是出于这种考虑。

曾国藩在家书中品评天下奏折，推浙江、上海、湖南三地所奏之折为上等。他将这三地奏折抄送金陵大营，供曾国荃学习。浙江、上海、湖南三地奏折，分别出自左宗棠、李鸿章、郭崑焘之手。后世官场学盛行，以为曾国藩教九弟从奏折中学习官场扯皮、谋算乃至文攻武斗的权术，这种看法实为误读。左宗棠、郭崑焘都是实干家，不是玩弄权术之人，李鸿章久历宦海后以权术著称，但此刻仍是积极办事的能吏。如果真想学习官场潜规则，找这三地衙门等于找了三个冬烘先生。论文法网罗、阴谋诡计，湘军集团唯胡林翼堪称宗师，晚年曾国藩洞悉一切权谋机变，却始终不能付诸实践。只有军机处、内务府那些京官才是真正的权谋高手，甚至连湖广总督官文，奸猾之处也远胜湘淮军统帅。

郭崑焘

湘淮军将帅在朝堂立足的根本是经世致用的本领、带兵平乱的能耐，他们雄兵在手，根本无须研究阴谋诡计这种小道。政治家不可不熟知官场规则，却不能沉溺其中，处理好行政事务才是政治家的本业。古往今来的名臣皆是经世致用的大才，哪怕是著名的权臣、奸臣，往往也在早年政治生涯中展露过治才。

教兄弟多看奏折，实际是教他行政技术。曾国藩说，拿到这三处奏折，不妨看上两遍。第一遍看奏折，要观其大略，体会他人办事的主意、处理问题的思路，以及谋篇布局的胸襟，这是学做事。第二遍看奏折，须在细微处下功夫，宜在文章的遣词造句上留心，这是学写作。曾国藩还说，多看各处奏折，仔细揣摩之后，可以对全国主要官员的能力、性格有所了解，日后做事自然胸有成竹。这是教兄弟以文识人，知晓各地官员的才德优劣，因为政治本身就是人的学问。[⑤]

三　与人斗，其累无穷

湘军后起之秀、江西巡抚沈葆桢在湘军围天京之际，与曾国藩关系破裂。沈葆桢是福建侯官人，乃清代名臣林则徐的外甥、女婿。林氏一门与湘军交情莫逆：左宗棠未出山已名满天下，源自林则徐的宣传；胡林翼谋任贵州安顺知府，得到林则徐家族鼎力相助；曾国藩在长沙创立湘军，最大的助力来自林则徐门生、湖南巡抚张亮基。

因为这层关系，作为一个福建人，沈葆桢却加入了湘军，成为曾国藩、胡林翼最看好的晚辈。曾国藩出任两江总督，胡林翼就向他提议，保举李元度、沈葆桢、李鸿章、李瀚章、左宗棠、刘蓉为地方大员，沈葆桢的排名甚至在左宗棠之前。曾国藩与幕僚姚体备谋划军援上海，最初的人选是沈葆桢而非李鸿章。

差不多同一时间，曾国藩保举了三位巡抚，分别是浙江巡抚左宗棠、江苏巡抚李鸿章、江西巡抚沈葆桢。左、李二人资历甚深，名望亦高，然沈葆桢就任知府才四年，中间还休假二年半。越过布政使、按察使的履历，直接“超擢”沈葆桢为巡抚，且不像李鸿章那样以“署理巡抚”的名义过渡，曾国藩对这位晚辈，确实倾注了心血。

不意沈葆桢出任江西巡抚后，很快与曾国藩决裂，甚至在危急关头“背刺”了曾国藩。曾国荃与李秀成血战雨花台，曾国藩为了稳定军心，竭尽心力搜罗饷银、火药支援前线，沈葆桢却在此时截留了供应湘军的每月四万两漕银。

大战之时发不出饷银，稍有不慎就会大局崩溃。祸事起于萧墙，曾国藩为此忧愤难当，五内俱焚。他既忧雨花台之战事，又忿沈葆桢之负恩，只能寄托于求神拜佛。当时曾国每天除了办公，还要到一间小屋静坐，为雨花台之战祈求上苍保佑。

沈葆桢之所以截留供应湘军的漕银，皆因他不甘做一个治理地方的“文抚台”。他想用这每月四万两的漕银，招募五千兵勇，做一个带兵的“武帅臣”。

曾国藩喜欢沈葆桢，是因为沈葆桢比李鸿章、左宗棠更对他的脾气。沈葆桢在地方任上，特别热衷办大案，捕人既多，杀人亦快，是个不折不扣的酷吏。因为频办大案，以铁腕维持地方秩序，沈葆桢被百姓呼为“沈青天”，士林却讥之为“小剃头”（“大剃头”为曾国藩）。他这种狠辣的政风，正与曾国藩相同，曾国藩因而多次夸奖他“手段辣”。曾国藩在长沙办团练时，硬顶着上锋压力组建新军，与他性情相近的沈葆桢，自然也会顶着曾国藩的压力建军。曾国藩“背刺”老前辈骆秉章，沈葆桢如今“背刺”恩公曾国藩，也是因果循环，报应不爽。

沈葆桢欲在江西建军，虽不能说毫无私心，但亦是为济江西军务之缓急，不能算因私害公，只不过曾国藩着眼天下全局，沈葆桢只着眼江西而已。为了合围金陵，湘军主力向下游集中，江西清军被抽调一空。被李鸿章、左宗棠击溃的太平军，大量流入江西，沈葆桢承担的压力很大。曾国藩认为，只要集中兵力攻下金陵，太平天国自会覆灭，为此不妨暂弃江西。谋全局者不纠结一域之利害，他把江西的损失，当作剿灭太平天国的必要代价。可是，沈葆桢作为江西巡抚，有守土安民之责，为什么要为了曾国藩的大局，去牺牲本省的利益呢？曾、沈的冲突，本质是“天下大局”与“江西大局”的冲突。

经过几天的忧思和反省，曾国藩没有听从幕僚的建议，与沈葆桢公开斗争，而是选择退让。曾国藩函告沈葆桢，江西新立韩进春一军，他对此表示支持。只是当此军情吃紧之时，能否两家分享这四万两漕银？尤其雨花台战事正酣，最近几个月能否优先供应曾国荃？[⑥]

沈葆桢不肯回信，曾国藩不得已向江西发了公函，沈葆桢的回复仍是不允。湘军幕府顿时炸开了锅，一干门人、部将都叫嚣着要参劾沈葆桢，换一个江西巡抚。以曾国藩的名望，参劾巡抚原本不过举手之劳，然而沈葆桢出身湘军，朝中大臣乐见湘军分裂，一定会支持沈葆桢。曾国藩不愿公开湘军内部矛盾，让政敌看到分化湘军的可能，所以他再次选择退让。

不久之后，沈葆桢又截留了输往曾国荃大营的九江关税，并上奏朝廷，如果朝廷不同意这一做法，他就辞职不干。事情闹到这份上，曾国藩只能忍辱包羞，写信劝说沈葆桢不要辞职，留下与自己共谋大局。[⑦]来自江西的粮饷锐减，天京城外的湘军粮秣断绝，幸好李鸿章在上海伸出援手，增加了对湘军的协饷，让前线湘军勉强能够喝上稀粥。

本以为江西争饷的事情就此结束，哪知沈葆桢再次上折，奏请将江西厘金全部划归本省使用，不再供应下游湘军。曾国荃的大军已经食粥数月，逃亡日多，时有崩溃决裂之虞。沈葆桢的奏折，仿佛刺向心口的利刃，让十万湘军将士痛心入骨。为了整肃湘军，朝中大臣纷纷附和沈葆桢。曾国藩的好友倭仁以大学士身份执掌户部，他不但没有反驳沈葆桢，反而批评湘军消耗粮饷太多，不应对江西索求无度。甚至有丧尽天良的大臣，对太后进言说，曾国荃尚有余粮开设抚恤局赈济难民，为何还要盘剥江西？

曾国藩忍无可忍之下，把他与沈葆桢的信件全部公开，又连续上奏激烈抗辩倭仁等人的指责。曾、沈往来信函公开后，是非曲折分明，朝臣再也无法拉偏架。加上害怕曾国藩暴怒之下，撤走围困金陵的湘军，朝廷同意江西厘金一半留省，一半归曾国荃开销。为防湘军闹饷，总理衙门将购买轮船不成的退款五十万两，从上海拨解湘军大营，以纾曾国荃之困，这场官司才得以收场。

曾国藩连番退让，倾轧却纷至沓来，他的失望忧愤达到顶点。他在给兵部侍郎黄倬的信里说，自己“夙夜祗惧，最畏人言”“尤觉梦魂悚惕，惧罹不测之咎”。湘军幕僚赵烈文指出，曾国藩在朝中本无援手，乃是孤独特立之人，他之所以得授大用，实在是朝廷四顾无人，不得已而用之。如今眼看东南大局已大为好转，“泄沓之流以为已安已治，故态复萌，以私乱公，爱憎是非，风起泉涌”，朝臣“辄修往日之文法，以济其予夺之权”，内外风气为之一变。赵烈文批评曾国藩一味退让，说曾国藩不敢大包大揽，展现帅臣独当一面的姿态，平日奏议都是“权宜一切之计，疏而不密”，不免为人所诋。还在小心翼翼试探的朝臣，见到曾国藩如此“宽厚可侮”，就越加放胆倾轧。⑧

赵烈文甚至指出，曾国藩以为自己受到倾轧，是因为权力太大，权威太高，这完全是个误会。假使曾国藩真是权臣，他们哪儿还敢攻讦？这些朝臣都是欺软怕硬的怂人，如果不强硬地把他们的物议平复，金陵搞不好就打不下来。赵烈文的议论非常大胆，他实际上给曾

赵烈文

国藩指明了一条出路，只有真正做一个大权独揽的狠人，不再以谦虚卑下示人，才能止住朝臣的文攻武斗，才有机会办成大事。

赵烈文的学问颇近纵横家一脉，较少儒家礼法的约束，他给曾国藩指出的，正是权臣之路。曾国藩一生小心翼翼，儒家的礼教已深入骨髓，怎么肯做权臣？于曾国藩而言，太高的权力是负担，是祸端，是不祥之物。他乃是极恭敬、淡泊，常苦于抑郁与前途茫茫之人。然而赵烈文所言，亦颇有几分道理，曾国藩“宽厚可侮”，政敌自然越加肆无忌惮。

天京尚未攻克就动手斗争曾国藩，狡兔未死就想收藏良弓，是非常不理智的行为。曾国藩对此作出的反击是告病，与江西争饷失败，他立时上奏请假一月。曾国藩奏请病休，朝廷无人敢接手湘军，也无人敢为江南战局负责，只得暂停对他的攻讦。军机处的廷寄劝慰说，江南军务，全凭曾国藩运筹决策，以竟全功，围城之师，一应由曾国荃一手经理。廷寄中还强调，打下金陵，应先由曾国荃、杨载福、彭玉麟“会衔驰奏”。这封廷寄明确了曾家兄弟的权力，提前定下曾国荃的头功，以示安抚。

清廷这些大臣，既无接手战事之能，又勇于内斗，居然在没有做好接手前线军务准备的情况下，发动对湘军的倾轧，完全没有考虑曾国藩撂担子乃至铤而走险的可能。他们爱斗而不善斗，熟稔权术却不明时务，成事不能，败事却非常专业。

四　曾国荃的“吞象”之苦

曾国藩忙着和人政争，曾国荃却被“天下第一功”卡住了喉咙。苏州太平军投降李鸿章，稍后左宗棠攻克了杭州，太平天国剩下的大城只有天京一座。苏州围攻三个月得手，左宗棠打杭州也只用了半年，曾国荃进驻雨花台已有一年，天京城却始终不能拿下，他如何不急？曾国荃戎马多年，就是为了收取这“天下第一功”，如今城池久攻不下，岂不是显得他不如李鸿章、左宗棠？左宗棠打下杭州后被太平军余部绊住，李鸿章的仗却已基本打完，万一朝廷让李鸿章来分功咋办？

苏州、杭州守军远多于天京，然而很快就被左、李攻破，原因有三：其一，人心不稳，苏州还有三四万战兵时就投降了；左宗棠收复浙江得益于钱桂仁投降，陈炳文主动弃城，这亦是杭州太平军军心大乱的结果。天京乃天王洪秀全亲自镇守，有天王在侧誓死不退，城中军民万众一心，皆有殉国的自觉，湘军多次诱降均告失败。其二，李鸿章、左宗棠与洋人合作，李鸿章有戈登，左宗棠有德克碑，两边都得到了西洋攻城大炮的助力。曾国荃只装备了很少的洋枪，更没有西洋炸炮，只能用传统办法攻城，所以速度很慢。其三，天京城之雄伟坚固远胜苏、杭，且有名将李秀成主持守城，自然易守难攻。

为了尽快吞下这天大的战功，曾国荃改变了曾国藩的计划，不再以围困为主，而是主动发起了进攻。湘军和太平军都惯用“穴地攻城”，即在城外隐秘之地开挖地道，将地道挖到城墙根下，埋上火药将城墙炸塌，然后从缺口处攻入城池。这种战术，在两军交战多年之后，双方都有了应对的手段。早在太平军围攻长沙时，左宗棠、江忠源等就发明了两种应对办法。一是在城中水井处蒙上牛皮，让听力极好的人伏在牛皮上听声辨位，判定地道开掘方向，尔后从城中对准这个方向也开一条地道，等到地道对接之时，或灌水溺死敌军，或燃烧草堆熏死敌军，甚至干脆派精兵与敌人在地道中肉搏。二是在城外挖一条很深的壕沟，修一道月城围住城墙，敌人的地道延伸过来就会连通壕沟，立即被发现，纵然侥幸起爆成功，也只能炸塌月城。曾国荃与李秀成在雨花台交手时，李秀成多次用地道爆破湘军的营垒。曾国荃发现，为了爆破成功后及时冲锋，太平军会在爆破前紧急调集军队，观察敌军的大规模调动，即可大致判定地道方位。为了掩盖爆破地点，李秀成有时会故意在地道的反方向调动军队。基于这些经验，曾国荃只需在敌军密集调动的正反方向破坏地道、埋伏精兵即可应付。

湘军这些手段，李秀成亦无一不会，甚至还有一些创新。湘军在天京城外开掘地道，如果挖得深，李秀成就在城中让人伏地听声辨位，然后将其破坏。如果挖得浅，湘军工兵在地道中点燃火把照明，燃烧释放的油烟会熏坏草木根系，导致地面植被枯黄。李秀成登高远望，可以根据草木的荣枯来判定地道走向。曾国荃前后开掘地道三十余处，有的被太平军破坏，有的被地下巨石阻拦，皆未成功。最接近成功的一次，地道挖到了城墙根下，还未实施爆破，一个太平军士兵偶然把长枪刺入土中，地道中的湘军以为被发现了，于是伸手抓住枪头拉扯，结果地道暴露，数百湘军战死。

曾国藩对不断讨要火药的曾国荃说：“每次开掘地道失败，都会浪费火药几万斤，折损将士数百，听说你最近又要开地道了，估计又有许多火药要打水漂。我看你还是老老实实围城，等敌人粮绝自乱，不要再浪费火药了。天京城里都是百战精锐，就是侥幸炸出一个缺口，他们难道不会堵上？”[9]

堵缺口也是守城方惯用的办法，传统做法是用石块、砖头堵住敌人炸开的缺口。湘军名将江忠源在南昌守城，因为石头太重搬运不便，发明了堵缺口的新方法。他在城头放满大水缸，平日让士兵在身上背一床棉被。棉被较轻，不影响士兵打仗，运送也十分方便。一旦城墙被炸出缺口，立即把棉被放入水缸浸透，然后丢到城墙缺口处。棉被吸水后重量不轻，还能防火烧，是极佳的堵城材料，现在太平军也学会了。

为瓦解城中抵抗意志，尽管湘军也粮草奇缺，曾氏兄弟仍下令设立救济点，赈济城中出逃的平民。曾国荃让水师送来大米数千石，在城外设立了难民局。李秀成见城外清军发放救济，赶紧奏请洪秀全，把城中不能打仗的人放出逃生。经洪秀全准允，天京城里放出了十几万人，只留还能打仗的精兵和少数家眷，偌大的天京城，只剩下三四万人。

天京出城十几万人，带给湘军极大压力。曾国荃将有家可归的难民发钱遣散，无家可归的留在抚恤局中。供给难民的粮食，最初是每人三天一升米，难民尚能果腹。后来粮饷不继，只能减至一半，每人三天发五合米，大量难民因而挣扎在生死边缘。沿长江的野地上，一眼望去，尽是在地里挖掘野菜、草根充饥的人，“鸠形鹄面，鸟聚兽散，酸楚之状，目不忍视”。可是湘军欠饷十几个月，连老营都在以粥为食，实在无法提供更多赈灾米粮。[10]有官员上奏说曾国荃有钱粮赈济难民，可见湘军粮饷充裕，不应该和沈葆桢争饷。曾国藩无奈致信兄弟，让他停了抚恤局，曾国荃于心不忍，覆函说绝无可能。为了维系抚恤局，曾国荃不得不放低身段写信求助湖广总督官文，恳请官文分润二三成湖北军饷救济难民，又请赵烈文发动江苏老乡募捐，勉力支持赈灾。

天京围城旷日持久，各方势力都在看曾氏兄弟笑话。英军提督士迪佛立到芜湖面见曾国藩，商议会攻事宜。曾国藩恐遭洋人嘲笑，不敢出来会面，士迪佛立追到裕溪口，曾国藩不得已才出来相见。士迪佛立自荐为湘军带兵，宣称只要每月供饷五万两，他就能招募华人组成新的“洋枪队”，一定可以攻克金陵，肃清江南。曾国藩以无钱为由推脱，谁知遭到士迪佛立步步紧逼，顿时恼羞成怒，怒斥道：“你们洋人招募的常胜军，不也在李秀成手下屡吃败仗，有什么了不起的？”士迪佛立只能“惭沮而去”。[11]

天京的粮路已经断绝，曾国藩却写信给曾国荃说，可以适当放松封锁，让少许粮米入城。他的谋算是，若让少量粮米入城，势必强者得食而弱者挨饿，粮草分配不均，城中必然因此生乱。若是完全断绝粮草，城中强弱贵贱一起挨饿，反而会让城中军民心志坚固，也不会有人投诚私逃。[12]曾国藩熟知人性，这番筹划果然让天京城中人心动摇。

此前李秀成放大量家眷出城，天京居民因而谣传当官的家眷已经出城，天京快被放弃了。此刻又因城中贫富不均，贫者无粮可食，城内军心动荡。为平息谣言，天京贴出两则告示，一则禁止传谣惑乱军心，劝告居民说天京城放走一部分家眷，是外出“就粮”，减轻城内后勤压力，兄弟姐妹们不得惊慌；一则宣布因为城中贫富不均，民众有怨言，现在贫户可以到忠王府领取钱粮，钱以一万为限，米以二石为限，大家领了钱粮，可以做小本生意度日，限期一年归还。署名都是忠王李秀成。[13]

李秀成放人出城，洪氏诸人竟然守在城门口，将出城民众的金银财物搜刮一空，李秀成闻讯匆忙赶到城门，当场杀了数人方才止住劫掠。[14]李秀成在时，洪氏尚不敢过分逼迫，李秀成不在时，洪仁发等人无视民苦，趁火打劫，“派人日日按户查寻”，将城中居民支领的钱粮夺走，闹得全城惊慌。天京城里盗贼四起，一到夜间炮声不绝，强盗上街杀人，往往将人全家杀绝。李秀成不禁哀叹：“国出孽樟（障），多有奇奇怪怪”。[15]

李秀成被俘后描述守城后期的处境，说彼时他非常窘迫，越到危急时刻，越得不到信任，洪氏诸王都怕他献城投降。在天京的最后岁月，朝中事务无论大小都由洪氏族人打理，天京各要害处皆由洪氏族人率兵把守，他成了救火队员。湘军在何处急攻，他就被调到何处，当作冲锋陷阵的裨将使用。李秀成甚至回忆，他悲愤难当，跪在洪秀全面前说，天王你把我一刀捅死算了，免得日后受刑而死。[16]

从天京城发布的这两则告示看，李秀成夸大了自己所受的猜忌。城中发放安民告示，皆是以他的名义，钱粮发放也在忠王府，可见他那时仍是城中主将。洪氏诸王虽然昏庸跋扈，但他们危急时刻只能寄希望于李秀成，除了洪仁玕和洪春元，洪氏一族绝对无人敢亲自带兵守城。天京围城后期，李秀成曾数次指挥万人以上的军队出击，这足以证明他是大军统帅，而不是被呼来喝去的裨将。《李秀成自述》中此类记述，可能因为李秀成对洪氏诸王怨恨太深，故意抹黑他们，也可能经过曾国藩修改，用洪氏猜忌李秀成的教训警示清廷，不要对自己倾轧太过。

太平军处境艰难，湘军的状况也好不了太多。鲍超的军队在宁国时已有不少染病，率军过江后，再次感染瘟疫，病死了两三千人。疾疫加上欠饷，湘军军心混乱，逃跑的士卒不少。营官已经弹压不住士卒，只要他们仍然肯打仗，就算作奸犯科，营官也只能不管不问。现代以前，没有任何军官可以在缺粮、欠饷、疫病的情况下，还能约束士兵维持军纪，只能放纵他们抢掠屠杀以维持士气。

湘军围城之初军纪尚好，曾国荃还有意施行善政，赈济难民，想以仁义之师的形象降服天京。他不仅发资遣回了数万灾民，赈济了六七千人，对单身出城的妇女也秋毫无犯。抚恤局中收留了城中逃难的妇女数百，通过查访后送归丈夫、父母团聚的有百余人，送回原籍交给官府的有二百余人，留在局中供养的还有二百人。[17]与到处抢掠、杀戮难民的李世忠相比，此时的曾国荃真如圣人一般。

然而湘军欠饷久了后，作恶也不下李世忠的豫胜营。江北民众渡江耕种，财物尽被湘军夺走，连锅铲都被抢光。天京江东桥出奔逃难的妇女，被湘军陈舫仙部掳走一半。赵烈文是江苏常州人，非常担忧湘军大肆劫掠，破坏自己的家乡。他跑到曾国荃帐中，请求统帅出面约束军纪。曾国荃眉头紧锁，面带忧色，语气里透着焦虑和绝望。他回复赵烈文道：眼下各营欠饷太多，兵勇多以稀粥为食，当官的都因惭愧不敢面对士兵，又何谈约束军纪。现在粮食快吃光了，找不到采办的地方，再过一月不能破城，大军将会崩溃瓦解。我难以自保，哪里顾得上别的事？曾国荃又自言自语，说前日梦见自己站在高山绝崖之巅，回顾四周只有秋风冷月，身前无路，身后也无路。赵烈文见曾国荃神色忧沮，心中也十分担忧，只得默然无语。[18]

五　李鸿章隔岸观火

曾国荃久攻天京不下，心中十分苦闷，他远比兄长急躁，气急之下患上了肝病。中医所言肝气郁结，即今日所谓焦虑症。曾国藩万分焦急，生怕兄弟怒而兴兵，最后前功尽弃，战死沙场。湘军刚进驻雨花台的时候，曾国荃夫人托曾国潢给兄长捎去一封家书，说家里请了术士给曾纪渠看八字，批断曾纪渠同治元年（1862）会戴孝过年，这年冬天曾纪渠的父亲曾贞干果然病逝军营。这位术士根据曾国荃的命数，建议他同治二年（1863）不得带兵打仗。曾氏族人都很信这位术士，非常害怕曾国荃战死军中，是故写信请求曾国藩另遣将领替代曾国荃。

曾国藩虽然不信乡下术士的鬼话，却也经不起弟媳苦苦哀求，动了让曾国荃休假的念头。只是曾国荃功名之心极盛，坚持不肯离开前线，此后连番击败李秀成，完成对天京的围困，曾国藩也只得任由他去。而今战况不利，曾国荃气急生病，曾国藩想起罗泽南、塔齐布、李续宾因急切取胜，殁于王事的教训，每日担忧兄弟因过于操切而命丧黄泉。

为打破天京城外的僵局，朝廷有意让李鸿章前去助攻，曾国藩也想顺水推舟，让李鸿章带兵前来，湘淮合军一处。淮军配备了进口攻城炸炮，会师后定能迅速打开局面，曾国荃失利阵亡的可能也更小。于是曾国藩多次致信曾国荃，劝他接受李鸿章的援助。曾国荃当然不肯让李鸿章前来分功，眼看天京迟早被自己拿下，自己将独占这盖世功勋，再让李鸿章前来岂不是赔了老本？

曾国藩劝兄弟接受李鸿章的援助，显然不是故作姿态。曾国藩的利益与曾国荃的利益并不一致，曾国藩奉命节制四省军务，全盘主持剿平太平天国的战事。作为全军主帅，战区内任何一支军队，包括左宗棠和李鸿章都是他的下属，无论他调动哪一支军队攻破天京，剿灭太平天国，战功都属于他。即或由李鸿章夺占天京，曾国藩的战功也不因此减少一分，只是削减了曾国荃的战功而已。曾国藩此刻如履薄冰，九弟的战功少一点，对自保更为有利。

有鉴于此，曾国藩劝慰兄弟说：请李鸿章来援，好处甚多，不好之处仅是被分走一些美名。倘若后世之人论及今日战争，胡林翼克湖北，李续宾克九江，曾国荃克安庆，李鸿章克苏州，左宗棠克杭州，纵然金陵之功让李鸿章分去一半，你的历史地位也不比他们任何一人低。人生在世，为何一定要追求独占全功的美名呢？你不让李鸿章相助，战事拖久了，肝火越来越燥，脾脏越来越弱，必然会成内伤。[19]

不过，让李鸿章分润战功，已经不再是曾国荃个人荣辱的问题，还得问问天京城下几万湘军士卒同不同意。李鸿章从上海兴兵，拿最充裕的饷银，配最好的军械，打最顺风的仗，一路攻占的又是富庶的苏南，可谓好处占尽。曾国荃统率的湘军长期只发一半饷银，围城以来已经断饷十几个月。因战区米价上涨，湘军只能以粥糊口，时刻以乏食为虞，以哗溃为虑。湘军在如此惨淡的境况下，一边承受瘟疫肆虐，一边血战雨花台，被太平军以洋枪洋炮围攻。雨花台战后，湘军击溃太平军“北进”主力，还在围城期间拼死血战。拿最差的待遇，打最苦的仗，湘军营官们憋住一口气，就等打下金陵升官发财，兵勇们也在等着杀进金陵抢掠洪秀全的“金山银海”，如何肯同李鸿章分功？李鸿章的淮军敢开到金陵，湘军就敢同淮军火并。

刘铭传

朝廷放出风后，淮军刘铭传等人早已摩拳擦掌，等着来金陵“摘桃子”，甚至打算火并湘军。淮军若来助攻金陵，首先就要通过鲍超的营地。刘体智在《异辞录》

里说，刘铭传四下串联，对诸将说鲍超的霆军已病倒十之六七，岂能抵挡我之大炮？不如趁机火并了鲍超再打金陵。刘铭传如此跋扈，却不知未来尹隆河之战，霆军展现的战力远超淮军，他那点儿洋炮根本不是霆军的对手。

曾国藩也不得不考虑湘淮军冲突的问题，他在给李鸿章的信里说：老夫很欢迎淮军来助攻金陵，然也有疑虑之处。淮军富贵而湘军贫穷，你的军队一过来，老夫这些兵一看你们兵精粮足，肯定会因自己待遇低下而士气颓丧。淮军连续打顺风仗，正是意气飞扬之时，合兵一处恐怕会与湘军发生冲突，尤其攻城时最怕两军因争夺财物发生火并。倘若淮军要来金陵，就必须平均发放军饷，如此方能和睦共处。[20]

淮军背靠上海，占据苏南后更是粮饷充足，只因大量装备西式枪炮，雇佣西洋军官，开销也很吃紧，李鸿章怎肯与湘军平分粮饷。李鸿章在湘军幕府时多受湘籍将帅排挤，现在淮军势大，麾下将领难免有和湘军一争高下的念头，他很怕酿成冲突。李鸿章与湘军多数将帅不和，对“老帅”曾国藩却非常尊重。而且淮军助攻金陵，最可能爆发冲突的地段当是鲍超的霆军驻地。淮军中很多营官出身霆军，于公于私，李鸿章都不会让淮军火并霆军，这样一来他就更不能到金陵了。何况李鸿章知道，曾国藩同意自己助攻金陵，曾国荃却不同意，自己要是分了曾国荃的“天下第一功”，莽撞懵懂的曾国荃，肯定会和自己不死不休。

朝廷着急攻取金陵，不断催促李鸿章派兵，李鸿章就只好和朝廷打太极，奏称淮军兵力吃紧，无法增援。但淮军早就平定了苏南，哪儿还需要用兵？李鸿章怕得罪曾国藩，却不怕得罪左宗棠，趁左宗棠尚未平定湖州，他干脆派兵攻打湖州，然后上报朝廷说自己的兵都被拖在湖州了。

六　可望不可即的胜利

见李鸿章如此回护，曾国荃只好咬紧牙关，拼命进攻。天京内外隔绝，但太平军抵抗意志极为坚决，天京城周近百里，曾国荃的五万人放在这样大的战场上，兵力摊开后非常单薄，只能凭一腔血勇攻城。然而李秀成算尽了湘军的一切手段，无论曾国荃使用何种战术，他都能一一化解。

湘军用绳索将芦柴绑扎成柴捆，投入护城河中。堵塞河道之后，湘恒营、崑字营士卒踩着浮动的柴捆，一波波向前冲杀。太平军紧守城头，居高临下四处射击、放火。天色向晚，血色蔓延开来，长江边映照的残阳好似血殷的伤痕。护城河上烟尘滚滚，夹杂着呐喊与哀鸣，火光映照着奋战的人群，天京城宛如红莲地狱。两军接战一天，湘军伤亡高达二百，却始终无法冲上城墙。到了夜间，湘军再度把河道填平。李秀成沉着指挥，令城墙上的守军投下火药包，再以喷筒放火，烧断连接柴捆的麻绳，然后决堤放水，将芦柴冲走。战到黎明来临，天边隐约透出亮光，大地却仍幽暗，大片的尸骸散落护城河中，只剩残破的旗帜猎猎作响，湘军的攻势再度失败。

连日苦战也令守军意志动摇。太平军神策门守将许连芳准备投降。他暗中联络湘军将领张诗日，允诺放开自己守卫的二十个城垛，接应湘军入城。两边约定于二月初六日动手，不料天降大雨，湘军被迫推迟行动。到了初七日，大雨仍未稍停，为防夜长梦多，张诗日决定冒雨出队偷袭。在许连芳所派安庆人曹某引导下，湘军长胜营、仁字营、吉左营出动六百多名精锐，向神策门进发。当晚大雨滂沱，路面湿滑，加上四面漆黑，湘军很晚才抵达城下，搭起云梯登城。天京城墙高大雄伟，云梯只及城高一半，许连芳急忙放下绞绳接应。得到城上降军应援，湘军已有七人登城。千钧一发之际，城下不知何人突然开枪，惊醒远处守军，吹角放炮示警。见计划暴露，先登城的七名湘军士兵只得跳城逃跑，凫水逃归。许连芳遭到抓捕，于次日被处极刑。[21]

许连芳被处决后，虽然仍有守军想献城投降，但城中守军机警，加上天京人心远比他处稳定，这些内应基本都被破获。湘军连吃败仗，吴坤修作了一首《老妇行》，讥讽曾国荃用兵如同老太婆，磨磨唧唧不得要领。曾国荃读罢非常羞愧，又令幕僚代作《老农行》一首，以负重前行、坚忍不拔的老农自比。左宗棠来函说，眼看东南将要平复，谁料金陵始终不能攻克，浙江那边虽已克复坚城，却没堵住十几万太平军逃窜。好事多磨，眼下各方要坚定信心，不可气馁。他以道家修真之法打比方说，眼下湘军即将修得金丹九转，神功大成之际遭天地妒忌，自然魔怪丛生，只要熬过去，就是绝顶的修行。[22]

湘军将领朱洪章宣称，自己要过三十岁生日，天京久攻不下，兵勇饥疲，他将借生日之机大摆宴席，犒劳一下食粥多日的弟兄。生日这天，朱洪章营门大开，摆出了全营上下为他祝寿的排场。太平军细作将情报禀报李秀成，李秀成以为战机到来，集合城中还能出城野战的军队，向朱洪章的营垒发动突袭，期望一举夺回孝陵卫，打通粮道。朱洪章诱敌成功，暗中设下埋伏，待太平军攻入后四面合围，一举消灭李秀成所率军队近万人。城中兵力本已不多，李秀成大败一场，还能打仗的只剩下几千人。

朱洪章击败李秀成之后不久，长期服食“甜露”的洪秀全病逝，留下最后一道诏书：

“大众安心，朕即上天堂，向天父天兄领到天兵，保固天京”。

太平军的精神支柱倒了，天京城内的抵抗渐渐变弱。没有洪秀全逼迫，李秀成也不想继续打下去，他只想保着幼天王逃出天京。可是湘军将天京围得水泄不通，李秀成多次试探，都无法冲出重围。

湘军挖掘的几十条地道，大多被太平军破坏，只剩下一两条还能使用。同治三年（1864）五月，张诗日侥幸把地道挖到了神策门，曾国荃大喜，亲往城北督战，他集合大量精锐士卒，还把湘军为数不多的马队都压了上去。不料曾国荃这里大举出动，夜间灯火通明，李秀成一看就猜到了湘军的动作，提前集结军队在神策门守卫。

黎明时分，鸡鸣未止而曙光已降，初夏的晨风猎猎，正是厮杀用兵的好时候。曾国荃一声令下，湘军士兵点火爆破，只见烟雾四起，碎石飞溅。湘军正待冲城，烟雾里突然枪声四起，一下打倒数十名湘军。等烟雾散去后，才发现之前的爆破只炸开了神策门月城外墙，内墙仍矗立不倒，既不能从缺口冲入，亦不能攀爬而上。几经周折，全盘算计尽成泡影，曾国荃骑虎难下，决意孤注一掷，就算用人命堆，也要把这道城墙拿下来！

曾国荃带着湘军马队在七瓮桥督战，正待全军扑城，有城中守将和湘军黄少昆接头，自称他的守区大概有三里长，愿意放下绞绳缒湘军入城。滔天的杀机为之一阻，曾国荃只得下令大军稍退。到了夜间，城头果然放下了四套绳索，湘军选锋三十多人登上城头，直奔正阳门而去。正阳门一共有三道铁闸，湘军先登的选锋在内应帮助下打开了其中两道，第三道铁闸也被升起了数尺。智字营的一名哨官和亲兵数人已经从铁闸下爬入。曾国荃心情十分激动，下令马队整备，待铁闸全部打开就猛冲入城。不料城下再次响起枪声，惊醒他处守军，放闸的士兵见事情败露，只得跳城逃跑，智字营入城的官兵失陷在了城中。[23]

为攻正阳门，曾国荃集中兵力在城北，李秀成也趁机组织人手送幼天王在城南西角突围。城北、城南枪炮声大作，两军战作一团。到了天明，湘军仍无法登城，太平军也无法突围，只能各自散去。攻城再次失败，曾国荃久久凝视着城头的残垣，心中五味杂陈。这场胜利近在咫尺，却又遥不可及。

李鸿章终究不能一直拖延。朝廷多次下诏，令李鸿章放下湖州战事，立刻率军进攻金陵。淮军攻克长兴后，再无借口搪塞，李鸿章只能派王永胜、刘士奇，刘铭传、周盛波等将率一万四千人开赴金陵。

为抢在淮军到来前拿下天京，曾国荃加紧了对城池的爆破。六月初九日，湘军挖掘的地道已在地底越过月城，直抵天京老城墙根下。然而守军从城内挖掘的地道也已挖出月城，到了湘军地道之下。见湘军集中兵力，李秀成心知爆破即将开始，于是抢先下手，在地道里引燃火药，将月城附近城墙轰倒，破坏了湘军的地道。

功败垂成，湘军上下愤怒已极，这些蛮勇的汉子，决定在爆破之外，再度尝试以血肉之躯冲城。湘军的劈山炮无破城之能，所装“群子”对步兵却有巨大杀伤效果。曾国荃下令在城外修筑炮台十余座，架起大炮昼夜不停地轰击城墙。密集的“群子”轰到城头，杀伤极重，太平军不敢在城头停留，李秀成也无法上城墙观测湘军的调动。火力压制住守军后，湘军各营在城墙下堆叠草包，计划用五六万担草料，堆起与城墙同高的平台，以便冲锋上城。天京城外几条地道也在紧急开挖，预备两路并举，同时攻城。

战至此时，城中太平军已知最终决战来临，城头遭炮火轰击无法上城，他们就在城墙内侧架上梯子，手持火枪，以俟登城的敌军。有内应送出消息，太平军抽调了最后的野战力量，在通济门、洪武门集合，打算在湘军大举攻城时冲出天京，直逼湘军中军大营，分散湘军攻城兵力。若是不能得手，就从天京东南路突围，与外围的太平军会合。

得知情报后，在前敌指挥的曾国荃下令，留守中军的亲兵队只能出动六成兵马攻城，留下四成兵马防备敌人冲击中军。然而战事迁延日久，军纪已经废弛，眼看决战来临，士卒都贪图破城的功劳，哪肯留守中军，留守的兵马纷纷违令冲到前敌参与攻城。曾国荃令营务处将领易良虎主持中军留守事务，易良虎竟然和士兵意见相同，打了八九年仗，到了如今要收大功，谁肯留在后方？他违抗军令，将中军留守的兵勇放出，让他们全部到前线立功，中军竟无一人留下。[24]

湘军原定在六月十二日将草垛堆到与城墙齐高，不料堆上去的鲜草被太阳暴晒缩水，到了十二日只及城高一半，曾国荃被迫推迟攻势，下令继续堆草。湘军连续炮击多日，火药、炮子渐渐不足。见城外炮击的势头减弱，一些勇猛的太平军士兵冒死冲上城头，投掷火药，焚烧草垛。火光漫天，烈焰熊熊，将天际染得通红。垛外湘军仰视火海，涕泪交加，只得加紧炮击城头，然后继续救火、填草。到六月十四日，城外草垛再次堆到与城相齐，但离墙根还有五丈远，湘军各营派出勇士爬上草垛，在草垛上放枪，与城头放火的太平军对射，其余士卒则继续填草，期望填满最后五丈即刻攻城。

两军对峙之际，城北湘军于十五日再次爆破，还是只轰倒了月城，未能炸塌内城。急切立功的湘军亡命登城，太平军奋力抵抗，投下数十桶火药引爆，炸死炸伤湘军数百。湘军伤亡惨重，却寸尺难进，因见伤亡惨重，不少士卒又退回中军留守。除了少数曾国荃亲督的精锐，湘军大半失去秩序，任凭士卒自由冲击。

湘军攻势稍息，守军纷纷缩回城墙内休息，延绵数里的城墙不见一人。从城外湘军的瞭望台远眺，城中千门万户寂然无声，只见荒凉的断墙和散落的砖砾。雄伟的金陵城墙千疮百孔，斑驳的血迹涂抹其间，仿佛枉死之城。

七　李秀成绝地突围

湘军战于城北，李秀成趁机组织卫队于聚宝门搭建浮桥三座，助幼天王突围。聚宝门外湘军也颇不少，一阵冲突后将太平军堵了回去。是日消息传来，前来助攻的淮军将于十六日拔营起行，曾国荃遂在龙脖子行营召集全军将领，一一传阅李鸿章的咨文，诸将皆愤然作色。曾国荃拍案大喊：“他人要来了，我军艰苦奋战二年，这功劳难道要给他们吗！”众将闻言皆从席上跳起，齐声答道：“无路可退，全军愿效死力。”曾国荃见军心可用，于是传令整队攻城，不破金陵誓不收兵。[25]

李臣典曾在地堡城挖掘一条通向太平门的地道，遭守军发现后被迫停工。因湘军持续炮击城墙，太平军无法上城侦察，李臣典趁机再度挖通地道。地道恰在十六日告成，曾国荃当即下令，集中全军火药在这条地道引爆，而后全军登城。

十六日正午，湘军工兵点燃引信，随即一声如雷巨响，飞溅的砖石坠落如雨，击伤城下湘军数百。连番爆炸后，太平门城墙被炸塌二十余丈，烟雾腾空而起，将钟山下半部遮掩。东南劲风忽起，将浓烟卷向北去，准备冲击缺口的朱洪章、刘连捷两营皆被烟雾笼罩，不见缺口所在，唯原定为朱、刘掠阵的武明良瞥见缺口，率先领兵杀入。

守城的太平军丝毫不乱，结阵奋力与武明良所部厮杀。稍后烟尘稍退，湘军选锋拥入，抢占了城内龙广山高地，曾国荃亦随队登上龙首山，在山头遍布旗帜。朱洪章率队从山头猛冲直下，城中太平军主力也整队前来，与朱洪章决战于龙广山下。太平军要力保天京，湘军亦欲夺最后胜利，两军展开了激烈厮杀。与朱洪章交手的太平军，乃城中最能打的铁军，两军杀得血流成河，尸积成丘，战了一顿饭工夫，朱洪章渐感不支。

朱洪章鏖战龙广山之时，刘连捷与张诗日率军爬上城墙，循城墙一路向北，追杀守城太平军，刘、张二部直抵神策门，遇上朱南桂、梁美材正架设云梯攻城，遂将朱、梁两军接入。拿下神策门后，刘、张、朱、梁继续向西进攻，再夺凤仪门。萧孚泗、箫庆衍循城墙向南进取，一路攻占朝阳门、洪武门，在聚宝门佯攻的罗逢源也在其配合下攻入。望见几路守军溃败，龙广山下的太平军精锐再也支撑不住，被朱洪章杀败。朱洪章杀败龙广山下敌军，赶紧收束兵马，结成圆阵休整。

朱洪章等将在城中放起火来，加之聚宝门失守，原本死守城西的太平军大溃。李金洲趁机在通济门爬梯登城，夺取城门，黄翼升亦率水师猛攻中关，陈湜从先前炸出的缺口爬入城内，放火烧毁西门太平军水陆营垒。所有城门皆为湘军所夺，天京终于陷落，城内外湘军欢声如雷。[26]

李秀成自太平门败退，立即冲入天王府，抢在朱洪章进攻天王府前，带走幼天王。他率残部数千，奔西门出城。不料西门已为陈湜所夺，急切间不得出，只得上清凉山暂歇。天京军民以各大王府为据点，继续与湘军巷战，一旦王府失守，立即放火焚烧物资，号称“弗留半片烂布与妖享用”。除天王府、忠王府之外，其余王府都被太平军焚毁。久已饥疲的湘军终于进了天京，在城中大肆抢

朱洪章

掠，抢完后就烧毁房屋。攻入天王府的湘军不慎点燃军火库，火势直冲云霄。忠王府也遭湘军纵火。城中火光四起，太平军自己点火者约三成，湘军放火占七成。天京城中腾起数十道浓烟，烟雾屯集空中，久聚不散，宛如绛紫色的大山。十余年间，洪秀全、杨秀清聚集在一起的英雄豪杰，在战争中被清军屠杀殆尽，昔日的圣城天京，至此云飞星散，水穷山空。

到了夜间，李秀成再次率部冲击西门、小南门，皆不得出，干脆反其道行之，率千余部众换上湘军号服，伪装成湘军，从最早爆破的太平门缺口冲出。因为大部分士兵都在城中掳掠，太平门兵力不足，李秀成竟然带着幼天王突围成功。星斗黯淡，路遥马疲，一行人跌跌撞撞，跨过瓦砾，穿过缺口，一头扎进郊外的田野小路，很快消失在夜色中。在李秀成身后，是熊熊燃烧的城池，是一个被埋葬的时代。

【注释】

① 见薛福成《书宰相有学无识》，见《薛福成选集》第 252 页，上海人民出版社 1987 年版。

② 见《曾国荃集》第 1 册第 28 页，岳麓书社 2008 年版。

③“辞谢一事，本可浑浑言之，不指明武职京职，但求收回成命。……今业已换称新衔，一切公文体制为之一变，而又具疏辞官，已知其不出于至诚矣。欺方寸乎？欺朝廷乎？”见《曾国藩全集》第 21 册第 150 页，岳麓书社 2011 年版。

④ 见《曾国藩全集》第 21 册第 186 页，岳麓书社 2011 年版。

⑤“目下外间咨来之折，惟浙沪湘三处较优……每折看二次，一次看其办事之主意、大局之结构，一次看其造句下字之稳否。一日看一二折，不过月余，即可周知时贤之底蕴。”见《曾国藩全集》第 21 册第 180 页，岳麓书社 2011 年版。

⑥ 见赵烈文《能静居日记》第 2 册第 771 页，岳麓书社 2013 年版。

⑦ 见《曾国藩全集》第 21 册第 236 页，岳麓书社 2011 年版。

⑧⑨⑩⑪⑫ 见赵烈文《能静居日记》第 2 册第 621，631，660，664，662 页，岳麓书社 2013 年版。

⑬ 见《曾国藩全集》第 21 册第 221 页，岳麓书社 2011 年版。

⑭ 见赵烈文《能静居日记》第 2 册第 673、674 页，岳麓书社 2013 年版。

⑮⑯⑰ 见《李秀成自述》，载《中国近代史资料丛刊续编·太平天国》第 2 册第 388、391、386 页，广西师范大学出版社 2004 年版。

⑱ 见赵烈文《能静居日记》第 2 册第 706 页，岳麓书社 2013 年版。

⑲“夜来又细思，少荃（李鸿章）会剿金陵，好处甚多，其不好处不过分占美名而已。后之论者曰：润（胡林翼）克鄂省，迪（李续宾）克九江，沅（曾国荃）克安庆，少荃克苏州，季高（左宗棠）克杭州，金陵一城沅与荃各克其半而已。……人又何必占天下之第一美名哉？如弟必不求助于人，迁延日久，肝愈燥，脾愈弱，必成内伤。”见《曾国藩全集》第 21 册第 288 页，岳麓书社 2011 年版。

⑳ 见《曾国藩全集》第 27 册第 628 页，岳麓书社 2011 年版。

㉑㉒㉓㉔㉕ 见赵烈文《能静居日记》第 2 册第 739、750、791、798、799 页，岳麓书社 2013 年版。

㉖ 王定安《湘军记·围攻金陵下篇》，见《湘军史料四种》第 468 页，岳麓书社 2008 年版。

七、当曾国藩遇上李秀成

一　虎落平阳

同治三年六月十六日午刻，公元1864年7月19日中午，湘军攻破了太平天国的都城天京。

近五万湘军冲入金陵，立时纵兵大掠，所到之处无不抢劫放火。不但前敌攻城的士卒在抢劫，连退回中军营寨的老弱兵勇，负责警卫主帅的护卫，担任后勤的长夫，亦蜂拥而入。金陵城中高出云汉的玉楼琼宇，在火光中分崩离析，玄武湖畔照水辉烛的画栋雕梁，在熏风里灰飞烟灭。钟山倾颓，生民涂炭，金陵大火直至六月二十四日才被滂沱暴雨浇灭。

湘军攻入金陵时，城中尚余数千太平军战士及三四万平民。幸存者除了千余人随李秀成突围，缒城逃跑者也不在少数。陷在城中的太平军士兵，占据王府、民房，与湘军展开最后的战斗。他们自知必死，抵抗甚为坚决，防守也颇严密，湘军分散劫掠，一时疏忽之下，被杀伤不少。

不但劫掠金银、妇女，连各王府尚未损毁的梁木、门窗也被湘军拆运一空。军中文员不敢参与抢劫，就向打劫归来的兵勇争购赃物，文员们收购的财物装满箱笼囊笥，每日交相夸示。抢劫之余，湘军士兵也随意杀人泄愤，许多老弱被杀死在路边，满街都在强抢女眷，“哀号之声不忍闻”。倒是精壮男丁，除了破城时抵抗被杀者外，大多被抓去替湘军扛抬财物出城，或者引领湘军去挖掘各王府窖藏金银，事后多被释放。被湘军杀害者多为老弱，“老者无不负伤，或十余刀，数十刀，哀号之声达于四远”，城中四十岁以下的妇女都被抢走。[①]

李秀成携幼天王突围时，湘军大多在城中打劫，竟无人组织拦截。城破后，数日不眠的曾国荃汗泪交下，眼底血丝遍布，不待内城攻下就回中军休息。赵烈文到中军请曾国荃出面弹压抢劫杀人的兵勇，曾国荃摇头不答。赵烈文又说李秀成等首领尚未擒获，听闻龙脖子一带有炮声响起，恐是太平军首领突围，应即派马队拦截，曾国荃也颇不以为然。[②]

前敌确认李秀成突围的消息时，曾国荃正在酣睡。众人急忙将他唤醒，这才匆忙调派马队追击。幼天王不擅骑马，座下亦非良驹，李秀成便将自己的战马让与幼天王。因马力不济与大队失散，李秀成只得藏匿于方山附近农家。农户见李秀成随身携带大量财物，料定他是太平军中重要首领，于是将他拿下，送到湘军萧孚泗营中，为了揽功、劫财，萧孚泗将告密的村民尽数抓捕拷打。[③]

自湘军入驻雨花台以来，曾国荃与李秀成交手多次。雨花台血战四十六日，曾国荃面颊被击中一枪，险些当场阵亡。长期围攻金陵不下，湘军士气崩溃，他几乎失去对军队的控制。为了拿下一万多人驻守的金陵城，湘军死于疫病者上万，殁于战阵者九千，这是曾氏嫡系湘军吉字营成军以来最大的损失。

李秀成被擒至湘军大营，曾国荃恨之入骨，立即手持刀锥亲自审问，欲将李秀成当场凌迟处死。湘军幕僚急忙劝阻，称李秀成乃朝廷要犯，不能妄自处置。曾国荃勃然大怒，骂道："这样的土贼，不杀了难道还要留着？你们难道还想去京师献俘？"

曾国荃随后令兵勇以利刃剜割李秀成，李秀成手臂、大腿血流如注，但闭目无言，纹丝不动。正在折磨李秀成时，洪秀全的兄长福王洪仁达也被押到营中，曾国荃也对他用刑，洪仁达同样闭口不言。

用刑之后，曾国荃怒气渐消，下令将李秀成、洪仁达收监看管，随后招来赵烈文商议对策。曾国荃说，李秀成可以不急着杀，但如果将他送往京师献俘，恐怕会增添朝廷的骄横之气，于湘军不利。

自古以来，若能生俘敌方首领，进京举行献俘仪式，能够极大彰显朝廷威仪。然自太平天国起义以来，各地清军抓捕的太平军主将不少，大多就地处决，均未解往京师献俘。此时金陵克复，洪秀全驾崩，若能将李秀成送往京师献俘，势必大大提高清廷的权威。曾国荃认为，献俘恐怕会"益朝廷骄也"，于湘军大为不利，可见他已在盘算与朝廷的矛盾，生怕朝廷威信提升后整肃湘军势力。赵烈文则回答说：献不献俘，当由上头（曾国藩）决断，我等部属绝不能擅杀李秀成。他提醒曾国荃，李秀成的生死事关全局，应请曾国藩裁决。[4]

于是曾国荃造了一个大笼子，将李秀成关在笼中，不少湘军将帅前往狱中审问李秀成，赵烈文也曾与李秀成长谈。他询问了李秀成的身世、太平天国的起源，以及对时局的看法，这些谈话被赵烈文记录在《能静居日记》中。

赵：你在洪秀全麾下，知不知道你们这群人不能成事？或者你真以为太平天国大事必成？

李：正如骑虎之势，上去就下不来了。

赵：那为何不早早投降？

李：朋友之义，尚且不可改变，何况我受了天王的爵位。至于我用兵之处，从未放纵杀人，我攻破杭州，俘虏清朝的官员都待之以礼。清朝大员家眷陷在城中，我都开了票证护送他们离开，难道你没听说？

赵：这些事或许有。你自己不纵兵杀人，可是你御下不严，你部下所杀的人何止千百倍。为将者要做到令行禁止，像你这样的人怎敢说自己无罪？

李秀成：这确实是我的罪过。但你们官兵又如何不是这样？

赵烈文又问起当下的战事：

赵：如果金陵没有被李臣典的地道爆破，你还有办法守下去吗？

李：粮食已尽，只有中关还能送点粮食进来，城守不住。

赵：官军搜城，搜到的米粮还很多，怎么说没有粮食？

李：各个王府有粮食，但不肯用来充军饷，所以守不住城。这也是我们人心不齐的原因。⑤

从赵烈文和李秀成的对话来看，李秀成已知太平天国内部人心动荡，政治混乱无章，断无成事可能。他勉力而为只是骑虎难下，也因不得不报洪秀全知遇之恩。如果说李秀成英雄举义，是为了反抗不公正的时代，反抗暴虐的朝廷，当他发现太平天国并无太多进步性时，他对这项事业就已失去信念。敢于反抗朝廷的起义领袖，本就不受三纲五常之框束——若是他们有绝对忠于君王的思想，何以走上起义之路？李秀成对太平天国的事业失去信念之后，自然不会“愚忠到底”。

但直至洪秀全去世，李秀成虽在战场上屡遭挫折，在朝中受尽猜忌，也未曾投降清军。金陵陷落，他护送幼天王洪天贵福突围时，还将自己座下战马让出。在李秀成心中，这不单是对君王的忠诚，亦是出于知遇之恩的“义气”。所以他对赵烈文说，“朋友之义，尚不可渝”。依照他对“义”的理解，洪秀全简拔他于微末之时，他在洪秀全去世前坚持战斗，甚至把求生机会让给了洪秀全的儿子，已经报了洪秀全的恩义，彼此再不相欠。

后世常争论“忠王”到底忠不忠，殊不知李秀成本就是反抗纲常的义士，不是传统意义上的忠臣孝子。他内心于洪秀全仅有“恩义”而无“愚忠”。太平天国渐渐走向没落，他对这项事业再也不抱希望，按照世俗标准，他当然不忠。关羽因为曾受曹操知遇之恩，弃曹操离去时斩颜良以报之，《三国志》称赞这是国士之风。李秀成大概也觉得他将好马换给洪天贵福，亦是国士之风，毕竟他未受过君为臣纲的教化，也尚未产生阶级意识。太平天国后期，李秀成心中的洪氏朝廷，大概只是与清朝并列的政权，两者一般无二。

因此，当清军流露出招降的意向时，先前受酷刑而闭口不言的李秀成显得有些动摇。他对赵烈文说，自己已准备赴死，只是江南旧部甚多，希望能致书将他们遣散，免遭清军屠戮。按赵烈文的回忆，李秀成甚至流露出“乞活之意”。

李秀成有浓烈的家国意识，他警示赵烈文称，自己善于占星，见天上有几颗“凶星”，主“夷务不靖”，中国须得防备洋人入侵。这正是李秀成的胸襟，他虽不再忠于太平天国，但他对中国的忠诚却依然炙热如初。

赵烈文虽是湘军幕僚中的杰出人物，其格局尚不及“包藏宇宙之机，吞吐天地之志”的英雄豪杰。李秀成警示赵要防备外敌入侵，而赵的关注点却是李秀成用什么方法观星。赵烈文是易数八卦、天文星象的专家，他询问了李秀成的观星方法，发现都是民间粗鄙的“俗说”，远不及他这种正统出身的占星家，当即表示了嘲笑。⑥

观星术本无科学依据，无论是儒、道出身的占星家，还是上不得台面的民间术士，其理论都同样荒诞不经。历史上著名的术士，其功夫都不在“观星术”上。星象如何从来不是重点，重要的是如何解读星象。术士通过星象预测历史走势，靠的是对时势的了解，对政略、战略乃至历史规律的掌握。李秀成的观星术或许粗鄙，但他判断“夷务不靖”，却是大政治家对时势的敏锐洞察。赵烈文拘泥于占星术之优劣，见不到李秀成的政治眼光，其“精神境界”还不配与生命最后时刻的李秀成对话。

二　英雄相惜

五十三岁的曾国藩，已至“天命”之年，他的修为已达“胸藏激雷而面如平湖”境界。六月十八日收到金陵克复的消息后，他处理公务如常，会见来客不减，表现十分淡然。他给曾国荃写了家书，清理了文件，修改了报捷的奏折，但如同淝水之战后的谢安一样，无论怎么故作镇定，内心其实“思前想后，喜惧悲欢，万端交集”，一夜无眠。

咸丰二年（1852）起兵，同治三年（1864）功成，一介儒生曾国藩，在这波澜壮阔的时代不屈不挠地奋斗了十二载，其间备尝艰辛，多次濒临兵败身亡的险境，他顶住沙场、官场的内外夹攻，终于迎来了胜利。然而也在这十二年的战争中，他数位兄弟战死沙场，故旧纷纷离世，他的胆气、精力、血性已经耗尽，他从志在涤荡天下、气吞万里的英雄，变成了一个抑郁、孤愤、琐屑、退让的老朽。曾国藩战胜了太平军中那些千古罕见的豪杰，却在时势的变迁面前束手无策。岁月荏苒，英雄白首，太平天国已经覆灭，他年轻时改易风俗、化成天下的理想，却像风尘一样不可捉摸，像天极一样遥不可及。

金陵城破的一刻，于曾国藩不只是“胜利”的一刻，也是“恐惧”的一刻。学者裴士锋揭露了他此时的心境：“权力让他害怕失败，让他害怕辜负了加诸他的重责大任，以及让他时时忧心于随着个人权势膨胀到前所未有的地步，将因逾越应守的分际招来上天的惩罚”。恐惧如同潮水蔓延开来，这个原本想做一辈子学问的老儒，在风高浪涌的巅峰时刻忧惧彷徨，仿佛落第的老童生一般。

六月十九日，曾国藩得知李秀成已被生擒，他再次修改报捷的奏折，然后出城坐船赶赴金陵。当时天气酷热，北风大作，曾国藩数次停船，最后改乘民船前往。在船上，他一直在翻看欧阳修的《新五代史》，尤其圈读了《唐六臣传》《义儿传》《伶官传》《宦者传》《李茂贞传》。以上诸传，都是叙述五代乱世派系倾轧、军阀割据、伶官宦者作乱的历史教训。[7]显而易见，曾国藩在担忧太平天国平定后，因为战争压下去的朝堂纷争再起，朝廷与地方督抚失和，国家因而陷入五代那样的乱离之世。

曾国藩踏着一地的瓦砾步入金陵时，大火犹在燃烧，湘军兵勇还在城中抢劫。面对这满目疮痍，他也只能假装糊涂，不闻不问。会见兄弟曾国荃后，他查探了战场，心中百感交集。值得注意的是，曾国藩在日记里写道：金陵之克，纯粹是人事胜过天命，人力胜过造化，由此可知世间成败，不可以全部推诿给气数。[8]“人定胜天”固然励志，但从另一角度看，他竟然承认气运不在清朝，太平天国反而更得天命。这位忠诚的理学夫子，对清朝无可挽回的衰败，有着深刻的洞察。

论格局之大，见事之明，天下无出曾国藩与李秀成之右者。尤其对天下大势的把握，对国家现代化道路之理解，唯有曾国藩堪与李秀成颉颃。这一对棋逢对手的敌人，如今一个权倾朝野、战战兢兢，一个却沦为阶下之囚，朝夕待死，万世浮云如过太虚，人世的无常与历史的变幻，岂不令人喟叹！

曾国藩到金陵后，亲自提审李秀成，两人的狱中谈话没有文字记录。李秀成在狱中写下五六万言的供状，后世称为《李秀成自述》，从这份《自述》倒可窥见曾、李对谈的不少内容。

依当时的惯例，太平军将领被俘后，清军一般只审讯其出身来历及近日军情，多数供词不过千余言，最多亦不过数千言，李秀成却洋洋洒洒写了五六万字。这已不是供词，而是一份详尽的《李秀成口述自传》或《李秀成口述太平天国史》。太平天国并无史官，亦无传世的“实录”“国史”，只有洪仁玕对瑞典传教士韩山文口述的《太平天国起义记》，记录了洪杨诸人早期的事迹。若无《李秀成自述》，后人只能根据清朝、洋人所作的外部描述去推测太平天国历史。有了《李秀成自述》，太平天国很多历史问题才得以记录下来，后人才能知晓其诸多历史事件的内在决策，了解太平天国诸王有着怎样的人格与志向。李秀成写下这几万字回忆录，与其说在应对清廷的审讯，不如说在将其英雄抱负留存史册，为太平天国的将士留下一份不可磨灭的记录。在《自述》中，他沉痛地剖析了太平天国事业败坏的原因，期望为后人留下历史的教训。

曾国藩与李秀成交谈多次，据赵烈文记载，曾国藩对李秀成“甚怜惜之”。自胡林翼去后，曾国藩身边已无格局相近之人交流，遇到李秀成这样的英雄，虽然身份天差地别，亦难免产生高山流水遇知音的感怀。李秀成的供状写到末尾，笔下尽是遭到猜忌、排挤无处伸冤的悲凉，纸上都是朝政日渐衰败却无能为力的绝望。《自述》中英雄无用武之地、满腔血诚无处施展的叹息透纸而出，然而这何尝不是曾国藩的境遇？湘乡曾氏所藏《李秀成自述》原稿上，曾国藩密密麻麻地用朱笔加上了句读、圈点，还细心地修改了错字和病句，想来他读到这份手稿，正有于己心有戚戚、天下英雄同此悲凉的心境。

李秀成与曾国藩见面后，似乎起了投降之意。他在《自述》中称，他将好马换给幼天王，只能骑劣马逃亡。因为坐骑不是战马，随身亦无粮草，所以遭擒，倘若他仍骑战马，早就逃掉了。他以命换命，“一点愚忠而救危主”，已尽了对洪氏的恩义。他说，今已不欠洪氏，或能为曾国藩收复太平军残部，“若我主在邦全，我为此事，是我不忠”，但眼下“主死国亡”，已无尽忠对象，如果不能收拢这数十万人马，造成杀孽，“致其害民，皆我之罪也”。[9]这是李秀成在试图说服自己，应当效忠的“主”已不在，现在只能忠于“民”，而要忠于“民”，就应招抚残部以消泯战乱。

李秀成自称被曾国藩所折服，愿意投效湘军，“老中堂（曾国藩）大义恩深，实大鸿才，心悔未及”“实见老中堂人（仁）爱，我虽不才，早至数年，而在部下，亦尽力图酎（酬），虽不才智，死力可为”。[10]这段话在曾国藩呈递军机处时被删掉了，可见是李秀成的原话而非曾国藩杜撰。曾国藩的幕僚姚濬昌之子姚永朴，在《旧闻随笔》中的一段记载，可与《李秀成自述》印证：“（曾国藩）便服坐署斋，召之（李秀成）至，抚其背曰：‘若亦人杰也，不早遇知己，乃如此。可惜，可惜！’言至此，秀成不觉膝至地，痛哭失声。”[11]

李秀成已与赵烈文明言，国家当前首要之务，是防御西洋入侵，他见曾国藩格局远大，气魄雄浑，自然生出拥戴曾国藩抵御外侮之想。遗憾的是，曾国藩与李秀成一样，都是手握雄兵而饱受猜忌的大臣，清朝要不要抵御洋人，曾国藩做不了主。

李秀成虽极力诋毁洪秀全晚年所作所为，但也告诉曾国藩，洋鬼子曾提议与洪秀全联合灭清，事后平分中国，洪秀全断然拒绝了洋人的提议，不肯“引鬼入邦”。李秀成借此提醒曾国藩要“防鬼反为先”，即以防备洋人入侵为第一要务。

自攻克苏南后，李秀成大量购入西洋军火，又与西洋军队交手多次，是当时最理解西洋战法的军事家。在《李秀成自述》最后，他详细地记下了与西洋军队交战的心得：何处可以走私军火，哪种规格的大炮好用，新式炮兵应如何训练筹划，何处可以聘请火器专家。他叮嘱曾国藩，多买大炮，多雇工匠，一定要仿制西式军火；上海、宁波买不到好枪好炮，要去香港购买，等等。[12]他把与洋兵多年交战的心得尽数托付曾国藩，希望其能在日后战胜入侵的外敌。虽然李秀成在最后关头有所动摇，但他对整个中国之热爱，却是罕见其比的。所以梁启超对比李秀成和李鸿章时说："秀成忠于本族，鸿章忠于本朝。"

李秀成已流露归降之意，可是义军中如此威望卓著的领袖，曾国藩是不敢收降的。毕竟他也只是朝廷的臣仆而已，攻克金陵后正在忧谗畏讥之时，招降李秀成恐有扩大自家势力，对抗朝廷之嫌。然则英雄难遇，曾国藩十分犹豫，甚至一度想冒险保全李秀成。赵烈文在日记中记录，曾国藩对此"连日正踟蹰"，对李秀成说，如何处置，待日后再答复，眼下只能等朝廷的旨意。

曾国藩思索良久，最终决定将李秀成就地处决，他因羞愧不敢面见，遂令门人李眉生转告李秀成，说国法如此，实在无法为其开脱。李秀成慨然回答道："中堂厚德，铭刻不忘，今世已误，来生愿图报。"于是写下绝命词十句，坦然受刑。

三 《李秀成自述》之谜

李秀成死后，曾国藩上奏朝廷，声称已依成例将李秀成凌迟，但是根据赵烈文在《能静居日记》所载，曾国藩只判了李秀成斩首之刑，让他临死前少受了点罪。[13]有人猜测，曾国藩并未赦免李秀成，仅仅饶去其凌迟之苦，绝不能让李秀成说出"来生愿图报"这样感恩戴德的话来。曾国藩到底许诺了李秀成什么？二人私下是否达成了某种密议？

曾国藩和李秀成的面谈没有文字记录，但在1977年，曾国藩的曾外孙女俞大缜回忆，她的母亲曾广珊亲口说过，“李秀成劝文正公（曾国藩）做皇帝，文正公不敢”。李秀成是反清的起义者，确实很有可能劝曾国藩做皇帝。他对太平天国的事业十分失望，同时也深知清朝的无能，既然认定曾国藩是命世之才，难免有拥立曾国藩的想法。倘若曾国藩称帝，势必任用他招降太平军余部，于国于己都是幸事。

曾国藩没有招降李秀成，也不敢做皇帝，这显然不是李秀成感激他的原因。同样，这也不是曾国藩为抬高自己捏造的谎言——朝廷重臣令义军领袖感恩戴德，乃是取祸之道。那李秀成为什么会感恩于他呢？

古代王朝在剿灭起义军后，往往会收缴、销毁其文字资料，不让他们有只言片语传世。这是为了控制历史的解释权，因为历史只能由朝廷来书写。为了不让这些“叛逆”书写历史，不让后世读到他们对历史的解释，就只有销毁其一切文字，如此方能随意抹黑他们，不让他们名垂青史，得到后世的同情。此外，这些起义军领袖的言论、事迹流入民间后，其反抗精神会持续地激励后人反抗，他们发动、组织起义的办法，会成为一份指导其他义军的“造反手册”。正因如此，后人很少读到从起义军一方来叙述历史的史料。

曾国藩给了李秀成将近十天的时间，写成五万多字的回忆录，这是出于对李秀成英雄气概的钦佩，给了他一个书写历史的机会，李秀成因而有机会把太平天国的英雄事迹，留在历史上。因为曾国藩这一动念，太平天国的历史大部分得以留存。文天祥有一句著名的诗：“人生自古谁无死，留取丹心照汗青。”英雄无惧生死，英雄只怕死后被抹黑，被湮没。曾国藩对李秀成的恩情，大概就在于此，他帮助李秀成保存了太平天国“真实”的历史，世上从此有了《李秀成自述》，青史没有尽数成灰。梁启超读完《李秀成自述》，评价道：“在站笼中慷慨吮笔，记述数万言，虽经官军删节，不能备传，而至今读之，犹凛凛有生气焉”。

当然，曾国藩对《李秀成自述》做了很多处理。他在日记中称，《李秀成自述》有四万余字，在给曾纪泽的家书里，又称有五万字，赵烈文则说李秀成写了五六万字。综合来看，李秀成至少写了五万字。曾国藩删改了原稿，裁掉第七十四页之后的内容后，抄送军机处存档。呈递军机处这份抄件，全文只有二万七千余字，比原文少了近一半。

《李秀成自述》原稿一直藏于湘乡曾家，1962 年，曾国藩后人曾约农公布了曾家所藏原稿，比军机处的抄本多了七千二百字。被曾国藩删去的七千二百字，其中一部分内容与曾国藩的报捷奏折不符，如曾国藩的奏折称洪秀全“服毒自杀”，李秀成的原文则是病逝，且逝世时间比曾国藩的奏报早了一个月。按清朝论功行赏的原则，若洪秀全是在金陵城破前“服毒自杀”，可视为被湘军逼死，算得上一大功劳；若按李秀成的说法，洪秀全在此前一月就已病死，这就不算曾国荃的功劳。是故曾国藩删改原稿，当是出于替兄弟揽功的私心。

李秀成在自述原稿中嘲讽了李鸿章，说李鸿章打仗不行，全仗洋人撑腰。如果这段话流传出去，会对李鸿章的名誉造成极大打击，也会挑起湘、淮两家的不和，因为李鸿章会怀疑，这是曾国藩为了贬低自己故意添加的。曾国藩只能将这段话删除。后世有人未曾对比军机处版与曾氏所藏手稿的差别，见到曾氏藏稿中有这段话，就认定这是曾国藩在抹黑李鸿章。其实，直到清朝灭亡，这个版本的《李秀成自述》都没有公诸于世。

原稿中有大量“谀颂楚军（湘军）”，吹捧曾国藩英明过人的文字，都被曾国藩删掉。李秀成说自己手握雄兵百万，洪秀全如何能不猜忌，如今曾国藩平定金陵，长江三千里，无一船不张曾氏之旗帜，也正是受忌于朝廷之时。若是让朝廷看到李秀成这样桀骜不驯的“雄杰”都被曾国藩折服，在原稿中吹嘘曾国藩如何敢战深入，如何深得人心，曾国藩又当如何自处？所以他将这些夸赞自家的话也一并删去。

原稿中有洋人要和洪秀全平分天下，洪秀全不肯卖国一段，曾国藩也将其一并删去。有人以为曾国藩不肯留存洪秀全的正面形象，其实也不尽然，李秀成的原稿里有大量太平军赈济平民、分发钱粮发展商业的叙述，曾国藩都没有删除。删除此段，可能因为涉及了洋人，有离间朝廷与列强关系之嫌。

此外，曾国藩还做了一处非常明显的篡改。李秀成声称自己能为曾国藩招抚太平军余部数十万，用词原本是“收全”“收复”，曾国藩特意加上了“投降”二字。李秀成的原意应该是收拢这些余部，将其遣散以泯兵祸，并非投降。世传李秀成在受审时献策，可招抚江南太平军余部，为曾国藩北上伐清打先锋。曾国藩特此加上“投降”二字，也是谨慎之举。

令人惋惜的是，湘乡曾氏所藏原稿也只有七十四页，比李秀成的原稿还少了一万五千字以上。在曾氏藏稿的末页，李秀成述说自己的悲愤，感慨命运无常与英雄末路的悲凉，“今我国末，亦是先天之定数，下民应劫难”，“我亦不知我前世之来历，天下多少英雄才子，何不为此事而独我为，实我不知知（之）也。如知……”“如知”二字之后，文稿戛然而止，没有后续。大概后边的内容，对曾国藩极为不利，他甚至不敢收藏于家，只能将其毁掉。如果采信俞大缜的说法，后边大概就是如知天命，定要辅佐曾国藩做皇帝之类。

关于《李秀成自述》七十四页之后的部分，后人有很多猜测，有一种说法是，李秀成写了很多曾国藩打的败仗，若将原稿上交，曾国藩定会因谎报军情被朝廷问罪。还有一种说法是，李秀成提供了湘军洗劫太平天国圣库的罪证，一旦查实，曾国藩会掉脑袋。

这两种说法都完全不合情理，是为抨击曾国藩而以己度人的阴谋论。将湘乡曾氏藏稿与曾国藩呈送军机处的抄件对比，曾国藩非但没有删除贬低湘军的言辞，反而删除了称赞湘军、贬低其他清军的段落。其实，就算李秀成真的揭发了湘军打过的败仗，对曾国藩也丝毫无损。太平天国战争已然落幕，最终结果是湘军从湖南一路打到了金陵，镇压了太平军，湘军已成为最后的胜利者，之前打过多少败仗都不再重要，“胜利者是不能受审判的”。只要金陵最终被克复，此前曾国藩的战争经过有多曲折惨烈，都不是大问题。更何况，清军夸胜讳败本是常态，朝廷早就习惯了。

至于湘军抢劫了太平天国圣库，慈禧太后一直对此耿耿于怀，想借机惩办曾国藩，收回财物补充财政的说法，更是荒诞不经。太平军在武昌、安庆、金陵缴获了清王朝的银库，又以打先锋为名查抄了一些富人的家产，这笔收入虽然不少，却也不像传说中那么多。根据张继庚的情报，太平天国圣库高峰时存银一千八百万两，因诸王开销和军费支出，数月后就减少为八百万两。清王朝拥有大半个中国，都因军费开支搞得财政窘迫，被迫默许地方政府改革税收，征收厘金，太平天国以小得多的地盘供养数十万大军，圣库哪儿还有余钱？

李秀成打下苏南、浙江后，因为江浙富甲天下，太平天国的财政确实大为改善。但是李秀成养兵近百万，为购买西洋军火开销极大。金陵多次被困，太平军常以十倍高价走私米粮，战争最后两年，连李秀成都被迫变卖家产以充军饷。湘军打下金陵时，圣库怎么可能还有金山银海？须知有钱就有兵，就钱就有军火，有钱就能打胜仗，假如金陵城中还有数千万两白银的公帑，太平天国就根本不会失败。金陵城破时，城中人口不过三四万人，连这点军民都养不活，圣库显然早就空空如也。按通常的说法，太平天国的赋税比清王朝收得低，民众的负担也比清朝治下轻，凭这区区数省地盘，怎能累积出海量的银子！

太平天国治下的苏南、浙江，确实存有不少钱粮，可惜因为金陵长期被困，无法尽数解往。这些钱粮大部被李秀成、李世贤用来养兵，纵然有一些积余，也为攻占苏州的李鸿章和攻占杭州的左宗棠缴获，没能落到曾国藩手里。湘军在金陵抢劫的财货，来自城中各大王府，而非太平天国圣库。曾国藩一生清贫，他那个名声不佳的九弟曾国荃，死后遗产也不过白银一百万两。按照湘军带兵万人，岁入六万两，犹称"廉将"的传统，曾国荃的家资尚在合理范围，何况清朝的总督每年仅养廉银就有二万两。虽说湘军在金陵城破后大肆抢劫杀人，但说湘军乃至湖南一省因为洗劫金陵而暴富，就大为夸张了。

攻下城池后大肆抢劫，是晚清战争的常态，与清军联合作战的英法军队在城破后还要优先打劫。既然在胜利后洗劫是那个乱世的常态，朝廷岂能因此追责湘军。倘若打仗时抢劫会被惩罚，则八旗兵、绿营兵、左系湘军（楚军）、淮军乃至"洋枪队"，都应该遭到惩处。无论是垂帘的两宫太后，还是领班军机处的恭亲王，皆有基本的常识，断然不会相信，山穷水尽的金陵还有堆积如山的金银。若是朝廷有心勒索带兵的大帅，还不如拿占据上海、打下苏州的李鸿章开刀。御史贾铎举报湘军抢劫金陵圣库，建议朝廷勒令湘军上缴圣库财货，军机处循例廷寄曾国藩，让他查办此事。随后曾国藩回奏称，圣库制早就名存实亡，湘军没有抄到圣库。朝廷的回复说既然没有，那也就罢了——下令查办，只是按例敲打湘军，并不是真认为有这笔钱。[14]

曾国藩把李秀成就地斩首，没有送往京师献俘，因此有人怀疑，曾国藩的目的，是防止李秀成在京受审时，揭发他率军洗劫金陵，或者诬陷湘军谋反。这种说法，源自对赵烈文日记的断章取义。根据《能静居日记》，曾国藩曾与幕僚商讨，是否要将李秀成解往京师。赵烈文回答说，李秀成被俘已十余日，早已验明正身，众人有目共睹，且留下了翔实的口供，就算就地处决，也不会遭人怀疑，何况李秀成“甚狡，不宜使入都”。[15]

从赵烈文的说法来看，曾国藩的疑虑之处，是如果就地处决李秀成，会不会让人怀疑湘军没有抓到李秀成，只是找了个无名小卒冒名顶替。赵烈文则认为，既然抓捕李秀成一事已证据确凿，与其冒险解送京城，不如就地处决为妙。所谓李秀成“甚狡，不宜使入都”，可以作出两种解释：一是李秀成智计百出，可能会在上京的路上设法逃脱，当初胜保就地处决陈玉成的理由，亦是如此；二是李秀成心机深沉，入京受审时会挑拨离间，引发朝廷对曾国藩的猜忌。

后一种解释迎合了民间喜闻乐见的阴谋论，其实完全不合情理。无论是骆秉章生擒石达开，还是苗沛霖诈擒陈玉成，都没有送往京师，在金陵将李秀成就地正法，有成例可循。其时还有数十万太平军在坚持战斗，捻军也正纵横江淮，从南方将敌之重将押解北上，很可能被人半路劫走，到时将会前功尽弃。

就算李秀成到了京师，对朝廷供出自己劝曾国藩造反的事，又能如何呢？朝廷对大臣的猜忌，从来不是因为谗言。李秀成不是朝廷的心腹，而是“居心叵测”的“大叛贼”，若是他的言辞能够离间清朝君臣，那被俘的义军将领岂不是都可以向朝廷谎称，自己曾力劝曾、胡、骆、左乃至僧王造反？岂不是舍己一命，杀绝清朝重臣？这也太小瞧清朝君臣的智慧了。

大臣会不会受到猜忌，得看他有没有威胁朝廷的实力。皇权不容挑战自己的力量存在，大臣一旦拥有威胁皇权的实力，就自动进入朝廷的猜忌范围。曾国藩已有挑战清廷的力量，无需他人挑拨，朝廷自会对他产生警惕。可是曾国藩手中的力量实在太强，清廷暂时没有消灭他的把握，就算有人挑唆，朝廷也不敢对他采取实质性打击。

“杯酒释兵权”之时，宋太祖赵匡胤对麾下众将说，我做了皇帝，却没有一天能够安枕而眠，生怕哪天有人也搞个陈桥兵变。众将闻言大惊，赶紧表忠说天下已定，臣等绝无二心。赵匡胤又说，诸位的忠诚，我是信得过的，可我信不过你们的手下。谁不想荣华富贵？我当年亦是忠臣，不承想你们贪图荣华富贵，把我强行架起来黄袍加身，要是你们的手下也如此照办呢？

赵匡胤的说法，揭示了历代大臣所遭遇的“猜疑陷阱”。人心隔肚皮，你有如此强大的力量，让我如何相信你的忠诚？就算你是忠臣，那你的手下呢？无论臣下是否忠诚，只要拥有了力量，就一定会遭到朝廷打击。攻克金陵后，曾国藩如同历史上其他权臣一样，处在“权臣陷阱”之中，忠诚表演对这个层面的人来说毫无意义，拥有力量你就有罪，与你的表现无关。

赵匡胤手下众将主动放弃兵权，回家安养天年，这其实冒了很大风险。他们很幸运地遇上了赵匡胤这样仁厚的君主。通常情况下，权臣一旦放弃手中权力，生死荣辱就完全操持于君王之手。万一皇帝想要斩草除根呢？是进也难，退也难。这种君臣之间的猜疑，是历代手握雄兵的大臣，很难与朝廷共始终的原因。

曾国藩对此非常警惕，但作为一个经验丰富的政治家，他知道，自己之所以受到猜疑，是因为手握数十万雄兵，而不是有人离间。无论李秀成对朝廷说什么，都不能改变自己的处境。为了维护朝廷的体面，他当然会把《李秀成自述》中犯忌的言辞删改，但他不至于为了保全自己而擅杀重犯。李秀成说点犯忌的话根本无损于他，谁会在乎“叛逆”的中伤呢？但抗旨擅杀重犯，就是真正不给朝廷颜面，是赤裸裸地挑衅朝廷。他敢不将李秀成押送京师，实在是因为有骆秉章和胜保的成例在先，而且有咸丰允许督抚在战区“就地正法”的敕谕为依据。无论是湘军洗劫金陵，还是就地杀害李秀成，都是朝廷默认的行为，并非出格之举。

曾国藩自衡阳起兵，在官场、战场屡经生死，十步一杀，步步带血。到打下金陵时，他昔日起兵的故旧已大半凋零，天命之年难免生出世事茫茫、动如参商之慨。他半生颠沛，处处受人排挤，虽有烛见万里之能，却为世俗文法所缚，难张垂天之翼。早在父亲去世那年，曾国藩就感到自己动辄得咎、举世为敌，有苌弘化碧、眼悬国门的冤屈。在家守制悟道后，他懂得和光同尘、因势利导，学会与庸人相处，以功利诱导庸人成事。然而，曾国藩虽然事功大有长进，却始终处于一种孤独、厌世的心境中。

胡林翼去世，左宗棠交恶，曾国藩在同僚、弟子中，找不到一个与他在精神、境界处于同一高度的人。他胸中的壮志，他眼中的世界，并无一人可以诉说。反倒是俘获李秀成后，他在李秀成身上看到了一样的豪情，一样的胸襟，一样的孤独和苦闷，甚至还有自己未能坚守的仁爱与慈悲。曾国荃、赵烈文这些人，不能理解曾国藩在处决李秀成前的“怜惜”“踟蹰”，他们沾沾自喜地写信嘲讽李秀成“粗鄙”“俚俗”“可笑”，不知道他们面对的，是如何伟岸的灵魂。

在《李秀成自述》原稿的末尾，在李秀成写下的如何办洋务驱外敌的方针旁，有曾国藩朱笔书写的四个字——“此条可采”。李秀成悲愤地质问天命、气数，哀叹英雄落寞的词句前，有曾国藩密密麻麻的圈点。如果善意地理解，曾国藩不将李秀成送往京师献俘，又免去凌迟之刑，是为了不让李秀成在生命的最后时刻遭受侮辱。

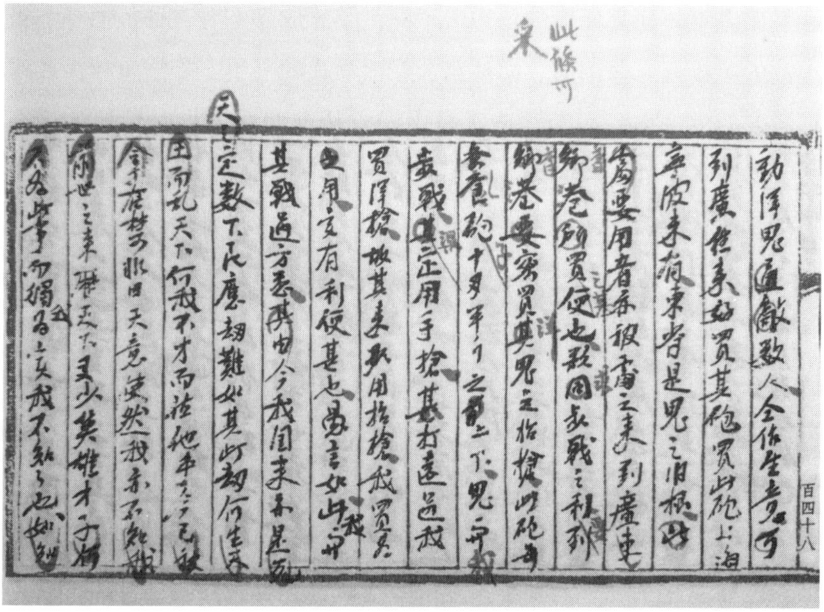

李秀成自述稿

四　历史的底色

同治三年七月初六（1864 年 8 月 7 日），李秀成在金陵被湘军处决，时年四十一岁。李秀成一生，翻越粤桂大山，跨过荆楚湖泽，赏过金陵的江潮，听过沪上的海涛；他有一套完整的改造国家的计划，他有抵御外洋入侵的豪情，他是极少数看见了未来、看见了世界的英雄。他壮志难酬，最终倒在了金陵城下，只有煌煌数万言的文稿见证了他的胸怀。

李秀成确实有性格软弱、御下不严的缺点，他在生死关头也几度动摇，但他为人侠骨仁心，为政公平持正，打仗进止有度，深合兵法，实乃晚清第一流的人物。和满嘴天话、神神鬼鬼的洪秀全不同，和暴戾恣睢、狂妄任性的杨秀清不同，李秀成身上有一种最质朴、最纯洁的英雄气。曾国藩、胡林翼、左宗棠式的书生，是儒家社会在末世激发的免疫力，而李秀成正是中国农耕文明在末世时绽放的生命力。这股英雄气，从大泽乡到瓦岗寨，再到金田村，激荡在华夏每一次危亡的紧急关头，奔腾在国难时节，国人胸中迸发的顽强不屈中。

尽管太平军余部还在奋战，李秀成之死，已宣告太平天国彻底覆灭。

洪秀全起家时传播的教义，以均贫富、倡平等为号召，在不公正的世道里，点燃了身处绝望的民众心中的怒火。然而，洪秀全变成了奢侈享乐的帝王，太平军将士从纪律严明、意志坚定的教众，变成和清军一样，军纪废弛、掳掠民众的军队。但即使在行将败亡之际，即使在雨花台会战后那种穷蹙窘迫的境地，忠王李秀成“北进”时仍不忘赈济难民，在黑暗中闪现人性的光芒。

洪秀全理想中的社会，是一个政教合一的社会，是一个军营化的社会。尽管这套做法在初起时确保了军纪，一度为天下带来希望，但它终究破坏了中国底层社会的自由流动，是一种小农意识支配下的社会改造，这是太平天国最终失败的重要原因。

太平天国后期，洪秀全的社会实验失败后，逐渐世俗化的太平天国却体现出近代化的倾向。洪仁玕提出了《资政新篇》的理想，李秀成在江浙进行了近代工商业的建设。洪秀全本人非常保守，他麾下聚集的群英，却站在了时代的风口浪尖，做出了让人惊叹的探索。

太平天国的失败，首先在于政治。洪秀全、冯云山创立的政体，相比清王朝，实无太多改进。在击败清军，拥有自己的疆土后，洪秀全那套脱离实际的政治理想根本无法推行。太平天国中最好的治理者，莫过于翼王石达开，然则石达开在江西采取的办法，只是“一切如旧”，与传统的社会治理毫无区别，最多就是太平天国的执政者比清朝官员更体恤下情而已。即便是太平天国的拥护者，也只能称道太平军将领的个人品质高于清朝官吏，却不认为太平天国那一套政治、经济制度比清朝更先进。

既然太平天国治理的最高水平，仍是“一切如旧”，中国社会的精英人士，为什么不继续拥护旧秩序呢？太平天国既不能培育出新的、近代化的阶层来拥护自己，亦无法获得传统精英的支持，因而也就无法恢复地方秩序，更无法推进近代化。为了恢复秩序，太平天国不得不与旧有的地方势力合作，随着军纪的废弛，他们在某些地区对民众的压迫，与清王朝一般无二，遂逐渐失去对民众的号召力。

太平天国的失败，还在于其文化理念。因为科举失利，洪秀全对儒家文明产生了仇恨，转而借助外来信仰，创立了自己的教义。这种排他而又低俗的教义，让他遭到了举国士大夫的仇恨，对普通农民吸引力也不大。中国是一个高度世俗化的社会，中国社会底层当然也有各种各样的迷信活动，但自古以来，从无搞神权迷信能在中国成事的先例。摒弃了传统的道统，却不能发明出更高明的理论，抛弃了旧时代的精英，而新时代的精英却尚未诞生，洪秀全岂能成功！

明末清军入关，各路明军概莫能当。顾炎武反思明亡的教训，认为士大夫阶层丧失了实务能力，失去了儒家先辈那种文武兼备、出将入相的本领，于是提倡经世致用。这种经世致用的理念，经王夫之在湖南提倡，改造了湖南学风。经过两百年的陶铸，风云际会之下，经世派书生在三湘四水间崛起。

国家承平日久，天下精英多为朝廷笼络，所谓“天下英雄尽入彀中”。但升迁考核机制的失灵，致使英雄人物在官僚体制内沉沦下僚。清代中叶以来，政治腐败，士林无耻，士大夫的上层已经糜烂，与明末并无差别。但在士大夫的中下层，经世派书生仍然生机勃勃。出身中小地主家庭的秀才、举人们，仍保持着质朴、敢任的作风。曾国藩在朝廷的经制军队之外，另立湘军，重新动员了这些中下层士人，实现了对传统社会精英的最后一次动员。这些经世派的书生，加上游历于八旗、绿营边缘的军官，与湖南山区蛮勇的山农一相结合，就创造了强大的军事力量。

自宋代以来，中央政府致力于削弱地方政府的权力，瓦解地方豪强、士绅的权威。古代低效的官僚体制，无法将中央权力抵达基层，在破坏了地方动员机制后，国家很难应对大规模战争。这种权力机制，虽然维系了国内的和平稳定，但在强敌击败朝廷的经制之师后，基层社会的战争潜力来不及动员，王朝就已走向灭亡。

因为湘粤一带土著与移民的械斗，江淮一带的灾荒、兵乱，加上清朝地方治理的失能，地方势力在逐渐恢复。湘军的运作模式，是乡绅靠自己的威望、资源在农村组织团练，然后汇集为县一级的练勇；练勇之强有力者，整合到州府；州府一级的勇营作战得力者，再经巡抚衙门扶植，汇入湘军主力。

湖南、湖北等省的税收，经过骆秉章、胡林翼的改革，也由税吏征收改为地方士绅“包税”。湘军的崛起，本质是对地方势力的强力整合。曾国藩以其高级官员和地方领袖的身份，给予地方势力保护、扶植、培育，从而造就强大的地方势力，他也借地方势力崛起。此举固然为清王朝延续了半个多世纪的国祚，却留下地方势力尾大不掉的隐患。

赵烈文曾对曾国藩说，今日老师获得胜利，天下效法者靡然从之，可是这种胜利，最终将导致“剖分之象盖已滥觞”，清王朝的分崩离析，已在此时注定。曾国藩苦笑一下，无力地辩解说：我并无搞垮清朝的意图，只是成败皆是气运所关，哪是人力所能左右。[16]

太平天国最有可能成功的希望，在李秀成身上。李秀成比太平天国其余诸王和清廷的中兴名臣，更早发现了江浙工商业社会的潜能，更早发现了近代化的伟力。李秀成有一整套国家扶植工商、引入现代科技、发展近代化的规划，然而他始终未能稳定地施行自己的战略，最后兵败被俘，李秀成的失败，是近代史上一大憾事！

【注释】

①②③④⑤⑥⑬⑮⑯ 见赵烈文《能静居日记》第2册第806、800、806、803、804、805、810、808、1072页，岳麓书社2013年版。

⑦⑧ 见《曾国藩全集》第18册第67、69页，岳麓书社2011年版。

⑨⑩ 见《李秀成自述》，载《中国近代史资料丛刊续编·太平天国》第2册第395页，广西师范大学出版社2004年版。

⑪ 见姚永朴《旧闻随笔》，载《曾国藩逸事汇编》第188页，岳麓书社2018年版。

⑫ 见《李秀成自述》，载《中国近代史资料丛刊续编·太平天国》第2册第392页，广西师范大学出版社2004年版。

⑭ “逆掳金银，朝廷本不必利其所有。前据御史贾铎具奏，故令该大臣查明奏闻。今据奏称，城内并无贼库，自系实在情形。”见《曾国藩全集》第7册第331页，岳麓书社2011年版。

八、倚天照海花无数

一　真假李秀成

曾国藩将《李秀成自述》原稿送回家中，嘱托长子曾纪泽细心收藏。他将删节本抄送军机处后，安排九如堂刻印了《李秀成自述》，将其广布天下。同治三年（1864）的九如堂刻本，或称“安庆本”，就是世人最早看到的《李秀成自述》。

曾国藩将李秀成这份手稿删节后公布天下，使天下皆知李秀成的志向与仁德，称得上是他生平最光明磊落之事。李秀成死后，僧格林沁派江宁将军富明阿到金陵查探。富明阿假装视察金陵满城的修复进度，实则暗地查访被处决的李秀成之真伪。富明阿在金陵半月，逢人便问是否见过李秀成，这个李秀成是不是真的。①

起初，朝中有大臣质疑李秀成的真伪，疑心曾国藩未能抓获李秀成，为了向朝廷交差，便找了个人顶替。但《李秀成自述》送至军机处后，朝廷也明白，曾国藩在仓促之间，决计难以伪造出这样地道的文稿，他必定擒获了真正的李秀成。之后富明阿的暗访，或许出于更诛心的猜疑：虽然湘军确实抓到了李秀成，但杀掉的是个替死鬼，真的李秀成可能被藏了起来。

曾国藩藏匿李秀成的说法，当时传得沸沸扬扬，因为其中涉及一个阴谋论：湘军围城两年，死活打不下金陵，淮军助剿金陵的队伍一开拔，金陵当天便告陷落，破城的时机实在太巧。李秀成从不赞成在金陵坐以待毙，始终坚持放弃金陵，转进清军兵力薄弱的外线。洪秀全死后，太平天国无人能够压制李秀成。曾国荃急于拿下金陵建功，李秀成想要“让城别走”，两边会不会因此达成协议，李秀成让出金陵，曾国荃放他和幼天王脱困呢？

赵烈文在《能静居日记》中记录的一则怪谈，竟然能够让这个阴谋论自圆其说：湘军攻克金陵的前一天晚上二鼓时分，一个“狂人”突然跑进湘军大营，对曾国荃说，“红须人”“白须人”叫我前来销差，此前委托的事已经办妥了。众人都以为这是前来捣乱的奸细，将其拖了出去，“狂人”被拖走时仍不停重复这句话。翌日攻城，点火爆破前半刻，天上突然响起霹雳三声，破城后天王府火起，一道金光窜入半空，稍后城南有白光升起。众人方才省悟，“狂人”口中的“红须人”是火焰，“白须人”是白光。

赵烈文将这则怪谈写入日记，说这件事颇为神异，极像志异小说中的情节，但确实是众人亲耳所闻，亲眼所见的。[②]清代文人多迷信，笔记中常有志异之说。赵烈文推测“红须人”“白须人”是象征火焰、白光的神怪，代表神灵助湘军成功。其实，抹掉神怪色彩之后不难看出，“狂人”或许是城中内应派出的传讯之人，“红须人”“白须人”是接头的暗号。火焰、白光和空中的霹雳声，都是内应在点火放炮，制造混乱接应湘军。

若是这样理解赵烈文的记录，金陵城破就很像是李秀成、曾国荃联手做的一个局，此后湘军的一些古怪行为，也都能够得到解释：李秀成突围之时，赵烈文见城墙缺口太大，怕有太平军首领偷越，曾劝曾国荃亲自前往堵御，曾国荃“摇首不答”。稍后前方回报李秀成、林绍璋等人不知下落，赵烈文求见曾国荃，曾国荃竟然睡着了。赵烈文将曾国荃从睡梦中摇醒，恳求派出马队拦截，曾国荃“不以为然，卧良久起”。曾国荃的行为，像是故意放李秀成带幼天王逃跑，执行你献城给我、我放你一条生路的协议。[3]

出卖李秀成的方山民户陶大兰将李秀成捆送湘军萧孚泗营中，萧孚泗借口陶大兰私藏李秀成的财物，将陶大兰全家乃至全村邻里抓到营中拷打。为了独占功劳，萧孚泗对外宣称李秀成是被自己抓获，隐没了陶大兰的事迹，曾国荃亦未追究这种恶劣的罪行。幼天王在逃，曾国藩却给朝廷上奏说幼天王已在城中举火自焚。以上种种，或能证明曾氏兄弟有藏匿李秀成、放纵幼天王逃跑的嫌疑。[4]

因为这种阴谋论能够解释很多疑点，所以有人写了一篇《李秀成伏诛之秘揭秘》，说 1939 年时，江苏民政厅厅长王公玙在海州见过李秀成的儿子，人称“小王子”的李学富。李学富时年 84 岁，他对王公玙说，曾国荃俘虏了李秀成的妻舅宋永祺，通过宋永祺告诉李秀成，只要李秀成让出天京，清军入城后不会肆意杀戮、伤害百姓，同时会放幼天王一马。李学富还说，曾国藩处决的李秀成是个替死鬼，真正的李秀成隐姓埋名，和他一直住在海州。

以情理而论，赵烈文关于“红须人”“白须人”的志异之说，确能证明金陵城中有人为湘军内应，却不能断定是李秀成。萧孚泗抓捕陶大兰，无非为了攘功和拷问金银，所以只抓捕了陶大兰家属用刑，并未杀害。如果曾国藩真的要将李秀成调包，为防止泄密，势必要杀陶大兰全家灭口，甚至萧孚泗也性命难保。

宋永祺与湘军勾结的事情，在《李秀成自述》中有提及。李秀成承认，宋永祺见过曾国荃的师爷，这位师爷是泰州人，有一个兄弟是蓝顶子军官。师爷请宋永祺劝降李秀成，保证李秀成投降后一定平安无事。

宋永祺回到金陵后，向李秀成禀报了湘军委托他劝降之事，但因为没有拿到曾国荃的文书，所以不敢行动。宋永祺酒后与谋叛的松王陈德风谈及此事，陈德风半信半疑，遂致信李秀成，问他是否真要投降。书信送到时，李秀成正与林绍璋、莫仕暌、李春发、洪和元、洪葵元开会商议粮务。莫仕暌看见递给李秀成的书信，以为是封公函，便顺手扯开来看，李秀成自问心中无鬼，亦未加阻拦。莫仕暌读罢书信大吃一惊，立即调动人马到忠王府抓捕宋永祺。宋永祺被捕，全城震动，幸亏李秀成素得民心，手下兵马众多，洪秀全不敢牵连于他，只判处宋永祺极刑。宋永祺始终是李秀成的妻舅，李秀成不得已，拿出一笔银子贿赂莫仕暌，莫仕暌随后劝说洪秀全，免了宋永祺的死罪。⑤

宋永祺劝降李秀成的阴谋既已败露，太平天国诸王对他自然百般防备，他很难再为湘军做内应。所谓李秀成通过宋永祺与曾国荃勾结的说法，估计就是根据这段记载夸大其事。

交战双方私订密约，一方让出城池，一方纵敌逃跑，在战争中屡见不鲜。然而大多数密约，至多执行到对方出逃为止。倘若曾氏兄弟真和李秀成订有密约，在李秀成意外被抓后，为了掩盖真相只会杀人灭口，决计不会冒险保全他这么多年。

中国的历史实在太久远，在漫长的历史中，总会出现一些巧合的偶然事件，后人无须用阴谋论进行解读。事实上，越是历史上的杰出人物，他们的行为中，越少复杂的阴谋算计。越复杂的阴谋，牵扯的环节越多，参与的人员越多，因为人性的复杂与多变，这种阴谋算计失败的可能性越大。太复杂的阴谋和暗箱操作，只存在于“宫斗”小说中。真正的大政治家很少复杂的算计，他们的筹划，多是以大势逼人站队，以堂堂之阵碾压敌手。

二　曾国藩为何没有“黄袍加身”？

曾氏后人俞大缜，对历史学家罗尔纲口述文正公（曾国藩）不敢做皇帝时，特意强调了是“不敢”，而不是“不干”。曾氏后人此类回忆很多。曾国藩幼女曾纪芬有一段回忆：曾家人在湘乡老家建造思云馆，上梁时工匠念念有词，“两江总督人细哩，要到南京做皇帝”。[6]实际上，曾家修建思云馆是在咸丰七年（1857），当时曾国藩

思云馆

的官职是侍郎，而非两江总督。俞大缜的说法来自其母曾广珊，曾广珊出生时曾国藩已死，这些说法可信度很低。曾国藩戎马一生，与家中子弟聚少离多，子弟对他的认知，远远比不上日常亲近的幕僚、门生。

不过，幕友、属下劝进曾国藩的事确实存在。曾国藩的幕僚杨敬熙，在《曾文正轶事》中提到，王韬曾上书曾国藩，劝曾国藩以韩信为鉴，养寇自重，做好“两存”之事，谋划“进取之策”，而曾国藩对他的评价是“此天下之妄人也”。[⑦]由此可见，劝曾国藩自立的人，至少就有名士王韬。在其他清代笔记中，劝曾国藩做皇帝的，还有胡林翼、左宗棠、彭玉麟、郭嵩焘、李元度、王闿运等人。这些记录虽多是捕风捉影，却能证明一件事：在天下人的眼中，曾国藩已有当皇帝的资本，他若不奋力一搏，恐怕也会落得韩信一样的下场。

然而曾国藩终究没有当皇帝，这颇让后人感到遗憾。有人希冀他黄袍加身，排满兴汉；有人盼望他以杰出的才能，加速国家现代化——即便骂他是“曾剃头”的人，也觉得他比清朝皇帝更好。

曾国藩主动裁撤了湘军，还让兄弟曾国荃开缺回籍，这件事让后人非常不解。辛亥革命后，“君为臣纲”的礼法观念消亡，后人再无愚忠君王的观念，以今度古，推己及人，自然对曾国藩不当皇帝感到诧异。既然不相信曾国藩的道德节操，就只能认定他确有叛逆之心，只因实力不足才被迫放弃。

近人论史常持有一种观念，讨论前人在重大关头的决策时，否定他们特有的价值观与道德自律，将一切决策都付诸马基雅维利式的功利考量，将历史人物的所有抉择，认定为从功利角度理性博弈的结果。既然不相信儒家的“纲常”能够约束曾国藩，就只能预设曾国藩无实力造反的观点，再设法去凑论据。

一种说法是，清朝已做好了万全的布置，曾国藩一旦反清，必被清朝雄壮的兵力淹没：长江下游有富明阿、冯子材屯兵扬州、镇江，监视曾国藩；长江上游有僧格林沁在安徽、湖北交界镇守，钳制湘军；官文率领号称二十万的湖北清军，随时能够截断曾国藩后路。这被认定为曾国藩不敢犯上作乱的主要原因。

考诸史实，富明阿本是都兴阿下属，都兴阿率军增援陕甘，令富明阿以江宁将军坐镇扬州。冯子材原为张国梁旧部，江南大营崩溃后率残兵困守镇江。都兴阿在扬州时，坐拥两万兵马，被李秀成部下陈坤书打得魂飞魄散。富明阿能力远不及都兴阿，扬州兵马又多随都兴阿远征陕甘，他那一万羸兵，如何挡得住湘军十几万虎狼之师？冯子材军事能力虽强，但江南大营兵强马壮时尚且被太平军打得灰飞烟灭，他那点人马怎么能抵挡刚击败了太平军的湘军呢？僧格林沁素称骁将，但他的兵马，先被太平天国北伐军痛歼，后在八里桥遭英法联军重创，重建之后南下作战，又被太平军、捻军击败多次，其战力不宜高估。僧格林沁麾下最强的兵马是陈国瑞的“红孩儿”，“红孩儿”与刘铭传的铭军火并，一个上午就被全歼。曾国藩的嫡系霆军，在尹隆河表现出的战力却远超铭军——李秀成、陈玉成尚且不挡霆军一击，富明阿、僧格林沁还能有何作为？何况僧格林沁正被捻军牵制，不久后就会被十几岁的捻童张皮绠割去脑袋。

僧格林沁、冯子材还算知兵，武昌的官文则完全不堪大任。胡林翼在世时，官文比照湘军规模扩军，但从不出队打仗，遭遇太平军进攻，只会哀求胡林翼救命。他招募的兵勇连炮灰都算不上，炮灰最多望风而逃，官文的人马往往还没望见风头就溃了。湖北清军号称二十万，扣除冒领军饷的虚额，实数最多五六万，还有一半是胡林翼的遗留。

倘若僧、官、富、冯诸人比曾国藩厉害，早就凭自己本事攻破金陵，又何必把东南半壁金瓯托付湘军，养出心腹大患来？僧格林沁所领马步各军共计二万六千，冯子材在镇江只有残兵一万，富明阿甚至兵不满万，加上官文，兵力还不及十万，安能对付三十多万湘军？江南太平军残部尚有数十万之多，湘军只须收缩战线，让开通道，几十万太平军就能把这帮杂兵消灭。

设使曾国藩举旗反清，清廷要面对的敌人不仅是湘军，而是三十万湘军，加上遍布天下的起义军。此消彼长之下，清廷少了三十万劲旅，反清阵营则多出数十万精兵。靠僧格林沁这帮庸才，同时对抗包括湘军、太平军、捻军在内的百万大军，将是何等艰巨的任务！如果历史真的像这样发展，湘军反叛之后，清军顷刻之间就会陷入绝望、猜疑之中，天下形势将会“抽心一烂”，崩溃决裂。

还有一种说法是，曾国藩真正的嫡系只有十二万人，其余各部湘军未必会听从他的指挥。李鸿章、左宗棠两大派系，足以构成对曾国藩的威胁，尤其装备了大量西洋枪炮的淮军，举手之间就能消灭湘军。

这种说法，忽略了一个关键问题：曾国藩若是真想当皇帝，绝不会等到攻占金陵才开始谋划，最迟在安庆会战击败陈玉成后，就会着手布局。在很多清代野史里，劝曾国藩称帝的人，甚至包括安庆会战后期就已病故的胡林翼。湘军还未下江南，上海的术士已在传言，曾国藩将在江南做皇帝。足见在民间传闻里，安庆会战之后，曾国藩就有当皇帝的资本了。民间尚且如此认为，曾国藩就更不可能到了金陵才图谋大事。

安庆会战后，为了减轻朝廷猜忌，曾国藩才开始扶持李鸿章、左宗棠。左、李二人的崛起，恰能证明曾国藩从未有谋逆之心。图谋称帝的人，决不会给李鸿章组建淮军的机会，更不会将左宗棠保举为浙江巡抚。不让左、李自立一军，自然不存在牵制。

站在曾国藩的角度考虑，想问鼎天下，自当“玩敌养寇”，放任太平军消灭江南清军，在南方造成太平军、湘军、清军三足鼎立的局面。李秀成曾言，因为清廷不肯赦免广西人，很多广西籍将领虽有投降之心，亦只能被迫战斗到底。曾国藩反清后不再受此约束，一旦大赦两广之人，旬日之间，麾下精兵何止增加十万？

即使曾国藩太过迟钝，等到金陵克复，左宗棠、李鸿章已经崛起，再去策划称帝，历史亦不会上演左、李消灭“叛贼”曾国藩的荒诞剧。考诸三人生平，曾国藩是笃信纲常伦理的儒者，李鸿章是追逐权力的官迷，左宗棠是不拘一格的豪杰。连理学夫子曾国藩都挣脱了纲常名教，左宗棠、李鸿章又怎会愚忠于清朝？新莽末年，刘秀举旗起义，南阳群雄四下传言：连谨小慎微的刘文叔都起兵了，我们还怕什么呢？于是也纷纷起兵。同理，连曾国藩都反清了，李鸿章、左宗棠还忍得住吗？

即使只计功利不论道德，从左、李的利益来看，为清廷镇压曾国藩，须得同时对付曾系湘军，李秀成、李世贤率领的太平军（曾国藩反清定会招抚李秀成），张宗禹、任化邦率领的捻军，击毙多隆阿的西北反清力量，兵败身死的可能性极大。

左宗棠一系，当属刘松山与蒋益澧两部战斗力最强。左宗棠是湘阴人，然刘、蒋皆是曾国藩的湘乡老乡。刘松山的老湘营，直到同治五年（1866），才被曾国藩派至左宗棠帐下听用。蒋益澧出身曾国藩的亲兵营，相当于侍卫长，与曾国藩的关系，远比同左宗棠亲密。很难想象，他们会帮左宗棠剿灭曾国藩。

淮军建军时，其基本骨干八千，接近一半是湖南人，连李鸿章的亲卫营都是曾国藩所赠。其余淮军健儿，大半是湘军中的安徽人，最为善战的程学启部，即是曾国荃收编的安庆太平军。嗣后李鸿章招降纳叛，纠合的降卒大量来自太平军、捻军，以及江南一带为匪的枪船。除了刘铭传等少数嫡系，淮军要么是曾国藩的故旧，要么是被湘军打怕了的降军，对清廷毫无忠诚可言。见到威信最高、军力最强的曾国藩反清，他们会不会蠢蠢欲动？李鸿章还能号令他们打湘军吗？

即便左、李能够超常发挥，战胜曾国藩，付出与收益亦不成正比。有曾国藩造反的前例，手握雄兵的左宗棠、李鸿章，也不会得到清廷的信任。灭了曾国藩，他们恐怕也只能解甲归田，回家战战兢兢度过余生。他们有何理由帮助清廷镇压曾国藩？

退一万步讲，即使曾国藩通过各种计算，发现自己的力量没有绝对优势，也不是他不敢反清的原因。自古以来，造反都是高风险的行为，没有任何一位开国君主在起兵之初，就完全占据优势。全无风险的造反，只存在于黄粱美梦中。曾国藩的力量再弱，能比刚起兵时的刘邦、朱元璋弱吗？他的宿敌洪秀全在金田举义时甚至只有一万人。

因此，曾国藩没有黄袍加身，实在是因为没有这个想法，而不是实力不足，更不是“太后圣明”，以高超的手腕稳住了湘军。

如果把湘淮军的忠诚，看作是慈禧太后的丰功伟绩，那安抚不了七国的汉景帝，弹压不住三藩的康熙帝，乃至逼反戾太子的汉武帝，不能预防侯君集谋反的唐太宗，无法和平解决世侯李璮的元世祖，统统都比不上慈禧。

顺着这种荒谬的思路，小说家们大可以编出这样的阴谋论故事：三国时期，诸葛亮未能篡位，那是因为刘禅精通权谋，算尽了诸葛亮的一切布置；曹操未能称帝，是因为机变百出的汉献帝，早有妥当的布置，吃定了这位枭雄，而曹丕最终开创新朝，是因为他比汉献帝更高明。小说可以瞎编，论史如此，岂不谬哉！

三　曾国藩的志向与忧思

曾国藩是追求“天理”的儒者，几十年的修身养性皆以“三纲”为本，“忠君”的思想已经深入骨髓，完全没有谋逆之心。他当初号召湖湘士人组建湘军，以保卫“名教”为号召，如何能够违抗“名教”的约束？曾国藩毕生以“诚”为安身立命之本，倘若打下金陵后黄袍加身，就变成了不“诚”的贼子，背叛了读书立德的本心，将一生的学问、事功全盘否定。

在后人眼中，曾国藩征战半生，却未能登上权力巅峰，“愚忠”于腐朽的清朝，非常不值。但曾国藩这样的儒生，他的人生价值却另有归止。传统政治家有豪杰、儒士之别，豪杰的尽头是皇帝，如刘邦，儒士的尽头是圣贤，如朱熹。曾国藩选择的是圣贤之路，在这条路上，他追求的是“存天理，灭人欲”，是通过“立功、立德、立言”而进入不朽境界。在世俗的层面，圣贤亦是君王的臣子，然在“天理”的层面，皇权怎比得上道统？“变通四时，法象天地”的圣贤，从来不必追求至高权力，在“穷理尽性”的道路上，世俗权力不过是梦幻泡影。

最能理解曾国藩的，反倒是与他交恶半生的左宗棠。曾国藩初战靖港，在铜官兵败投水，幸得幕僚章寿麟救援，才保住了性命，有了后半生的功业。湘军故旧皆因曾国藩的提携一路升迁，唯有章寿麟郁郁半生。章寿麟晚年作《铜官感旧图》，绘制在铜官援救曾国藩的场景，遍寻湘军故人题词留念。

曾国藩不肯提拔章寿麟，因其既无济世之能，也无赫赫之功，然而湘军元老们晚年亦不免抱怨曾国藩过于执拗。他们认为章寿麟既然有大恩于主帅，亦有大功于社稷，可谓“救一人而救天下”。唯左宗

於咸豐三年奮喜化縣任內經曾國藩檄調從軍前後近十年知之較悉欽奉 諭旨將其政蹟事實宣付史館則採摭不厭周詳請再爲我 皇上補陳之咸豐二年曾國藩典試江西行入江境聞訃丁母憂回籍時長沙解圍未久武漢即失土匪蜂起兵勇陸續過境强擄民船所在刼掠曾國藩奉 特旨幫辦團防查匪事宜因時局艱難義不容已而奪情視事又非其所安比經 奏明將來無論建立何項功績均不敢仰邀議叙及抵長沙立拿拐船游勇梟示河干預發鄉團族團執照凡從賊勾賊各匪責成團總戶族捆送前後擒斬數百人自後賊屢犯湘各屬匪徒無敢應者皆其先機能斷之效也由是延訪人材拔羅澤南王鑫李續賓張運蘭等使練陸勇拔彭玉麟楊岳斌黃翼升鮑超等使練水師又以綠營廢弛 奏參長沙協副將清德特拔遊擊塔齊布且云塔齊布將來如打仗不力臣甘與同罪塔齊布等均感激思奮力戰成名皆其知人善任之效也三年賊圍江西曾國藩命羅澤南等赴援解圍後函商江忠源 奏請創立水師爲三省會剿之議是年冬親赴衡州督造戰船經費無出惟以忠義激勵人心勸捐濟用四年二月統率水陸勇六千人行抵長沙賊已由岳州竄陷湘陰寧鄉曾國藩派營擊退追剿至岳州會王鑫挫於灉坊岳州再失賊仍由寧鄉竄陷湘潭其時長沙西南北三面受敵十里外賊騎徧野省城危甚曾國藩令塔齊布率陸勇彭玉麟楊岳斌率水師上剿湘潭而親率水師二營陸勇一營下剿靖港三月二十九日靖港戰敗曾國藩自咎調度無方投水二次幕客親兵力救乃免四月初二日湘潭克復盡焚賊舟乃自劾靖港之失疏請治罪不以湘潭同時大捷稍自寬飾也七月輪軍東下克復岳州廣東總兵陳輝龍水師敗於城陵磯諸汝航等死之曾國藩堅持不動閏七月塔齊布羅澤南擊敗陸賊轉戰而前八月二十三日遂克武昌十月十三日大破田家鎮戰績均詳奏牘十二月水師破湖口賊卡衝入鄱陽湖盡焚賊艘而老營之在九江對岸者被賊用小舟襲焚事機危迫曾國藩慨然曰大臣不可辱欲投水幕客親兵強挽渡江投入羅澤南軍中

曾国藩投水记载

棠对此持有异议，他说：我不认为章寿麟于曾国藩和天下有多大的功劳。即或曾国藩不幸死于靖港，湘中豪杰亦会坚持战斗，不能说曾国藩死了，天下就完蛋了。天下的兴亡成败，不能尽归于曾国藩一身，何谈“救一人而救天下”？若论个人的生死荣辱，则曾国藩从未追求做这么大的官，掌握这么多军队，亦从未追求建立这么大的功业。曾氏的追求是认识天理，实践天理，捍卫天理，当“名教”受到威胁，他就不惜生命去战斗。走上战场的那一刻，他的修为已臻圆满，纵然不幸罹难，人生已然无憾，章寿麟又于曾国藩何加呢？[8]

先秦儒家讲究“乱邦莫入”，鼓吹“汤武革命”，并不要求愚忠。宋明以来，道学家多讲“忠臣不事二主”，显得比孔孟时代的儒生要“愚忠”。但他们也讲王朝兴衰、天命流转的道理，我效忠于皇帝，与这个皇帝是否还有合法性，这个王朝是否行将就木没有联系。因此，曾国藩“愚忠”于清朝，不代表他看不到清朝气数将尽。

实际上，曾国藩自己要做忠臣，却不想干预学生、子弟在几十年后的选择。曾国藩在金陵刊印王夫之所著《船山遗书》，书中有很多在朝廷看来大逆不道的言论，他亦未改动原文，只是欲盖弥彰地打上了空格。他在安庆刻印《李秀成自述》，里面更有很多“逆贼”的思想。他后来派遣学生去美国留学，也多选幼童，没有让他们提前学完“四书五经”。曾国藩似乎只想把历史的真相呈现给下一代，至于大事临头如何抉择，儿孙辈大可根据形势凭本心决定。他自己入仕了清朝，就只能忠于清朝，后人不是清朝的官员，也就无所谓忠诚。曾氏在尽心保护大清的同时，并不打算逆转形势，干预未来。

曾广珊回忆李秀成劝文正公做皇帝，文正公“不敢”，后人常认为“不敢”是因为忌惮清朝的实力。其实“不敢”，可以是“不敢”违反“纲常名教”，也可以是“不敢”面对未知的恐惧。

在镇压太平天国的过程中，湘军所造杀孽甚多，对此曾国藩自我安慰道：“吾辈不幸生当乱世，又不幸而带兵，日以杀人为事，可为寒心”，“吾家兄弟带兵，以杀人为业，择术已自不慎……庶几于杀人之中寓止暴之意”。[9]曾国藩一直认为自己带兵杀人，是以杀止乱，如今战乱几近平复，如果他为了当皇帝再发动战争，该怎么面对自己的内心？“一朝英雄拔剑起，又是苍生十年劫”，曾国藩不敢再面对延绵的战争。

曾国藩身逢三千年未有之大变局，传统礼教面对工业文明，已露溃败之象，前方的路在何处，他也不知道。手无金针，如何度得世人？他只做个总督、巡抚，就没有为天下指明方向的责任，在地方上做的每一件好事，减赋也好，办工厂也好，都是政绩，都为国家的前进提供了增量。一朝执掌天下，他的责任，就不是办几个工厂、造几台机器，而是要为天下找到一条出路。曾国藩看不清前路，自然不敢踏过尸山血海去接手这个天下。正如胡林翼去世前说，西人来华，此事非吾辈能知。

裴士锋在《天国之秋》里分析曾国藩的心态说，曾国藩“知道勤于政事的皇帝终日活在戒慎恐惧之中，整个国家的重担全压在他身上。从即位至死他的一生全在上天明察秋毫的目光注视下”，掌握权力的曾国藩，尽管“那种重任还比不上皇帝肩负的责任之重，那段日子是他有生以来最苦的日子”。[10]这是极为精当的分析。古来立志做皇帝的人，都有那种不管不顾的“浑不懔”作风，像曾国藩这种谨小慎微的儒缓之人，在看不清来路时，是不敢承担皇帝的责任的。

曾国藩已经隐约摸到了面对新时代最重要的工具——“科学”，以科学的精神，逐步从实践中探索，是国家前进的一条道路。可惜他此时已经老阅沧桑，精力消退，不再元龙意气、挥岚扫烟，很难扛起天下之任了。现代人常说，人们往往不敢走出自己的“舒适区”，有时候只须勇敢迈出一步，困境自会解脱，前方的迷雾自会退散，可人们就是不敢踏出那一步。事实上，人们不敢走出来，不是因为现在处于“舒适区”，而是因为前方是“未知区”。站在熟悉的区域，一切皆是熟悉的，远方却充满了各种不确定，人生最大的恐惧，往往来自未知。精力消退的曾国藩，已无勇气面对未知，清朝的一切都是他习以为常的，他无法面对没有了清朝的世界。

他只能给自己的门生故旧留下一副对联：

倚天照海花无数，流水高山心自知。

四　自毁干城更受欺

既然不做皇帝，曾国藩接下来就得妥善安排善后事宜，与朝廷善始善终。首当其冲的，便是湘军裁军的问题。

攻破金陵之前，由曾国藩直接指挥的湘军如曾国荃部五万五千人，鲍超的霆军二万人，皖南刘松山部一万多人，李续宜旧部毛有铭、蒋凝学一万多人，加上彭玉麟、杨载福所部水师，兵力接近十二万。广义的湘军如左宗棠的楚军五万，刘坤一所部一万，毛鸿宾在广东所募湘军六千，刘蓉在四川、陕南一带统领的湘军四万，江忠义、席宝田等部三万，滞留湖北的湘军石清吉、成大吉等胡林翼旧部三万，援助贵州的田兴恕所部一万，以上合计，总兵力高达三十万人。根据学者龙盛运在《湘军史》中的推算，如果算上李鸿章、沈葆桢、多隆阿所统军队，乃至湘军支脉的勇营、团练，湘淮军兵力不下五十万，胜过了朝廷正规军。

以地方控制而言，由湘军骨干出任督抚的省份，数量占全国省区的百分之七十二，湘军集团控制的地盘，已远远超出朝廷直辖地区，“这不仅在清代是空前的，在古代也为罕见”。[11]

传统君主制下最恶劣的传统就是君臣猜忌，君主在大乱克定后往往猜忌、杀戮功臣，兔死狗烹、鸟尽弓藏。太平天国覆灭，曾国藩陷入历代统兵重臣所遭遇的“猜疑陷阱”。他对此很早就有察觉，因此常告诫曾国荃，鼎盛之时尤当收敛，宜在“畏慎”二字上下功夫。

曾国藩在晚年的书信、日记中，经常提到自己因权位太高而终日惴栗，因名望太重而时怀忧惧。看上去，他的官场生涯如临渊履薄，每日处在惕厉警戒之中，似乎对朝廷的猜忌非常害怕，生怕被抄家灭族，身败名裂。他时时以唐代郭子仪自勉，也屡屡致书曾国荃，让九弟与自己一同学习郭子仪。

郭子仪是史上少数手握大权，却与朝廷善始善终的功臣，他权倾天下而朝不忌，功盖一代而主不疑。世人常说郭子仪能保全身家性命，是因为他擅长为人处世，擅长官场周旋，能够以各种手段自污，以减轻朝廷的猜忌。后世流传了许多郭子仪的官场段子，如郭子仪打了大胜仗，不要别的封赏，只向皇帝讨要了六个美女；又如他常大开府门，当众饮酒作乐，向朝廷表示自己只是酒色之徒，毫无大志。

诚如前述，当大臣手握重兵、功高震主之时，无论如何自污，如何表演忠诚，都会被朝廷猜忌。世人皆知郭子仪的自污是一种表演，自幼在宫廷阴谋中长大的帝王又如何不知？权臣与朝廷，常常是零和博弈，要么像曹操、司马懿、杨坚那样走上前台，要么就会被朝廷消灭。自污是毫无意义的。

“畏慎”“谦卑”“收敛”只是表面现象，郭子仪能够保全性命，同情商、为人没有太大关系，仅仅因为朝廷灭不掉他而已。《资治通鉴·唐纪四十》有这样一段记载：

郭子仪的儿子郭暧与妻子昇（升）平公主吵架，郭暧说：“你不就倚仗你爹是天子吗？有什么了不起，那是我爹不屑做天子。”昇平公主听了这话非常生气，立马跑回皇宫向她父亲唐代宗告状。代宗对女儿说：“你不知道，事情确实如此，如果郭子仪想当这皇帝，那么天下就不是我们李家的了”。代宗安慰劝说一番，让公主回家。郭子仪知道后，生怕皇帝怪罪，于是把郭暧囚禁了，然后亲自向代宗请罪。代宗说：“俗语有云，‘不痴不聋，不作家翁’，儿女闺房里所说的话，哪里值得认真？”郭子仪回家后杖责了郭暧。[12]

这则故事被编为戏剧《醉打金枝》，在民间广为流传。郭子仪的儿子说出“我父薄天子不为”这样的话来，代宗也只能装聋作哑，足见即使郭子仪嚣张跋扈，代宗也拿他无可奈何。

安史之乱后，唐朝并未海晏河清，外有回纥、吐蕃侵扰，内有藩镇割据。朝廷的实力极其衰微，连各地自立的藩镇都消灭不了，怎么消灭郭子仪这样的军中元老？就算行险杀了郭子仪，朝廷还拿什么去震慑藩镇，抵御入侵？郭子仪是为了天下安宁，为了成全自己的道德修为，真心想做一个忠臣，为此才有各种“自污”表演。

设使郭子仪带头不尊朝廷，连面子上的功夫都不做，天下当有不知几人称帝几人称王。郭子仪自污不是为了自保，而是用曲折的手段维系朝纲，恐吓天下蠢蠢欲动的野心家——连郭子仪都害怕被朝廷杀掉，被迫用自污来保全自己，那其他藩镇还敢不尊朝廷吗？

郭子仪

这个道理，熟谙历史的曾国藩是知道的，他恰好处在同郭子仪一样的环境中。太平军尚有几十万残部在四处流动作战，捻军实力在逐渐增长，云贵川陕叛乱四起，洋人又在侵蚀中国边疆，清廷怎敢对他下手？曾国藩自保的底气，无非就是他对李鸿章说的，“长江三千里，几无一船不张鄙人之旗帜”，“各处兵将一呼百诺”罢了。

自古权臣可分两种，一种以张居正、魏忠贤为代表，一种以曹操、司马懿为代表。张居正以内阁首辅而代摄朝政，魏忠贤掌控司礼监而权倾天下。可是，张、魏没有掌控军队，不能操纵国家暴力机关，他们只是窃取君上的权威，掌控了官僚体系。一旦皇帝和他们翻脸，很容易就调动武装力量将其消灭。说到底，他们并未真正掌握权力，只是代摄皇权而已。

对朝廷来说，曹操、司马懿要难对付得多，因为他们不但把持了朝政，更控制着军队。实际上，曹操和司马懿仍是两种不同类型。曹魏的兵马，是曹操从无到有拉起来的队伍。司马懿只是长期统领军队作战，在军中养成了巨大的威望，又通过安插亲信，把要害部门换上了自己的人。曹操是创业之主，而司马懿为窃国之贼。司马懿这种权臣地位岌岌可危，属于朝廷有办法剪除的对象。司马懿只要稍有退却，朝廷就可以设法更换将领，夺回军队控制权。

但曹操式的权臣不同，曹操并非窃取了原属朝廷的军队，他所统军队为自己一手招募，以曹氏、夏侯氏的部曲为主体建立。用现代的话来说，曹操只是借了汉朝的壳上市，这家公司本身为他所创立。尽管仍然打着汉朝的旗号，军队却姓曹不姓刘。就算曹操暂时退让，汉献帝也无法通过更换将领掌控兵权，因为军队从上到下都是曹氏班底。即便汉献帝敢刺杀曹操，军队也会继续拥戴曹操的子嗣与朝廷对抗。除非曹操自愿做忠臣，否则汉献帝没有办法夺取权力。

曾国藩的地位，也正好与曹操相同。湘军军饷自筹，士兵自募，从上到下有着严密的人身依附。湘军靠曾国藩的威信及私人关系控制，从来不靠朝廷的法令。这种兵随将有的模式，只有招募士兵的将领才有办法管理士兵，曾国藩就算同意交出兵权，朝廷也无法控制湘军，最多将其遣散。可是遣散全部湘军，朝廷拿什么对付各地起义军呢？

因此，曾国藩心生隐退之意，不是害怕遭到朝廷清算，湘军还在，淮军还在，谁能清算他呢？郭子仪的自污是假惺惺的表演，曾国藩书信、日记里那些战战兢兢的话，亦大多也是一种表演。他早就知道自己的书信、日记会被泄露出去，被天下看到。

在致李如篦的一封书信中，曾国藩罕见地说了心里话。他说，自己入世太深，地位太高，夜里默念此事，只觉得"世味日多，天机日浅"。若不早点谋算引退，将来少不得要为了权位与人斗智竞力，不免进入"俗吏功利之途"。[13]这封书信极为重要，它记录了曾国藩面对猜忌时，隐秘的心理反应。曾国藩之所以谋求隐退，是不想做权臣，因为一旦做了权臣，就必须苦心孤诣地与人争斗，就不得不深陷阴谋诡计的泥潭，而这正是他所厌恶的。

他本是做学问的大儒，带兵平定太平天国乃不得已而为之，他的本心并不乐意长期和人斗智竞力，周旋于世俗文法之中。曾国藩早年就立志要打通诸子学问，做一个名垂后世的儒者，不愿成为一个整天勾心斗角的权奸。他对友人说得很明白，谋求隐退并非出于恐惧，而是害怕堕入"俗吏功利之途"。

曾国藩虽然处处示人以谦虚，但他本质上和左宗棠一样，都是自视极高之人。他对弟子私下评价，两宫太后无甚见识，恭亲王不能自立，朝中满汉皆无堪用之大臣。他连陈玉成、李秀成这样的英雄豪杰都斗赢了，自然无惧朝中的明枪暗箭。他只是害怕沉迷政治斗争太久，变成自己所厌恶的权奸小人。

曾国藩的眼光极为辽远，他虽不抗拒事功，但作为人臣，他的事功已到尽头，造反做皇帝又非他志向，此时正好退隐。甚至在金陵未下之时，曾国藩就已请辞两江总督，拿下金陵后，他更是多次提出要隐退。从攻占金陵直到去世，曾国藩几乎每隔一段时间就会向朝廷提出开缺回家。但朝廷最多批准曾国荃回家赋闲，却从不肯接受曾国藩的辞呈，因为在老家的曾国藩，才是对朝廷威胁最大的曾国藩。

曾国藩的政敌彭蕴章在湘军初起时曾说，“曾国藩以侍郎在籍，犹匹夫耳。匹夫居闾里一呼，蹶起从之者万余人，恐非国家之福也”，曾国藩最让朝廷忌惮的就是这种号召力。石达开进攻宝庆，湖南巡抚衙门召回在家休假、退役的湘军士兵，须臾之间就动员出四万军队，与石达开打了一场恶仗。十年战争下来，退役在家的湘军士兵何止十万，若是曾国藩隐退回籍，左右被湖湘子弟簇拥，朝廷就真对他一点办法都没有了。万一哪天他再次振臂一呼，也许就是从之者数十万了。只有曾国藩还在朝廷做官，朝廷才能随时敲打他，才能找借口申斥他。因此，他的辞呈，朝廷从来不敢批准。

无法辞官，曾国藩还要继续从政，就得考虑如何把官做好。他心中本有一套改造风气、建设国家的方案，还有推进科技发展、大办洋务的方略。如果要稳妥地推进这些建设，与外洋打交道，势必要与朝廷精诚合作，方可借重中央的权威推行改革。然而他的势力远超朝廷，朝廷昼夜不得安枕，又怎么会配合他呢？朝廷虽不能诛灭曾国藩，可一旦吃定他不敢造反，就会想尽办法，利用朝廷的大义名分，给他制造各种障碍。曾国藩如果还要办大事，就必须与朝廷和解，必须遣散湘军。

郭子仪能够和朝廷和平共处，是因为跟朝廷达成了实力上的平衡。湘军几近五十万人，根本无法同朝廷达成平衡。曾国藩的势力，已大大超过了朝廷，超过了自保的需要。

打下金陵的第十九天，曾国藩上奏说，打算将曾国荃一军裁撤三四万人。十几天后，曾国荃奏请病休，开缺回籍。曾国荃开缺时，已将裁撤的兵勇两万多人带回湖南，此后一年多时间里，湘军水师改为朝廷正规军长江水师，除鲍超和刘松山两军外，大部分曾系湘军都遣散回家。在曾国藩的带动下，各地湘军也陆续裁撤，统共只保留了十万人的规模。十万湘军，加上李鸿章的淮军，兵力约为二十万人。湘淮各系将领重新与朝廷达成了平衡，身家性命已然无忧，又不担心军队太多，导致朝廷夙夜忧叹。

曾国藩裁撤湘军，本意是与朝廷达成和解，以期得到朝廷支持，大力推进国家建设。但直到曾国藩去世，清廷一直对曾国藩各种防备，尽管不能将他消灭，却使尽各种招数对他进行精神折磨和政治打击。曾国藩想做的大事，多半未能成功。裁军未能消减猜疑，反而因为缺少军队，在以后的战事中打得束手束脚，屡遭朝廷申斥。徐宗亮在《归庐谭往录》里记载，曾国藩率军操捻，清军"阳奉阴违者颇多"，气得曾国藩给亲友写信抱怨"撤湘军一事，合九州铁不能铸一错"。

曾国藩晚年心境异常悲凉，但说他畏惧被朝廷"兔死狗烹"，就是上了大当。他表现出来的战战兢兢，是为了恐吓天下督抚。连曾国藩都时刻害怕被朝廷杀头，谁人还敢不尊朝廷？与郭子仪一样，这是用来维系天下秩序的手段。曾国藩晚年的抑郁，来自两端，一是公务繁忙，学问无所成就，二是政敌经常捣乱，心里非常厌烦。郭子仪忠诚大唐，代宗皇帝对他极为优恤，曾国藩忠于大清，太后却侮辱、打击他，对他所办于国有益的大事加以拦阻。书生之血诚，徒供上峰唾弃，这才是他晚景凄凉的原因。

【注释】

① 见赵烈文《能静居日记》第 2 册第 816 页，岳麓书社 2013 年版。

②"六月十五日，地道将成，是夜二鼓，有狂人突至中丞前，口言有红须人、

白须人令我来销差，言委办之事已做到云云。众以为奸细，曳出之，犹嚷此二语不止。”见赵烈文《能静居日记》第2册第816页，岳麓书社2013年版。

③ 见赵烈文《能静居日记》第2册第800页，岳麓书社2013年版。

④“城破后，伪幼主积薪宫殿，举火自焚。”“洪福瑱以十六岁童騃，纵未毙于烈火，亦必死于乱军，当无疑义。”见《曾国藩全集》第7册第299、326页，岳麓书社2011年版。

⑤ 见《李秀成自述》，载《中国近代史资料丛刊续编·太平天国》第2册第392页，广西师范大学出版社2004年版。

⑥ 见聂其杰辑《崇德老人纪念册》第311页，文海出版社有限公司版。

⑦ 见杨公道辑《曾文正轶事》，载刘家平主编《中华历史人物别传》第10册第707页，线装书局2003年版。

⑧“夫神明内也，形躯外也。公不死于铜官，幸也；即死于铜官，而谓荡平东南，诛巢馘让，遂无望于继起者乎？殆不然矣。事有成败，命有修短，气运所由废兴也，岂由人力哉！……求夫理之至是，行其心之所安，如是焉已矣……不知公一生死、齐得丧，盖有明乎其先者，而事功非所计也。”见《铜官感旧图序》，《左宗棠全集》第13册第239页，岳麓书社2014年版。

⑨ 见《曾国藩全集》第20册第491、572页，岳麓书社2011年版。

⑩ 见裴士锋《天国之秋》第358页，社会科学文献出版社2014年版。

⑪ 见龙盛运《湘军史稿》第289页，四川人民出版社1990年版。

⑫“郭暧尝与升（昇）平公主争言，暧曰：‘汝倚乃父为天子邪？我父薄天子不为！’公主恚，奔车奏之。上曰：‘此非汝所知。彼诚如是，使彼欲为天子，天下岂汝家所有邪？’慰谕令归。子仪闻之，囚暧，入待罪。上曰：‘鄙谚有之：“不痴不聋，不作家翁。”儿女子闺房之言，何足听也！’子仪归，杖暧数十。”见司马光《资治通鉴》第4册第4、5页，岳麓书社1990年版。

⑬ 见《曾国藩全集》第27册第636页，岳麓书社2011年版。

九、乱世功名尤为难处

一　曾左绝交"双簧"

裁撤嫡系湘军的同时，曾国藩还作了两个决定，将其中4万名原已交给闽浙总督左宗棠统率的部队，自解对它的调控权，任由左宗棠调遣，不为遥制；接着，又将原在江西一带确保浙赣走廊的3万名本系湘军，拨归江西巡抚沈葆桢统辖，自己不为遥制。[①]

左宗棠所统率的湘军，以王鑫遗留的"老湘营"为骨干筹建，有一定的独立性。随着左宗棠出任总督，羽翼丰满，曾国藩放弃对其遥制权本是题中应有之义。而划拨给江西管辖的鲍超、席宝田、周宽世、江忠义四部，与沈葆桢毫无关联，纯属白送。

曾国藩与这两股湘军"切割"，既为国家留住了七万精兵，又安抚了一心削弱曾氏兄弟的朝廷，可谓用心良苦。将湘军托付左、沈而非他人，曾国藩的考虑大致有两端：一是左宗棠与沈葆桢虽属湘军集团，却已完全绝交，朝廷对左、沈较为放心；二是左宗棠、沈葆桢虽与曾国藩交恶，但都是公而忘私、能力出众的雄才，定能保住这两支湘军的战斗力。

十几年来，左宗棠与曾国藩的关系时冷时热，但每次冲突之后，只要有人斡旋就能言归于好。湘军攻克金陵，曾、左彻底绝交，至死未能缓和，起因在幼天王洪天贵福出逃一案。

金陵城破之时，李秀成携幼天王出逃，曾国荃只擒获了李秀成。幼天王在刘庆汉、吉庆元保护下，逃到了皖南的广德，与洪仁玕会合。经过商议，众人决议护送幼天王到江西与李世贤、汪海洋会合。后因洪仁玕走散，幼天王被湘军席宝田部抓获。

幼天王出逃，曾国藩却奏称幼天王已“积薪自焚”，以此邀功。不料左宗棠从逃走的难民处得知幼天王已经奔广德，遂将此事上奏朝廷，揭发了曾国藩。清廷得知此事，既高兴左宗棠出卖曾国藩，又庆幸拿到了曾国藩的把柄，于是下旨痛批了曾国藩一顿，要求他从重从严查办围堵幼天王不力的部下。

曾国藩大为光火，把金陵这样的雄城都拿下来了，如此大功不赏也就罢了，难道还要处罚立功的将士？朝廷先前接到曾国荃的捷报，不但没有嘉奖，反而申斥曾国荃为何才打下金陵外城就回营休息，如今再借幼天王之事发难，曾国藩干脆上了个强硬的奏折。他说：当时太平军从各个缺口逃散，湘军已巷战多日，实在没办法完全阻拦。这仗打得无可指责，“碍难查参”，不可能处罚将士。曾国藩甚至在奏折上说，当时金陵十三道门，每道门都有人冲出，我这点兵力怎么拦截。连抓到李秀成也是出于侥幸，万一当时抓不到李秀成，又能把将士们怎么样呢？②

将朝廷的旨意顶回去后，他还在这道奏折中回敬了左宗棠，说左宗棠攻下杭州时，汪海洋、陈炳文率众十几万突围成功，朝廷没有怪罪左宗棠。那我这里才逃逸数百人，又何罪之有？③左宗棠见到这道奏折后，也发动反击说：我处有人出逃，我老老实实上奏了，曾国藩走脱幼天王却不肯承认，罪过不仅是纵敌逃亡，更是欺骗朝廷。何况你说我这里逃出十万人，就真的有十万人逃走了？④

曾、左撕破脸皮，往来多次，打了一场震动天下的官司，也让朝野看尽了笑话。幼天王在江西被席宝田抓获押送南昌，沈葆桢马上配合左宗棠参劾曾国藩。沈葆桢在奏折中说，如果幼天王成功逃入汪海洋军中，让太平军有了主心骨，这场大劫真不知何时才能够结束。曾国藩没有第一时间抓获幼天王，就算幼天王真的死于乱军中，因为朝廷没有尸首为据，太平军残部仍可宣称幼天王未死，借此凝聚人心。所以现在必须大张旗鼓地将幼天王送到京师献俘，把曾国藩走脱要犯一事昭告天下，令天下人皆知幼天王被擒。左宗棠、沈葆桢一唱一和，弄得曾国藩狼狈不堪，自此彻底与二人断交。

但曾国藩、左宗棠演的这出闹剧，很可能是二人唱的一出双簧。通常，左宗棠有要务上奏之前，都会将奏折初稿抄送曾国藩，二人商议之后定稿再奏。获悉幼天王在逃，左宗棠当即就发函告知了曾国藩。也即是说，左宗棠在上折参劾之前，已经通知了曾国藩。

如果代入当事人的处境就会发现，左宗棠绝对无法为曾国藩隐瞒。左宗棠收到幼天王出逃的情报时已来不及拦截。倘若左宗棠已经抓到，或者有把握抓到幼天王，自然可与曾国藩商议之后将其秘密处决，替曾国藩圆谎。他既无抓捕幼天王的把握，而当幼天王与汪海洋会师后打出旗帜，事情一定会败露。既然迟早会有人上奏朝廷，不如由左宗棠来奏，正好演一出曾、左不和的戏。

曾、左因性格冲突及军务分歧，此前已多次发生冲突。但每次冲突之后，只要有人代为转圜，不久就能和好如初。在金陵城破，朝廷需要湘军内斗的时候，二人恰好发生剧烈冲突，从此再不来往，时机上过于巧合。此前沈葆桢与曾国藩争饷，曾国藩连续退让，无路可退方才与沈葆桢争讼。这回左宗棠一上奏折，他立即作出剧烈反应，看起来表演成分过多。

如前所述，历史上多有巧合之事发生，若无确证，不宜过多进行阴谋论分析。但曾、左假扮不合，实在有一些史料支持。曾、左绝交后，曾国藩的子弟与门人偶有攻击左宗棠，曾国藩都会告诫他们，我只是与左宗棠不通音讯，彼此没有意见，你们绝对不能掺和进来。左宗棠出镇陕、甘，曾国藩不但将麾下最得力的刘松山部交给了左宗棠，而且竭尽所能为其筹措军饷，毫无掣肘之处。与人交谈，曾国藩总是称赞左宗棠才华绝世，精力过人，西北事务非他不办。

左宗棠弹劾幼天王出逃一事，万一朝廷问责，罪责最大的其实是曾国荃，可是曾国荃对此却全无芥蒂。曾、左绝交后，左宗棠只是不与曾国藩通书信，却终生与曾国荃交好。曾国藩去世后，曾氏子弟多得左宗棠照顾，曾国荃、曾国华两房还与左宗棠家联为姻亲。以上种种，都可见曾、左两家关系较好。

曾国藩去世后，左宗棠写了一副著名的挽联：

谋国之忠，知人之明，自愧不如元辅；

同心若金，攻错若石，相期无负平生。

后人或以为这是曾国藩死后，左宗棠本着“人死为大”，随意写的客套话。其实，在同治七年（1868）也即曾国藩去世前四年，左宗棠已经把这句话写在了奏折里：“臣以此服曾国藩知人之明，谋国之忠，实非臣所能及”。他还请求朝廷昭告天下，让天下疆臣都学习曾国藩的识人、用人。

左宗棠曾孙、化学家左景伊在《我的曾祖左宗棠》中曾言，据族中长辈所传，曾、左绝交，是为了应付清廷的猜忌而演的一出戏。另有一则传播甚广的传闻，说曾、左绝交，出于胡林翼的谋划，因为胡林翼去世前有遗嘱留给左宗棠，让他将来设法保护曾国藩，“涤公（曾国藩）之德，吾楚一人。名太高，望太切，则异日之怨谤亦且不测。公其善为保全，毋使蒙千秋之诬也”。左宗棠得到遗嘱后心领神会，从此与曾国藩决裂，因为只有与曾国藩决裂，他才能保护曾国藩。这个传闻其实存在一定的误读，胡林翼写信让左宗棠保护曾国藩，不是在临终前，而在咸丰十年九月十七（1860 年 10 月 30 日），离胡林翼去世还有近一年时间。⑤

若论曾、左决裂的原因尚存疑虑之处，曾、沈的纷争的由来就毫无疑义了。湘军除了左宗棠，无不痛恨沈葆桢这个叛徒，讥之为“绝无良心科第一名”。争饷失败后，曾国藩与沈葆桢断交，后世多以为曾、沈自此不再往来，然而与曾国藩同时代的朱克敬写过一条笔记《与沈葆桢修好》：

曾国藩与沈葆桢绝交，沈葆桢致信，他“亦不答”。陈宝箴游江南，欲为曾、沈二人开解，遂对曾国藩说：“坐船遇到狂风，船上乱作一团，船夫都顿足叫骂，坐船的父子兄弟都彼此不顾，若不相容。须臾之后，风定船泊，转危为安，众人立马喝酒庆祝，欢好如同平日，小人的喜怒哀乐真是无常啊。”曾国藩闻弦歌而知雅意，回答道：“此前吵闹，是因为怕船翻了，不是因为有恩怨。既已风平浪静，还有什么好吵闹的？”陈宝箴趁机劝道：“的确如此，然而当初曾公与沈公争斗，亦是怕两江这艘船沉了。如今两江局势已定，而二公还在怄气，岂非见识还不及坐船的人？”曾国藩听完大笑，即日写信给沈葆桢，两人和好如初。⑥

无论是有意表演，还是出于私怨，左宗棠、沈葆桢与曾国藩的争斗，都与朝廷的态度密切相关。将左宗棠、沈葆桢从曾国藩的集团里分化出来，成立新的山头，是朝廷与湘军斗争的一大胜利。然而，当湘军集团与他人斗争，如曾国荃弹劾官文时，左宗棠就坚定地支持曾国荃。沈葆桢分走了曾国藩三万多湘军，但面对鲍超这样的桀骜之徒，他还得请曾国藩遥制。可见分化平衡之术，只能解一时之急，若不能重建国家经制之兵，从制度上扼杀湘淮军，朝廷就无法彻底瓦解湘淮集团。

除裁撤嫡系湘军，分润兵权给左、沈外，曾国藩还逐渐解除了对地方财政的控制。广东所征厘金，自同治元年（1862）七月起解送湘军粮台，两年共解白银一百二十万两。金陵既下，曾国藩遂奏请将广东厘金留在本省使用，不再供应湘军。因为裁撤湘军需要遣散费，清廷认为仍需将三成粤厘解送金陵。曾国藩坚持不受，彻底对粤厘放手。他与沈葆桢争饷失败，失去江西漕银、九江关税，仅能支取江西厘金半数。为了表示自己不再操控地方财政，他奏请将江西这一半厘金全部划给沈葆桢。当然，沈葆桢拿回这一半厘金，也是用来供养周宽世、鲍超两支湘军。湖南东征局所征厘金为湘军财源最大端，曾国藩也奏请将东征局的厘金，拨给西北充作军费，不再由他度支。

兵裁了，钱交了，权也削了，曾国藩以为就此与朝廷达成和解，可以安心在金陵主持他对两江的“文治”。然树欲静而风不止，一个名不见经传的小人物，掀起了一场大风波。

二　“肃党”还是“恭党”？

同治四年二月十四日（1865 年 3 月 14 日），日讲起居注官蔡寿祺上疏朝廷，弹劾了多位重臣。

蔡寿祺是江西德化人，道光二十年（1840）进士，授翰林院编修，之后二十余年再未升迁，沦为官场边缘人，俗称“黑翰林”。同治四年二月初七，蔡寿祺以翰林院编修的身份署日讲官，不到七日，就干了惊天大事。

这份“摇动人心”的上疏共有八条，其中“振纲纪”一条，弹劾了劳崇光、骆秉章、刘蓉、李元度、曾国藩、曾国荃、李鸿章、薛焕等二十四名官员。除薛焕比较平庸外，所劾诸公都是湘淮军统帅，时人眼里的中兴能臣。

蔡寿祺弹劾诸位大臣的罪名，不完全是胡乱栽赃。他所列罪名大致如下：曾国藩谎称幼天王洪天贵福死于火中，其实幼天王早已出逃，幸得江西清军将其抓获，否则遗祸无穷。安庆之战，曾国荃冒领多隆阿的战功，靠欺骗朝廷得赏头品顶戴。刘蓉谎冒攻克汉中的战功，事后又攻讦揭发他的张集馨，且在四川任职时“攘功妒能”“擅作威福”。曾国藩见事不明，阻挠骆秉章入川，差点误了大事，后又以李元度代替张芾，导致徽、宁失守。除了具体的罪名，他还罗列了这些大臣的短处，如蒋益澧暴戾，杨昌浚、江忠浚鄙陋，曾国荃贪婪，李鸿章浮诞。蒋、杨、江、曾、李诸公，升迁太快，不合朝廷规矩，其中恐有隐情。⑦

蔡寿祺

蔡寿祺弹劾曾国藩为首的湘淮军领袖，实质上是在弹劾恭亲王奕䜣一党，以此讨好慈禧太后。薛焕不是湘淮军出身，只因他是奕䜣岳父桂良简拔的官员，亦是“恭党”。蔡寿祺的上疏里，对刘蓉的攻击最激烈，骆秉章其次，因为他曾在四川招摇撞骗，被骆秉章、刘蓉驱逐。

咸丰去世前，湘军在朝廷的暗援是咸丰的宠臣肃顺，曾国藩总督两江，左宗棠建立新军，都出自肃顺的推荐。奕䜣是“辛酉政变”抓捕并处决肃顺，查抄“肃党”的主角，曾国藩本应与他势不两立，为何反而成了“恭党”的代表人物？欲明此事，须重新审视“辛酉政变”前后清廷权力格局的变化。

因储君年幼，咸丰临终时指定肃顺等八大臣辅政。历代幼主临朝，有两种处理方式，一是由太后垂帘听政，二是由亲贵大臣“摄政”。清朝已有“议政王”辅政先例，女主“垂帘”又为历代大忌，咸丰自然指派肃顺等近臣，以“赞襄政务王大臣”的名义辅佐年方六岁的同治帝。

历代帝王临终时，若是太子年幼，多会选择大臣辅政，而不让太后听政，甚至还有汉武帝立钩弋夫人之子为储君，为防母后干政先杀其母的残忍做法。据说肃顺也曾提议咸丰效钩弋夫人故事，诛杀慈禧。不肯让皇帝之母“听政”，除了儒家传统不喜女子主政外，也有其制度上的理性考虑。顾命大臣与皇帝的关系是君臣，太后与皇帝的关系是母子。顾命大臣再嚣张跋扈，作为臣子也不能过分欺凌君王，而太后虐待儿子却是帝王家事，在以孝治天下的大义面前，即使手握雄兵的外臣也不敢牵扯其间。

咸丰确定顾命八大臣，却没有选择他的亲兄弟，以贤明著称的奕䜣，后人多以为这是咸丰的失策。清代野史有云，道光曾有意立聪明干练的奕䜣为皇帝，后人或以为咸丰因此嫉妒奕䜣，故意不选他为议政王。然而，顾命大臣本就不该由亲王出任，尤其奕䜣这种差点当上皇帝的亲王。顾命大臣权力极大，叔父与侄子同是皇家血脉，年富力强又聪明过人，篡位阻力很小，咸丰挑选奕䜣岂不是给儿子种下祸根。

可惜咸丰生性多疑，好为平衡之术，为防肃顺权力过大，他规定朝中所下谕旨，内容例由肃顺等八大臣拟定，然须加盖慈安太后手中的“御赏”，及慈禧太后手中的“同道堂”两印方可生效。两宫只可钤印，不得修改内容。咸丰的本意是同治皇帝成年前由顾命大臣主持大小事务，以两宫太后对谕旨加以复核、副署，稍作牵制，不料却为两宫太后“垂帘听政”提供了法理依据。

“同道堂”及“御赏”印章

慈禧太后以肃顺跋扈嚣张，欺负孤儿寡母为由，说服慈安太后一同夺权。但清朝祖制规定后宫不得干政，二人久居深宫不能接触外臣，哪有能量发动“宫变”呢？能够勾结朝臣的，只有咸丰的亲兄弟奕䜣。咸丰设顾命八大臣时，将恭王奕䜣排斥在外，奕䜣对此极为不满，当即成为两宫的同盟。于是，两宫太后提供“宫变”的合法性，奕䜣在外联络大臣，一场“辛酉政变”，终将肃顺一党消灭。嗣后，两宫垂帘听政，奕䜣以议政王的身份主持军机，“叔嫂同治”的格局形成。

奕䜣在咸丰皇帝北狩热河之时，留守北京处理政务，办理与英法议和事宜。因为肃顺提倡“以重典治乱世”，屡兴大狱，得罪了朝中文武，加上肃顺只信任汉官而轻视旗人，奕䜣得到了许多大员尤其是满洲亲贵的支持。咸丰和肃顺对洋人戒心甚重，滞留热河不肯与洋人议和，也不同意“借师助剿”，奕䜣办理外交远比肃顺和柔退让，因而深得洋人欣赏。得到朝臣、亲贵、洋人支持，奕䜣短时间内养成了很大的政治势力。

“辛酉政变”虽是两宫策划并提供大义名分，参与宫变的骨干却多是奕䜣一党。处决肃顺等人后，慈禧和慈安一起“垂帘听政”。只是慈禧仓促上台，没有处理政务的能力，也未来得及培植自己的文武班底，在朝中没有根基。加上信任奕䜣的慈安从旁牵制，虽称“叔嫂同治”，前台主政者实为奕䜣一人。

“辛酉政变”前，形势异常紧张，“气象愁惨”，已有肃党智囊提议调湘军入卫。王闿运也致信曾国藩，邀其率军北上“清君侧”，以祖制反对太后“听政”，因曾国藩不肯才作罢。“辛酉政变”既违背清朝祖制，也与咸丰遗诏不符，若有数万湘军北上，大局将为之一变。曾国藩之所以不干预“辛酉政变”，是因为他恪守臣子的本分，不敢介入帝王家事。他一生谨慎，万不敢做权臣，一旦率几万湘军入京，自己岂不成了董卓。

曾国藩没有北上，坐视他的恩主肃顺倒台，对奕䜣而言这是天大的人情，甚至可以说是“饶命”之恩，奕䜣当然会对他投桃报李。清查“肃党”之时，办案人员竟然搜不出曾国藩、胡林翼、左宗棠与肃顺交往的书信，无法将曾、胡、左列为“肃党”。以湘军和肃顺关系之密切，曾、胡、左岂能与肃顺没有书信往来，何况认定“肃党”又不一定非要书信为凭。如此办案，既是害怕湘军闹事，也是奕䜣在回报曾国藩。

曾国藩不但没有被打成“肃党”，反而得到节制四省军务的权力，他保李鸿章、左宗棠、沈葆桢为巡抚，朝廷马上批准。此外，朝廷还任命湘军李续宜为安徽巡抚，严树森为湖北巡抚，全力为湘军作战提供保障。李鸿章甫抵上海，立即进入租界逮捕老师的宿敌何桂清。因为给了洋人“治外法权”，清政府不能在租界内执法，奕䜣说服洋人，让李鸿章拿着自己的手令进入租界拿人，而且顶住朝臣说情的压力，处决了何桂清。这都是对湘淮军的拉拢。

曾国藩曾经评价，两宫太后无甚见识，问话不得要领，恭王奕䜣“聪明”而无根底。虽然他对奕䜣亦有差评，可是聪明而软弱，总好过不得要领。何况奕䜣眼界开阔，能放手支持属下大办洋务，对湘淮系官僚信任有加，放宽标准也勉强算个“贤王”。从后事来看，恭王执政明显优于醇王，更远胜“无甚见识”的慈禧。因此曾国藩、李鸿章等人，在朝臣眼中也逐渐成了恭王的同盟。

蔡寿祺所参大多确有其事，但其中如洪天贵福下落一案，朝廷早已有过公议，许诺不再追查，默许涉案人等以破金陵之功折罪。这时候再提出来，是扳不倒曾氏兄弟的。涉事的大员越多，弹劾就越不可能成功，蔡寿祺也知道无法搞垮湘淮集团，只是通过弹劾“恭党”讨好慈禧太后，离间两宫。

赵烈文在日记里分析，蔡寿祺是醇郡王奕譞的跟班，醇王的福晋则是慈禧太后的亲妹。醇王长期嫉妒兄长奕䜣专权，有取而代之的想法。同治三年（1864），他曾上奏朝廷，要求以诸王轮流主持军机，以分恭王权势。醇王与慈禧亲厚，又因能力看似平庸比恭王更好控制，慈禧也想“以醇替恭”，只是时机尚未成熟，一同“听政”的慈安太后又信任恭王，不方便下手。

这封捅破天的上疏被“留中不发”，蔡寿祺未受申斥，他隐隐摸到了慈禧太后的心思，决心再赌把大的。他于三月初四这天再次上折，直接弹劾恭亲王奕䜣贪墨、骄盈、揽权、徇私四大罪状。从醇王事后的反应来看，蔡寿祺应该没有同他商量，就擅自上了折子。而慈禧等这个向恭王发难的机会，已经很久了。

蔡寿祺上疏的第二天，恭王奕䜣在紫禁城东暖阁觐见两宫太后，慈禧对奕䜣说，“有人劾汝”，然后将奏折递给奕䜣看。奕䜣不肯接奏折，反而质问慈禧是何人弹劾。慈禧回答弹劾者为翰林蔡寿祺，奕䜣失声高叫，“蔡寿祺不是好东西”，说完还想将蔡寿祺捉拿问罪。[8]

恭亲王奕䜣

奕䜣当着两宫之面失声高叫，当场叫嚣要逮捕蔡寿祺，显然是“跋扈擅权”之举。慈禧借机发作，紧急召见体仁阁大学士周祖培、协办大学士瑞常、吏部尚书朱凤标、户部侍郎吴廷栋、刑部侍郎王发桂，并一干内阁学士。周祖培等人赶到后，她假惺惺地流着眼泪说：恭王结党营私，专擅大权，皇帝已无法忍受，要治恭王重罪。

朝堂上地位最高的是满洲亲贵，实权最大的是军机大臣，慈禧这次发难，既未召集军机，又绕开了宗室，虽说召见了内阁，但大学士中的“首揆”，武英殿大学士贾桢，因与奕䜣有旧，竟不在召见之列。罢黜亲贵重臣却不敢召见军机与宗室，可见慈禧对朝堂的掌控远不及奕䜣，此番是冒险一击，并无必胜把握。

周祖培等人突遇大变，“流汗沾衣”，不敢表态。慈禧又催促他们道：“你们多想想先帝的恩德，少害怕恭王的权势。恭王罪不可赦，要赶紧议出个结论来。”周祖培不敢担负如此大的责任，干脆说要下去详查才能答复，还要等另一位大学士倭仁一同参详。[9]倭仁是保守派领袖，向来仇恨恭王这种“媚外”的洋务家，可他也不敢把责任揽在身上，听闻有事后，便上了一个模棱两可的折子，说：恭王这些罪，暂时查不到实据。只是有人说恭王作风有问题，恐怕也不是空穴来风。既然如此，恭王有没有罪，只有太后和皇上最清楚——太后说他有罪，那就有罪。

得到倭仁的答复，慈禧太后立刻下诏将奕䜣“革去一切差使，不准干预公事”，因为心虚，这个上谕没有走军机处，直接由内阁明发。清朝入关后，承明制而设内阁，上谕理应由内阁“票拟”，待皇帝“批红”后发出。雍正创立军机处，权力从内阁转移到军机处，事关军国要务的上谕，一律从军机处秘密发出。内阁理论上仍可发诏，但已徒具空名，只能处理不重要的日常文书。慈禧害怕上谕被军机阻拦，干脆从内阁明发这道将奕䜣革职的上谕。

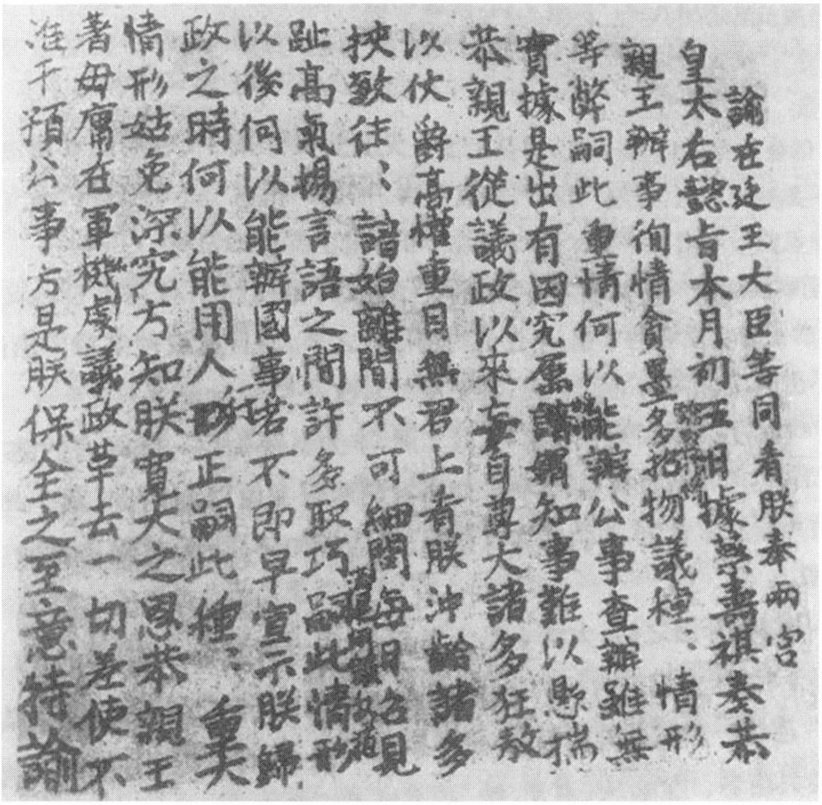

諭在廷王大臣等同看朕奉兩宮
皇太后懿旨本月初五日據蔡壽祺奏恭
親王辦事徇情貪墨多招物議種種情形
等弊嗣此重情何以能辦公事查辦雖無
實據是出有因究屬諳媚知事難以懸揣
恭親王從議政以來妄自尊大諸多狂敖
以仗爵高權重目無君上看朕沖齡諸多
挾致往往諳始離間不可細問每日召見
趾高氣揚言語之間許多取巧滿口胡談亂道似此情形
以後何以能辦國事若不即早宣示朕歸
政之時何以能用人行正嗣此種種重大
情形姑免深究方知朕寬大之恩恭親王
著毋庸在軍機處議政革去一切差使不
准干預公事方是朕保全之至意特諭

罢免奕䜣上谕

这道由慈禧朱笔亲书的上谕，除了开头几行抄自蔡寿祺的上疏，其他都与原折无关，显然是蓄谋已久。这封上谕原件仍在，根据影印图片，其中有很多错别字，如“暧昧”写作“谙媚”，“事出”写作“是出”，“挟制”写作“挟致”；也有非常俚俗的用语，如“满口胡谈乱道”。内阁学士们替她改了错别字，周祖培在正文中加了八个字“议政之初，尚属勤慎”，尽最大努力替奕䜣减轻罪责。[10]

周祖培、瑞常等大臣，向非恭王一派，理应支持太后对付奕䜣，结果连这些人都不肯出力。深恨奕䜣谄媚外夷的倭仁，也只写了

“莫须有”的滑头文章，足见慈禧这次冒险不得人心。慈禧没有太大的政治才能，却敢在这种情况下孤注一掷，行险徼幸，是关键时刻不惜押上全部身家赌命的狠人。古来多少豪杰之士，都败给了行险搏命的枭雄，何况奕䜣这样摇摆不定的柔弱之人呢？

慈禧在罢免奕䜣的上谕上加了一段，让惇亲王、醇郡王、钟郡王、孚郡王等四人轮流引见、带领，顶替恭亲王的差使，以此拉拢满洲亲贵，这也是醇王一直的梦想。谁料上谕下发，满洲王爷们纷纷替

醇郡王奕譞

奕䜣喊冤。道光皇帝第五子、惇亲王奕誴，也即慈禧指定顶替奕䜣的人选，于次日上奏说，恭王议政以来，“未闻有昭著劣迹”，被参劾的罪名“无实据”，不应当受此重罚。惇王曾在“辛酉政变”时进谗言，说恭王搞不好也想谋反。他貌似恭王仇敌，不料竟然第一个上奏为恭王辩白。[11]

慈禧的妹夫、盟友，本应是恭王遭“革职”最大的受益者醇郡王奕譞，也跟着上奏为恭王求情。醇王站出来后，朝中大臣受到鼓舞，亦纷纷上疏声援，还有恶意捣乱的人，奏称朝廷若是定要将奕䜣革职，不如让曾国藩来做议政王。

醇王个性虽“轻慓”，却不是蠢货，他的目的是和奕䜣分享权力，使爱新觉罗家的王爷们轮流统领军机，而不是让慈禧独揽大权，凌驾于诸王大臣之上。

清朝宗室王爷，地位最高的当属礼王和肃王，礼王传承自清太祖努尔哈赤的长子，肃王传承自清太宗皇太极的长子，是宗室中的“长房”。肃王华丰代表宗室，上了一个措辞极重的折子。华丰指出，宗室都认为奕䜣可用，如果皇太后“独断”罢黜奕䜣一事，就得独自承担“独断”的后果。华丰甚至隐约警告太后：你若一意孤行，宗室说不定会联合发动，请两宫退居慈宁宫。他敢发出这种警告，显然有把握得到宗室、朝臣，乃至天下督抚的支持。

在这种情况下，以倭仁主笔，礼王世铎领衔，宗室、军机、各路王公大臣，一共七十余人联署，上疏为恭王求情。不但如此，由谭钟麟（谭延闿之父）主笔、广诚署名的折子，更指出慈禧“猜嫌”恭王，逼得慈禧发上谕辩解。[12]紧接着，醇王上了一封更狠辣的折子质问太后，为何罢免恭王的上谕走内阁发抄，不按程序先由王大臣共同商议后颁布天下。这是赤裸裸地指责慈禧所发上谕未经军机不合程序，不具有实际效力。配合醇王的折子，军机处也行文内阁，让内阁将此案原折交回军机处存档，借此敲打内阁，不能变相侵夺军机职能，为太后越权办事。[13]

正如曾国藩所说，奕䜣是个聪明而无根脚的人。如果他借王公大臣都支持自己的大势，反戈一击，不光能保住权位，甚至还能逼迫慈禧退让。孰料他被慈禧的杀伐果决吓破了胆，一听说慈禧愿意让步，只革去议政王头衔，仍允许他在军机上行走，就赶紧向慈禧请罪谢恩。据《清实录》记载，奕䜣"伏地痛哭，无以自容"。他这一跪一哭，从此颜面扫地，虽然仍能主持军机，却再也无法和慈禧抗衡了。奕䜣自己率先投降，为他仗义执言的王公大臣无法坚持斗争，只能就此消停，事后奏请将蔡寿祺革职泄愤。

曾国藩在三月十七日接到朝廷谕旨，发现首行无"议政王"衔，他大吃一惊，赶紧给曾国荃发信说：朝廷肯定出了大变故，恭亲王要么生死大变，要么权柄尽丧，眼下情势极不稳定，你应当借口身体有病在家休养，不要出来做官蹚浑水。[14]后来在另一封信里，他又建议曾国荃闭门三年。

这是曾国藩第二次对朝政感到绝望。咸丰在世时对他又拉又打，还一度将他解职回家，但咸丰至少是识大体、知常识的政治家。咸丰决策时能克制自己的主观好恶，从通盘大局考虑事情，在多数关键问题上能做出正确决断。曾国藩遭咸丰放逐时，更多是焦虑个人的命运，并未对国事感到绝望。因为咸丰在打发他回家后，让胡林翼主持湘军，显然是稳妥之举。

曾国藩第一次感到无所适从、惊悚忧惧，是咸丰去世后，两宫太后联合恭王发动政变，处死肃顺等八大臣。在他看来，太后杀伐决断过于古之帝王，但又无执政的基本素质，朝廷和臣民的命运都因此陷入不可知之中。咸丰的决策是理性的，是能够预测的，而两宫太后的

“英断”，却让他不知所措。所幸此后慈禧太后权势未稳，恭王又信任有加，加之朝廷慑于湘军的庞大势力，曾国藩的权势未见减弱，他也勉强安心下来。然而这段时间他也时时忧愁，担心地位太高，权力太大。

见恭王遭到打击，慈禧的权柄日渐提升，支持自己的力量减弱，曾国藩更加焦虑，发出了“宦海可畏”的感叹。他在日记里说，接到革去恭王差使的谕旨，“读之寒心，惴栗之至，竟日忡忡如不自克”。

金陵已经克复，太平军烟消云散，纵然曾国藩从此毫无建树，他的事功也已圆满，经此一事，他更不愿意出头做大事。他告诫家中子弟，鼎盛之时要懂收敛，自古位高权重的人，有几个能得善终？以后应在波平浪静处安身，莫从掀天揭地处着想。他称自己不是教子弟甘于平庸，而是眼下位高权重，不平淡一点会很危险。

太平天国虽已平定，捻军尚在顽强战斗，朝廷催促曾国藩带兵增援，他总设法拖延。曾国藩青年时屡屡嘲讽朝中重臣“琐屑”“退让”，凡事敷衍塞责，不敢任事，不料晚年他也活成了自己最讨厌的样子。

后世有不少人以为“皇太后圣明”，将祸国殃民的慈禧太后捧为一手打造“同治中兴”的大政治家，其论据之一，就是慈禧信任曾国藩、左宗棠、李鸿章，支持湘淮军平定内乱，清朝才摆脱了被农民起义消灭的命运。可实情是，清朝平定各处农民起义，功劳最大的人是咸丰。江忠源、胡林翼、左宗棠都是在他手里越级提拔任用，曾国藩创办湘军，得到了他的支持，连两江总督的职位，也是咸丰在去世前授予曾国藩的。提拔湘淮军领袖，支持湘军创立和发展，都是出于咸丰与肃顺的谋划。在咸丰驾崩前，曾国藩已击败太平天国最强大的陈玉成兵团，将湘军发展到二十万人，后继者只要坐享遗泽即可。同治初年，曾国藩、左宗棠、李鸿章所得到的支持，也不是来自慈禧，而是来自奕䜣。慈禧不但不信任曾国藩，反而经常打击、羞辱这些“恭党”，连蔡寿祺、赵烈文这样远离权力中心的人，对此都洞若观火。

也有人将慈禧视为“洋务派”后台，以此论证慈禧老成谋国。然而，洋务运动并非清廷通盘策划，号令天下督抚执行的全国性运动。它是由曾国藩、李鸿章、左宗棠、张之洞等开明的地方督抚，利用太平天国之后地方较大的自主权，在各自执政的省份，开展的“自强”运动，在朝廷固然得到了奕䜣等少数开明者的支持，但始终处于全国顽固守旧者的攻击和阻挠中。

洋务运动之所以办成“裱糊”事业，并非曾国藩、李鸿章不愿深入变革，而是朝廷不肯支持的缘故。慈禧一心要罢免奕䜣，自然不会支持这些恭王一派的洋务官员。她更信任的是醇王奕譞，奕譞被大用之前，不但对洋务派极其反感，甚至对汉臣都十分警惕。他门下笼络的，也都是倭仁这种守旧人士，洋务派的主张，他只支持买枪炮和办海军。时人嘲讽他生平仅会办三件事：给旗人加饷，替太后修园子，顺带办海军。

光绪七年（1881），慈安太后亡故，慈禧在光绪十年（1884）“甲申易枢”，彻底罢免了奕䜣和全体军机大臣，从此大权独揽。“甲申易枢”四年后，朝廷叫停了北洋水师的购舰拨款，又过三年，干脆停拨海军所有器械弹药拨款。继奕䜣之后当国的奕譞最看重海军，停拨海军军费只能出自慈禧的主张。她哪里是支持洋务运动的人呢？

晚清的很多顽固派，脑子并不糊涂，只是装疯卖傻罢了。负责监视驻英公使郭嵩焘的刘鸿锡，擅长发明各种“疯傻”言论，一生反对商业、反对洋务、反对科学，多次上奏要求禁止机器、铁路。就是这样一个搞得郭嵩焘身败名裂的疯子，居然在和日本使节交谈时，表现出对英国政治、税收、社会治理极其深刻的认知，可见他的顽固是为了迎合上意而刻意为之。他要迎合谁的上意呢？恭王是洋务派，光绪皇帝是变法派，故只能是迎合太后了。

三　诡异的兵变

国事渐不可为，曾国藩对此心灰意冷，而湘军余部的动向更让他忧心忡忡。同治四年（1865），朝廷下令宋国永统带八千霆军，赴甘肃作战。因为朝廷欠饷不发，刚过江西，霆军中的哥老会成员就煽动“闹饷”，士兵鼓噪起来，将营官捆绑，将其妻女剥光衣服羞辱，还打伤了粮道官员段起。“闹饷”的士兵四处劫掠，惊得江西各地白日关闭城门。江西地方官勉强搜刮了二十万两白银交付霆军，这才平息了动乱。

这些兵痞行进到湖北金口，各营头再次联合发动兵变，号称不拿到一百万两欠饷决不罢休。“闹饷”的士兵弃船登岸，扬言要杀回江西，找沈葆桢索要军饷。宋国永威望不足，无法弹压，霆军一哄而散。溃散的士卒结队烧杀抢掠，流窜到湖北咸宁时，杀死前来安抚的县官，随后向江西义宁而去。除了宋国永这八千余人，霆军留在福建上杭的娄云庆部，也因粮草断绝而哗变。一个月后，驻扎徽州、休宁的湘军也发动兵变，勒令地方官写下借据，限期补齐所欠八个月饷银。[15]

湘军兵随将有，除了自己的恩主，再高的官员也弹压不住。霆军悍勇异常，各处地方驻军也不敢武力逼迫。鲍超已先经四川入甘肃作战，各地只得向曾国藩求援。

湘军与太平军作战时，欠饷绝粮是常事，士兵虽有抢掠行为，却从未绑架上司，杀害地方官吏。霆军兵变，不仅骚扰地方，还捆绑了军中营官，足见湘军不但暮气已深，连基本的纪律都丧失殆尽，与绿营兵痞无异。

哥老会起源于四川，以结拜兄弟的形式，进行秘密结社。太平天国战争后期，湘军大肆扩军，无法像初起时那样严格甄别兵源，把很多好勇斗狠的游民招进了军中。鲍超原籍四川，部下也多四川人，自然最早被哥老会渗透。湘军早期招募士兵，多在同一个村子招募，士兵以地缘和血缘为纽带抱团取暖，不用加入哥老会。扩军后，天南海北的士兵汇聚一营，士兵难免感到孤独无助，只得加入互助互济的哥老会。此次兵变，哥老会成员能煽动士兵捆绑营官，会党分子几乎夺去军队基层控制权，这是曾国藩所不能容忍的。

不只霆军中哥老会十分活跃，其他湘军驻地，会党也十分嚣张。赵烈文就说他所在城中，到处是哥老会，“盗案甚多”，无法追查。大街上四处皆见哥老会的暗号，有一张长条纸上写着“劝君莫打三春鸟，子在巢中恋母啼”，下边还有“我尽我心”四字。赵烈文说不知道这些暗语是什么意思，其实这是在埋怨湘军大量遣散士兵，又不发放军饷，士兵没有活路。官府连夜搜查，竟然搜到哥老会内部私刻有令箭，真是“明目张胆，可为骇惧”。[16]

兵变发生后，曾国藩的反应非常奇怪，他在日记里说自己“忧灼无已”“寸心如焚”，但得到求救信后却既不报告朝廷，也不安排人员安抚溃军，属下皆不能理解。[17]

曾国藩为了消解朝廷的戒心，被迫将大部湘军裁撤。湘军皆是他从湖南带出来的子弟，他又于心何忍？湘军舍生忘死替朝廷克复金陵，裁撤回家又不补发历年所欠军饷，实在让人寒心。朝廷一再逼迫羞辱，曾国藩胸中不平之气积压难消。

鲍超一军，多为川、楚之人，不适应西北干旱寒冷的气候，曾国藩早就叮嘱过，霆军水土不服，又眷恋故乡，不应全军开赴西北，最多挑选六千愿去的人，而且要每月备足三十万两饷银，厚饷酬军方可打仗。结果霆军大部被调往西北，军饷也不补齐，各处还在打仗的湘军也大多粮饷紧张。朝廷拿曾国藩麾下子弟兵的性命来消遣，他如何能甘心。

尤其恭王被劾，朝中应援减弱，醇王一派声势大张，曾国藩为此“绕屋彷徨，无以为计”。慈禧和醇王，不但不信任曾国藩这样的“洋务派”，更不信任汉臣。慈禧曾当面指斥恭王：你是不是要把江山来送给汉人。[18]而醇王更是“猜忌汉人尤甚”，念念不忘厚待旗人以固根本。1864 年殿试，“旗不点元”的惯例被打破，状元崇绮是蒙古人，探花杨霁是汉军旗人，大概这就是醇王所说的“固根本”。曾国藩在日记里愤愤不平，说如此取士乃“国朝二百年所未有也”。[19]

慈禧既然敢冒险对付恭王，会不会也兵行险着，趁湘军大部裁撤之际，对付曾国藩呢？对曾氏来说，这场兵变来得太及时了，他不肯造反，亦不愿做欺君罔上的权奸，可是他有必要向太后展示自己的力量。正因如此，曾国藩迟迟不派人安抚溃兵。

朝廷被各处哗变的湘军闹得无法收场，只得将赶赴西北的鲍超召回，借助他的威望招抚“溃兵”，留在福建作战。各地官府也凑集银两，给湘军发放钱粮慰问，兵变才勉强平息。慈禧见识了湘军的力量，一时间也不再对付曾国藩。

同治四年的初夏，戎马半生的曾国藩难得地享受了几天清净。他常“下半天未治一事，近年无如此之懒惰者”，他还连续数夜二更时分出门，兴致勃勃地陪儿孙看星星。[20]可惜天下之事，终究是逃不过去的。

同治四年五月初三（1865 年 5 月 27 日），曾国藩接到三封上谕，得知清军在四月二十四日与捻军交战不利，士卒损伤过万，统帅僧格林沁被敌军击杀。上谕要求曾国藩即刻统带大军北上救援，两江总督暂由李鸿章署理。

【注释】

① 见邱涛《同光年间湘淮分野与晚清权力格局变迁：1862～1895》第31页，社会科学文献出版社2018年版。

②③“是夕贼从缺口冲出，我军巷战终日，并未派有专员防守缺口，无可指之汛地，碍难查参。且杭州省城克复时，伪康王汪海洋、伪听王陈炳文两股十万之众，全数逸出，尚未纠参。此次逸出数百人，亦应暂缓参办……向使李秀成不因乡民争匿，羁延时刻，官军亦未必能既脱复擒。”见《曾国藩全集》第7册第350页，岳麓书社2011年版。

④ 见《左宗棠全集》第1册第451、452页，岳麓书社2014年版。

⑤ 见《胡林翼集》第2册第668页，岳麓书社2008年版。

⑥ 见《曾国藩逸事汇编》第165页，岳麓书社2018年版。

⑦ 见《清穆宗实录》第129卷第67页，中华书局1986年版。

⑧⑨⑩⑫⑬ 见吴相湘《晚清宫廷实纪》第79、80、85、87页，中国大百科全书出版社2010年版。

⑪ 见李棠阶《李文清公日记》第975页，岳麓书社2010年版。

⑭ 见《曾国藩全集》第21册第348、350页，岳麓书社2011年版。

⑮ 见《曾国藩全集》第18册第164页，岳麓书社2011年版。

⑯⑰ 见赵烈文《能静居日记》第2册第889、892页，岳麓书社2013年版。

⑱ 见恽毓鼎《恽毓鼎澄斋日记》第557页，浙江古籍出版社2004年版。

⑲ 见《曾国藩全集》第18册第171页，岳麓书社2011年版。

⑳ 见《曾国藩全集》第18册第165、169页，岳麓书社2011年版。

十、北方的大地

一　从"捻党"到"捻军"

捻军，原称捻党、捻子，活动范围以皖北为中心，遍布豫东南、鲁西南、苏北、鄂北地区。据说早在康熙年间已有捻子活动的踪迹。至嘉庆年间，捻子开始变得常见。太平天国运动爆发，清朝统治秩序崩坏，捻子更是在安徽的蒙城、亳州、宿州一带发展得如火如荼。

捻的本义，是用手指将麻线、丝线之类搓成一股，因而有聚合、联合之意。捻子，即一群人、一伙人聚合在一起，组成武装团伙的意思。

宋明以来，淮北人地矛盾突出，过度开垦使环境恶化，气候极为恶劣。当地河流众多，地势又平坦低洼，由于多年未曾治理水利，河道大多淤堵，很容易积水成灾，人称"大雨大灾，小雨小灾，无雨旱灾"。自南宋黄河改道，夺淮河下游河道入海，淮北又成了黄泛区，无论黄河大徙小决，当地都会化作汪洋大海。1840 年至 1850 年间，黄河三次决口，河水泛滥，造成大量流民。据《清代淮河流域洪涝档案史料》记载，这十年间，淮北地区只有一年未受水灾。

灾荒频仍，靠种地无法维持生计，时时处于饥饿和死亡的绝境中，淮北农民只得聚集在一起，以武力寻求谋生之法。遇到灾荒，他们就几十上百人一股组成“捻党”，外出“吃大户”。淮北是清政府划定的长芦盐区和两淮盐区交错之地，因为食盐为官府垄断专卖，贩卖私盐有大利可图。为求生存，淮北农民纷纷从事私盐买卖，“私贩肆行”。贩卖私盐既要防范官府的盐卡追查，又要抵御盗匪抢劫，必须以一定的武力为后盾，于是贩卖私盐的农民纷纷“结捻”。每到闲暇时，淮北人自备骡马兵器，推举“趟主”“捻首”，一捻一捻地外出武装走私食盐。这种行为，一般叫“入捻”“结捻”，或者叫“出头混”，当“混家子”。

因为捻首的位置往往在兄弟、父子之间继承，后人常认为捻党是宗族组织。事实上华北地区，尤其淮河流域，宗族组织并不发达。淮北人不喜读书，得中科举的人很少，有免税特权的地主不多。因为环境恶劣，很多地主也常举家挨饿。南方很多地区，地方领袖不是宗族之长，就是中了科举的士人，而淮北这种现象很少。或许正因淮北文风不盛，宗族势力不强，在清朝的基层统治崩溃后，没有强大的宗族和有名望的士绅承担调解纠纷、组织民众的责任，地方秩序才越加混乱，民众只能投靠强雄有力的“捻首”。

为众人所拥戴的“趟主”“捻首”，成分非常复杂，有些“趟主”读过书，如苗沛霖，也有的“趟主”出身大家族，如侯士伟。但这两类“趟主”不多，有功名在身的秀才、举人，豪门出身的公子，一般不会去当捻子。外出抢劫吃大户和贩卖私盐都是玩命的狠活，“趟主”更多是黑白两道通吃的地主豪强，官府里操控“捻党”的书吏衙役，历次战争溃逃的游兵散勇。更有的“趟主”既无家族，也无钱财，只因好勇斗狠、行侠仗义，以武力在本地获取了威望，俗称“光棍”。

恩格斯曾说，他从巴尔扎克的《人间喜剧》所学到的东西，比从当时所有职业的历史学家、经济学家和统计学家那里学到的全部东西还要多。要理解“捻首”的成分，最好的办法不是看历史书，而是翻看文学名著《水浒传》。梁山的大小头领中，有亡命天涯的小军官花和尚鲁智深，“出头混”的豪强地主天王晁盖、九纹龙史进，落第的乡村学究智多星吴用，称霸浔阳江、垄断卖鱼行当的“渔牙”浪里白条张顺，还有宋江这样的刀笔小吏及武松这样的捕头。“趟主”这种靠暴力获得声望的地方首领，称为“光棍”“盐枭”“刁徒”“强人”“豪强”都不太准确，最适合他们的称号，还是《水浒传》里的一个词——“好汉”。

道光以来，清廷在基层的统治逐渐崩溃，地方局势混乱，盗匪横行，战争中的逃兵溃勇也不断滋扰地方，捻党又成了保卫乡村的力量。纵然不想外出打劫，也要保卫本地不受外来武装袭击，为此农民不得不拥戴首领结成“捻党”，“一庄有捻一庄幸，一族有捻一族幸”。“趟主”“捻首”们一边带队外出走私打劫，一边在自家村落里修筑碉卡、圩寨自卫。“结捻”的风气从蒙、亳、宿三地传到整个淮北，再传到山东、河南乃至江苏北部，处处结捻，村村圩寨，江淮、华北的农村，几乎成了捻党武装自治的天下。

“捻党”最初没有明确、统一的目标，不像天地会、上帝教那样有反抗清朝，夺取政权的理想，他们只是淮北农民武装求生的暴力组织。捻党出则为捻，归则为民，少则数十人，多则上百人、几百人，没有统一的组织，也没有凌驾于所有捻党之上的统帅。

道咸以来，“出头混”的捻党组织越来越多，结捻规模越来越大，“捻党”不断分化整合，逐渐出现大多数“捻党”公认的大头领，正如《水浒传》里的江湖，最终有了天下好汉认可的“及时雨”宋江。这些威望崇高的大头领，其中也有志在天下的好汉，在他们领导下，“捻党”逐渐从分散的自救组织，向联合的抗清武装“捻军”

转化。太平天国起义后，尤其是林凤祥、李开芳率军北伐，一路打到京师附近，天下为之震动。淮北“捻党”受此鼓舞，也开始策划攻打官府。由于清军主力都在和太平军交战，“捻党”得到了发展壮大的空间。在“捻党”转化为“捻军”的过程中，功劳最大的是张洛行。

张洛行，亦称张乐行，张老乐，安徽亳州雉河集人。张家是当地大家族，族中颇有资产，张乐行又是勇武好斗、行侠仗义的“好汉”，淮北亡命之徒多依附于他。张洛行纠集了十八名枪手，人称“十八张”，“十八张”个个武艺精熟，枪法精湛，威名盛于两淮。张洛行自己不贩私盐，只为私盐贩子提供“保镖”业务，他组织了几十人的火枪队替人护送私盐。到后来，整个淮河流域的私盐贩子都挂张乐行的旗号，他成了两淮私盐总镖头，连官府都不敢动他保的私盐。[1]

张乐行

张洛行的威风实在太大，以至于各县的捻党都打着他的旗号活动，淮北一有大案，官府就要行文抓捕张洛行，但从未有地方差役敢上门抓捕。连州官要捉拿张洛行，他都敢威胁上官说，我是不会去见州官的，他有本事就来见我。如果要“文见”，就写文书来，如果要“武见”，就在张老家村北边的洪沟湾等着。张洛行屡次在洪沟湾摆开阵势等待，州官终究不敢派人前往。[2]

咸丰二年（1852），因为河南永城地方官逮捕了张洛行的手下，他和另一位捻首龚德树（龚瞎子）聚众数千攻打永城劫狱，救出了被捕的众人。既然已经与官府武力对抗，他遂同十几股“捻党”在雉河集聚义。捻首们歃血为盟，称为“十八铺”，张洛行被推为“大趟主”“总捻首”，举黄旗起兵，“捻党”正式改称“捻军”。咸丰五年七月，数万捻军再度会盟雉河集，以“五旗军制”进行了整编。捻军设五色旗号，张洛行统领黄旗，苏天福统领黑旗，龚德树统领白旗，侯士伟统领红旗，韩老万统领蓝旗。张洛行被尊为“大汉盟主”，进一步树立了权威，又颁布“十九信条”作为捻军的约法，捻军因而首次聚合为一股统一的力量。清军前后派出数十名大员剿捻，均不能取胜。

二　捻军战力的爆发

天京变乱后，太平天国兵力吃紧，派人与捻军谈判合作。李秀成招抚的土匪李昭寿（后降清，更名李世忠），与张洛行、龚德树均有交情，经李昭寿引线，李秀成和张洛行通了书信，商谈两军合作事宜。咸丰七年二月初九（1857年3月4日），太平军与捻军在安徽霍邱会盟，两军正式联合作战，清王朝称之为“发捻交乘”。捻军从此摆脱孤立无援的困境，太平天国也获得了十几万生力军。值得一提的是，捻军虽奉太平天国为正朔，蓄长发、受印信，张洛行本人也受了太平天国的封号、官爵，但捻军仍保留了独立地位，听封而不听调，只算太平军的友军。

太平军和捻军协同作战数年，关系并不和睦。太平天国领袖都不太瞧得起捻军，李秀成被俘后说捻军军纪不好，败坏了太平天国的声誉，张洛行又不听调动，是太平天国三大害之一。陈玉成兵强马壮，能征善战，比李秀成更有威信，他能驱使捻军打仗。湘军最大的败仗三河之役，陈玉成就调动了大量捻军参战。安庆围城之际，捻军的老家也正被清军围攻，捻军将士的家人大量遭到杀戮，很多“捻首”想要回家救援。陈玉成逼迫张洛行，让他指挥捻军不救老家，随自己下湖北、救安庆。不听调动强要回家的捻军蓝旗首领刘饿狼因此被张洛行杀死。只是捻军并非太平军嫡系，陈玉成对他们也不尊重，将其充当炮灰使用。愿意听他调遣的张洛行被俘后说“他们待人不好”，足见其服从陈玉成是慑于威势而非情谊。捻军重要头领孙葵心、龚德树都在陈玉成麾下战死，捻军白旗也为太平军战斗到几乎全军覆没，捻军没有对不起太平天国。

陈玉成被擒后，与他协同作战的张洛行率军转战淮南，清廷派博多勒噶台亲王僧格林沁率军征剿，此时捻军尚不是僧军敌手，张洛行、韩老万、苏天福等多位首领被擒，张洛行被僧格林沁凌迟处死，大批捻军投降，第一代捻军首领基本凋零。僧格林沁以为已将捻军彻底剿灭，遂在捻军的老家蒙城、亳州等地展开报复性的屠杀。遭到屠杀的平民被迫集结起来，拥戴张洛行的族侄张宗禹，任乾的侄子任化邦（任柱）。捻军在第二代捻首的率领下死灰复燃，战力更大幅度提升。太平天国覆灭后，赖文光率陈玉成残部数千人加入捻军，太平军自江南北渡的兵马如范汝增等也纷纷来投。捻军接过了太平天国的旗帜，以至太平天国虽已覆灭，捻军的声势，反而比张洛行在时更盛。

历来农民军头领被俘，被审讯时都会尽量贬低自己的地位、功劳，期望获取求生机会，或者少受官军折磨。太平天国这群英雄豪杰，皆是不怕死的硬汉，被俘后极少乞活求生，大多表现得慷慨激昂。这些硬汉无惧生死，却尤重身后之名，因此他们不但不会贬低自己的功劳，反而会大肆吹嘘自己战胜官军的功绩，把自己说成全军首脑。最早在广西时，被俘的焦亮就吹嘘自己是洪秀全的老大，是太平天国起义的谋主天德王洪大全。光杆司令洪仁玕，在清营说自己掌控全局，一手策划二破江南大营的恶仗，李秀成、陈玉成都听他指挥。赖文光被俘后，更吹嘘自己收编了全部捻军，当上了捻军总首领，张宗禹、任化邦都是他的手下。

“大汉盟主”张洛行在世时，捻军军纪败坏，组织涣散，战斗力既比不上太平军、湘军，连僧格林沁和胜保都打不过。张洛行等第一代首领被杀害后，捻军突然爆发出强大的战斗力，连升级了全套西洋军火的淮军刘铭传部都被他们打得落花流水。因为捻军战斗力的突然提升令人不解，后人大多听信赖文光的吹嘘，以为是他率数千太平军残部接管了捻军，以太平军的军制、军法重组捻军，使捻军脱胎换骨。

若验之史料，当可知赖文光的吹嘘多属不实。捻军领袖确实接受了太平天国授予的封号，如梁王张宗禹、鲁王任化邦、荆王牛洛红，但只有几千残兵加盟的赖文光，哪能指挥这些手握数万雄兵的“捻首”呢？他的几千太平军，并没有打散分入各路捻军担任军官，而是独立成军，另起营盘，随同任化邦作战而已。直到同治六年（1867），捻军主力仍然是打着五色旗作战，部队还是按五旗军制编成，下设总旗、大旗、小旗，与张洛行在时一样，并未按太平军的军制改编。[③]

清军审讯俘虏的结果，也证明了赖文光不是捻军总首领。李鸿章在奏稿里说，“据供，贼中因任柱（任化邦）已死，甚形慌乱，群推赖汶洸（赖文光）为首”。[④]赖文光要到战争末期任化邦遇刺后，才成为这一路捻军的领袖，根本不算捻军盟主。

赖文光在陈玉成部下时，打仗本事非常平庸，只是二三流的将领。如果他有本事把捻军整训得比李鸿章的淮军还能打，太平军安庆保卫战就不会失败。李鸿章曾说，因为最能打仗的任化邦死了，赖文光继统捻军，捻军战斗力大不如前。可见真正指挥捻军打胜仗的人是任化邦而不是赖文光。

捻军战力突飞猛进，需从别处寻找原因。考诸史实，张洛行等老一辈“捻首”战死后，第二代“捻首”比张洛行这一代人更有军事素养，才是捻军战力提升的关键。张洛行是押运私盐的好汉，擅长纠合百十人械斗，他那一辈的“捻首”也多如此，他们更习惯江湖斗殴，没有指挥几万兵马作战的能力。虽说起兵后他们也经历了不少战阵，然而到中年再学习新知识非常困难，指挥能力提升有限。张宗禹、任化邦等“捻二代”，年少时就跟着父兄出来指挥大军打仗，因为不受经验束缚，他们观察、总结、学习能力更强，更容易通过观察友军陈玉成、李秀成的用兵方略，掌握指挥大军作战的技术。尤其是任化邦，最擅指挥大规模骑兵作战，李鸿章把他比作霸王项羽，称他为“今日第一等骑将好汉”。他是汉人中几百年一见的骑兵天才，麾下骑兵手持双矛冲锋，锐不可当，即便是陈玉成也不能和他相比。捻军改由张宗禹、任化邦统领，自然战力大为提升。

张宗禹

捻军源自“捻党”，本是民间“吃大户”“贩私盐”的武装集团，起先并没有改朝换代的理想，张洛行等人又不擅长发明理论，不像洪秀全能给属下描绘起义成功后的美好蓝图。大多数捻首是因为江湖义气才挺身会盟张洛行，帮助他劫狱杀官，并不想和清王朝死战，他们被张洛行裹挟走上反清前线，战斗意志并不坚决，很多捻军忽降忽叛。僧格林沁处决张洛行后，在捻军的老家大加杀戮，捻军家家都有亲人死于清军之手，与清军结下了血海深仇，自此与清朝不死不休，战斗意志因此大为提高。

淮河流域风气剽急，民俗劲悍，“当南北之交，风气剽急，其俗好侠轻死，挟刃报仇，承平时已然”[5]。元朝在安徽开辟马场以来，安徽出战马，更出骑士，是南方少数能组织精锐骑兵的地区，朱元璋的军队骨干就大多出于淮甸。陈玉成的骑兵精锐小左队，大多在安徽招募，曾国藩首次让李鸿章招募军队，也想在两淮招募骑士组建骑兵。捻军和清军作战的战场，山东、河南、安徽以及江苏北部，都非常适合骑兵纵横，捻军的骑兵优势因而发挥得淋漓尽致。

捻军原本自恃兵多，经常在旷野上和清军展开浪战。张洛行时代捻军兵无斗志，组织松散，清军统帅如胜保、僧格林沁都有一定军事经验，李续宜更是湘军名将，清军人数虽少，却调度得力，火力强大，在野战中大占上风。野战不能打败清军，捻军转而依托原本各地防御贼寇的圩寨、碉卡，辅以深沟高垒打防御战，借助防御工事抵挡清军火力。捻军步兵依托圩寨防御，骑兵集结在一起实施机动作战，俗称“打圈”：

“捻子打圆圈，官兵瞎胡撵，官兵想歇脚，捻子围跟前。”“风刮旗，雨打脸，运河东西来回转，一天来回三十趟，三天来回九十圈。”

这种“打圈”战术，是捻军借助速度优势，引诱清军追赶，在追赶的过程中，利用对地形的熟悉，忽左忽右地调动清军转圈。等清军追得精疲力尽之时，捻军步骑一同杀出，“器利技精，马骑千群，发如飘风，集如骤雨”，瞬时将清军聚而歼之。

“打圈”是发挥捻军骑兵优势的绝佳战术，然而因为顾忌家人安危，捻军“打圈”不敢离开老家太远，只能在自家圩寨附近运动作战。捻军因被圩寨拖累，作战范围较小，一般只在百余里的战场内“打圈”，精明的清军统帅很容易猜到捻军的行军路线。僧格林沁带来了蒙古东三盟以及热河、察哈尔的马队，同样擅长骑兵流动作战，捻军遂落下风。

张洛行殉难后，捻军的老家遭到清军屠杀，张宗禹、任化邦反而因此甩掉了包袱。捻军开始在数千里的广袤战场上实施大兵团机动，其行踪更加飘忽不定，清军更难捕捉捻军主力会战。捻军大量收集马匹，让步兵也骑马随军，行军速度加快。马匹不够时，捻军又以骡子替之。骡子是华北地区常见的大牲口，主要用来干苦力活，一般不上战场。骡子奔跑速度很慢，骑骡子的骑兵与敌交战时，无法提速冲锋，很是吃亏。然而骡子也有其优点，对饲料没有战马挑剔，容易养活；骡子速度不快却耐力十足，经得起折腾。捻军步兵不用骑马冲锋，他们的坐骑只是脚力，不追求短时间内的冲刺速度，更看重耐力长久。捻军为步兵大量配备骡子，成了一支“骡马化”的军队，在长达十几天的连续行军中极有优势。

“易步为骑”后，捻军可以选择兵力空虚的城池攻击，抢在清军主力赶到前拿下城池，劫掠之后远遁狂飙。甩下身后追兵，他们就会再选择一座城池攻击。因为行军速度很快，捻军掌握了战场主动权，他们有时突然分出多股兵力，使清军顾此失彼，有时突然聚合数万人，使清军猝不及防。遇上脱离主力的小股清军，他们就集中力量聚而歼之。若是清军主力做好了打大仗的准备，他们就骑马逃奔数百里，清军常连续数月找不到捻军行踪。下定决心主力决战后，他们会在大范围内包抄、迂回，先断敌之粮道，再分多支偏师在百里内不断盘旋佯攻，骚扰疲敌，等拖垮清军后再实施雷霆一击。即使清军偶尔能打胜仗，全军“骡马化”的捻军撤退很快，清军也无法扩大战果重创捻军。

这种战法，并非捻军新创，而是自古以来游牧骑兵惯用的战术。冷兵器时代对付骑兵最有效的手段，莫过于“以骑制骑”。清王朝靠弓马骑射起家，当然明白这个道理，所以他们派出当时最负盛名的骑兵将领僧格林沁来对付捻军。

三　骄兵必败

僧格林沁是蒙古郡王索特纳木多布济的养子，道光皇帝的女婿，咸丰皇帝的姐夫，同治皇帝的姑父，是统兵大将中排名第一的亲贵。僧格林沁曾指挥蒙古、关外的骑兵，剿灭太平天国北伐大军。第二次鸦片战争时，他于大沽口一役，重创英军。因为屡立战功，他从承袭自养父的郡王爵，晋位为博多勒噶台亲王。

僧格林沁与曾国藩并称“北僧南曾”，但他非常自负，打心底瞧不起曾国藩，也瞧不起湘军。他是朝廷亲贵里“倒曾”的头号大将，太平天国尚未平定，就屡屡与湘军冲突。僧格林沁纵容投降的苗沛霖排挤湘军，寻找对湘军开战的借口。担任安徽巡抚的李续宜不想与僧格林沁内斗，又遇到母亲去世的大丧，遂辞去了皖抚。继任皖抚的湘军将领唐训方威望更低，苗沛霖便指示兵丁杀害湘军士兵，还上奏要求更换巡抚。

为了减少“摩擦”，曾国藩这个两江总督，只得将湘军大部撤离自己的辖区皖北。僧格林沁玩敌养寇，煽动苗沛霖与湘军火并，谁知苗沛霖两面三刀，见湘军撤退皖北，兵力空虚，很快再度叛乱。面对如此反复无常的小人，僧格林沁仍然力主招抚，曾国藩忍无可忍，令唐训方出兵正阳关，攻打苗沛霖。湘军攻城时不慎将炮子打到了僧格林沁营中，僧军竟然发炮还击。湘军忍气吞声多日，此时忍无可忍，遂隔河与僧军展开大规模炮战。僧格林沁趁机上奏朝廷，罢免了唐训方的巡抚，改由乔松年接任，湘军也从此退出与捻军的战斗。[6]

僧格林沁

僧格林沁剿捻无功，清廷下令湘淮军增援，他却力拒。僧格林沁上奏朝廷，说湘淮军战力低下，只能防守，不能进攻，还不如安徽、河南的清兵能打，“皖军为上，豫军次之，楚军（湘军）以下”。

捻军在张宗禹、任化邦率领下，声势越加浩大，由于实施了大范围内的机动作战，捻军飘忽不定，在数省之间来回奔走，清朝各地守军纷纷崩溃。由于捻军的活动地域多在华北，常横行于河洛与齐鲁之间，一旦突破北方清军的防线，就有直捣京师的可能，对清廷的威胁甚至比太平军更大。

清廷因僧格林沁在擒获张洛行、镇压苗沛霖的战役中军功甚大，也生出了巨大信心，希望以僧王为主帅，统领北方的满蒙骑士为主力平定捻军。若僧格林沁能成功平定捻军，即能证明清廷手中仍有强大的野战兵团，构成对湘淮集团的巨大威慑，可以进一步削弱、消化湘淮军。

僧格林沁虽然在天津八里桥迎战英法联军时不堪一击，但他确实有镇压太平天国北伐军，平定张洛行、苗沛霖的赫赫战功。他麾下的蒙古马队精于骑战，连湘军中战力强大的多隆阿，早年都曾在这支军队服役。僧格林沁麾下尚有精锐步兵如陈国瑞的红孩儿，不仅能在战斗中步骑配合，还装备了不少西洋军械，他当然有不可一世之概。

僧格林沁在湖北一带追剿捻军，最初获得过一些胜利，但也付出了巨大代价。因为天气炎热，蒙古来的骑兵受不了酷暑，病倒十之六七，加上山道崎岖，大队骑兵无法展开冲锋，尤其捻军熟悉了僧军的战法，他的剿捻大业就再也没有进展。僧格林沁吹牛的本事颇为不错，他在给朝廷的奏报上说自己迭次进剿，捻军畏罪乞降，陆续来归者不下十万余众。⑦

僧格林沁的骄狂，使得清军大帅都不愿同他合作。清廷让曾国藩率军增援僧格林沁，曾国藩推辞说，区区四百里的战场，朝廷就派出了僧格林沁、官文和我三位主帅，恐怕会被捻军瞧不起。为向朝廷交差，曾国藩象征性地派出少量营头，支援与湘军较为和睦的湖广总督官文。清廷下诏点名湘军刘连捷和淮军刘铭传两部助剿，僧格林沁却狂妄拒绝，曾国藩、李鸿章当然不会派兵助战。

连满大臣官文都受不了僧格林沁，不肯带兵与他会师，朝廷不明所以，下诏严斥官文："此次僧格林沁所部叠获大胜，并未见官文派出各军协同剿洗……何以并不进兵会剿，官文所司何事，似此任意迁延殊属不知缓急。"⑧官文不肯增援，原因就在上谕那一句"僧格林沁所部叠获大胜"，你都吹牛"叠获大胜"了，还要我们来干吗呢？不仅官文不肯前来，各处清军都不肯来。

在僧格林沁自吹自擂的奏折里，投降他的捻军都已超过捻军总兵力了，可他始终无法追上捻军主力，与张宗禹展开主力决战。捻军打打停停，一路遛着清军渡过黄河，从湖北麻城打到了河南邓州。捻军离开邓州向北撤退，疲惫不堪的僧格林沁打算驻扎邓州休整队伍。捻军怎会让他得到休整，他们留下一部诱饵在邓州附近不断打圈，引诱僧军来战，又派一部骑兵做出北上的姿态恐吓清廷。清廷害怕捻军北上陕晋威胁京师，严令僧格林沁出战。

无奈之下，僧格林沁率军离开邓州追击，被捻军赖文光引入湖北境内，两军遂在襄阳大战一场，僧格林沁不敌战败，但主力尚存。赖文光击败清军后调头回师河南邓州，与张宗禹会师，不甘心的僧格林沁跟在赖文光身后，兜了一个大圈子，再度回到伤心地——邓州。在邓州西南的唐坡，以逸待劳的张宗禹发动了大规模的进攻，僧格林沁再次不敌败走，退守邓州城。

僧格林沁的手下有一部分装备了洋枪，火力颇猛，而捻军在多次交战中，也琢磨出了对付洋枪的办法。捻军骑兵冲锋时，手持竹制长矛，矛身长一丈三尺，矛刃长七寸，冲阵时疾如雷霆迅如风雨，不管前方是骑兵还是炮队，他们都一往无前，横冲直撞。往往清军枪炮未发，捻军骑兵已至，纵横扫荡，几下就将清军阵线撕开。遇到机警的清军率先放枪，他们就赶紧勒马伏低躲避子弹。因为清军的洋枪不能连发，捻军会在排枪射击之后，拼死突前，趁清军装填子弹的空隙，突入阵中。

因为缺乏攻坚的重火力，张宗禹屡屡大败清军，却无法攻克城池，只得向南阳撤退。捻军撤退后，锲而不舍的僧格林沁又率队追击，追到鲁山再遭大败，翼长恒龄、营总保清、副都统舒伦保战死，富克精阿、精色布库等率队逃跑，僧格林沁也险些阵亡，幸得陈国瑞拼死救援才得以逃命。

僧格林沁多次被捻军击败，甚至差点在鲁山送了性命，但他大败之后，很快能够聚拢军队，再度追击捻军，这是拥有大规模骑兵的优势。张宗禹、赖文光在湖北和河南之间来回“打圈”，调动清军主力打运动战，如果是以步兵为主的军队，早被捻军拖垮了。步兵在追击过程中，原本密集靠拢的部队，因为行进速度的差异，会四下分散，被敌人各个击破。即使勉强收拢部队，也会因长途奔袭体力不支，以致大部士兵掉队而失去战力。

僧格林沁手下多是骑兵，习惯长途迂回奔袭作战，是故在追击捻军的过程中，屡败屡战的僧格林沁始终能保持兵力集中。邓州、鲁山两战，僧军与捻军都集中了主力，张宗禹靠正面反复冲击和侧翼包抄击败了对手。只是僧军纵然因长途奔袭而体力下降，被他们追击的捻军又何尝不会疲惫？两支久疲之师的战斗烈度很低，加上张宗禹并未形成包围圈，清军马队战败后，大多借助战马之力逃离了战场。邓州一战，僧格林沁被打到仅率数十骑逃跑，然而他的骑兵大多只是溃逃而非阵亡，事后很快就招抚败兵恢复了战斗力。正面交战不利，骑兵突围逃命总比步兵容易。

连番战斗之后，僧格林沁认准了一个道理，只要骑兵穷追不舍，紧紧咬住捻军，以机动对机动，不给捻军从容布置的时间，清军就不会被包围歼灭。就算一时战败，骑兵四散溃逃，事后也能很快重振旗鼓。只要不停地打下去，清军兵源、后勤充裕，损失容易补充，一定能把捻军耗死。

僧格林沁在军前将逃跑的富克精阿、精色布库正法，企图重振军威。整顿大军后，恼羞成怒的他更加积极地追击捻军。而这一次，不胜其烦的张宗禹、任化邦决心来一次数千里的迂回行动，通过大规模机动行军，制造彻底围歼清军的机会。捻军从河南叶县出发，经襄城、禹州，最后转入豫东平原的尉氏、鄢陵。因为长途奔袭，僧格林沁的前锋三千多人追到鄢陵时，主力还在尉氏，捻军在鄢陵集中兵力击败了清军前锋。僧格林沁率后队赶到鄢陵增援，被好整以暇的捻军打败。

僧格林沁留驻鄢陵休整，捻军见清军停止追击，立时出兵攻克西平，包围汝阳，引僧格林沁来援，使之不得喘息。僧格林沁为保汝阳重地，被迫中止休整，率大队人马增援汝阳。谁料捻军虚晃一枪，掉头去攻信阳，等清军追抵信阳，捻军又向郾城进发，后来干脆一路狂飙跑到山东。张宗禹这套战法，实质上还是沿袭邓州疲敌的故技，但一样的战术，堂堂正正的阳谋，就是能屡试不爽。

两军追逐多日，从河南西部跑到了山东境内，来回奔驰数千里，士兵的体力消耗达到了极限。僧格林沁认为，尽管清军疲惫已极，但在前头奔驰的捻军体力消耗也不小。尤其捻军一路狂奔不息，打下的城池很少，粮草补给快要用尽，清军倒是能从沿途城市获得补给，此时正是趁捻军粮草不济，将其一举歼灭的好机会。

带着欺负捻军粮草不足的念头，僧格林沁进入山东也不肯稍作休整，死死咬住捻军不放。他让清军马队携带干粮，不分昼夜地追击捻军。清军连追数十日，僧王自己也疲惫得拉不住缰绳，便用布带把马缰拴在肩膀上驭马。其时天气炎热，清军士卒掉队甚多，骑兵和步兵也逐渐分散。[9]

咸丰五年（1855）黄河改道，山东郓城附近多被河水淹没，大量农民失去生计沦为流民，很多揭竿而起。捻军行军至郓城近，散落在各地的流民武装纷纷来投，很快啸聚起数万人马。从河南过来的捻军久已疲惫，新加入的士卒却体力完好，捻军军威为之一振。[10]

张宗禹、任化邦、赖文光、宋景诗、范汝增、邱远才诸位“捻首”齐聚曹州（今山东菏泽），在招抚山东流民后，兵力高达十万，相对清军有三倍以上的优势。经过商议，他们决定在高桥寨伏击清军，打一场主力决战。

高桥寨在曹州菏泽县城西北方向，为防堵洪水，当地筑有大量河堰，河堰之上种植了密集的柳树林，是埋伏的好地方。捻军将主力藏于村庄、柳林后，派出多股兵力诱敌，将僧格林沁引入了伏击阵地。僧格林沁原有三万多军队，因为一路狂奔，约有一半未能按时赶到，进入伏击圈的是僧军最精锐的一万多人。

是日明霞辉煌，山河苍茫，在历史上消失数百年的汉族骑士雄壮非凡，气势如虹。十万捻军拼死向前，一万多清军怎能抵挡？清军主力很快被捻军冲散、歼灭，僧格林沁不得已率残部撤退至一处防洪的河堰固守，等待后队来援。捻军将僧格林沁重重包围，又挖掘长壕将河堰困住。见向来惯于野外浪战的捻军竟然修起工事，僧格林沁只能趁长壕未成率部突围。他冲到离高桥寨十余里处，被一队捻军追上，战斗中身负重创，最后被十余岁的捻童张皮绠割去首级。

张皮绠

此战，捻军歼灭清军一万多人，缴获战马五千匹，阵斩僧格林沁，这是太平天国起义以来，义军击毙的职位最高的清军统帅。就战果而言，高桥寨之战竟然超过了太平天国全胜之日，纵是陈玉成、李秀成合作的三河大捷也远不能与之相比。

这一战极大地影响了晚清政局。就地域而言，太平军活动范围在南方，捻军活动范围在中原，比太平军更靠近清朝政治中心。对清廷威胁更大，而且清廷一直不敢让湘淮军这种非经制之兵开进北方，兵力捉襟见肘。曾国藩在平定太平天国之后，处于半退休状态，曾系湘军已大半裁撤。假如僧格林沁能证明满蒙军队拥有镇压捻军的强大战斗力，清廷就会持续削减淮军和左系湘军，直至把湘淮集团变成彻底的文官团体。

同治二年（1863）胜保被慈禧处决，同治三年（1864）多隆阿战死于西北，现在僧格林沁再被捻军杀死，能统率大军作战的旗人将领已全部死亡，剩下的都兴阿、富明阿只堪任偏裨之将。多隆阿、僧格林沁战死的同时，大批精锐旗兵战死，清廷手中既无可任之帅，也无能战之兵，再兴八旗大军的梦想破灭。天下未定，各地起义如火如荼，清廷在西北只能指望左宗棠，平捻只得再度启用曾国藩。

【注释】

①② 见江地《捻军史研究与调查》第177、151页，齐鲁书社1986年版。

③ 见池子华《关于赖文光研究中的两个问题》，《学术研究》1987年第2期112页。

④ 见《李鸿章全集》第3册第151页，安徽教育出版社2008年版。

⑤⑥ 见王定安《湘军记·绥辑淮甸篇》，见《湘军史料四种》第423、430页，岳麓书社2008年版。

⑦⑧ 见《清政府镇压太平天国档案史料》第26册第241、76页，社会科学文献出版社2001年版。

⑨⑩ 王定安《湘军记·平捻篇》，见《湘军史料四种》第581、580页，岳麓书社2008年版。

十一、剿捻无功之人

一　曾国藩无奈返场

由于僧格林沁兵败身亡，后人“倒放电影”，以为对捻军穷追不舍是错误的战法，只有围堵才是正道。然而，僧格林沁兵败，并不能证明骑兵的追击战术过时。面对飘忽不定的大队骑兵，若不组建精锐骑兵机动应对，就只能被动挨打。没有紧追在捻军身后的骑兵，分散各处的清军无法侦察敌人踪迹，捻军即能在广袤的战区任意机动，选择兵力薄弱的据点突破，清军的防线便会一点突破，全线崩溃。农耕王朝面对游牧骑兵的大迂回、大包抄，往往被动挨打束手无策，就是因为缺少精锐骑兵与敌追逐。

换了曾国藩、李鸿章挂帅剿捻，除了布置防线围堵，也得另外安排游击之师穷追不舍。曾国藩后来也不得不承认，“仿照僧格林沁之法，与该逆纵横追逐，使之不得休息”。[①]湘淮军打太平军时，一天行军不过四五十里，行军八十里已算冒险。嗣后追击捻军，常连续十几天日行一百二十里以上，甚至达到一百五十里。郭松林追击赖文光，竟然追出了每天一百八十里的速度。

僧格林沁的败亡，在于不知己不知彼。他所统率的蒙古马队，在机动性上不输捻军，战力、兵力却远远不如。僧格林沁只有骑兵六七千人，步卒二万四千人，总兵力和张宗禹、任化邦所率的精锐捻军相当，然战斗力稍逊。进入山东后，捻军会合散落各处的“捻首”，招抚山东流民，人数已过十万，拥有巨大的兵力优势。若是僧格林沁能够凑出五万骑兵，自可穷追不舍，敢战深入。无奈他的骑兵只有六七千人，就只能当作游击之师来使用。然则游击之师，只能紧衔敌后，行破坏扰敌之事，却不可深入敌群，与其主力决战。僧格林沁的错误，是以主帅身份，行裨将之举，轻率地进入伏击圈与敌浪战。他是清廷在前线级别最高的统帅，本应坐镇后方，协调各路清军作战。率游击之师追击、骚扰捻军的任务，交给手下将领即可。他屡屡出言贬低湘淮军，拒绝湘淮军的援助，又不能拉拢官文、阎敬铭等各路清军联合作战，失败也就无法避免了。

清廷让曾国藩挂帅平捻，曾国藩是极不情愿的。他有镇压太平天国的功绩在手，已无再建新功的想法。何况他早已功高震主，眼下遭到朝廷猜忌，恰是如履薄冰之时，怎肯在垂暮之年披挂上阵，再立功勋？金陵之役令曾国藩“心已用烂，胆已惊碎”，年老多病之身也不适合重返战场。

朝廷严旨令曾国藩赴山东剿捻，以李鸿章署理两江总督。曾国藩为此上了两道奏折，其中一道从军事上分析自己不适合主持剿捻的原因。首先是自己无兵可用。曾系湘军经过多次裁撤，只剩九千多人，而且多是南方人，不适应北方天气，亦吃不惯面食，宁愿被裁撤回籍也不愿北上。湘军愿意北上的兵勇只有三千，朝廷下令用淮军补齐所缺兵额，然则淮军也只有刘铭传、周盛波两支可供调遣，兵数仍然不足。如果朝廷强令自己挂帅，就只能到徐州依湘军营制，招募北方人组建新军，最快也要四五个月才能成军。湘淮军多是步兵，没有大规模的马队，而在平原争锋，尤其面对捻军这种“骡马化”大军，必须添募骑兵。购买战马至少需要三个月，加上训练士兵最快要两个月，如是则骑兵成军至少需要五个月时间。捻军北上，恐怕会进攻直隶，清军必须调动水师阻止捻军渡河。湘军水师多是按长江水文条件制造的战船，无法在黄河作战，要阻击捻军，必须根据黄河水情重新造船，建立黄河水师，这又是四五个月才能完成的任务。此外，湘淮军需要地方供应军饷，不得地方全力配合，就无法打仗。如若不能获得节制湖北、安徽、江苏、山东、河南五省的权力，湘淮军仓促出动也会打败仗。[2]

这道奏折发出之前，朝廷发现此前上谕未明确曾国藩的事权，已补发一道上谕，让曾国藩节制山东、河南、直隶三省一切文武官佐乃至旗员。曾国藩又上了一道奏折，声称自己疾病缠身，说话不多就会舌头发麻，若是朝廷非要自己参与剿捻，自己可以智囊的身份，在军中参议，但不能作为主帅主持大局。

曾国藩另在一封信中明确说出了他的焦虑，捻军不热衷攻占地盘，又是大队骑兵为主，速度极快，旬日之间纵横千里。此前他与太平军进行的战争，以步兵为主力，以攻占地盘、城池为目的，战争的节奏较为缓慢。捻军窥到黄河防线的虚实后，定会不顾一切直取京师。在京师附近平捻非常艰难，稍不如意就会受到舆论攻击，加之天子在侧，军事指挥会受很大掣肘。这种万众瞩目、万口讥议的战争，容易手忙脚乱，最后身败名裂。安史之乱时，唐朝名将封常清、高仙芝、哥舒翰就在这种压力下失败，曾国藩实在不想遭受这种“大戾”。若能把主帅之位推让，仅以智囊的身份襄赞军务，既可逃脱汹汹物议，也避免功高震主。

可是清廷一时间找不到比曾国藩更好的人选，左宗棠还在闽、粤一带追击太平军残部，能指挥湘淮军的，只有曾国藩与李鸿章。彼时湘军已大半裁撤，淮军仍然风头正盛，为防淮军尾大不掉，自然以曾挂帅为宜。曾国藩被逼无奈，只能勉力北行。

二　围追堵截，防不胜防

曾国藩擅长归纳总结，他发现在小范围内看，捻军的行动机变百出，似乎捕捉不到规律，但把视野放大到数千里的战场，即会发现捻军行军路线亦有迹可循。捻军似“流贼”而非“流贼”，虽然作战时在数省之间来回奔走，然终不能舍弃蒙城、亳州老家。若把捻军的行动轨迹看作一个大圆圈，这个圆圈即是以蒙、亳为圆心，直径长达一千多里的大圆。无论如何奔走，捻军活动基本不出这个大圈。

造成这种态势的原因，是捻军缺乏攻坚能力，也没有太平天国那种治理地方的行政机构，既无法在清军追击的情况下攻占城池，亦无法在占领地方后形成有效治理。虽说捻军行军时可以在经过的村落获取粮草，可以击败官军夺取辎重，甚至还能招抚流民以壮声势，但其核心兵员和粮秣辎重，主要靠蒙、亳的乡亲提供，是故无法实现真正的无后方作战。

除了眷恋老家，捻军在这个大圆内的活动，尚有其他特点：捻军的休整地，无外乎安徽凤阳、颍州（今阜阳），河南归德（今商丘）、陈州（今淮阳），江苏徐州。大概捻军将领对这一地区的地形、民情较为熟悉，当地民众也多倾向捻军，容易获得掩护和补给。

掌握了捻军的活动范围，结合战区的地形、道路、物产，即可判定捻军常走的几条路线。根据这几条路线，曾国藩划定了几个重要攻防节点实施重点防御，不再四处分兵、全面防御，亦无须动员全军跟着捻军穷追不舍。这即是曾国藩所说的，“变尾追为拦头”，“以有定之兵，制无定之贼”。

曾国藩选择江苏徐州、山东济宁、河南周家口、安徽临淮关四处要地，设置老营驻扎重兵，囤积粮草军械。这四处军镇，恰能扼住捻军时常活跃的地带。清军在四镇多设哨探，拉网向外侦察，总有一处能发现捻军踪迹。一旦发现捻军主力，本镇即刻出兵拖住捻军，另外三镇火速驰援，实现四镇合围捻军的计划。[③]

考虑到清兵行军速度缓慢，曾国藩在四镇老营皆存有充裕的粮草、军械。这样一来，清军追击索敌时只需携带军械与数日干粮，无须大量长夫运送辎重，行军速度大大提高。为防备捻军首领突发奇想，跳出四镇掌控范围，曾国藩又设立游击之师，以骑兵为主，负责尾追捻军，应援各处清军。他派李鸿章之弟李昭庆招募骑士组建马队，合并僧格林沁的残兵，充任“游击”。

曾国藩的四镇主力分别是济宁潘鼎新，周家口刘铭传，徐州张树声、周盛波，临淮刘松山，除刘松山在临淮统带的是湘军老营，其余三镇皆是淮军。九千湘军加上二万二千淮军，平捻清军总兵力为三万一千多人，步兵数量、火力略胜僧格林沁，骑兵则大为不如。

曾国藩原本指定李昭庆充任“游击”，奈何马队训练不易，尚需数月方能上阵，遂以僧格林沁的残部替代刘铭传守周家口，把刘铭传改为游击之师。曾国藩这番布置，主要是想扬长避短，不与捻军进行长时间的追击，然而他的布置很快露出了破绽。

四镇之间相距数百里，战区中间有很大的空隙，捻军若是不愿交战，可从四镇之间的缝隙穿过去。就算清军发现捻军踪迹，往往也追之不及——曾国藩高估了清军的行军速度。他本来设想，只要有一镇绊住了捻军，其余三镇就能火速赶到，四面包围捻军。可是清军无论步骑，至多不过日行百里，四镇之间相距二三百里，有两三天的路程。如果捻军不稍停留，与清军一碰即走，二百里外的清军援兵根本来不及合围。

若要实现四镇合围捻军的谋算，就得把诸镇老营之间的距离缩小到一百里以内。可是，要将老营间距缩小到一百里以内，四镇就会变成十几个镇，清军实在没有这么多兵力。“围堵”“拦头”的办法听起来很高明，实则于事无补。最多就是湘淮军战斗力高于僧军，四个老营就算单独面对捻军的围攻，也不至于全军覆没。

湘淮军自保有余，歼敌却毫无希望。万不得已，曾国藩在四镇之外再增募游击之师，组成大队机动兵力，对捻军穷追不舍。此外，他又添设河南归德一镇，把四镇变成了五镇。

既要加强游击之师，又要添设归德一镇，原本的三万兵马不敷其用，曾国藩加紧调拨兵力。他把自己最得意的猛将鲍超调回，鲍超的霆军经过整编，编成马、步兵二十营，其中步卒一万二千人，骑兵三千二百人。李昭庆的马队编练成功后，马步各军共九千人，也在随后归入战斗序列。曾国藩还调来了淮军刘秉章部，总兵力增至七万，已接近捻军总数。

兵力增强后，曾国藩大胆地派清军与捻军在江淮平原上纵横追逐。他把游击之师增加为六路，周盛波、潘鼎新一路，刘松山、张诗日一路，咬住张宗禹、牛洛红；刘秉章、杨鼎勋一路，专门对付任化邦；刘铭传、李昭庆一路，盯防济宁、徐州；鲍超赶到后，在河南汝宁、南阳一带“游击”。捻军虽然不能彻底舍弃亳、蒙基地，但被湘淮军连续阻击后，也干脆跳出两军追逐的战区，奔向湖北。

驻扎湖北的湘军成大吉部哗变，捻军趁机与溃兵合流，在湖北大破清军，击杀总兵梁洪胜，席卷湖北黄冈、黄安、黄陂、孝感一带，震动武昌。官文素不知兵，清廷只得起用在家养病的曾国荃。曾国荃出任湖北巡抚后，招募了六千“新湘军”，将捻军驱逐到河南，“新湘军”随后亦成为游弋于湖北战区的“游击”。

到此为止，曾国藩以“有定之兵，制无定之贼”的计划已全部改变。原本驻守五镇的精兵大多抽调出来，充实游击之师，只留下少量兵马防守。五镇只留少量兵力，卡住交通要道，为游击之师提供粮草补给。与捻军作战的主力，已从五镇“呆兵”变成六路“游击”，回到了僧格林沁的老路。

与僧格林沁相比，曾国藩的布置主要是多出了五镇老营。在捻军出没的区域，无论何处发生大规模战斗，二百里内定有一镇老营。捻军与曾国藩的“游击”发生交火，倘若不能在两天内结束战斗，清军很快就能得到老营支援。老营留守之兵虽不够强，却能为作战的主力看守两翼和后路，只要稍加坚持，另一路“游击”定能赶到。清军一路“游击”打不过捻军，捻军不敢停下来彻底歼灭清军，两军往往稍一接触就很快分开，谁也消灭不了谁。

曾国藩感慨说，人们都以为捻军只是善于逃窜，清军只是追之不及，待我打了几仗才知道，哪怕追到了也不敢打。只有刘铭传、鲍超遇到大队捻军还敢开战，而且胜败也不过五五之数。不算李昭庆，湘淮军的“游击”在五万人以上，却始终无法和捻军打一场主力会战。④

分散的游击之师打不过，集结大队人马又追不上，曾国藩开始考虑刘铭传的建议，利用河道锁死捻军，限制其活动空间，逐渐压缩包围，逼迫捻军与清军主力对决。

大运河以西的地界如河南、皖北，都是屡经战火的荒凉残破之地，无法为捻军补给粮草。除了老家蒙、亳，捻军只有在运河以东的膏腴之地才能解决后勤。既然捻军必须偷越运河夺取给养，清军就可以沿运河设防，阻挡捻军渡河，将其饿死在运河以西。

沙河、贾鲁河皆是颍河支流，河南周家口即为三水汇合处的三岔口，曾国藩疏浚了两河水道，使其与北面的黄河相连，形成一个三面环水的防线。以沙河、贾鲁河为西界，运河为东界，即能把捻军限制在两河之间。以河流为天险，沿着河岸修筑长墙、堡垒，驻扎精锐部队，捻军既无法渡过运河向东进入富庶的山东半岛，也无法渡过沙河进入更广袤的战区求得生存空间，只能在贫瘠的河道之间来回冲突，势必为清军歼灭。

曾国藩还想出了接力追击的办法。湘淮军一次强行军的极限是二百里，再远就会因疲劳失去战斗力，于是曾国藩沿着河道划分了六个战区，每个战区相隔二百里。清军六路“游击”，就在运河、沙河与贾鲁河之间的战场内接力追击。一路“游击”狂追捻军二百里后，刚好能够将捻军驱赶到友军的防区，这时自己停下休整，让友军接力追击。如是反复，六路清军交替休息，而捻军昼夜奔走，不得喘息，极有可能因疲惫而战败。[⑤]

李鸿章在给刘秉章的信函里讥讽道：“古有万里长城，今有万里长墙，不意秦始皇于千余年后，遇公等为知音。”李鸿章素喜浪战，喜欢采取积极主动的攻势，与敌战于野外，不像曾国藩未虑胜先虑败，战争擘画总以稳妥为先。他此时尚未到前线与捻军交手，不知敌之虚实，亦不知千里奔袭之难度，自然会嘲讽老师的“河防”迂腐。但是他也指出了一个非常重要的事实：若欲以河为防，势必在河岸修筑大量长墙阻敌。可是千里长墙，工程何等浩大，清军岂能在短期内构筑出完整的防线！况且沿着河岸千里布防，八万湘淮军不足以覆盖如此长的防线，只能借重其他派系的清军。他处清军战斗力低下，更不肯听从曾国藩的指挥，河防必然会出现漏洞。

除了以河为防，阻止捻军进入山东、江苏“就食”，曾国藩还厉行“查圩”，以政治手段瓦解捻军的根本之地。亳州、蒙城、宿州、水城等地，或是捻军的老家，或是抗清坚决之地，曾国藩试图利用当地团练，分化、兼并、控制反清通捻的圩寨，断绝捻军后援。

因为地方动荡不靖，中原很多地方小村并为大村，修筑圩寨自守。一圩往往聚合数百户乡民，推举圩主建立武装。圩主指挥壮丁，在村外修筑围墙环绕，围墙外再环以壕沟，平时关门闭户，只留一座吊桥进出村落。在清朝官方文书中，拥戴朝廷的圩寨称为“民圩”，支援捻军的圩寨被污为“贼圩”。“贼圩”“民圩”之外，多数圩寨在清、捻之间首鼠两端，时“贼”时“民”。

曾国藩“查圩”，首先撤掉原来的圩主，由官府重新任命圩长。每圩设圩长一人，副圩长二人，人选由乡民推举。经州县官员审查核实，确认其人德高望重，且忠于清朝之后，方由钦差大臣曾国藩为圩长颁发执照，州县长官为副圩长发放证明。圩长的任务是查探本圩民情，清理户口。忠诚清朝者称为良民，登记在册，曾与捻军交往而愿意投诚者，亦可列入良民。拒绝与清朝官方合作的，登记为莠民，在外者发下公文追捕，在家者由圩长锁拿送官，以此完成对本圩的清理。⑥

整圩都曾结交捻军的，若与捻军交往不深，仅更换圩长，若与捻军关系过深，则打散并入“良民”多的圩寨。曾国藩在圩寨内实行连坐政策，“查圩”后再暗通捻军者，一户结捻则五家连坐。所有圩寨实行坚壁清野，断绝捻军粮草、人力补充，为过境的清军提供补给。

“查圩”其实是沿袭曾国藩初创湘军时，在湖南设局动员地方士绅，掌控基层的旧办法。他认为在圩里捕杀通捻的“莠民”一人，胜过在战场杀敌百人。战场斩杀一名捻军只能除一害，后方清查一圩却能少一患。“查圩”的委员前后捕杀“莠民”上百人，一度取得巨大成效，动摇了捻军的根基，削弱了捻军的接济与兵员。但清军无法在战场上歼灭捻军，这种高压手段终究难以长久。曾国藩令圩长率领全圩坚壁清野、抗击捻军，可这些游散之民壮，如何敌得过兵强马壮的捻军？如果清军不能及时支援，他们都会被捻军消灭。

曾国藩与“圩长”们约定，遇到捻军来袭，你们只须在圩中坚守二十五日。若在二十五日内战败，算作你们失职，若坚守到二十五日后才战败，就算我的罪责。可是清军基本无法按时救援“民圩”，甚至因为兵力单薄不敢上前，在一旁坐看“民圩”遭劫。长此以往，“民圩”再也不敢抵抗捻军，反而纷纷为捻军提供粮草以求平安。高明的政治手段，因为缺乏军事上的强力配合，最终无济于事。

虽然“查圩”并未完全奏效，然而也大大增加了捻军后勤压力。加上“河防”限制捻军机动，六路“游击”又穷追不舍，捻军形势极为窘迫。“河防”之策推行不过一月，张宗禹就在河南周家口西北处被刘松山、张诗日追及，捻军连输六阵，损兵五千多人，遭受开战以来最大损失。赖文光、任化邦向东突围，也被淮军潘鼎新击退，可见曾国藩的新战略成效明显。

诚如李鸿章所料，河防千里，不可能处处都由精锐的湘淮军设防，也无法处处修筑长墙，不少地段只能以杂兵协防。贾鲁河上游朱仙镇以北到开封四十里，开封往北至黄河岸三十里，七十里河岸皆是沙地，无法开沟修墙，只能以兵驻守。因湘淮军兵力不足，这条防线以豫军为主力。捻军很快发现此处是河防的薄弱点，遂定计从此处突破。张宗禹与任化邦、牛洛红、赖文光会师河南中牟，在开封附近击败豫军，冲破河防，开进山东半岛。嗣后，捻军再破河防，张宗禹冲入陕西，任化邦、赖文光突破沙河进入湖北。捻军至此分为西捻、东捻，直至败亡再未会师。捻军虽然分为两支，却冲破了曾国藩以河为界设下的牢笼。“河防”之策看似失败，曾国藩这位全国威望最高的军事家，遭到了朝野上下的怀疑。

三　战术迭代，将士用命

与世人眼中守旧、顽固的印象不同，曾国藩善于归纳总结经验教训，也非常擅长军事创新。在奉命剿捻的时间里，他根据战场反馈的情报，将湘淮军的战术迭代了三次。

鉴于清军骑兵严重不足，机动性不及捻军，曾国藩一方面努力添募马队，一方面改变战术，实施“以静制动”的策略。他的“以静制动”，关键是从捻军神出鬼没、飘忽不定的行踪中，找到其活动规律，再结合地形、交通，预判捻军的行军路线，实施重点防御。他分析大量的战报，确定捻军的活动范围以蒙、亳为圆心，且其行军总是借道四处：河南扶沟、鄢陵；河南永城，江苏萧县（今属安徽）、砀县；安徽蒙城、宿州；山东曹县、单县。判定这四处捻军必经之地，他在靠近这四处通道的地点设置老营，堵截捻军，变尾追为拦头。

这是非常高明的参谋作业，“以静制动”“重点防御”的关键，在于找到战局的要害之处，对捻军行军路线进行预判。曾国藩从汉学考据中发展出剖析、简要、综核的思维方法，是他能完成这种近代化参谋作业的关键。

配合查圩的政策，曾国藩其实也取得过一些胜利，张树声、潘鼎新在徐州丰县击败了任化邦和赖文光，随后刘铭传也在周家口附近的扶沟再败任化邦。时人周世澄在《淮军平捻记》中说，湘淮军依托四镇设防，因为预判了捻军的动向，捻军所到，“处处投触罗网，遂不能逞其故智”。也有人评价曾氏的查圩政策：“消患于未形者，其功巨矣！”

虽说曾国藩完成了一次高明的参谋作业，但因兵种缺陷，他的策划不能完全落实。由于四镇之间距离过远，清军行军速度缓慢，即使判定了捻军动向，也无法实现“一省有事，三省往援”的战略构想。除了刘铭传借助随军火炮的威力能独立迎战捻军大队之外，其余各镇是拦住了却打不过、不敢打，等清军四镇兵力会师，捻军早已扬长远去。曾国藩总结说，捻军狡诈多端，飘忽异常，从不肯以堂堂之阵与清军鏖战，每次必等到清军势孤力竭之时才出动大队围困。

见重点设防不能制捻军死命，曾国藩效法僧格林沁，抽调大量精兵组成游击之师，这是他第二次改变剿捻战术。僧格林沁亲率一队孤军穷追不舍，曾国藩则划分多个防区，设立六支追兵分区追击，以此节省清军体力，不至重蹈僧格林沁力竭被围的覆辙。游击之外，他以老营为主力提供补给，减少辎重压力。只是湘淮军以步兵为主，尽管添置了马队，还兼并了僧格林沁残部，骑兵数量、质量都没有恢复到僧格林沁全盛之时，更加不及捻军，所以往往追之不及。

听从刘铭传的建议实施河防之策后，曾国藩第三次改变战法，他把捻军压制到沙河、贾鲁河、颍河、运河四条河流圈禁的狭窄区域，再以湘淮军接力追击，往来穿梭，这是他第三次战术转变。实际上他已经找到了对付捻军的办法，“长墙围制之策已得平贼要领”。

曾国藩剿捻一年多不能成功，论者多以为是因湘淮军派系复杂，他无法自如地指挥军队。他们认为，剿捻之时，曾国藩的嫡系湘军已大部裁撤，清军主力多是淮军。湘淮军“兵为将有”，除了自己的直系上级，谁也指挥不动。既然淮军只认李鸿章，李鸿章不在军中，曾国藩就很难指挥如意。

事实绝非如此。淮出于湘，湘淮本是一家，虽说淮军以安徽人为主体，其起家的骨干超过一半是直接从湘军划拨，曾国藩是他们的“老帅”。淮军新组建的营头，营官大多从湘军中抽调，或者经由曾国藩选拔、培养，曾国藩指挥他们并无困难。

曾国藩曾致信李鸿章，说既然淮军已交拨我指挥，你就应该彻底放手。不然军中有两个主帅，指挥怎能灵便？为了加强指挥，除了裁撤营头会和你商量外，其余一切事务，无论进攻撤退、分兵合击、保举参劾乃至增募士兵，都由我独立主持。他还以老师、父兄的身份，给李鸿章写了一段很重的话："我自问年老气衰，只恐对下属过于宽纵，断不会对下属过于严厉。我是一番为人父为人师的好心肠，对淮军将官或责骂，或激励，无非都是希望子弟们能成名，能做一个好人。"⑦

这封信常被认为是曾国藩指挥不动淮军的证明，其实这封信不是抱怨淮军不听指挥，而是告诫李鸿章不要插手前线军务。李鸿章担心淮军非老师的嫡系，被老师胡乱使用，有"护犊"的想法乃是人之常情，加上李鸿章对如何剿捻与老师存在分歧，难免会对淮军指手画脚。曾国藩的这封信，是在告诫李鸿章，不要随意插手前线军务，以免造成两个司令部，淮军也是我的子弟，我不会亏待他们。他针对的是李鸿章而非淮军将领。只要李鸿章不插手前线，曾国藩完全能驱使淮军如子弟。

在这封信之前，曾国藩还给李鸿章发过一封私函，说"淮军诸统将亦渐渐识我性情，乐我教训"。⑧言下之意，淮军他是指挥得动的。另一个被用来证明他指挥不动淮军的例子，是李昭庆、刘铭传一度消极怠工。曾国藩让李鸿章的弟弟李昭庆招募马队，负责追击捻军，充任"游击之师"。这种动辄上千里的追击非常辛苦，又容易落得僧格林沁一般的下场，李昭庆百般不情愿，就托李鸿章代为求情，李鸿章求情失败，刘铭传就假装生病，替李昭庆向曾国藩示威。

但李昭庆之所以不愿意充当"游击之师"，并非出于湘淮门户之见，纯粹因为自己怕死。就算李鸿章挂帅指挥，他也会设法推卸责任。刘铭传为此和曾国藩耍性子，也是因为他个性如此，并非门户之见。李鸿章代替曾国藩挂帅后，刘铭传因为胶、莱的防务问题，甚至威胁李鸿章要辞职，他面对李鸿章时也是如此骄横跋扈。曾国藩真正指挥不动的，是湘淮之外的地方部队，以及僧格林沁留下的残部，最棘手的当属陈国瑞。

降将陈国瑞是湖北应城农家子，父母早丧后为叔父抚养长大。他天性残忍暴虐，年幼时不敢杀人，就以杀狗为乐，方圆数百里内的狗都被他杀绝。太平军过湖北，他也被征入太平军，打了三年仗后当了逃兵，投奔清军总兵黄开榜。黄开榜认陈国瑞为义子，在其麾下听命。陈国瑞跟从黄开榜打捻军，战功赫赫。他所统士兵，人人穿红衣举红旗，戴红缨小帽，善战骁勇，人称“红孩儿”。陈国瑞后跟从钦差大臣袁甲三，颇有战功，经袁甲三举荐，投在僧格林沁门下，成为僧军头号悍将。

陈国瑞

陈国瑞言辞粗鄙，遇人无论长幼皆称“老子”，甚至在文书里也自称“老子”，称呼部下则用“孩儿们”。他擅长打仗，对人谈论兵法，说“战要战得稳，追要追得狠，退要退得紧”，确是名将之语。僧格林沁镇压苗沛霖之乱，苗捻号称数十万，陈国瑞竟然亲率数百勇士突入阵中，直取苗军帅营，引发敌军崩溃，僧军平定苗沛霖，陈国瑞功为第一。

陈国瑞为人跋扈嚣张，

又好滥杀，为陈国瑞主厨的师傅，因饭菜不可口被杀了十几人。有人向陈国瑞的婶娘告状，婶娘就亲自下厨为他做饭，陈国瑞只得到厨房请罪。陈婶说："你既然不要我下厨，我就找一个亲戚来给你做饭，你待他须像待我一般，你若要杀人，就来杀我好了。"陈国瑞磕头认错，自此后不敢再杀厨师，但残暴本性，丝毫未改。[9]

僧格林沁战死高桥寨，陈国瑞拼力杀入重围，夺回了僧格林沁的尸体。高桥寨之败，连山东巡抚阎敬铭、布政使丁宝桢都被议处，只有他在战后奉命统领僧军残部，护理钦差大臣关防。

陈国瑞进驻济宁，与刘铭传换防，见淮军所携枪炮精良无比，心中十分羡慕，遂趁淮军不备，率五百人偷袭淮军营地，企图杀人夺械。刘铭传带大队人马来援，依仗精良的火器，将陈国瑞全军歼灭。刘铭传也是草莽出身，手段狠毒，抓住陈国瑞后把他关在小阁楼内，三天不给饮食，饿得他不成人形，不得已投降认输。[10]

陈国瑞写帖子向曾国藩投诉刘铭传，曾国藩正想收他为己用。他先使出文士感化武夫的手段，在陈国瑞状告刘铭传的禀帖上写了两千字批语，历数其残暴、悖谬、不法的行为，促其改过，并与他约法三章：不扰民、不私斗、不抗拒长官命令。[11]

陈国瑞给曾国藩回信，既不肯承认罪责，也不肯执行这三条约定，只承认平日吸食鸦片不对。陈国瑞敢顶撞曾国藩，是因为自恃朝廷对他十分优容，一定会为他撑腰。曾国藩见状就上折子参了他一本，将他革去帮办军务头衔，脱去黄马褂，暂留总兵头衔戴罪立功。陈国瑞见曾国藩如此强硬，连朝廷也护不住他，只能乖乖地到徐州当面向曾国藩请罪。曾国藩软硬兼施，终于折服了陈国瑞。他让陈国瑞搜罗溃兵，添募兵勇，在他麾下打仗立功，陈国瑞果然努力作战。曾国藩曾评价：陈国瑞一军虽无大量西洋军械，但因敢战深入，作战耐苦，打捻军竟然比湘淮军还得力。[12]

收服陈国瑞，就等于收服了僧格林沁残部，加上李鸿章不再插手前线，淮军也不敢抗拒军令，曾国藩克服了指挥不灵的问题，八九万大军在手，“河防”战略又颇有成效，夺取胜利只是时间问题。即便捻军利用豫军的疏忽突破“河防”，亦不能改变其窘迫之势。只要按曾国藩的战略打下去，持续修筑长墙，不断增募马队，再过两年必能成功。可是，来自朝堂的攻讦，让曾国藩如坐针毡，再也不能安心剿捻。

四　朝堂背刺，功亏一篑

就任剿捻统帅不到数月，曾国藩就受到了言官的参劾，“中外纷纷谤议，责敝部不能与贼纵横追逐”。仅同治五年（1866），就有阿凌阿、穆缉香阿、卢士杰、朱学笃、朱镇等十余人参劾他，朝廷还把这些弹章寄给了曾国藩。这让曾国藩非常苦恼，他读到朱镇的弹章后，在日记里说“阅之不无郁恼”。曾国藩表面是“郁恼”朱镇，其实是“郁恼”太后。

在研究清代的历史时，我们会发现，慈禧的所作所为，竟然似乎全都得到了舆论支持，她所选用的官员，哪怕昏庸荒唐如刚毅之流，也官声极好，舆论对他们非常支持。

后人对这些所谓的舆论、“物议”切不可当真，以为老百姓和读书人真有那么糊涂。天津教案时，曾国藩被天下言官骂得狗血淋头，但一年多后曾国藩去世，天下官员、士子给他写的挽联，又把他赞誉得无以复加，说他是力挽狂澜的大臣，比为古之诸葛亮、郭子仪、王阳明，他的名誉哪里完蛋了呢？之前骂他，不过出于太后的示意，例行公事而已。

慈禧太后不能控制湘淮集团，也不能完全控制满洲宗室和军机大臣，她真正能控制的，是言官和“物议”。慈禧掌控不了军队，就积极掌控“物议”，这是她的精明之处。朝廷具有天然的仲裁者身份，得到言官的舆论加持后，具有无与伦比的震慑力，慈禧能代摄皇权数十年，与此密不可分。直到康有为、梁启超发挥出了“报纸”这种新型舆论工具的威力，慈禧的影响力才稍有减弱。

台谏、言官多是朝中边缘人，本身并无实力派支持，唯一能博出位的机会，就是揣摩皇帝的心思，弹劾大臣。慈禧太后既然代表儿子主持政务，那言官所言即是慈禧所言，甚至都不能代表这些言官本人的想法，他们只是做了太后的“嘴替”。这就是为什么连刚毅、徐桐之流，都能得到所谓天下“物议”支持的原因，其实哪有什么天下人的支持，只是慈禧喜欢他们罢了。

除了言官，很多朝臣在没掌握权力时，亦不得不为慈禧代言，说些违心的话邀宠，可一旦掌权，他们立即就会按内心真实的想法行事。保守派代表醇王奕譞未得志时曾奏请皇帝，将大内禁中一切西洋物件销毁，做好表率，让天下人皆以西洋物品为耻。等到他主持军机，居然改口说顽固派祸国殃民，他们只会阻挠本国以新法对付敌国，却不能遏制敌国以新法图谋我国。⑬

言官上奏参劾曾国藩，朝廷不将弹章留中不发，反而昭告天下，其用意十分恶毒。以清廷的立场来说，并不希望用这些弹章逼迫曾国藩仓促出战，最后战败。僧格林沁已经败亡，若曾国藩再被击败，清廷的统治就危险了。僧格林沁手下的精兵已大部阵亡、溃散，最后的野战兵团湘淮军再被打光，清廷哪儿还有强军可用？左宗棠那点军队仅够看守西北。天下能出镇方面的大帅，只有曾、左、李三人。三人用兵各有其长短，但综合实力相去并不甚远。若曾国藩战败，李鸿章和左宗棠还能有什么办法？

朝廷不断斥责曾国藩畏缩不前，不敢与捻军接仗，是因为知道曾国藩老成持重，绝不会因为闲言碎语乱了主张。正因不怕曾国藩轻举妄动，太后和军机大臣反而敢花样百出地嘲讽他、敲打他、咒骂他。这是在精神上折磨曾国藩，既向他这个地方实力派展现朝廷的威严，也是在为有朝一日换帅提前做好准备。这些下作手段，除了让太后心里舒坦，于国事毫无益处。

曾国藩不会以私怨而坏国事，但即使他在此时退出，改由李鸿章接手，也不会败坏剿捻大局。他一直担忧朝廷对自己猜忌太过，就思索干脆在此时彻底退出，不主持剿捻，也不再回任两江总督。

从立德、立功、立言三不朽来说，曾国藩的立功已达人臣的巅峰，作为一介儒生，他毕生的理想只剩下完善自身修养和著书立说。辞去一切官职，他才能有时间完善自己的儒学功夫，梳理一身学问，写一本总结性的著作。曾国藩在生命的最后一年，最懊悔的就是未能完成“立言”，他的学问只能零散地见于日记、书信、散文，不能汇成一部体例完备的著作。这是曾国藩生平一大憾事，也是中国近代史上一大憾事。

朝廷想借剿捻无功撤换主帅，曾国藩又何尝不想乘机致仕？若依他的本心，根本就不该出来挂帅平捻，平定太平天国的功业已冠绝一世，平捻又于他何加？平捻更合适的统帅其实是李鸿章，让李鸿章来统筹淮军也更为高效。朝廷之所以逼着曾国藩出来挂帅，又在一年多后匆忙换帅，实际也有其“高明”的政治考虑。

朝廷清楚地知道曾国藩在湖南民间的号召力，所以不敢纵虎归山，让他回到湖南老家，与拥戴他的几十万儿郎待在一起。所以朝廷敢开曾国荃的缺，却不敢让曾国藩隐退。慈禧虽无大政治家的格局，但这一点利害关系，她是清楚的。所以曾国荃可以辞官在家，曾国藩必须至死为国效力。而且曾国藩要么担任两江总督，要么担任直隶总督，朝廷从不敢把他放到湖广地区，也不敢把他放到四川、两广这种天高皇帝远的地方。

清廷开始认为，两江在战争期间死伤甚重，加上湘军火烧金陵，曾国藩在当地很难获得人望，于是金陵就成了清廷安置曾国藩的好去处。然而清廷失算的是，虽然湘军在金陵多造杀孽，苏南却是李鸿章打下来的，这块两江核心的富庶之地，多数士绅、平民并不恨曾国藩，相反他们因受到太平军陈坤书之流的掠夺，对曾国藩还有几分感激。曾国藩平定金陵后大兴文教，减免了自明代以来的江南重税，主持盐政、河工亦颇有善政，竟然逐渐在苏南获得了名望。

曾国藩的名望和能力，让朝廷感到非常恐惧：要是让他在两江任上待久了，江浙士绅定会成为他的死忠。所以调曾国藩出来平捻，是为了给他挪动位置。

平捻首先不选用李鸿章，也与曾国藩独特的军事才能有关。因为朝廷原有的军事体系无法对付太平军，曾国藩就根据战争的特点，开创了新的军事体系，他是一个开创之才。李鸿章也是优秀的军事统帅，然而他统领淮军，早期是照搬湘军营制，后期是师法“常胜军”的西洋战法，与曾国藩相比，他没有根据战场形势创新战法的能力。捻军大兴，清朝固有的军事体系再一次遭到了挑战，湘淮军镇压太平天国的经验已不适用。既然曾国藩是一位能够总结经验教训、赤地立新的军事家，朝廷就师法平定太平天国的故智，任用曾国藩去研究新战术，等新战术研究出来再让李鸿章去接手。如果“河防”无效，朝廷就必须继续重用曾国藩，让他不断去摸索击败捻军的战法，此刻既然战法已经成形，那他就可以退下来了。

李鸿章代替曾国藩剿捻之后，虽然最终获得了胜利，但他挂帅的最初一年，打得远比曾国藩难看。先是淮军郭松林被东捻歼灭，自己也多处受伤，侥幸逃得性命。接着张树珊孤军深入，兵败身死。尹隆河一战，刘铭传贪功冒进，险被东捻全歼，幸得鲍超援手才反败为胜。张宗禹统率的西捻，一度打到了京师门户保定，京畿大震，李鸿章被拔去双眼花翎，脱去黄马褂，革去爵位，左宗棠、官文被交部议处，数名疆吏被发配边疆。不久后，西捻攻到天津附近，左宗棠、李鸿章均被降二级留任。曾国藩主持平捻时基本没打过大败仗，与李鸿章后边打的败仗比，捻军冲破河防可以忽略不计。

李鸿章最窘迫之时，曾国藩都被吓倒了，对赵烈文说，李鸿章连吃败仗，搞不好我还得再次出山收拾残局。但朝廷无论怎么处罚李鸿章，始终没有换帅，一直支持他打下去。可见清廷并非完全不明军务，不晓是非，卸掉曾国藩的剿捻主帅一职，虽是出于曾国藩的固辞，更是因为看到了曾国藩“河防”战略的有效。

设使“河防”之策不见成效，朝廷决不会临阵换帅，他们会让这位军事家继续探索。反倒因为“河防”有效，击灭捻军的战略已经成形，前线有没有曾国藩都一样了，一心想要削弱曾国藩权威，实现以淮代湘、曾李瓜代的清廷，才会借口曾国藩未能防备捻军冲破运河，改由李鸿章督师剿捻。

曾国藩既恼怒慈禧为首的朝廷对他百般攻讦，也在思考如何借机抽身而去。他给曾国荃的信里说，自己精力大减，已不能担当大任，现在要谋划一个引退的办法，只是不能让朝廷觉得自己的隐退过于鲁莽。

五　曾国荃狠斗官文

曾国藩正在苦思破局之时，他那懵懂的兄弟曾国荃却捅破了天。因为捻军突入湖北，湖广总督官文没有军事才能，朝廷无人可用，不得不起复称病在家的曾国荃为湖北巡抚。曾国荃先招募旧部五千多人，建立“新湘军”，稍后又把“新湘军”扩编到一万五千人。湖北的资源有限，曾国荃用多了，官文分得的资源自然就少了。曾国荃如此大规模招募军队，自然会引起朝廷的猜忌和官文的打压。

官文是侍卫出身的旗人，是清朝皇室的“自己人”，当年他出任湖广总督，本就为监视胡林翼、曾国藩而来，是咸丰皇帝派给湘军的“监军”。官文最初和胡林翼、左宗棠、骆秉章都发生过严重的冲突，因为胡林翼政治手段高明，以“和柔”的手段缓和关系，最终实现了官文同湘军集团的合作。

官文

与胡林翼和解之后，官文不再掣肘湘军的各项事务，反而时时加以维护，湘军将领们遇到麻烦，官文会代为疏通求情，湘军集团要斗争政敌，官文还会以满大臣的身份替湘军出手。官文没有政治、军事上的长才，但见事十分明白，既然只有湘军能打胜仗，为什么要和湘军捣乱呢？湘军是给我们旗人打工的，和湘军捣乱岂不是自毁基业。湘军打了胜仗，曾国藩和胡林翼也懂得投桃报李，分润战功给官文，湘军和官文达成了利益上的一致。

曾国藩对官文评价并不好，他曾在一封信里说，世人都说官文是个休休有容的大度统帅，其实他是一个很难共事的人，胡林翼能维持与他的关系非常不容易。胡林翼去世以后，湘军少了一个和柔忍耐的人与官文周旋，两边情分渐渐疏远。曾贞干卒于军中，灵柩回乡时经过湖北，官文没有派人去迎接，曾国荃对此怀恨在心。

没有胡林翼掣肘，官文在湖北大包大揽，搞得湖北乌烟瘴气。曾国藩对此非常不满，说自胡林翼去后，湖北军政要员多是官文门下的走狗、奴才，是一些贪得无厌之辈，国家用人如此，大事几无转机。惯于弹劾大员的曾国藩，为何对官文一忍再忍？因为他知道，官文的身份是“监军”，断无前线将帅弹劾“监军”成功的道理。官文行事虽“荒唐”，却很少同湘军捣乱，换一个“监军”只怕更难做事。曾国藩不能像胡林翼那样低下身段结交官文，却也在战功上极推让，攻克金陵与官文毫无关系，他却请官文领衔报捷的奏折。

曾国藩、胡林翼都是老谋深算的官僚，懂得“和光同尘”，对官文的各种贪腐、不法行为视而不见。曾国荃是以蛮破巧的直人，有气敢往，百无禁忌，在湖北见到官文的丑陋行径，当然忍不住要为朝廷除此一害，加上官文借帮办军务一事羞辱了他，曾国荃哪还能忍得住。

曾国荃于官场规则一窍不通，他匆忙上任，也没有来得及招募能干的幕僚。官文上奏朝廷，给曾国荃加帮办军务的头衔，曾国荃最初以为是好事，写信询问兄长是否要上奏折谢恩。曾国藩回信说，帮办是个不重要的头衔，连陈国瑞、李世忠这样的降将都有帮办军务头衔，很多道员身上也有帮办的名义，你不需要谢恩，也不要因此不满。

帮办一般只赏给道员级别的官员，给巡抚这样的封疆大吏上帮办头衔，实际是官文对曾国荃的羞辱，嘲讽他不懂朝廷典章制度，是个官场“菜鸟”。曾国荃得到兄长的信件后勃然大怒，立即起草奏折弹劾官文滥支军饷、冒功保举、培养私人势力、公开行贿受贿等七大罪状。[14]因为怕曾国藩阻拦，曾国荃没有通知兄长，直接上了弹章，事情一下闹大了。

言官弹劾曾国藩，多是些不痛不痒的罪名，曾国荃以巡抚的身份弹劾总督，以汉臣的身份弹劾旗员，乃是震惊天下的大事。更要紧的是，他的弹章指责官文是当年逃脱审判的肃顺一党，这不仅是想让官文丢官，更是想让官文坐牢乃至杀头。

曾国荃的奏折捅破了天，朝廷虽私下有心保护官文，明面上也只能派出尚书绵森、侍郎谭廷襄到湖北查案。曾国藩在十日后才知道此事，已经无法阻止。他看完曾国荃的奏折后说，虽然弹劾的行为鲁莽了些，但所奏官文的罪状都是确有实据，也是朝中正人君子所抨击的劣迹，这场官司无论输赢，曾国荃都有立足之道。[15]

官文是朝廷亲信，在多隆阿和僧格林沁阵亡后，他是少数有军功的满大臣，是旗人在军中最后的旗帜，朝廷肯定会对他多加回护。官文特别会收买人心，在京师名声极好，在京做官的湖北人尤其肯为他讲好话。加上曾国荃的弹章里捎带了军机大臣胡家玉，告发他和张晋祺经过湖北时收了官文四千两银子的好处，军机大臣们也想报复曾国荃。于是办案的绵森和谭廷襄就将曾国荃所劾官文罪名一一驳回，甚至有人上奏说曾国荃诬陷官文为“肃党”，应当反坐。

京官们努力保护官文，湘淮军的骨干如李鸿章、丁日昌，甚至曾国藩的幕僚赵烈文也觉得曾国荃这种鲁莽的行为十分不妥。后人也多认为曾国荃懵懂无知，轻上弹章导致湘淮军集团虽胜犹败，是政治上极为幼稚的行为。然而曾国荃此次上弹章，与他当初孤军深入直逼金陵一样，再一次完成了“以蛮破巧”的政治胜利，绝不是虽胜犹败。

于公，官文贪腐堕落、颟顸无能，曾国荃弹劾官文，将其从湖广总督的位子上赶下来，为朝廷澄清吏治，是利国利民的一等好事。正是曾国荃这样勇于任事的“官场新鲜人”，才敢对官文这样树大根深的总督发难，才敢为湖广除一蠹虫。性格刚烈而正直的左宗棠就发声力挺曾国荃，说这篇弹章是天下第一好文章，做了天下第一等好事，曾国荃是湘军中第一敢作敢为之人。

于私，从湘淮集团的利益来说，曾国荃奋不顾身上了弹章，等于把台下的蝇营狗苟，各种见不得人的阴谋算计全部摊到天下人眼前，反而将了在背后玩弄权术的太后一军。慈禧正紧锣密鼓地安排言官弹劾曾国藩，曾国荃却逼得太后不得不回应官文不法一案。巡抚弹劾总督，震动国本的大事一起，阴谋诡计再无用武之地，只有公义和实力才能决定胜负。胡家玉等军机大臣在背后玩弄阴谋，打击羞辱隐忍的曾国藩颇为得力，一旦到了图穷匕见、刺刀见红之时，他们就会发现，与手握雄兵的督抚相比，他们什么都算不上。左宗棠力挺曾国荃，李鸿章虽然不赞成弹劾官文，但事发后他表示湘淮一家，淮军坚决站在曾国荃一边。当曾国藩、左宗棠、李鸿章连成一气，慈禧太后也只能下令罢免官文的湖广总督一职。

官文在湖北经营十几年，打造了一个庞大的利益集团，经此一役，官文集团被连根拔起，湘淮一系重掌湖北，湖北吏治、军务为之一清，长江流域的政事方有可为。两湖同气连枝，湖北肃清，湘淮军才能放心打仗，甚至日后武汉洋务大兴，成为仅次上海的工商业城市，也与曾国荃赶走官文有关。

至于官文回京避过风头后再得重用，甚至出任直隶总督，也不能说曾国荃失败了。因为湘淮集团从未妄想掌控直隶，澄清湖广吏治才是他们的诉求。官文此后虽然得授比湖广总督地位更高的直隶总督，但直隶乃天子脚下，他无法像在湖北一样随心所欲，离开经营多年的捞金之所，个人损失也极大。至于一年后曾国荃被开缺免职，是因为他剿捻接连吃了败仗的缘故，任何官员吃了那么多败仗，都应该免职下台。

曾国藩最初不赞成弹劾官文，但弹劾发生后，他没有表示反对。特别是李鸿章劝他上奏折为官文开脱，以此向朝廷表示湘淮集团没有与之彻底决裂的意图时，他也拒绝了。在曾国藩看来，曾国荃这番行为，正同他年少时一样，正义无畏，一心为国。自己年老后志气消磨，不敢对官文重拳出击，却不该阻挡兄弟的大义。他对曾国荃说：人心一天天变得虚伪，天下的大乱还长，如今邪火正旺，你弹劾官文正是以芒硝、大黄这样的猛药攻病。现在猛药都攻之不下，我怎能给他送人参、鹿茸呢？[16]曾国藩事后说这件事没占到便宜，主要是指没能让官文坐牢杀头。

六　坚辞主帅，重返两江

有种说法认为，朝廷为了报复曾氏兄弟，将曾国藩免去剿捻主帅一职，考诸史实，并没有依据。早在此前半年多，言官就开始弹劾曾国藩剿捻无功，朝廷也多次下严旨训斥曾国藩，早已为换帅做了铺垫。无论曾国荃弹不弹劾官文，换帅都是迟早的事。正如前文所述，朝廷所等的，无非是两个条件，一是剿捻战法成形，一是曾国藩在战场上遭遇挫败。更重要的是，撤掉剿捻主帅，对大多数督抚而言，不是惩罚，而是解脱，因为剿捻主帅虽然听起来威风，实际上是个艰苦难当的差使，哪有做太平总督舒服？

剿捻主帅的更替，实际是在曾国藩强烈要求下，被逼提前的人事变动。曾国藩谋划辞去主帅一职，已有很长时间，他和李鸿章为此已经商议了将近一年。同治四年（1865）九月，也即捻军冲破河防之前近一年，清廷曾想让李鸿章到前线督师，襄赞曾国藩，曾国藩对此表示反对。他的理由是剿捻大军需要李鸿章在两江任上筹措粮饷，如果李鸿章来了前线，两江无可靠得力的人看守，一旦有人掣肘，前线粮饷就全无着落，所以若是李鸿章真到了前线，他就会请辞钦差大臣之职。另外，李鸿章到了前线，淮军有了两位主帅，指挥就会不灵便，这是他没有说出来的理由。

当时曾国藩的门生中已经有很多人提议，老师年老体衰，不适合在前线奔波，老师有事弟子服其劳，应该换李鸿章来操劳。李鸿章也在同治四年九月十六日（1865 年 11 月 4 日）致信曾国藩，表示可以来前线替下老师。他说自己可以北上替下剿捻的重任，老师可以回两江总督任上，为大军筹措粮饷。师徒二人，一个在前线挂帅，一个在后方保障后勤，事情方才妥当。

同治五年三月十六（1866 年 4 月 30 日），曾国藩在给李鸿章的书信里说，湘淮军不把捻军当回事，打仗不太用心，就像秀才考经义和策论时，因为无关录取，大多潦草敷衍，只有主帅亲临前线，才可以鼓舞军心。可惜自己年老体衰，不能骑马临阵督战，近来更是胆气弱怯，只有年轻的李鸿章前来，方能匹马当先，振作士气。如果六七月间还无起色，就换李鸿章来主持军务，到时是自己上奏还是李鸿章主动奏请，可以再细细商量。[17]

同治五年八月十六日（1866 年 9 月 24 日），捻军冲破河防，一直在策划离职的曾国藩，看到了卸下千钧重担的好机会。捻军是在八月十六日渡河，他已在八月十二日上折请了一月病假，在营中调理身体，这恰好能证明他不是因为河防无功而装病。清廷批复这道奏折时，已经收到了捻军突围的消息，回复是准假一月，但仍要随时调度各处军情。八月二十三日，曾国藩发信让李鸿章赶赴徐州督师，同日上折请调李鸿章、曾国荃到河南主持大局。八月二十六日，朝廷的回寄仍是曾国藩“总统师干”“统筹全局”。九月初四日，廷寄同意李鸿章到徐州参战，但仍下令鲍超一军到河南听从曾国藩调遣。其中特别强调曾国藩作为钦差不得趁机推卸责任给地方督抚，仍要“总领师干，尤宜统筹全局”，这番处置与同治四年（1865）九月相同，李鸿章以总督身份北上助战，然曾国藩不可辞去钦差。[18]

辞职不成，曾国藩据说在九月晕倒，于是又向朝廷请假一月。其实他很快恢复了健康，根据他当时的日记来看，每天接待宾客、处理公务，日程排得很满，闲时还能下围棋，不太像重病之人。两次休假结束，曾国藩干脆在十月十三日上奏要求开缺，辞去钦差大臣、协办大学士、两江总督之职。同日他还上了一道密片，要求把侯爵也暂行注销。

见曾国藩如此坚持，加上朝廷也有换帅的意图，就同意由李鸿章署理剿捻的钦差一职，但开缺总督、注销侯爵等请求“着毋庸议”，另外又给他赏了一个月假，让他病好后进京陛见，以示优容。曾国藩仍然坚持要辞去一切职务，他和曾国荃商议的结果是，辞去官职后，到京城养病和回到老家都不太妥当，不如以闲散官员的身份，在徐州做李鸿章的幕僚。

同治五年冬月初六，公元1866年12月12日，曾国藩正式收到了免去他剿捻主帅的上谕：

“曾国藩着回两江总督本任，暂缓来京陛见。江苏巡抚一等肃毅伯李鸿章着授为钦差大臣，专办剿匪事宜。”[19]

【注释】

① 见《曾国藩全集》第8册第524页，岳麓书社2011年版。

② 见《曾国藩全集》第8册第324、325页，岳麓书社2011年版。

③ 见《曾国藩全集》第8册第420页，岳麓书社2011年版。

④ 见《曾国藩全集》第21册第469、470页，岳麓书社2011年版。

⑤ 见《曾国藩全集》第29册第91页，岳麓书社2011年版。

⑥ 王定安《湘军记·平捻篇》，见《湘军史料四种》第583页，岳麓书社2008年版。

⑦“目下淮勇各军既归敝处统辖，则阁下当一切付之不管。凡向尊处私有请求者，批令概由敝处核夺，则号令一而驱使较灵。以后鄙人于淮军，除遣撤营头必先商左右外，其余或进或止、或分或合、或保或参、或添募、或休息假归，皆敝处径自主持。如有不妥，请阁下密函见告。自问衰年气弱，但恐失之过宽，断无失之过严。常存为父为师之心肠，或责之，或激之，无非望子弟成一令名，作好人耳。”见《曾国藩全集》第29册第327、328页，岳麓书社2011年版。

⑧ 见《曾国藩全集》第29册第168、169页，岳麓书社2011年版。

⑨⑩ 见《清代名人轶事辑览》第6册第2827、2828、2834页，中国社会科学出版社2005年版。

⑪ 见《曾国藩全集》第13册第312页，岳麓书社2011年版。

⑫ 见《曾国藩全集》第29册第478页，岳麓书社2011年版。

⑬ 见《中国近代史资料丛刊·洋务运动》第6册232页，上海人民出版社1961年版。

⑭ 见《曾国荃集》第1册第61、62、63页，岳麓书社2008年版

⑮ ⑯ 见《曾国藩全集》第21册第456、469页，岳麓书社2011年版。

⑰ 见《曾国藩全集》第29册第139页，岳麓书社2011年版。

⑱ 以上奏对见《曾国藩全集》第9册第157、170、175、192页，岳麓书社2011年版。

⑲ 见《曾国藩全集》第9册第229页，岳麓书社2011年版。

十二、两江总督在金陵

一　循吏治民，取法中庸

同治六年（1867）早春，北地仍有细雪纷扬。枯树挂着凌霜，仿佛骨架一样森然。野草在旷野中翳翳匍匐，道旁的残垣里偶见几处炊烟，转瞬就被飒飒冷风吹散。二月十六日（1867 年 3 月 21 日），曾国藩用过早膳，坐上大船从徐州起行，别过这满地狼藉，回金陵复任两江总督。

二月廿日，船队抵达江苏宿迁。是日风雨交作，曾国藩只得停船，在离县城八九里处暂歇。他触景生情，想起《诗经》名句“风雨如晦，鸡鸣不已”，于是在船中拿出《诗经》温习，背诵了《鲁颂》《商颂》。曾国藩二十岁后就再未诵读《诗经》，如今经历世事多了，重将《诗经》“背诵一过”，自觉到老方得“诗三百”之味。

曾国藩背诵《鲁颂》《商颂》，只因这两颂与他此时心境相契：《鲁颂》中《泮水》一篇，是鲁公战胜淮夷后，在泮水之宫祝捷庆功的颂词；《商颂》中《长发》一篇，是宋国祭祀祖先商汤及名臣伊尹的乐歌。[①]

他虽借口捻军冲破河防，剿捻无功而请辞钦差，内心却毫无沮丧。他自信“河防”之策定能奏效，纵使自己离去，门生李鸿章也必能凭借此策剿灭捻军。曾国藩无意与弟子争功，但此番为平捻大业定下根本，亦颇为自得。他吟诵鲁公战胜淮夷的颂词，是将纵横淮甸的捻军比作淮夷；吟诵宋国祭祀伊尹的乐歌，是以当代圣相自居，自矜功勋不在伊尹之下。

背诵完《诗经》，曾国藩与水师将领欧阳利见谈及民间苦况，自云奉旨北征以来，经行数千里，所见民众，几乎无一人面无饥色，无一人身有完好衣裳。他念及战乱之地，乡闾之间已无一间完整之屋，而自家修葺房宇耗银数千两，“尤为惭悚”。

两日后，船至成子河，曾国藩登岸察看附近水利维护及军事布防，正当舟车劳顿之时，忽然接到曾纪泽家书，得知自己在正月廿六添了个孙女。他甚是欢喜，旋即回到船上接见前来道贺的宾客。他一边欣然接受祝贺，一边与客人畅谈家国大事，言笑晏晏，宾主尽欢。[②]

曾国藩一路寻访民情，查探各地军务，直到三月初六才至金陵。这南国春日的柳岸花径，自与北国风霜不同。众人在船上远眺金陵，只见烟霞氤氲，海棠烂漫，钟山叠翠流霞。可惜金陵城残败不堪，崩塌的墙基尚未完全修复，垛口四处龟裂，斑驳断壁历历在目，裂隙处点缀着石灰与青苔。

复任江督，几经颠簸，面对奔涌的长江，曾国藩亦不免有“人生南北多歧路”“江风吹倒前朝树”的叹息。好在他的感慨并不长久。如他这般的实干家，讲究“物来顺应”“既过不恋”，他很快就调整好心情，再次投入谋划多时的江南治理中。

曾国藩为政讲求“中庸”之道，以不偏不倚为指要。他理解的“不偏不倚”，不是凡事折中调和，而是站在事物变化的中端，根据时势发展，需要激进就激进，需要无为便无为，所谓“用舍由时，行藏在我”是也。太平天国尚未平定时，他采取了激进的手段平叛，以严刑峻法治理地方，留下“曾剃头”的骂名。如今两江平定，丧乱之后民生凋敝，他却要在江南农村行“无为”的道家之术。

同治元年（1862），曾国藩在给地方官的信函里叮嘱：“治民当如曹参之治齐，治军当如商鞅之治秦”。治民如曹参治齐，是指治理民政应如西汉初年的丞相曹参，奉行黄老无为之法，官府以不生事为要。他给皖北的地方官批示说，大战之后，善后之事，以不扰民为本，各地衙门只需维持好治安，约束好胥吏，让地方上“无贼匪之惊，无胥吏之扰”，剩下的就是“听民自生自息，以徐俟元气之复”。③

遇到属下急切操办大事，曾国藩就告诫他们不可好高骛远，宜从平实处做起。他特别指出，地方官都想经营善政，兴利民之举，但要办大事就得筹款，民众还未得到你的好处，就要向你交税，岂不是未能医治民众的创伤，反而先剜去了民众的血肉，这哪里算得上善政？

然而地方上终究不能不操办水利、赈救灾民，那如何判断一项公共事业是扰民还是利民呢？曾国藩一语道破玄机：兴善政之前先问资金来源如何。如果是民间自愿集资，就可以试着去做；如果需要官方摊派经费，以晚清的吏治水平来说，大概率会成为扰民的弊政。

为了减少行政支出，曾国藩劝告地方：纵然要办大事，所调度人员也不可过多。人员少薪水开销就少，人少则各有专职无从推诿卸责，人少甚至可保证团队都是精英。凡是冗员都应裁汰，切不可叠床架屋，搞得机构臃肿。

曾国藩还给治下的地方官开了《劝诫州县四条》，为地方行政制定四条重要原则：整理内务，约束官吏、幕僚、亲友、随从，以杜绝贪腐；严格执法，不得宽纵罪犯，务必要维持地方稳定；以重农为第一要务；崇尚节俭。[4]

无为少生事，不等于对地方放任自流，任民众自生自灭。为了恢复生产，曾国藩给了民间不少扶持。他在皖南办理善后，通过各方筹措资金劝农，筹措来的经费交付公正廉勤的士绅，令他们招抚流民垦荒。曾国藩给治下每县下发白银三千两，称为“牛种钱”，用来购买耕牛、粮种，发放给农民耕种。待到秋收后，让农民归还“牛种钱”的七成，衙门补足剩下的三成，再凑足三千两，继续购买耕牛、种子，分给新近归家的农民。已在战乱中死难的民众，将其遗留的田地分给亲族耕种；亲族一并罹难的则划给远亲。三年之后，农业逐渐恢复，收回的“牛种钱”就统统用在各县兴办学堂，以示国家耕读为本之意。

曾国藩非常留心农业技术的改进，当他发现省城里的菜园，栽培技术比他湘乡老家的菜农先进时，就笺谕曾纪泽从省城雇人回家，指导农村种植技术改良。他在军中，让士兵闲时种菜，自己也亲身参与，研究栽培技术。曾国藩在致诸弟的家书中，屡次提到自己对耘耨之术的改进。根据在军中种菜的经验，曾国藩批评老家种菜、种地全无章法，菜园子只有直沟没有横沟。他让家人将菜地平整为三丈长五尺宽的土块，土块间挖上横沟和直沟，沟宽一尺六寸，既能方便行人走路，还能避免雨水聚流不通。在观察他省的竹木种植之后，他去信要求改良老家的竹木种植，说自家黄金堂种植的竹木都太密了，应该砍掉一些，每二尺宽的空间才可以留下一根竹子；种植树木应该多修剪，越密越长不好。[5]

二　轻徭薄赋，开科取士

骆秉章、曾国藩、左宗棠以及去世的胡林翼，都以军功闻名于世，其实他们更是理财的大宗师。湘军集团在两湖进行财政改革，将湖南、湖北的岁入提高了四倍以上。因为湘军粮台多廉吏，财务措施得力，军饷极少“漂没”“火耗”，不仅赚钱途径多，花钱也十分高效。根据学者陈锋在《清代军费研究》中的估算，清军入关后，仅顺治十七年军费开支就超过了三千五百万两白银，整个顺治年间军费开支超过一亿两。康熙平三藩历时八年，军费开销在一亿至一点五亿两之间。乾隆平大小金川，军费开销亦在七千万两到九千万两之间。嘉庆平定川楚白莲教，军费甚至超过一点五亿两。太平天国战争规模比三藩之乱还大，三藩之乱涉及十二省，攻克清朝城池三百座，而太平军纵横十八省，攻克城池超过六百座。十余年的太平天国战争，清廷军费支出约为一点七亿两，据学者朱东安估计，湘军在太平天国战争中军费消耗只有二千多万两，不到清军总开支的二成。而且湘军这二千多万两军费，大部分属于自筹资金，其中仅厘金收入就有一千六百万两。这是曾国藩、骆秉章、胡林翼以“厘金”之名新征商业税所得，并非户部拨款。湘军创立前，清军已消耗军费三千多万两，然而湘军参战四年，只开支了军费三百万两。

现在仗已打完，大量军队裁撤，湘军将帅纷纷留任两江，地方财政效率提高，曾国藩可以考虑给治下民众减赋了。湘军在两湖理财的经验，是减少征缴赋税总额，减轻民众负担；向富人摊派更多赋税，减少赋税征收中的贪墨，为国库增收。同治二年（1863），金陵尚未收复，他已和李鸿章会奏朝廷，为江浙减赋。自明代以来，苏南、浙北的江南八府，上缴税粮占全国四分之一，承担了远超全国其他地区的税赋。八府平均每亩上缴税粮为全国平均水平四倍，苏州的亩均税粮甚至达到近九倍。经曾国藩等人奏请，苏、松、太减赋三分之一，杭、嘉、湖与常州、镇江减赋十分之一。浙江海宁人陈其元在《庸闲斋笔记》中记载，宣布减赋后，“江、浙百姓欢声雷动，五百年民困，一旦以苏”。

随着战后秩序复苏，曾国藩开始在安徽、江西推行减漕减赋的政策。虽然雍正时实施过“士绅一体纳粮”，让官宦、士绅一起承担国家税赋，但实际上此后百年，士绅仍然享受减赋乃至免赋的特权。为了减轻底层民众负担，曾国藩免去江南士绅的特权，让他们多缴税赋。可是此一时彼一时，曾国藩在江浙的改革虽不能说毫无成效，实施起来却远比在两湖困难。两湖财税改制是在战时，地方督抚有就地正法的权力，加之湘军在手，地方大户不敢抗税。平定太平天国后，地方督抚不能援引战时条例逼迫士绅，很多地方无法征收士绅之家的赋税。与湘军关系密切的江南大户潘曾玮、冯桂芬家族抗税不交，向大绅巨室摊派“米捐”的李榕竟被弹劾丢官，曾国藩也只能叹息说，地方官不能得罪本地巨室的古训，直到今日也无法打破。

曾国藩与江西官僚素来不和，他未任督抚时，屡受江西官员欺凌，出任总督后，江西巡抚沈葆桢又与他决裂。他在江西推行减漕减赋，地方官居然造出一堆数据，声称曾国藩的方案非但不能减轻民众负担，反而加重了江西赋税。江西布政使张集馨带头反对新税制，被曾国藩参劾去职。张集馨后来在笔记里写了一大堆曾国藩的“黑料”，说曾国藩不但是个酷吏，而且根本不是清官。

曾国藩在两江农村推行的经济政策，与古之名臣并无不同，没有多少现代性，因此有人嘲讽他的治术只适用于经济发展停滞的农村。其实，曾国藩只是在治理农村时沿用传统办法，他在金陵这种大城市的治理，以及对盐政的改革，颇有新意。

江南遭遇空前兵燹、宇宙奇劫，市民大多逃亡、死难，城市乡间十室九空。黄清宪回苏州扫墓，看见“天阴无日，河中无一船往来，两岸无一人行走，但见颓垣败瓦，丛薄纷如。雉叫乌啼，骇人心耳”。陪侄儿到金陵参加乡试的毛祥麟，说在金陵城中行走四五里，见不到一个人，看不到一间屋子。⑥

曾国藩奏请免除金陵下属七个县赋税三年，可惜只能减轻农民负担，无法恢复城市经济。为了让金陵恢复元气，曾国藩千方百计地吸引士绅、商人回归，以带动金陵消费，恢复地方商业。

最先得以实施的是重开乡试。自太平军占领金陵后，江南乡试已停考十一年，仅在咸丰九年时借地杭州考过一次。刚占领金陵，曾国藩就拨款重修举行乡试所用的江南贡院。他在同治三年八月初五的家书里饬遣曾国荃，“规模不可狭小，工程不可草率”，一定要“动作百年之想”。与之形成对比的是，由于经费短缺，两江总督的衙署拖到七年后也即同治十年才重修，而且修得十分草率。名士辜鸿铭多次嘲讽曾国藩小器，堂堂总督衙门修得十分局促。

金陵克复方数月，贡院已然修复扩大，曾国藩立马在当年十一月举行乡试。江南乃人文荟萃之地，虽经丧乱，读书人却亦不少，前来参加这科乡试的士子多达一万三千人。一万多士子云集，商贾们亦闻风而动，携带银钱货物直趋金陵以赴盛会。许多赶考的士子带了仆从、书童，随身携带土货、银米，金陵的市井居然一下子热闹起来。为了吸引天下商贾，曾国藩特地将金陵城外的两个税关停了，给商贾免税。他的幕僚方宗诚计算，一万多名士子，就算每人在金陵乡试期间只消费二十两银子，也一举为金陵带来二十万两白银的消费。

乡试重开，宣告江南秩序恢复，逃亡在外的市民也纷纷还家。有力者可以食其力，有艺者可以售其艺，有田宅者可以赁其田宅，流民

江南贡院

各图其生业。战争期间逃亡上海租界的富商也纷纷回归，已在上海做起大生意的，很快就回江南老家开设分号。这一科江南乡试，为金陵聚拢了人气，恢复了活力，借助士民之财力人力，金陵开始大规模重建。

通过乡试的办法招徕商贾、流民，颇类现代地方政府操办大型博览会、招商会以招商引资的政策。因为晚清时最有消费能力的人是士子，所以曾国藩就把乡试办成了他的招商会。传统官员恢复地方秩序，只会在农业上措手，甚至为了防止商人“盘剥”，还要出力抑商。曾国藩则借助商业的力量来重振江南经济，思维已突破旧有治术的局限。

东吴淮水、六朝金粉、十里秦淮正是金陵富贵繁华的象征。为了招徕商贾，曾国藩派湘军士兵疏浚了秦淮河。随着士子、商人接踵而来，秦淮河上的画舫逐渐复兴。秦淮画舫乃歌舞声色之场所，虽有秦淮八艳之佳话，却亦为理学中人不满。知府涂宗瀛乃是理学夫子，见到画舫复兴，赶紧去拜见曾国藩，要求禁了秦淮河上的画舫，不然恐怕闲人会冶游滋事。

听完涂宗瀛的话，曾国藩笑着对他说：“前夜过秦淮河上，见河中船灯寥寥如晨星。我当年从秦淮河过，上千艘画舫穿梭如织，船上昼夜笙歌，那才是太平之景象啊。我看秦淮河是热闹好，不热闹不好。待我去看看秦淮河如何，再说禁止的事。”

第二天，曾国藩带上幕府中一干文士微服出行，还邀请了钟山书院山长李联琇（李小湖），同泛小舟入秦淮河。一路红楼走马，翠黛敛蛾，游到达旦方休。回来后曾国藩对涂宗瀛说：“你们都说开放秦淮河恐怕滋生事端，我昨晚同小湖先生游了一个通宵，只听闻歌舞之声，不见滋扰之事。何况如今民生凋敝，秦淮河养活细民不少，似乎毋庸禁止。”涂宗瀛只能唯唯诺诺而退。[⑦]

岂止“毋庸禁止”，曾国藩甚至大操大办起来。他拿出湘军已不用的战船，让能工巧匠加以改造，用竹篾编作船篷，再以画阑装饰，送到秦淮河载人。据说为了点缀秦淮河的景致，他出资雇人在河边遍栽柳树，恢复六朝烟柳锁春桥的盛景。

李宗羲听说曾国藩将战船改作画舫，认为此举有伤大臣体面，立即上门劝诫。曾国藩十分不满，私下对赵烈文说：“自南宋以来，天下就被哗众取宠的士大夫劫持了，凡有一件大事兴作，不论轻重本末，他们都要扯上大义先反对一番。天下事多被这种为反对而反对的士大夫败坏，尤其一些暗弱无主见的君主，更是因此权力都被夺走了。宋、明之亡国，岂不正在于此？”[8]

除了秦淮河，曾国藩还派人恢复了玄武湖的景观，在玄武湖种上了方圆十余里的荷花，嗣后金陵之游，遂以玄武湖观荷为最。朴学大师俞樾曾陪曾国藩乘舟到玄武湖赏荷，曾国藩所乘小舟与幕僚相同，随侍却说曾国藩乃当今大学士，不可抛头露面，强行给他的小舟罩上帷帐。结果一众幕僚的小船穿花而过，曾国藩的船却因挂了帷帐不能直入万花深处，只能绕花而行。俞樾因此笑道，古来皆说山人之乐，过于宰相，今日算是理解了。[9]

曾国藩去世后，继任者何璟、李宗羲不能了悟“养活细民”之意，禁了秦淮风月。数百名失业船工跑到曾国藩的祠堂焚香痛哭，朱

秦淮河画舫

孔彰为此写了一首诗：“改得长龙作画桡，秦淮未禁弄笙箫。当时曾见舟人哭，一夕凉风咽暮潮。”长龙，正是湘军的战舰。

三　整顿盐务，稳定财政

曾国藩在两江总督任上，还整顿了淮盐。自汉武帝推行盐铁专营以来，历代盐业多由官府垄断。随着时间推移，朝廷发现官方运输、贩卖食盐效率极低，流通环节中更存在大量贪腐行为，遂逐渐将官营食盐改为官督商销，用现代的说法，盐业仍由官方垄断，但官方会将盐业承包给私商。

清代的盐政大致沿袭明朝旧例，称为纲盐法。官府把每年应当售出的食盐总数分为若干纲，再计算每年应从食盐中获取的总利润，分摊到各纲，称为盐课。盐商提前向政府缴纳一纲的盐课，政府就会向其发放运销一纲食盐的特许证，称为盐引，或称根窝。根窝理论上以一年为期，商人完成本年销量后，若能及时缴纳来年盐课，根窝可以自动延期。只要盐商不破产、转行，根窝能够一直使用，还能传给子孙成为世业。加上一纲食盐数额巨大，只有资金极为充裕的大商人才能包下一纲，盐业实际被少数大盐商垄断。

纲盐法在执行中出现了大量问题。一方面，盐业由官府垄断经营，只是将专营权承包给了盐商。主持盐政的官僚权力过大，盐纲又被少数大盐商家族把持，没有严格的监管，盐政自然弊病丛生。清朝中期后，盐业贿赂成风，盐政官僚甚至与盐商合伙吞没盐政收入。另一方面，官盐销售没有市场竞争，盐商经常因为贪图短期利益而肆意提高盐价。一旦官盐价格过高，民间就会私盐风行，最后导致官盐滞销。可是纲盐法需要提前缴纳盐课，不管一纲食盐最终能卖出多少，官府已先将利润拿走，官盐滞销造成的损失由盐商承担。如果官盐大量积压，盐商无力支付来年盐课，朝廷将会收回根窝，取消盐商贩盐资格。为了保住根窝，盐商必须动用积蓄预支盐课，将滞销的官盐分摊到今后若干年销售，积压的官盐日见其多，这就是所谓官盐壅滞。此外，每当朝廷遇到财政短缺，就会要求盐商捐纳银钱报效。若是盐商拖欠捐纳，官府还会将他们抄家抵偿。

乾隆之前，吏治较为清明，官盐竞争力亦高，不少盐商发了大

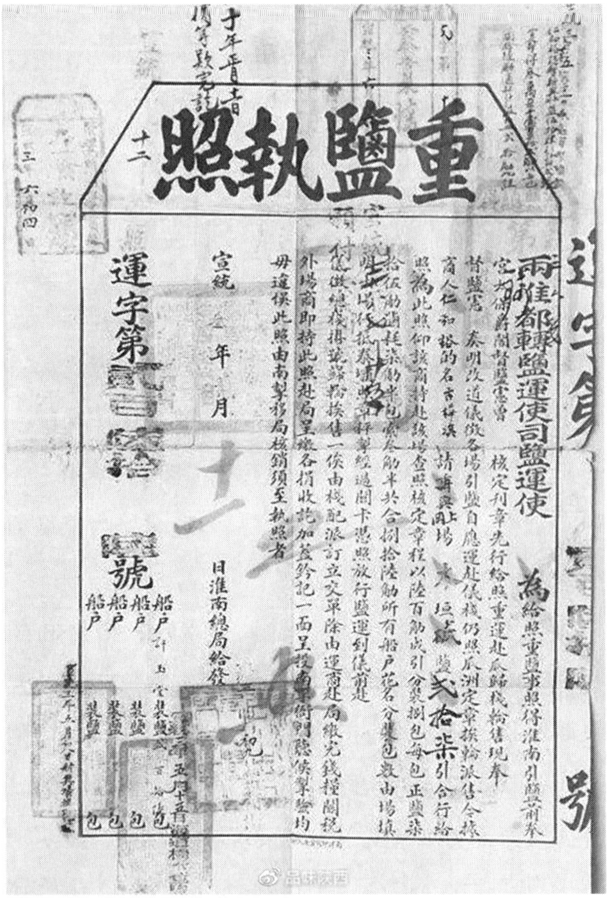

清末盐业执照

财。随着社会秩序失控，大量私盐贩子兴起，加上普通民众日益穷困，到嘉庆、道光年间，已有很多世代富豪的盐商破产，纲盐法难以为继。道光十八年，曾国藩的同乡陶澍署理两江总督，着手探索盐政改革，最终在淮北将纲盐法改为票盐法。

票盐法的核心，在于引进“民贩”自由贩运，取代世代垄断的大盐商，借助大量中小商人的力量，赋予盐政活力。陶澍规定，每四百斤盐为一引，每十引为一票，只要有能力支付四千斤食盐的成本、运输、盐课，即可向朝廷购买盐票。他所发放的盐票是一次性的，不能延续，不能继承，最多使用三年。卖完后还想继续从事盐业，需要重新认购盐票。在某些特殊地区，陶澍甚至允许一引四百斤乃至一百斤食盐就“起票”，大量中小商人，甚至农户集资涌入盐业，淮盐得以复兴。

太平天国起义爆发后，长江航道阻塞十余年，大小盐商一齐破产，淮盐于是大坏。淮盐原本行销江苏、安徽、江西、湖北、湖南、河南六省，占全国官盐总销量四分之一，所收盐课占全国盐课总数一半，每年可为清廷提供六百万两白银的财政收入。太平天国起义后，淮盐最多时只能提供一百万两盐课，而且还好几年收不上来。

曾国藩对陶澍的票盐法非常推崇，遂以“寓纲于票”的办法整顿淮盐。何谓“寓纲于票”？曾国藩在形式上恢复了票盐制，招募民间商人认购盐票，只要有资本，无论何人都能请票运盐。但他经过考察发现，经过战争摧残，商人或惨死于屠杀，或毁家于兵难，只有少数大商人因为势力强雄，在战争中得以保存，一部分逃亡上海的商人还发了大财。曾国藩治下地区因而两极分化严重，居民要么是战争中幸存的豪绅富商，要么是一贫如洗的农户，中小商人、地主基本破产。战后重操旧业的小商贩，即使勉强凑出一点资本，也无足够财力、人力远程运送食盐。

有鉴于此，曾国藩决心扶植大盐商。他颁行的盐票虽然人人可以认购，但是每票不得低于五百引。一引食盐四百斤，五百引就是二十万斤。根据当时的物价、盐课计算，贩盐五百引，先期成本至少要白银五千两，巨大的投资将中小盐商统统拒之门外。曾国藩的盐法，形式上是票盐法，实际上仍由少数大商人承包，即所谓“寓纲于票”。[10]

除了害怕小商贩无法承担运盐成本，曾国藩排斥中小商人的另一个原因是“保价”。他通过自己的观察，无师自通地悟到了一个近代经济学原理：大量中小商人涌入盐业，会引发激烈的市场竞争，导致盐价下跌。小商人贩盐是为了谋生糊口，只需稍微赚取一点利润，足够养家就行。他们为了及早回本，会在竞争中拼命降价，把盐价拉到非常低的水平。

盐价降低本是好事，曾国藩既已认识到市场规律，为何要逆经济规律而行呢？后之论者颇有人指责曾国藩违抗市场规律，远不及前辈陶澍思想开放。其实，在讨论盐政问题时，人们常有一个认识误区：将陶、曾通过盐政进行的财税改革当作了产业促进政策。汉武帝之后，中国的盐业由官府垄断，官府从食盐销售中获取财政收入，盐政的本质是财税手段，是一种变相征收的人头税——因为每个人都要吃盐，官府只需要对官盐加价，就等同于增收人头税。

因此，在朝廷允许放开食盐经营以前，任何盐政改革，其核心都是维持或增加盐课，稳定财政收入。官盐依靠垄断地位维持其价格，倘若官盐也加入市场竞争，最终只能降价到比私盐价格略高或者差不多。若是官盐价格太低，贩盐利润不足，因为投入巨额资本不合算，大商人就会退出盐业；只投入少量资本的小商人，也会干完一票就收手，以后不再贩盐。如此一来，将再无商人认购盐引，官盐无以为继，最终全盘崩溃。

为了维持食盐专卖制度，保证朝廷的盐课收入，曾国藩必须实施

“保价”。他的任务不是通过自由竞争促进盐业发展，而是保证官盐收入，最多在收取盐课时，不让民众负担过重。既然盐政是一种财税手段而非产业政策，就不当用市场规律去批评曾国藩。

盐业在战争中所受冲击比外贸行业大得多，尽管不少商人在战乱中保住家产甚至发了战争财，大盐商的数量却减少了很多。只有通过“保价”，将盐业的利润维持在相当水平，才能吸引其他行业的资本进入盐业。外来资本进入盐业后，不少豪商会利用资本优势赔本放盐，低价倾销占领市场，挤垮传统盐商。这种降价倾销的目的是占领市场，发动者会在此后持续经营盐业，不会导致大量资本退出盐业，这也在曾国藩容忍的范围之内。

与满脑子重农抑商的守旧官僚不同，曾国藩重农而不抑商，愿意在保证财政收入的前提下保护商人利益。传统儒家提倡“君子喻于义，小人喻于利”，官府因此很少公开鼓励商业，至多做到不提倡不反对。作为近代化的先驱，曾国藩有积极的商业政策，是最早提出“商战”概念的人。他在一封致毛鸿宾的私函中提到，西洋各国以商战立国，法律多如牛毛，如此治国恐怕不是持久之道。[11]曾国藩是著名的礼法之士，非常害怕遭受守旧势力的道德批判，为此常说一些言不由衷的话迎合他们。他在信函里批评西洋国策不能持久，很可能不是由衷之言。这封信函只能证明，他已意识到商业文明与农耕文明的差异，知道商业为近代国家立足之根本，更是国家竞争的重要方式。

既然商业已是国家之间的竞争方式，政府就该积极介入工商业。曾国藩很早就提倡由政府出面招徕商人、招商引资，所以改革淮盐之时，他在泰州设立了招商公所，还下令江西建造“成堂公所”。“成堂公所”将旧式驿站的茅草屋改为大瓦房，为过路商贩提供休息、贸易乃至办公的场所。这是曾国藩相对传统治术的一大创新。

后人多受工业革命后英国自由主义经济政策的影响，批评曾国藩的盐政改革。然而工业革命之前，奉行重商主义的欧洲各国，也在大量使用准入制度，由政府扶植垄断性的贸易公司（如东印度公司）。曾国藩所处的时代，中国仍以小农经济为主，近代工业还未诞生，社会发展程度还不如十七世纪的欧洲，推行自由主义经济政策为时尚早。尽管曾国藩采用“寓纲于票”“保价”的办法来扶植大商人，导致大型垄断商人出现，但这终究是通过资本积累来形成规模效益，而不是直接以行政手段造成垄断。与同一发展阶段的欧洲经济政策相比，曾国藩的做法更符合经济规律。更何况，即使到了十九世纪后期，一些后发型国家如德国、日本，为了尽快推进经济近代化，也采取了政府扶植垄断性大财团的做法。

为了在保证国家财政收入的情况下，减少官吏勒索，增加盐商利润，曾国藩还推行了一系列措施，如减少官府向盐商收取的各种杂费，撤销官盐运输途中收取厘金的税卡，取消为充军饷或报效朝廷而额外多征的盐税，其中最重要的是实行“先售后课”的政策。传统上，盐商缴纳的盐课分两部分，一部分在认购盐票时上缴，一部分需要在运输途中向各个税卡逐次缴纳。盐还未运抵市场，盐税已经全部收缴，故称为“先课后售”。曾国藩将这一制度改为“先售后课”，即运盐路上无需向税关缴税，盐商卖完食盐后，再向口岸一次交清税款，由口岸将税款分润到各个税卡。[12]这样一来，国家所收盐税总量不变，商人垫付的资金却大为减少，盐商手中的流动资金因而增加，能够贩卖更多食盐，甚至能腾出资本投资其他行业。

清朝原本的盐法划定了盐区，淮盐专供河南、湖广、两江市场，太平天国战争阻断了长江航道，淮盐无法售往湖广，湖广地区改食四川的食盐。从全国的角度看这也并无不可，但身为两江总督，曾国藩必须为两江治下的淮盐夺回湖广市场，于是他着手策划“禁川入楚”，不让湖广购买四川的食盐。然而四川的食盐质量比淮盐更好，运到湖广成本也低，经过十来年的销售，四川盐商在湖广地区建立了庞大的销售网，曾国藩几经努力，也只夺回了约两成市场。

四　刊刻书籍，振兴文教

除了努力恢复经济，整顿财政，这位理学夫子更重要的事务，是振兴文教。

胡林翼曾在湖北首创忠义局，曾国藩也设立了两江忠义局。忠义局，主要任务是搜集战争中阵亡、自杀的官员士绅的资料，向朝廷请求建立专祠、专坊以表彰忠臣义士，向天下宣示教化。忠义局大量搜求战争中罹难学者遗留的文稿，出资为他们编辑文集。其他如死者的传记、墓志铭、年谱，多经忠义局整理修订后，送到国史馆立传，让死者名垂青史。忠义局因此还兼有搜集、保存史料的功能。

设立忠义局，除了表彰忠义、宣扬教化外，还有安置流亡士人的意图。战争中很多读书人失去了田宅，因为衣食无着，只得投奔曾国藩。有经世致用才能，或有一技之长的，曾国藩都安排他们进衙门做官，或者充任幕僚。然而也有一些文士除了舞文弄墨百无一能，就只能安排他们进忠义局拿一份薪水度日。

打了十几年仗，大量书籍毁于战火，寻常读书人求一部《四书》而不可得。为此，曾国藩设立书局，搜集幸存的图书善本，组织人手校对，大量刻印出版，广布天下。同治三年四月初三（1864 年 5 月 8 日），书局在安庆任家坡湘军军械库设立，后移址金陵城南原太平天国慕王府，改名金陵书局。书局在安庆时还只能算作湘军幕府下辖刻书机构，到金陵后就变成了中国近代史上第一个地方书局。

书局在安庆时，主要刻印了两部书，一部是《说文解字》，一部是《李秀成自述》。移到金陵后，先刻儒家经典，后刻《史记》《汉书》《后汉书》，最后与浙江、湖北等省书局合刻了“二十四史”。金陵书局刻印的书籍中，最重要的是《船山遗书》和《几何原本》。

明末思想家王夫之，世称“船山先生”。他经历明季“亡天下”的动荡，毕生为抗清而奔走努力，抗清失败后遁入山林，坚决不肯臣服清朝。王夫之思考明亡的教训，对宋、明以来的各种思潮进行了反思，将“亡天下”之痛化作深沉的哲思，写下了近百种、一千多万字的著述。王夫之的著作长期未能大规模传播，仅在他青年时自刻过一部诗集，逝世八年后方由儿子、门生刊行船山遗作二十七种，世称湘西草堂版。虽然船山著作也有几部被收入清朝官方修订的《四库全书》，但大部分因为包含反清言论遭到查禁。尔后百余年，王夫之的著述只有经过删改的“选集”出版，未能整理出“全集”。

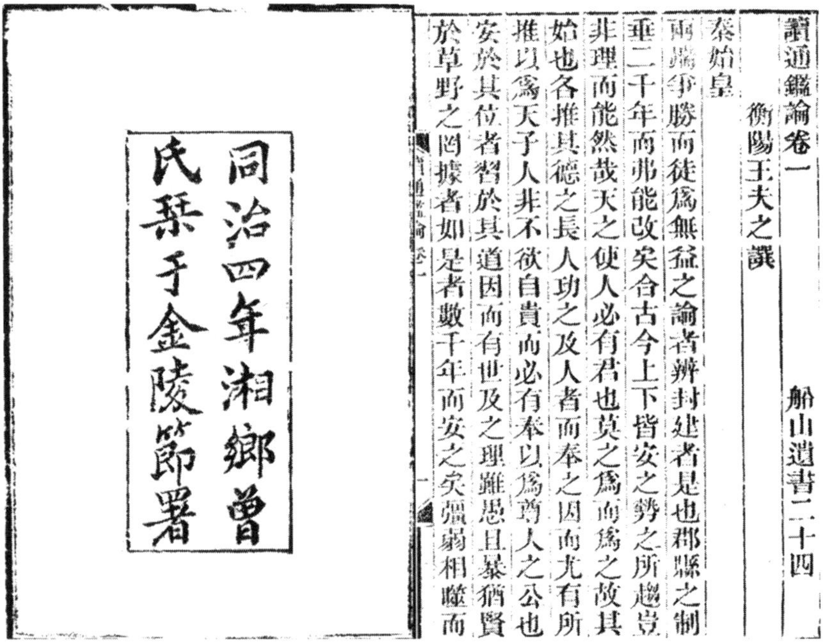
同治四年湘鄉曾氏栞于金陵節署

讀通鑑論卷一　　船山遺書二十四
衡陽王夫之譔
秦始皇
兩端爭勝而徒爲無益之論者辨封建者是也郡縣之制垂二千年而弗能改矣合古今上下皆安之勢之所趨豈非理而能然哉天之使人必有君也莫之爲而爲之故其始也各推其德之長人功之及人者而奉之因而尤有所推以爲天子人非不欲自貴而必有奉以爲尊人之公也安於其位者習於其道因而有世及之理雖愚且暴猶賢於草野之罔據者如是者數千年而安之矣彊弱相噬而

《船山遗书》

王夫之在湖南影响深远，曾国藩就通过阅读湘西草堂版的船山遗作，获得巨大的精神力量，他的经世致用思想，深受王夫之启发。曾国藩的好友欧阳兆熊，也长期研究王夫之的思想，将王夫之推为宋代以后儒者之冠，连黄宗羲、顾炎武也不能与之相比。欧阳兆熊曾受湖南新化人邓显鹤委托，与袁芳瑛、何绍基、罗汝怀等人编成守遗经书屋版《船山遗书》，收录王夫之著作十八种，可惜这个版本的《船山遗书》在咸丰四年（1854）毁于战火。

经欧阳兆熊、赵烈文提议，曾国荃出资，曾国藩主持了对船山遗作的大规模搜集、整理，终于在同治四年（1865）由金陵书局刻成《船山遗书》二百八十八卷，后来又增补数次，最终收录了船山著作六十二种，共二百九十八卷。这是第一次公开出版的王夫之全集。

《船山遗书》的出版，乃是中国文化史上一大盛事。王夫之的伟大著述终于在二百年后全面刊行，天下学人都因此受益匪浅。曾国藩之后，谭嗣同、唐才常、黄兴甚至杨昌济，学问中都有深深的“王学”烙印。

金陵书局不但刊印了大量的传统典籍，更刊印了完整版的《几何原本》。《几何原本》是古希腊数学家欧几里得的经典数学著作。欧几里得在这部著作里，提出了定义、公式、公理、命题等概念，并由此建立了一套“公理”体系。数学从此由解决实际应用问题的“算学”，发展为一套逻辑体系完备的“数学”。从公理出发，通过数学推导、逻辑证明来得到科学定理，用数学公式来描述科学规律，这是《几何原本》为后世自然哲学家、科学家奠定的基础。笛卡尔、牛顿、莱布尼茨等科学家，无不深受《几何原本》的影响。

《几何原本》中具体的数学知识，在明清时期也不稀奇，但它奠定的这套“公理”体系，却是近代科学的逻辑基础。理学家讲究格

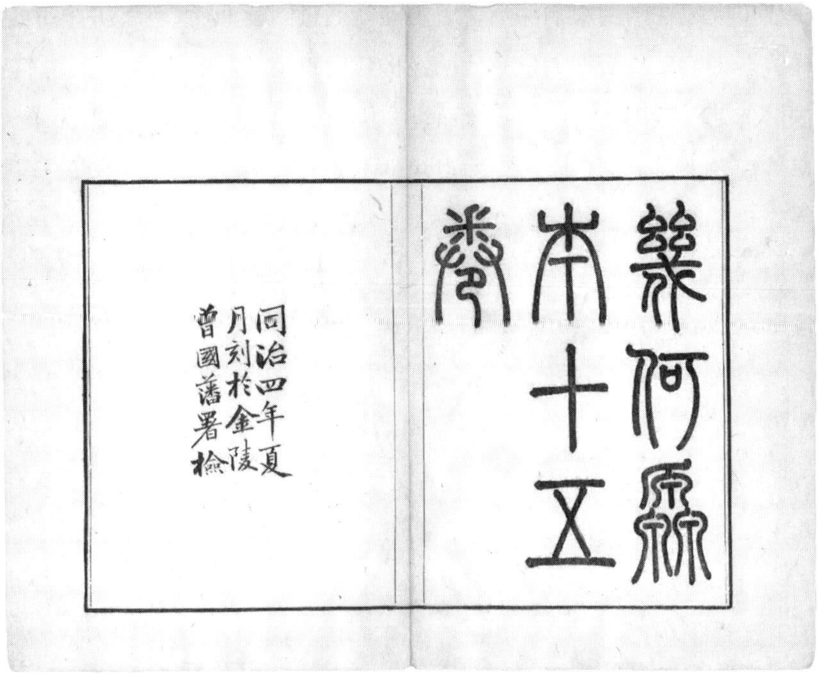

《几何原本》

物致知，但在格物的方法上存在欠缺，这也是历代理学家未能通过格物，发展出自然哲学、近代科学的原因。《几何原本》恰能提供中国传统学问中缺少的工具，设使中国士大夫能够在理解《几何原本》之后，将其融入儒家的传统学问，对儒学适应新时代将有很大助力。

《几何原本》在元代传入中国，但没有中文译本。明季徐光启与意大利传教士利玛窦合作，翻译了其中前六卷，这是《几何原本》的第一个中译本。晚清科学家李善兰与英国传教士伟烈亚力合作翻译了徐光启没有翻译的后九卷，经学者顾观光与曾国藩的幕僚张腾虎校对，于咸丰七年（1857）刻印。金陵书局成立后，曾国藩意识到这部书的巨大价值，于是将李善兰翻译的后九卷与徐光启翻译的前六卷合璧，在同治四年（1865）刊行，这是中国第一个完整的中译版《几何原本》。

李善兰还翻译过英国物理学家胡威立的《重学》（今译《初等力学教程》），其中系统介绍了经典力学、圆锥曲线、流体力学等知识，许多物理学上的专用名词，都是在这本书里首次译为中文。

《几何原本》刻印时，曾国藩非常激动，原定打算亲自为这部著作写一篇序言，但他于数学不甚精通，遂口述主旨后，令儿子曾纪泽代笔。曾纪泽根据曾国藩对数学的粗略理解，增补了大量己见，与张文虎合作为《几何原本》写了一篇序言。

这篇由曾纪泽、张文虎代笔，曾国藩署名的序言非常重要，通过这篇序言，我们能够了解到曾氏父子对科学的认知。序言先比较了《九章算术》和《几何原本》，认为《九章算术》以应用数学为主，每一章都是根据具体的应用场景入手，具体探讨如何用算术解决实际问题。但《九章算术》重运用而轻理论，有算术之法，而不探究算术之理，没有提供一个继续深入推导的体系。序言分析说，观察事物的具体现象，经过抽象思维进行归纳、分类后，可以总结其规律、原理；总结了规律、原理后，能够用数字描述出来；通过数字搭建出一套概括万物现象的体系，不但能将古人已有的科技成果囊括其中，就是古人未知的知识，也可以在这套体系里推导出来。

这段话说明曾氏父子已基本理解现代科学的思维体系，知道科学首先是对现象进行分类观察，基于现象和实验，运用逻辑思维，总结其规律，然后以数学公式表达出来；知道有了成体系的公式，新知识能够在这套体系里不断推演。

序言还评价《几何原本》说，这本著作不言法而言理，它将一切事物的外形概括为点、线、面、体，对几何概括出相兼、相似等关系，对数学概括出和、较、等于、不等于、比例等关系。只要掌握了点、线、面、体的关系，灵活运用加、减、乘、除，哪怕在家闭门造车，也能出门合辙。[13]

这一段话证明至少曾纪泽读完《几何原本》后，业已掌握几何学的基本原理，将数学中常用的逻辑理清。当然，曾氏父子也未否定《九章算术》的意义，在序言最后，曾纪泽说《九章算术》不可废，它提供了各种应用场景需要的具体算法，而《几何原本》可以帮助学者理解《九章算术》中那些算法背后的原理。

曾纪泽多年后还为《西学述略》写过一篇序言，其中谈到白色包含一切颜色，黑色抗拒一切颜色，用三角玻璃能够折射出七色霓虹等光学知识，甚至还谈到了地球受天体引力而环绕太阳旋转。后之论者常嘲讽晚清洋务官员读多了古书，不能彻底理解现代知识，其实单就这篇序言来看，现代很多人对科学的理解，还不如这对一百多年前的父子深呢。

【注释】

① 见《曾国藩全集》第 18 册第 376、377 页，岳麓书社 2011 年版。

② 见《曾国藩全集》第 18 册第 378、379 页，岳麓书社 2011 年版。

③ 见《曾国藩全集》第 13 册第 286 页，岳麓书社 2011 年版。

④ 见《曾国藩全集》第 14 册第 444、445 页，岳麓书社 2011 年版。

⑤ 见《曾国藩全集》第 20 册第 612、667 页，第 21 册第 279 页，岳麓书社 2011 年版。

⑥ 转引自刘忆江《曾国藩评传》下册第 726 页，经济日报出版社 2008 年版。

⑦ 见《曾国藩逸事汇编》第 221、311 页，岳麓书社 2018 年版。

⑧ 见赵烈文《能静居日记》第 2 册第 1066、1067 页，岳麓书社 2013 年版。

⑨ 见《曾国藩逸事汇编》第 147 页，岳麓书社 2018 年版。

⑩⑫ 见《曾国藩全集》第 7 册第 2 页，第 21 册第 279 页，岳麓书社 2011 年版。

⑪ 见《曾国藩全集》第 25 册第 48 页，第 21 册第 279 页，岳麓书社 2011 年版。

⑬ “盖我中国算书以《九章》分目，皆因事立名，各为一法，学者泥其迹而求之，往往毕生习算，知其然而不知其所以然……《传》曰：‘物生而后有象，象而后有滋，滋而后有数。’然则数出于象，观其象而通其理，然后立法以求其数，则虽未睹前人已成之法，创而设之，若合符契。至于探赜索隐，推广古法之所有备，则益远而无穷也。《几何原本》不言法而言理，括一切有形而概之曰：点、线、面、体。点、线、面、体者，象也。点相引而成线，线相遇而成面，面相叠而成体，而线与线、面与面、体与体，其形有相兼、有相似，其数有和、有较、有有等、有无等、有有比例，有无比例。洞悉乎点、线、面、体，而御之加、减、乘、除，譬诸闭门造车，出门而合辙也，奚敝敝然逐物而求之哉?”见《曾纪泽遗集》第 134 页，岳麓书社 1983 年版。

十三、从湘淮瓜代到湘淮互制

一　湘淮互斗，鲍超落难

曾国藩在金陵忙着他的文教大业，弟子李鸿章平捻的事业却并不顺利。同治六年（1867）初，捻军在尹隆河差点歼灭了李鸿章的主力。

曾国藩自嘲“打捻无功之人”，或以为他精力不济，又不能如意指挥淮军，是以无功，换上李鸿章就好了。事实是，曾国藩和捻军交战一年多，虽未歼灭捻军，却基本未有败仗，甚至在扶沟打过歼敌一千二百、自损不过数十的胜仗。他辞职的借口，只是捻军冲破了河防而已。李鸿章挂帅平捻，左宗棠分担了小半压力，虽然最终功成，前期却连吃败仗，甚至让捻军冲到了京畿。

李鸿章主持剿捻时，捻军已在河南中牟分兵，张宗禹经略西北，称为西捻，任化邦经中原向四川进取，称为东捻。西捻入陕后，阵斩汉中镇总兵萧德扬，记名提督杨得胜、萧集山、萧长青等将，兵围西安，西北大震。曾国藩辞职前已派刘松山、张锡嵘等援陕，随后朝廷令左宗棠为钦差大臣，坐镇陕甘。在左宗棠主持下，湘军大将刘松山击退西捻，保住了西安。

东捻进逼湖北，在湖北钟祥东面的罗家集伏击淮军，淮军大将郭松林所率九营淮军遭全歼。郭松林原属湘军，在李鸿章增援上海时划归淮军，乃淮军中有数的大将。罗家集一战，郭松林原本已经被俘，因腿伤太重被丢到路边等死，后被士卒救出，其弟郭芳珍战死。击败郭松林后，任化邦、赖文光又在德安杨家河大破淮军，李鸿章的心腹、名将张树珊，并刘登朝、郭有容一干副将战死。

湖北危急，原定增援陕甘的湘军鲍超，率军一万六千人增援淮军，淮军第一悍将刘铭传亦亲率铭军一万多人赶到。见清军势大，任化邦率军退守尹隆河，打算在此与清军决战。

鲍超乃太平天国战争以来战功最多的悍将，瞧不起盐枭出身的刘铭传，觉得刘铭传一个晚辈根本不配与他并列。刘铭传自恃装备了全套西洋军械，配置了清军中最大规模的炮队，也对鲍超不服，认为鲍超不过是有勇无谋的匹夫。

鲍超与刘铭传约定，于翌日辰时（七至九点）合军进攻捻军。为了抢功，刘铭传提前一个时辰，于卯时（五至七点）擅自发动进攻。他自度兵强马壮，妄图在湘军到来前击败捻军，届时再邀请鲍超参观战利品，以显铭军之威。刘铭传留下数营兵力看守辎重，自率十八营人马渡河出击。然而，他根本不是捻军任化邦的对手，刚一出击就被耍得团团转。任化邦先分出骑兵一千人，向北渡河绕袭铭军后路。刘铭传恐怕后方辎重被抄掠，分出六营兵马回顾后路，只剩下十二营兵力，分成三路应敌。

捻军三位主将亦分三路迎战，牛宏升进攻中路，赖文光进攻右路，任化邦自将精骑冲击铭军左路。刘盛藻所率五营铭军遭任化邦冲击，顷刻之间竟已崩溃，抛弃友军渡河而逃。刘铭传从中路抽出三营铭军增援，企图重建左路阵线。谁料任化邦来得太快，击溃刘盛藻后立即增援中路赖文光，三营铭军刚离开阵地就被截住。铭军最能打的右路唐殿魁击败牛宏升后，还未来得及救援中路，中路铭军已被任化邦、赖文光合力击败。击败铭军左路、中路后，捻军全军集中进攻唐殿魁，唐殿魁力战不敌，与营官吴维章、田履安当场战死。铭军大溃，捻军渡河追击，将刘铭传重重围困。刘铭传失魂落魄，与属下百人一起脱去衣冠袍服，坐地待死。牛宏升进攻中路，赖文光进攻右路。

捻军骑兵

刘铭传待死之时，鲍超已率霆军赶到。鲍超趁捻军收缩包围圈，直扑捻军侧翼。见霆军冲来，任化邦高呼：“今日斩刘捉鲍，西取四川，效法洪天王故事。”捻军击败刘铭传，乃是士气正旺之时，万骑奔驰，杀声震天。然霆军以马步兵一万六千人迎战三万捻军丝毫不惧，张开两翼包围捻军，其攻势骤如风雨。与倚仗洋枪的铭军不同，鲍超自建军以来，最善与敌白刃交接。霆军猛冲向前，逼近捻军战斗，因两军距离太近，捻军马队无法提速冲击，只得与霆军短兵相接。两支精锐酣战多时，杀声震动十余里。见无法取胜，捻军突围遁走，大战结束。[①]

尹隆河之役，任化邦先胜后败，在歼灭铭军大半之后，被鲍超阵斩万人，俘虏八千有余，还失去了五千多匹骡马，东捻自此元气大伤。清军一边，若非鲍超及时赶到，铭军将会被任化邦全歼。张树珊、郭松林两部已近覆灭，淮军最强大的铭军再被歼灭，李鸿章就将失去他最大的政治资本，断无后日勋业。

鲍超从重围中救出刘铭传和两千多铭军士卒，夺回被缴获的洋枪四百杆、号衣数千件，以及刘铭传遗在阵中的顶戴花翎。为了羞辱提前抢攻的刘铭传，鲍超令士兵敲锣打鼓，将刘铭传的红顶子送还淮军大营。鲍超还写信揶揄李鸿章，说刘铭传大概是阵亡了，我这里捡到了他的红顶子，李鸿章收到信后勃然大怒。[②]

刘铭传遭到鲍超羞辱，心生怨恨，又怕受到朝廷责罚，干脆提前向李鸿章诬陷鲍超。他在公牍中谎称，两军约定在卯时拂晓发动进攻，鲍超故意不按时赶到，导致铭军孤军奋战。铭军一度击败捻子，正待扩大战果时，鲍超不先派人联络，直接从后路鬼鬼祟祟而来。铭军误以为从后路过来的是捻军伏兵，因而军心动摇，遂被捻军击退。等发现后路来的是鲍超后，铭军立即回身迎战，与鲍超并力击败捻军。[③]

刘铭传不念鲍超救命之恩，反而诬告鲍超害他险些战败，是极为可耻的小人行径。李鸿章是个护短之人，收到刘铭传的公牍后，立马向朝廷参劾鲍超。尹隆河战后，鲍超一刻不息地追击捻军，连克捻军于直河、丰乐河、襄河，杀敌一万有余，俘虏四千，救出被裹挟的平民二万，还俘虏了任化邦、赖文光、李允的妻子。[4]他自念连破强敌，重创东捻，救下了刘铭传的性命及李鸿章的前程，正在沾沾自喜地等待嘉奖，孰料等来的却是朝廷严厉的申饬，暴怒之下，气得旧伤发作，于是赌气上折请求病休。李鸿章害怕节制不了鲍超这等悍将，遂奏请朝廷将霆军三十营全部解散。

曾系湘军四大主力，多隆阿率部脱离湘军，后来战死西北；刘松山划归出镇陕甘的左宗棠节制；曾国荃一军在攻克金陵后遣散，在湖北重建后不复往日之勇；只剩下最能打的霆军二万。霆军因兵变遣散数千，只剩一万六千人。尹隆河战后，再裁掉这最后的三十营霆军，曾国藩赖以纵横天下的湘军主力全部烟消云散。淮军原本也在裁军，李鸿章挂帅平捻后，兵力再度得到增强，自此李鸿章的实力已远超恩师曾国藩，清廷策划的“以淮代湘”初步实现。

霆军遭到遣散，起因是刘铭传的诬告。李鸿章为了集中剿捻的事权，将刘铭传的诬告之词代为上奏。起草奏折时，他的幕僚又将刘铭传的说法进一步夸张，等上奏到朝廷时，鲍超的“罪行”已经到了“其罪当斩”的程度。军机大臣汪元方看过李鸿章的奏折，认为鲍超战时延误战机，战后虚报战功，其罪当斩，在他的坚持下，鲍超遭到了严饬。

解散霆军，起到了“以淮代湘”“湘淮瓜代”的效果，阴谋论爱好者因而常把此事演绎成一场大戏，认定这是清廷一手主导的大阴谋。而实际上，鲍超遭到参劾时，即使曾国藩不便出面，手握雄兵且性格刚强的左宗棠、曾国荃尚在任上。如果他们一起上奏反对，朝廷就算再想削弱湘军也只能让步。霆军被裁，实在是错中有错，导致曾、左未能保护鲍超。

围绕尹隆河之役发生的博弈，以薛福成的记述最为详细。根据薛福成的说法，曾国荃收到的情报有误，他以为鲍超与刘铭传是兵分两路，鲍超攻击赖文光，刘铭传则迎战任化邦。世人皆知，任化邦勇猛无俦，赖文光却不堪一战，曾国荃因此误把这当成鲍超大获全胜而刘铭传损兵折将的原因。他匆忙上奏，没来得及向鲍超询问战斗经过，导致他的奏折与鲍超的捷报相抵牾。曾国荃的折子一上，更显得鲍超在虚报战功。连霆军的后台都没替他说话，鲍超的处境可想而知。

鲍超原定增援陕甘，归左宗棠统率，因湖北危急才临时调往尹隆河参战。鲍超在湘军的资历比左宗棠老，打过的胜仗比左宗棠多。左宗棠在江西不敌李世贤时，还要虚悬鲍超的旗帜吓阻太平军。左宗棠害怕自己控制不了鲍超，想"摧折"一下鲍超的锐气，于是也向朝廷上了道落井下石的弹章，预备让他先倒个大霉，然后再出手解困，凭此收复其人。[5]由于事先没有通气，左宗棠、李鸿章同时参劾鲍超，加上曾国荃的奏折似乎也在证明鲍超虚报战功，鲍超就再无翻身余地。

对于这件争功在先、讳败夸胜、以怨报德、嫁祸于人的案例，刘忆江在《曾国藩评传》中的评价，"李鸿章偏袒不公，左宗棠心术可鄙，曾国荃颟顸糊涂，汪元方不仅颟顸而且专横"，堪为至评。如果考虑李鸿章未发迹时湘军将领只有鲍超与他交好，组建淮军时鲍超慷慨借出营官给他，李鸿章的行为，恐怕还应加上"忘恩负义"四字。

二　朝廷与督抚的博弈

尹隆河战后的处置，可视为以太后为首的清廷对曾国藩的一次重大胜利。在太平天国平定后，清廷一直在谋划用后起的李鸿章取代老迈的曾国藩，经过数年的人事调动，以及机缘巧合，到这里终于实现。正如本书前面指出，清廷谋求的“以淮代湘”得以顺利推进，缘于曾国藩主动选择“湘淮分立”。

清廷与曾国藩的矛盾，实际上是两个问题：地方督抚专擅大权，中央集权遭到破坏；中兴能臣什九湖湘，出身湘军的高官占比太高。前一个是制度建设的问题，后一个则是人事安排的问题。而以慈禧、恭王、醇王为首的清廷，把这两个问题混为一谈，把重建中央集权这样的“公义”，办成了与湘军集团的“私怨”，导致所谓“同治中兴”如同纸糊泥捏一般脆弱。

清朝经过康、雍、乾三任精明强干的皇帝，将中央集权体制推到中国历史的巅峰。在太平天国战争以前，地方督抚虽有疆臣之称，然实不能“行一谋、专一事”。督抚之下，称为藩司的布政使掌握一省民政，向户部、吏部负责，称为臬司的提刑按察使，执掌一省司法，隶属刑部；藩司、臬司都向中央的六部尚书负责，不归督抚节制。自骆秉章倚仗湘军改革湖南政务后，藩司、臬司才成了总督、巡抚的直接下属。⑥

因为军费紧缺，督抚擅自截留本省税款以充军饷，加上各地督抚为练兵开征厘金乃至举借外债后，户部的财权遭到侵夺，地方政府掌握了财权。在湘军创办以前，督抚都以文员担任，不得过问驻防八旗和当地绿营的操阅，旗军由驻防将军、都统管理，绿营由提督管带。曾国藩创立湘军，因为军饷自筹，带兵的大帅若不能兼任地方官，就无法供养军队，于是湘淮军统帅纷纷兼任地方大员，或者地方督抚纷纷自募兵勇，疆臣开始拥有兵权。

《传》曰：“国之大事，在祀与戎。”当儒家出身的文官掌握兵权后，戎与祀都系于一身，地方的扩权就再也不可抵挡。因为湘淮集团几乎没有人进入军机处，常有人据此论证清廷在战后很快恢复了中央权威。实际上，当军事、财政大部被地方操持后，督抚对国家权力的影响力要远远超过“伴食”的军机。自同治年以来，国家有重大决策，都要先行咨文地方督抚方可推行。以人事权为例，湘军集团保举的文武官员多达万人，地方各级衙门都由督抚提拔举荐。万一遇到不听话也调不走的下级属官，他们往往通过设局的方式，以自己选聘的幕僚或地方推举的委员，将属官架空。到后来，地方督抚竟然能奏请将京官调到自己属下，连翰林这样的皇帝侍从，都可以被请调到地方，供疆吏差遣，“习以为常”。

地方督抚专擅大权后，由于曾国藩为首的湘淮大员，都是究心救世的经世派，他们拿到权力后，激发了地方潜力，整饬了地方吏治，

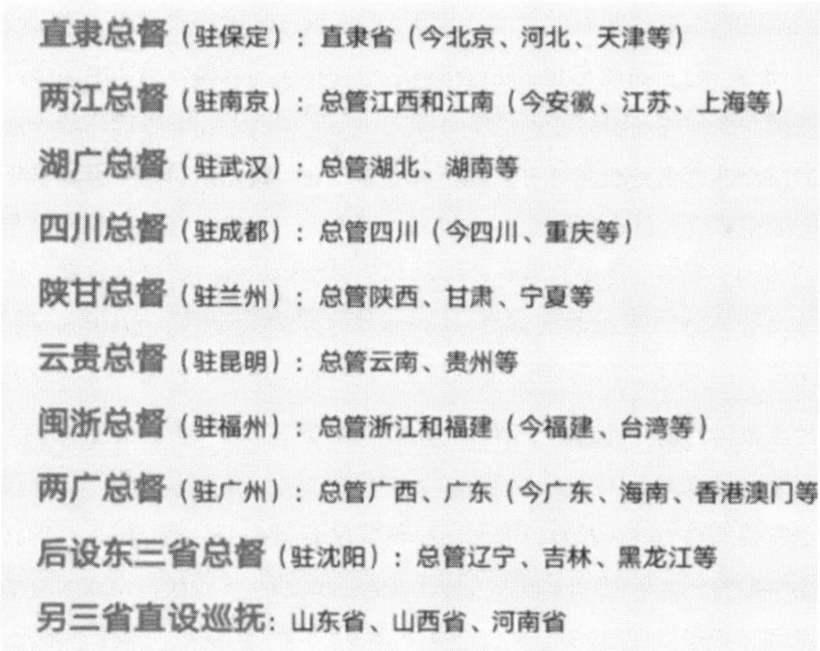

清代总督设置

编练了强悍的军队，遂战胜了农民起义。这些地方督抚还在战后发展了地方教育，清理了地方钱粮、漕运、盐政，对社会的发展起到了积极作用。但这毕竟是非常时期的非常手段，中国大一统的历史悠久，中央集权的传统深厚，战后朝廷势必要设法收督抚之权，恢复中央集权体制。

以慈禧为首的清廷，在太平天国战争后，当然不会让曾国藩的势力继续膨胀，遂采取一系列手段打击、分化曾国藩的势力。可惜慈禧没有弄明白的一件事是，当前的问题不仅仅是朝廷和曾国藩集团的矛盾，更是中央和地方督抚的权力划分。打击曾国藩的势力可以靠法术、权谋，可以行牵扯平衡之术，而解决地方督抚擅权，靠的是制度建设。

曾国藩裁撤嫡系湘军后，清廷在军事上选择扶植淮军李鸿章，“以淮代湘”；在政治上利用曾国藩、左宗棠、李鸿章之间的矛盾，撤换了部分与曾国藩关系较深的督抚，换上左宗棠、李鸿章一系的官员，希望造成湘淮之间的制衡。尤其某些重要地区，清廷任用与湘淮集团无关的官员乃至旗人出镇一方。

清廷曾借毛鸿宾在湖南巡抚任上的失误，把他的两广总督之职革除，还牵连了时任湖南巡抚的恽世临。毛鸿宾被革职后，朝廷令吴棠署理了一段时间两广总督，嗣后以满大臣瑞麟继之。湖南巡抚恽世临被革职后，代替他的是李鸿章的兄长李瀚章。广东巡抚原为曾国藩的亲家郭嵩焘，后来换成了左宗棠的部下蒋益澧。曾国藩的好友陕西巡抚刘蓉，因为受到蔡寿祺的参劾而受到打击，被乔松年取代。湖北巡抚严树森被官文排挤降职后，清廷将与湘淮系无涉的吴昌寿调任湖北巡抚。此外，清廷还把广西巡抚刘长佑换成了湖北人张凯嵩，江西巡抚沈葆桢换成了刘坤一。

清廷的这一通操作看起来热闹非凡，通过大规模更换地方督抚，似乎减少了曾国藩集团在地方的势力，但这根本不能恢复中央集权，只能算人事上对曾国藩的胜利。因为清朝面临的困境是督抚权力过大，而不仅仅是曾国藩势力过大。最要命的是，清廷甚至连人事上的胜利都未取得。

广西巡抚张凯嵩虽是湖北人，但他是湖南人李星沅、劳崇光所提拔，与刘长佑、刘坤一关系颇深，也算是湘系人物。沈葆桢早就和曾国藩因为争饷闹翻，取代他的刘坤一反倒是真正的湘军核心，虽然不是曾国藩的嫡系，但远比沈葆桢更贴近曾国藩。这两处的人事安排，不但没能打击曾国藩，反而增加了他的力量。

广东巡抚从郭嵩焘换成蒋益澧，不过是从湘军中的曾系换成了左系，权力仍在湘军这个大集团手里，况且广东主力清军基本都是左宗棠的人马。蒋益澧虽然此刻归属左系湘军，但在湘军初起时，他是负责护卫曾国藩的亲兵营营官，与曾国藩关系甚为亲厚。湖南巡抚换成李鸿章的兄长李瀚章，然而李瀚章长期担任曾国藩的幕僚，是曾国藩的亲近之人。就算把他划入淮军一系，权力也仍然在湘淮集团手里，没有收归朝廷。

吴昌寿出任湖北巡抚不到一年就被调走，继任者是郑敦谨、李鹤年。郑、李皆未在湘军中带过兵，但郑敦谨是湖南人，是曾国藩的好友，李鹤年虽是东北人，但他是当年举荐曾国藩复出最得力之人，可称为曾国藩的崇拜者。而且郑敦谨、李鹤年没有军队在手，无力应对捻军，所以很快湖北巡抚由曾国藩的九弟曾国荃出任，兜兜转转一圈，湖北省还是回到了曾国藩之手。曾国荃去职前，还在左宗棠帮助下，参掉了替朝廷看守湖广多年的旗人总督官文。

所以太后主持的这一圈调动，并没有什么实际作用，湘军集团真正折损的只有两广总督毛鸿宾、陕西巡抚刘蓉二人。可是曾国藩本来就想参劾毛鸿宾，晚年一直说自己一生就保错毛鸿宾一人。被拿掉一个两广总督，一个陕西巡抚，曾国藩一系却很快就补上了赋闲在家的曾国荃。清廷在广东、陕西收获看起来不小，可惜赔上了湖广总督官文。两广总督虽然换上了旗人瑞麟，但两广驻军都是左宗棠的人马，两广的巡抚都是湘军出身，瑞麟最多起到和湘系大员捣乱的作用，根本不能收其大权。

清廷为什么不能把湘淮集团出身的督抚全部拿掉，都换成朝廷的亲信？因为太平天国虽已覆灭，天下仍有叛乱武装在威胁清朝统治。清廷亲信里实无统御军队之才，只有湘淮集团才有镇压起义军的兵力，是故战区内的主官，不在湘即在淮。甚至可以说，曾国藩对朝廷的忠诚恐怕还要超过慈禧的亲信。曾国藩遭到猜忌、打击，缘于他所统湘军不是朝廷正规军。可纵然慈禧太后有能带兵的亲信下放地方，因为八旗、绿营的战力未能恢复，他们也只能效法湘军的办法，办出兵为将有的陕军、鄂军、粤军来。雄兵在握，只怕这些亲信也变成不可信的人了。

清廷的此番操作，于全国政治的发展并没有太大的意义。人事上获胜固然是重建制度的前提条件，但人事胜利后，必须在制度上重建中央集权，然太后只通权术而不懂治术，不能像汉武帝推行“推恩令”那样真正完成“削藩”。这就会形成一个尴尬的局面，督抚权力大，只能将一部分督抚换成可靠的人。但这个“可靠”完全是主观的，新换上的“体己人”，获得权力后一样有机会发展为强大的地方实力派，发展出新的派系。

数十年后，八国联军侵华，东南数省搞起了“东南互保”，拒绝遵从上谕派兵北上勤王，这正好说明清朝并未完成制度上的重建，“东南互保”戳穿了清朝解决地方势力的假象。如果此前朝廷真的完成了在制度上收回权力的任务，“东南互保”就不会出现，正因为督抚的权力并未削弱，当八国联军登陆天津，朝廷权威动摇之时，他们就有公开抗旨的实力。“东南互保”的主要参与者，许应骙、张之洞都不是湘淮集团出身，奎俊还是旗人。这足以证明，不是只有湘淮集团才会对抗朝廷，只要督抚在制度上的权力不被虚弱，在特殊的时期，都会成为不可掌控的力量。

除了频繁更换地方督抚，清廷还设法收回了部分财政权，尤其是对厘金和关税的控制加强。湘淮军的军饷，不再完全自筹，至少一半来自清廷的拨款，或者需要向朝廷奏报核销。看起来，清廷似乎卡住了地方督抚的财权。但清廷之所以看似卡住了地方督抚的财权，缘于地方督抚受礼法约束，不敢举旗自立，而主动作出了退让。如广东的协饷、江西的厘金，即是曾国藩为了与朝廷和解而主动让出的。如果不从根本上解决地方督抚掌控的军队，不能从制度上瓦解督抚的大权，一旦督抚不再退让，朝廷实在也无可奈何。

伴随洋务新政的兴起，洋务派地方官需要支用大量银钱办理新政，户部为了卡住地方财权，一般对这些款项不予奏销。无奈之下，地方督抚采取了软抵抗的办法，既然他们的行政权力极大，那就干脆自己开辟新的财源，供地方自行开支，称为“外销”。据户部估计，地方扣留的厘金，数倍于报部的数额。

洋务派大量兴办企业后，无论是由关税、厘金投资的企业，还是由地方招商创办的企业，其控制权都在督抚手中。这些企业创造的利润，也大半由地方收支，朝廷无法直接插手，地方财权更见扩张。直到清末新政时，清廷才派员对地方财政进行深入清理，通过清理，原本七八千万两的财政收入，膨胀到二点三亿两，可见地方擅自收支的银钱之多。

左宗棠出兵西北，中央下令各省协饷，然而具体摊派到各省后，到底给不给饷，给多少饷，完全取决于左宗棠与该省长官的私人关系。可见所谓清廷收回财权，也只是名义上而已。

三　重建中央军的失败

更换督抚未能收回地方行政，严格奏销未能夺回财权，清廷对军权的回收就更无成效。湘军、淮军起于勇营，都是地方督抚自筹经费招募的私兵，在湘淮军的示范下，各地还兴起了豫军、皖军、临淮军等依附于地方的勇营。作为大清的忠臣，曾国藩着实为清朝着想，他上奏朝廷建议把这些勇营私兵改为朝廷正规军。曾国藩的第一个实践，是将湘军水师改为朝廷的长江水师。长江水师实践成功后，他进一步建议将毫无战斗力的绿营全部裁撤，将湘淮军及各地勇营改为正规军，承担国防任务。

经曾国藩的提议，清廷将湘、淮等军改称防军，正式纳入国家体制，防军军饷不再由统帅自筹，改由国库供应。实际上在平定捻军后，不应当再有湘军、淮军的称谓，应将其视为国家正规军——防军。然而，朝廷手中没有足够的将校、士官，不能彻底更换防军中原属湘淮军的营官，亦无法将同村招来的兵勇打散后重新分配，这支军队实际还是听命于原有的统帅。所以名义上虽称防军，但大家仍按旧制，称其湘军、淮军。既然仍被视为湘淮军，朝廷也不敢真拿这些部队当自己的心腹，亦不敢裁汰绿营。

同治二年（1863），湘军将领刘长佑总督直隶，见绿营兵完全没有战斗力，遂奏请按湘淮军的营制重练绿营兵。他在直隶创办直隶六军，从绿营兵中挑选精壮汉子，重新立营训练，称为练军，这是将绿营改为练军的开始。清廷怕直隶六军变成刘长佑的私兵，多次插手直隶六军的组建，导致这支练军未能形成战斗力。

为了恢复绿营兵的战斗力，清廷不得不作出妥协，最终完全按照湘军营制来整顿绿营。练军的营规、章程完全参照湘军的体制，将领像湘军的营官一样事权专一，对人事、粮饷、指挥拥有绝对权力。士卒一旦挑选入练军，就要彻底和过去的绿营斩断关系。大加裁汰之后，由于军官、士卒数量不够，又从南方的勇营抽调军官和兵勇补充。

刘长佑

经过整顿，练军的战斗力略有提高，介于绿营与湘淮军之间。可问题是，既然练军沿用了湘军的营制，自然也就继承了湘军兵为将有的传统，士卒变成了练军统帅的附庸。朝廷觉得战斗力强大的湘淮军不可靠，但拥有湘淮军的督抚毕竟是少数，办起练军后，很多非湘淮集团出身的督抚，也拥有了依附于自己的练兵。军权非但未能收回，反而在湘淮集团之外催生了新的军头。

练军战斗力无法抗衡湘淮等防军，忠诚度甚至更低，清廷遇到战事仍然只能倚重湘淮军。刚开始时，为压抑湘军，清廷大力扶植淮军，连直隶京畿的防御都请淮军承担。等到淮军发展壮大，清廷发现自己催生了一个相比湘军，忠诚更不可靠、将领操守更低的集团出来。不得已，清廷只好从“以淮代湘”，变为“湘淮互制”，又回头去扶植湘军。曾系湘军已经裁汰干净，清廷不得不大力扶植左宗棠。太后使出浑身本事，在左宗棠与李鸿章之间制造摩擦，离间湘淮关系。这一套操作很受时人推崇，认为太后以其高明的权术，维持了湘淮平衡。

可是，曾国藩崛起之前，清朝遇到战争，若是局部战争，自然以地方督抚为统帅，若发展为倾国之战，则由中央派出满大臣或中央大员挂帅出征，军队也从四方征调。如乾隆平定大小金川，先以川陕总督张广泗为统帅，张广泗战败后，陆续统领军队的如保和殿大学士讷亲、傅恒，理藩院尚书、后授武英殿大学士的温福，内大臣福康安，都是中央大员。嘉庆时期平定川楚白莲教，勒保虽是四川总督，但他是满洲镶黄旗人，自可代表中央。代替勒保的额勒登保，不但是旗人，还是领侍卫内大臣出身。太平天国初起时，也是以文华阁大学士、首席军机大臣赛尚阿为统帅。

曾国藩崛起后，朝廷内外战争只能动用湘淮军。曾国藩去世前，遇到国家有事，还能请出这位已无嫡系兵马的老帅，以大学士身份节制淮军、左系湘军，朝廷尚还能对隐忍的曾国藩指手画脚。等到曾国藩去世，要么李鸿章挂帅，要么左宗棠挂帅，无论如何平衡，钦差大臣都只能在左、李两位地方大员中产生。太后似乎有相当大的裁定权，但这个裁定权仅限于支持李鸿章还是支持左宗棠，不存在第三个选择。也即国家国防力量，不在李即在左，没有朝廷什么事。

清廷如此窘迫的原因，在于清政府没有资源和人才储备，重建强大的中央军，也因“兵为将有”的原则，无法接收湘淮军。即使李鸿章、左宗棠大幅度退让，清廷也只能解散湘淮军而无法将其真正化为“中央军”，最终只能拉一派打一派，在派系之间寻求平衡。万一左宗棠、李鸿章有了割据的想法，他们很快就能通过利益交换达成一致，当湘淮集团达成一致后，所有的牵扯平衡之术，就会瞬间失效。

更为致命的是，湘淮军的派系对立，是曾国藩为了“止谤”而刻意制造出来的。如若不是曾国藩对朝廷的忠诚，他完全可以不扶植李鸿章，也不分化出左系湘军，只留下铁板一块的嫡系湘军，慈禧就更无从措手了。清朝在太平天国之后能够对军事有一定的掌控，首先要感谢曾国藩留下的湘淮分野的政治遗产，其次要感谢朱熹留下的礼法枷锁。

晚清朝廷无法解决地方权力，有主观和客观两方面的原因。就其主观而言，清廷并未分清打击湘系势力与重建中央集权这两大问题的差异，也无重构制度的能力。就客观而言，内忧外患未有一刻稍息，清廷无力恢复八旗、绿营，只能默许湘淮军继续存在。若不能解决湘淮大员手中的军队，中央集权也就无从谈起。

蔡寿祺弹劾恭亲王时，有人提了个看似荒唐的建议，倒是为朝廷指出了解决问题的办法，那就是请曾国藩来做议政王。曾国藩是当时唯一有能力从无到有建立新军的军事家，但他既然长期担任地方督抚，他编练的军队自然是地方军，是曾氏私兵。如果清廷在捻军平定后，请曾国藩入主军机，以“襄赞政务王大臣”的身份主理中央政务，主持编练中央军，然后彻底裁撤湘淮军，清廷面临的问题就迎刃而解。

众所周知，唐朝在安史之乱后，形成地方藩镇割据的局面。然而节度使制度创立于唐睿宗时期，在开元年间就已获得地方行政权，为何很长时间没有节度使谋反？因为此前在边镇立功的将领，还有回朝宣麻拜相的机会，他们无意久在地方，亦无在地方自立的打算，相当于皇帝以宰相的名位，引诱他们放弃对边军的控制权。

清代无宰相，无论内阁大学士还是军机大臣，名望、权力都无法与唐宋宰相相比。但如果以亲王、郡王的身份领班军机，称为议政王或襄赞政务王大臣，就可与古之宰相颉颃。世传咸丰曾有平复金陵者封王的遗言，那加曾国藩郡王衔，使之入主军机，起码在理论上是可行的。实际上曾国藩早就放弃了湘军，之所以还扶植淮军，是为了保全身家性命罢了。如果他得到世袭罔替的王爵，还领班军机，自然不再担心人身安全，可以放心裁撤湘淮军。封王拜相是人臣追求之极致，乃历古罕有的恩遇，曾国藩自剪羽翼入朝，朝廷也不用再猜忌他。但无论慈禧还是整个皇室，都没有这个格局和胆识。

除去引曾国藩入中枢的办法，清廷理论上还有一条路可走。曾国藩已经反复做出退让，等起义被平定，中外也无大规模战事的情况下，清廷如果能和日本一样，创办近代军校，培训新式军官，军事人才就无需只取于湖湘，自然能重新编练新军，乃至改变官制都是有可能的。但慈禧太后为首的清廷，沉迷于在荣誉上折辱、打击曾国藩这位老臣，沉迷于用权术分化湘淮集团，反而错失了制度上收权的大好时机。

清末新军

直到《辛丑条约》签订，清廷才在举国思变的环境下，以新政为名收回督抚重权，大规模编练新式军队。不料办新政时清廷过分倚重袁世凯，从地方督抚手中收回的兵权、财权、行政权，未能回归中央，反而都落入了袁世凯手中，从内轻外重变成了内外皆轻。加上形势已经大变，清廷的对手已不再是地方督抚。这种特殊时期，一方面应实现国家现代化，以阻止革命的爆发，一方面要厚待实力雄厚的实力派官员，以巩固统治。清廷计不及此，最后闹得人心离散，一败涂地。

当国的慈禧、恭王，毕生从未看清过形势，清朝一度“中兴”，不过是守着咸丰留下的遗产而已。正如曾国藩评价，两宫见识寻常，抓不住要害，恭王只有点小聪明，何来大政治家的风范？对于手握重兵的大臣，成熟的政治家如汉之文景，乃至清代的顺治、康熙，在暂时无力解决权臣之前，都能尽力优恤重臣。这道理非常简单，你既然消灭不了他，图一时痛快占点小便宜又有何益处？万一提前逼反了呢？一边尽力优恤安抚，一边做好削藩的准备，探索制度上消泯割据的办法，这才是政治家的做派。

平定天京之后，清廷对地方大员时加折辱，却不去探索如何在制度上完成削藩，是极为不智的。清廷敢对曾国藩随时敲打，是料定他不会造反，但已知曾国藩不会造反，对他所做的那些利国利民的事务，为何要处处为难呢？

慈禧太后和曾、左、李斗争，沾沾自喜于牵扯平衡之术，不知道修齐国政，反沉迷于权术中不能自拔，这即是老子所说的“以智治国，国之贼”。赵烈文曾评价说，太后、恭王代行皇权，不行光明正大的治理，反而去学权臣的手段，以君王的身份行奸邪乱臣的行径，国家只能越来越乱。同治年间，西洋各国正处在产业革命的剧烈变动中，清廷却忙于给实务大臣扯皮下绊子，结果离世界潮流越来越远。

清廷与曾国藩的斗争，可谓赢得了当下，输掉了时代。

【注释】

①③⑤ 见薛福成《庸庵全集·海外文编》卷四第 54、55 页，台北华文书局 1971 年版。

② 见刘声木《苌楚斋随笔》卷三第 10 页，中华书局 1998 年版。

④ 见《曾国藩全集》第 30 册第 33 页，岳麓书社 2011 年版。

⑥ 见杨天宏《中国的近代转型与传统制约》第 6 页，四川人民出版社 2021 年版。

十四、曾国藩办洋务

一　不迷信洋枪

李鸿章在上海和英法军队联合作战后，见识到了西洋枪炮的犀利，一心一意要引入西式军火，曾国藩对此好像不以为然。他在书信里教导李鸿章："用兵之道，在人而不在器。"他举例说，李秀成援救天京，军中多有炸炮，还雇了洋人炮手，官兵并不害怕。曾国荃、左宗棠用西洋炸炮攻击太平军，太平军也不慌张。彭玉麟的水师在金柱关抢到太平军船只上百，船上有一些水手是西洋人，洋人看到湘军后一样投降乞活，可见洋人、洋枪没有什么了不起的。[①]

曾国荃因为吃了李秀成的亏，也写信让兄长帮他购买洋枪洋炮。曾国荃说，洋炮和湘军用的抬枪差不多大小，但炮子比劈山炮打得远。劈山炮打霰弹群子，只能在平地对付近处的敌军。如果以高击低，命中者就极少，天下战场多山地，狡猾的敌军往往手持洋枪藏在险要之处，星罗棋布、神出鬼没。只有比清军器械轻便灵活的西洋器械能够对付。[②]

曾国藩覆函教训兄弟，说"制胜之道，实在人而不在器"，譬如和春、张国梁主持江南大营，买了很多洋枪，却无法挽救溃败之局。

除了举和春、张国梁的反面例子外，他还告诉曾国荃，鲍超的霆军，一杆洋枪也没有，照样能打胜仗。这封家书里有一个金句，“真美人不甚争珠翠，真书家不甚争笔墨”，真正厉害的将军，从不靠犀利的军器。[3]

“在人不在器”这句话，曾国藩在给李鸿章、曾国荃的书信里反复强调，一共说了五次，他似乎对李鸿章蛊惑九弟一起“崇洋媚外”十分恼火。这句曾国藩颇为得意的“金句”，后来成了他顽固不开化，对现代文明反应迟钝的证据，然而这未必代表他真实的想法。

十余年前，曾国藩衡阳建军，从广东购进了西洋火炮三百二十余门。他在给朝廷的奏折上说，水师不成，洋炮不到，湘军绝不出战。[4]他哪能不知道现代火器的威力呢？曾国藩曾在安庆召集华人工程师，琢磨如何仿造英军制式的开花炮弹，因为实验总不成功，还从广东买来英国炮弹后拆装复制。

曾国藩对新式大炮十分狂热，只是怀疑洋枪的威力。因受汉学的考据精神影响，曾国藩讲究名物求实，遇事先怀疑再实证，凡未经自己亲自检验的东西，都不肯轻信，这是他顽固的坚持。他在咸丰八年（1858）给袁芳瑛的信里说：“洋枪不甚得用，近始知之。”[5]曾国藩既然大批购入洋炮，当然也不会不买洋枪，大概他被奸商蒙蔽，买入了粗劣的仿制洋枪，威力很是一般，所以才说“近始知之”，言下之意以前还不知道洋枪如此不中用。李鸿章送了他一批洋枪，他亲自试枪后，发现洋枪的枪机很容易损坏，打上二三十枪就得修复，所以“余不甚喜此物”。[6]

“不甚得用”，显然是指洋枪的可靠性较差，无法在恶劣战场环境下持续使用。因为中国军队尤其太平军大量购入洋枪，欧美奸商遂将粗制滥造的仿制步枪乃至拿破仑时代的旧货，都运往中国高价出售。李鸿章就发现，中国军火市场上最好的“天字号”洋枪，在西洋属于不中用的货色，“元字号”比不上天字号，“万字号”更等而下之。淮军的主力步枪是第三等的次品“万字号”，因为“万字号”再差也是“真洋枪”，军火市场上很多所谓洋枪甚至是在广东“土造”的。[7]

同治初年，中国能买到的最先进步枪，是英国的恩菲尔德 1853 式步枪。这是一种打米涅弹的前装线膛枪，重量约为八点四斤，枪身长近一米四，有效射程在二百米到三百米之间，一分钟能够发射两到三发子弹。湘军普遍使用的鸟枪枪身长约二米，有效射程一百米，一分钟只能打出一二发子弹。两者相比，恩菲尔德步枪枪身短，重量轻，携带和使用都更轻便，且射程与射速多过鸟枪一倍有余。除此之外，西洋枪械点火装置更先进，在风雨环境下使用更可靠。几项叠加，恩菲尔德步枪的作战效能是鸟枪的四五倍。

曾国藩拿到的洋枪，很可能不是英国标准制式的恩菲尔德 1853 式，因而性能无法保障，威力大打折扣。但即使可靠性差，打上二三十枪就要维修，洋枪的下限也远高于鸟枪的上限。如果全面换装洋

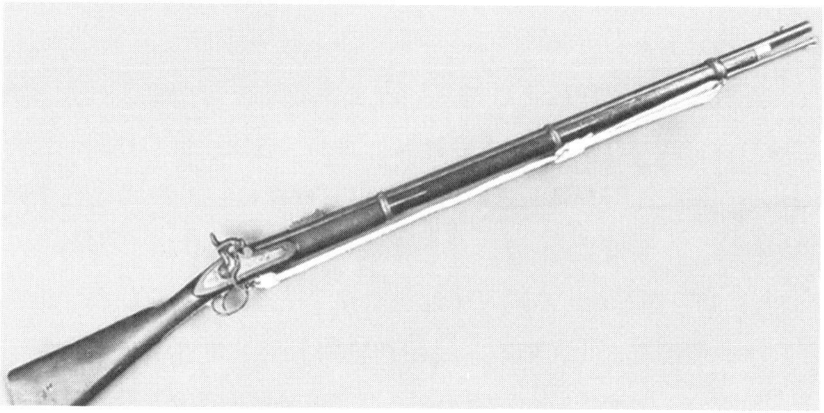

恩菲尔德 P53 型步枪

枪，同等兵力下，湘军火力至少提升两倍。曾国藩之所以不想换装洋枪，主要是手中无钱，觉得洋枪虽强却性价比低。

李鸿章在上海采购洋枪，上等枪一杆要价白银八九两，普通步枪要价四五两，在广东采购价格更高。[⑧]如果给曾国荃的湘军全面换装洋枪，需用白银四十多万两。除了购买枪械，换装后弹药消耗也会大幅提升——洋枪凶猛的火力，以巨大的物资消耗为前提。淮军巅峰时期装备三万杆洋枪，每月消耗点火所用铜帽十万颗，粗细西洋火药十余万斤，光买弹药就月耗白银数万两。同治三年（1864）七月至四年五月，淮军十一个月内军火开销高达三十五万两。[⑨]

当时湘军连军饷都开不出，大部分部队欠着饷打仗，有的营头欠饷近一年，不得不放纵士兵抢劫以维持士气，哪儿变得出近百万两白银来升级装备？洋枪买得起也用不起，湘军只能靠严格的军纪和质朴的蛮勇，弥补军械的不足。曾国藩告诫子弟门生，制胜之道在人不在器，不是说洋枪不行，而是条件有限，只能打穷仗，千万别学淮军打富贵仗。制胜之道在人不在器，是把人的因素放在器械之前，但并不是否定器械。美人不求珠翠，书家不争笔墨，还不是因为穷，若真不缺钱，哪个美人不用珠翠，哪个书家不用上好笔墨呢？

曾国藩一边说洋枪不可恃，一边也在尽量搜购洋枪。同治元年（1862）八月，上海方面一次给曾国荃的大营送去洋枪二百杆，火药一百桶，铜帽二十万颗，这时李鸿章也只有洋枪一千杆。[⑩]得到李鸿章的接济，军饷稍足后，曾国藩采买洋枪的速度也加快了，同治二年（1863）初，湘军在广东购入洋枪一千五百杆，托李鸿章代购洋枪两千杆。曾国藩曾指出，湘淮军使用洋枪的风气，始自李鸿章和曾国荃，足见湘军购置洋枪并不晚于李鸿章，只是财力不足，全面换装较晚而已。

平定太平天国后，洋务大兴，湘军大量购入洋枪，全面换装已成定局，曾国藩还时不时鼓吹冷兵器足以制胜。他在书信里说，捻军的冷兵器战术极为得力，手持长矛，伏低身体进攻，湘淮军的洋枪都因为站位太高打不中。[11]他还吹嘘陈国瑞的兵马战斗力惊人，因为敢战深入，打仗耐久，虽然武器远不及装备了洋枪洋炮的湘淮军，战果却更好。[12]

这些看法未必真是迂腐顽固，在机枪、铁丝网、新式战壕投入使用前，勇猛精锐的冷兵器部队，借助地形快速抵近敌军展开白刃搏战，确实能给装备热兵器的步兵以巨大杀伤。欧美直到一战还有大量挥舞军刀的骑兵投入作战。拿破仑战争时期，技术水平远比湘军高的英法军队，在大规模的炮击之后，往往依靠手持军刀的骑兵撕裂敌军防线。遇到顽强的步兵防线，英军也是上刺刀亮白刃，抵近肉搏。自克里米亚战争开始，铁路的作用大幅度提升，骑兵逐渐没落，英法军队多靠重炮制胜，重炮成了“战争之神”。但即便如此，西洋步兵也要在炮击之后，先近距离齐射，再上刺刀冲锋。

验之中国战场也同样如此，英法军队的洋枪远比太平军精良，上海战役李秀成却靠万余精兵白刃冲击，击败了英法军。而拥有两万杆洋枪、大量开花大炮的李秀成，又在雨花台被曾国荃的湘军击败。

直到湘淮军全面换装洋枪，步枪仍不是战争胜负的决定因素。捻军凭借全员骑骡马的高速机动伏击清军，冒着清军火力突入近战，手持长矛锐不可当，无论是蒙古马队还是淮军都一触即溃。李鸿章曾对曾国藩解释，江南大营换装了洋枪，却不肯改用西式训练方法，所以战斗力不强；若是中国精兵换装洋枪，再配合西式战法，必将天下无敌。淮军大量引入西洋教官，改习西洋操典后，很多人都以为淮军的战斗力远远胜过了湘军。然则尹隆河一战，装备最多洋枪洋炮的淮军刘铭传部险被捻军全歼，后到的霆军却靠白刃战击溃了捻军。曾国藩所言“在人不在器”，决定胜负的因素是人而不是武器，就当日而言确是至理之言。

二　只做不说的实干家

鸦片战争时期，最早接触工业文明的林则徐，在书信里对友人说，英军的炮火远胜于我，就算是岳飞、诸葛亮来了这仗也不好打。他特意在信后叮嘱，这封信是密信，切勿把信中所说告诉别人。林则徐、曾国藩与李鸿章不同，世人眼里，李鸿章只是个务实的官僚，而林、李则是宗师，是士大夫的楷模。以当时保守的风气而言，人们不能容忍儒学大宗师宣扬西夷技艺远胜于我。众口汹汹，以“至诚”为修身进德之本的林则徐、曾国藩，也只好“不诚”了。

洋务官僚以“中体西用”为宣传口号，大谈中国文武制度，无不优于欧洲，只是器用上稍差，学点西方的器物就行了。其实，这些官僚心底未必真的这么想，只是迫于形势，不得不说些冠冕堂皇的话当作挡箭牌。学者陈旭麓有言，天下滔滔，多是泥古而顽梗之人。如果没有“中体”作为前提，“西用”无所依托，在中国是进不了门，落不了户的。

洋务派有一个著名的理论：培养洋务干才，先要让他们读好“四书五经”，学问有了根底，不至于被洋人的歪理邪说蛊惑，才能去学西洋的技术。但真到了实操层面，除了极少数蠢货，大多数洋务骨干都会忘记自己说过的套话。曾国藩主持赴美留学，不选读书有成的士子，反而要挑选“幼童”，因为幼童尚未读过旧学，胸少成见，更易接受现代知识。指导儿子读书，曾国藩也不逼迫他们研究科场时文，曾纪泽学习了英文，还懂一些近代物理学，曾纪鸿成了数学家。在“师夷所长”的问题上，曾国藩是只做不说，李鸿章是先做再说，郭嵩焘是说了没条件做。如果仅以公开言论而非实际思想、事功为

留美幼童

据，认定曾国藩比李鸿章、郭嵩焘保守，就不免草率了。

晚清士人对近代科技的态度，无外乎工具主义和科学主义。工具主义，看重科学技术的实际效益和社会功能，把科技看作一种“富民之术”，一种“经世致用”之术，一种发展经济、改善民生、加强军事的工具。科学主义，则是以人的理性去探索自然法则，以探索世界深层的秩序为目的，是求知大于功用的。

作为战场前线的统帅，曾国藩当然会从“经世致用”出发，寻求通过近代科技增强军事力量和经济实力的办法，这也是他一再购买、仿造西洋机器的原因。但是，作为一个究心理学多年的道学家，他治学的归止，是格万物而致天理，追寻宇宙万物背后的运行规律。“格物致知”的精神和科学主义是相通的，都试图通过对万物的研究而致知万物的真理。只是孔孟程朱并未传授后人“格物”的方法，理学家只能通过对万物的联想和比附，以明道德之善，却不能探知客观的真实。

现代科技的传入，于曾国藩而言，是为他补足了“格物”的方法。他不满足于仿行西洋的技术和器物，而是希望明了其背后的原理，掌握思维的方法，从而将其与汉学中的“名物求实”“考据”“实证”等手段融合，促成中国传统学问的新生，让儒学这棵大树，也开出科学之花。

曾国藩创办近代工厂时，在实际的技术生产之外，尤为关心工厂附属的学校和翻译机构。他指示学校开设课程和翻译书籍时，基础科学的部分要多过技术规程。他在奏折中说，现在的洋务官僚都热衷模仿欧美的技术，这其实不得要领。一味研习洋人的制造技术，并不能领悟技术背后的“所以然”。西洋学问的根底在数学，在理论，当务之急是大量翻译西洋的基础科学著作，让国人吃透其中的原理，做到“物理融贯”，这样就可以自己设计出机械来。[13]或许有一天，等国人彻底掌握了科学思维，有些洋人的理论，我们自己也能推演出来。

如前文所述，曾国藩授意、曾纪泽代笔的《几何原本序》，更特意指出，近代科学是将万物运行的现象归纳为规律，再将规律整理为数理逻辑，得到一套理性的运行法则。曾国藩父子在对自然科学的理解上，显然远远走在同时代官僚之前。

安庆试制出中国第一艘火轮船“黄鹄号”，使用之后发现它行驶迟缓，比西洋轮船差得太远，曾国藩却非常自豪。因为制造“黄鹄号”，既没有聘请“洋匠”，也没有使用现成的西洋“图纸”，这是他和一群中国科学家，从理解蒸汽动力原理开始，从头探索出来的。徐寿、华蘅芳等人，相当于重新发明了蒸汽机和轮船。这证明了曾国藩的设想，中国的精英同样能从底层吃透科学原理，在“物理融贯”之后，完成和外国科技精英一样的创造。在他看来，掌握蒸汽轮船的全套原理，把这套工程设计背后的思维方法融入中国传统思想，要远比仿造轮船重要。

曾国藩在奏折和书信里，讲“制胜之道在人”，讲“忠”“信”“笃”“敬”，讲“反己守拙”，而在日记里，却悄悄写下了他对蒸汽机的理解，写下了“光学”“化学”“电学”“磁学”“植物学”这样的名词。他在同治六年（1867）见过方子恺所做的地球仪后，在家里花血本做了一个很大的地球仪，用了三间屋子来摆放，“费钱太多”。他平时没事就转动地球仪研究世界地理，遇到不知道的地名就查阅《瀛寰志略》。他对现代天文学也很感兴趣，还教导曾纪泽默诵星图。

左宗棠、李鸿章喜欢引进外来的工程师，曾国藩则喜欢搜罗中国自己的科学家，他在幕府中网罗了很多科技人才，典型的如华蘅芳、李善兰、徐寿等。这几位科学家在曾国藩的资助下，完成了中国近代科学体系的初步建立。用容闳的话说，他们传入了原子和质子的原理，哥白尼的日心说，牛顿力学三大定律以及达尔文生物进化论。解析几何、微积分、代数、概率等概念都是华蘅芳、李善兰翻译确定的，而徐寿更创造了以谐音为主、会意次之的翻译原则，创造了钠、钙、锌、锰等表达元素的新字。除了翻译，曾国藩还推动了新式学堂的设立，较早提倡在学堂中实行分年级、班级授课，按照年级来设计教学目标、考核内容等办法。

毕业于耶鲁大学的容闳回到中国，最初去见了太平天国的干王洪仁玕。他对清王朝官僚的腐朽、保守非常不满，希望通过写出《资政新篇》的起义军领袖洪仁玕实现实业强国的梦想。当他发现自己的理想无法在太平天国实现，只能回头去求见曾国藩。

容闳对曾国藩的印象非常好，在自传里评价曾国藩的品格，说曾国藩虽财权在握，却绝未听说他侵吞涓滴财产以自肥，与后来取代他的李鸿章不可同日而语。容闳评价曾国藩的才能和人格魅力，说他“为人具有一种无形之磁力，能吸引吾人，使心悦诚服”，“头脑中很有见地，懂得中国在争取国际地位中的许多弱点和起因”，“其识量能力，足以谋中国进化者也”。曾国藩也很欣赏容闳，认为容闳不但可以帮办洋务，甚至可以在湘军里指挥一支军队。[14]尽管围困金陵的湘军已欠饷多日，他还是筹措了六万多两白银，让容闳去美国购买机器制造设备。因为遇上了美国南北战争，容闳在美国滞留多时，直到太平天国覆灭才携带机器回到中国，曾国藩就把这批机器拨给了江南机器制造总局（简称江南制造总局）使用。

洋务干将、上海江海关道丁日昌，趁海关通事唐国华等人索贿案发，勒索了他们四万两白银，然后用这四万两白银收购了美商旗记铁厂。坐落上海虹口的旗记铁厂原本是修理轮船的工厂，“修船之器居

江南制造总局炮房

多，造炮之器甚少”。[15]李鸿章将原有的两个洋炮局与之合并，成立江南机器制造总局，为淮军制造枪炮。正在北方平捻的曾国藩多次致书劝李鸿章建造轮船，李鸿章却不同意。彼时李鸿章尚无海权意识，也不理解轮船运输业对经济的作用，他只关心淮军打仗的军器。

李鸿章接替曾国藩主持平捻，曾国藩回任两江总督，接管江南制造总局，把重心放在了造轮船上。曾国藩很早就有了海权意识，他认为如果中国军队没有强大的军舰，民间没有充足的商用轮船，就无法与列强争雄。他一面把自己聘请来的科学家如华蘅芳、徐寿等拨去上海主持江南制造总局，一面给江南制造总局增加了经费。

曾国藩将原定解往户部的四成关税截留了两成，一成供给镇压捻军的淮军，一成用于江南制造总局。供给淮军的一成，实际仍留在江南制造总局为淮军制造枪炮、弹药，另外一成，就纯用于造船。他把江南制造总局迁往上海高昌庙，修建了轮船厂和船坞。在他的主持下，同治七年（1868），江南制造总局设计建成中国第一艘大型木壳明轮船。这艘轮船长十八丈五尺，阔二丈七尺二寸，马力三百九十二匹，载重六百吨。曾国藩取“四海波恬、厂务安吉”之意，将其命名为“恬吉号”。“恬吉号”试航后就开往金陵，曾国藩兴致勃勃地登船检阅，一路乘船开到采石矶。[16]曾国藩去世前，江南制造总局又造出三艘轮船，曾国藩分别为它们命名“威靖号”“操江号”“测海号”。

江南制造总局是当时中国最大的机器制造厂，最大的轮船厂，在曾国藩去世后，一直蓬勃发展，是中国近代工业的骄傲。“恬吉号”载重仅六百吨，而到了光绪元年（1875），江南制造总局业已造出载重二千八百吨、装炮二十六尊的“驭远号”。光绪十一年（1885），江南制造总局不仅能造木壳轮船，还造出了铁甲舰“保民号”。到了一战期间，江南造船所居然接受美国人的订单，为美国人建造了四艘万吨巨轮，建造技术已达世界先进水平。由江南制造总局发展而来的江南造船所，后来演变为今天中国最大的造船企业之一——上海江南造船厂。

保民号军舰

曾国藩有与外洋进行“商战”的构想，在他的理论里，欲与外洋“热战”，当大力建造军用轮船，而欲与外洋“商战”，必须大量生产、采购商用轮船，以推动中国运输业的近代化。他曾断言，“不过一二年，火轮船必为中外官民通行之物”，正是看到了近代航运业对国家近代化的作用。

同治初年，不少寄名在外国公司下的中国商人，已经开始购买轮船用于运输，外洋的轮船运输公司也纷纷进入中国。对于中国商人购买轮船一事，究竟该查禁还是放松，总理衙门举棋不定，只得咨询曾国藩。曾国藩在回函中表示应当放松管制，嗣后还推动总理衙门核定了《华商买用洋商火轮夹板等项船只章程》。

但随之而来的，是曾国藩、左宗棠、李鸿章创办的轮船厂遇到经费紧缺的问题。同治十年（1871），内阁学士宋晋上奏要求在福建、上海停办造船厂，激起了一场关于中国轮船业命运的大辩论。宋晋的理论极为荒谬，他认为：中国为了建造轮船，花费了四五百万两白银的巨资，消耗实在太重。这些轮船毫无用处，如果说拿来“制夷”，则中外早就议和，不必要搞这种引起猜嫌的事情。而且在外洋与洋人军舰交锋，这些轮船不如各国轮船便利，用处不大。如果说用来巡视海洋缉捕海盗，中国在外海本来就有足够用的水师，何必再造轮船。如果用来转运漕粮，轮船远比传统的沙船昂贵，实在看不出有什么用。[17]

宋晋的言论虽然荒唐，但造轮船消耗巨大，又没有切实的收入，清政府确实无力维持造船经费。在这场辩论中，曾国藩指出兵船和商船的建设都不能停止，实在遇到经费困难，可以考虑把已造的轮船租赁给商人搞运输，轮船的建造和航运，还可以招商合作。

招商是曾国藩一贯的思想。实业必须推进，政府又经费短缺，他打算采用政府搭台、管理，招募商人筹股参办的方法，以政府的力量扶植商团，以商团的财力推进实业。曾国藩精通洋务的幕僚容闳，为招商成立轮船运输公司制定了一系列章程，如轮船公司应为股份制企业，只允许中国商人入股，公司管理人员也应当全为中国人。其他如集股措施、人事管理、股东地位、财务原则、分红办法，都有详尽设计。

曾国藩对推进轮船招商非常积极，但在正式操办之前他就已经去世，筹办轮船招商局的任务就落在了李鸿章头上。李鸿章起初对发展轮船业并不热心：曾国藩建议在江南制造总局建造轮船，他回复“未敢附和”；曾国藩与总理衙门商议要不要放开轮船运输业，他的态度也是收紧。李鸿章后来改变态度，积极推进轮船运输业的发展，相当程度上源于曾国藩的影响。因此轮船招商局虽然最终在李鸿章手里创建，曾国藩却有倡议之功。

作为近代第一家官督商办的民用企业，轮船招商局发展的势头非常迅猛。成立不到五年，招商局就能与英国太古、怡和签订齐价合同，打破洋商对轮船运输业的垄断，代表中国民族企业，在对抗外商的低价倾轧时取得重大胜利。此后招商局投资开平矿务局，设立中国近代第一家银行中国通商银行，创办交通大学的前身南洋公学。中华人民共和国成立后，招商局改名为中国人民轮船总公司，改革开放后成立招商局集团有限公司，至今总资产超十一万亿。百年招商局树大根深，源远流长，曾国藩、李鸿章的事业竟延续至今。

三　倔强的老儒生

当然就实践来说，曾国藩在引入西方科技方面，确实不如李鸿章积极主动，他不太愿意聘用洋工匠，更倾向于召集中国工匠，吃透技术原理后，自己设计制造。学者翁飞曾指出，曾国藩在改进旧有武器上所用的心思和精力，远比仿造西洋武器多得多；他花了很多精力来改造清军旧有的制式装备，因为旧式大炮过于笨重，耗费火药过多，他主持改良了一种短管劈山炮。因为劈山炮只能打实心弹，他又亲自设计出“群子模”，让湘军的劈山炮也能像西洋开花大炮一样，打出霰弹群子。最令人惊讶的是，因为传统鸟枪枪管太长，射速太慢，他居然设计了“小手枪”，用西式火药发射，射速快了一倍，射程也增加不少。[18]

孜孜不倦地改良旧有兵器，这被当作曾国藩恪守祖宗家法不思进取的“罪状”。但实际上，曾国藩改良的劈山炮、鸟枪，也不是中国传统的造物：劈山炮的源头是明末从葡萄牙引入的佛郎机炮，在乾隆年间进行过改良；鸟枪则是明朝时传入中国的火绳枪。它们和恩菲尔德步枪、林明敦（雷明顿）步枪一样，都是西洋发明的军器，只是传入中国更早而已。

曾国藩对劈山炮、鸟枪进行改造，是因为这两种武器他最熟悉，最容易对其升级。掌握了近代科学的洋人能够把火绳枪改良为线膛枪，他也能借助科学思维，把鸟枪改成另一种新式步枪。这些改进如果早发生一百年，曾国藩或许会被尊为火器神匠，但在一百年后，他这些设计与西洋枪炮相比就落后多了，远不如直接购买洋枪洋炮来得便利，和“重新发明轮子”一样徒劳无功。他雇佣中国工匠，从头研究蒸汽机原理以制造轮船的努力，也大多类此，从技术进步上看毫无意义。他和少数中国精英几年的努力，怎么比得上整个欧美世界数百年的技术积累？

这种“重新发明轮子”的行为，是曾国藩的心有不甘、倔强刚强，是他的念念不忘、痴心不改。欧美洋人挟近代工业盖地而来，古老的文明节节败退，为了在万国相争的时代生存下去，实现国家近代化是唯一之路。老树将死，最粗暴的办法是把老树刨根，再从外面引入新的树种，重新栽一棵大树出来。如果既不想换掉树种，又不想自我欺骗说老树生长得比外面的树更好，还有一个办法，就是看看能不能用新的方法，让老树枯木逢春，重新焕发生机，再长出果实来。

曾国藩的毕生努力，就是想看看中国这棵老树，能不能自我焕发生机，结出现代文明的果实。他并不热衷于欧美技术，也不十分关心西洋政教，他一心想做的，是从源头上去理解现代科学，掌握衍生出现代文明的思辨体系和认知逻辑。和汉儒兼采百家、宋儒融合佛道一般，曾国藩试图改良传统学术，实现中国传统学术的现代化，从而“自生”出现代文明。他想在“发明轮子”的过程中，理解“发明轮子”的思维方法，把它融入儒家思想，让儒学与科学“融贯”。

曾氏很少谈西方政教，既是因为他对此缺乏知识，亦是因为他对此并不重视。近人多谈西洋政教与科学，初看是两个问题，实则是一个问题。近代思想家用研究自然科学的方法，转而研究社会关系，以科学的精神，来探讨社会演变之规律，把自然科学变为社会科学。当社会科学诞生，结合几百年来社会自发演变之经验，西方的政教也就为之一新。若能掌握科学精神，说不定中国也能“自生”出现代制度。

曾国藩这些行为，是一种“知其不可而为之”的努力，无法拒绝近代化，又不甘照搬西洋模式，就只能去寻求传统中国有无独立完成近代化的可能。

既不想解甲投降，也不想与风车决斗。日暮途远，寒气逼人，在时代的界河前面，是无尽的风雪。踌躇的路人每踏出一步，都在荒原上留下深深的印痕。

【注释】

① 见《曾国藩全集》第26册第266页，岳麓书社2011年版。
② 见《曾国荃集》第5册第132、133页，岳麓书社2008年版。
③ 见《曾国藩全集》第21册第57页，岳麓书社2011年版。
④ 见《曾国藩全集》第1册第112页，岳麓书社2011年版。
⑤ 见《曾国藩全集》第22册第691页，岳麓书社2011年版。
⑥ 见《曾国藩全集》第21册第25页，岳麓书社2011年版。
⑦ 见《李鸿章全集》第29册第136页，安徽教育出版社2008年版。
⑧ 见《李鸿章全集》第31册第94页，安徽教育出版社2008年版。
⑨ 见王尔敏《淮军志》第264页，广西师范大学出版社2008年版。
⑩ 见《李鸿章全集》第29册第114页，安徽教育出版社2008年版。
⑪ 见《曾国藩全集》第21册第436页，岳麓书社2011年版。
⑫ 见《曾国藩全集》第29册第478页，岳麓书社2011年版。
⑬ 见《曾国藩全集》第10册第215页，岳麓书社2011年版。

⑭ 见容闳《西学东渐记》第 107、150、121、110 页，岳麓书社 1985 年版。

⑮⑯ 见《曾国藩全集》第 10 册第 214、213 页，岳麓书社 2011 年版。

⑰ 见《中国近代史资料丛刊·洋务运动》第 5 册第 106、107 页，上海人民出版社 1961 年版。

⑱ 见《曾国藩全集》第 21 册第 192 页，岳麓书社 2011 年版。

十五、天津教案

一　总督直隶，身心俱损

同治六年（1867），东捻军主帅任化邦被部下潘贵升枪杀，东捻余部改由赖文光统领。东捻军在湘淮军打击下本已精疲力尽，又失去任化邦这样的名将，最后全军覆没。西捻军张宗禹一度打到了北京的门户保定，官文、左宗棠、李鸿章等重臣因此遭到朝廷严谴，但东捻已灭，西捻孤立无援，至同治七年（1868）六月，西捻被逼入绝地，亦全军覆没。为平定捻军定下战略，为李鸿章筹措粮饷后勤的曾国藩，被授武英殿大学士。

升任阁揆不久，正在两江操持洋务，努力实现“平天下”理想的曾国藩，在同治七年七月二十七日（1868 年 9 月 13 日），收到一封上谕，将他调任直隶总督，两江总督由马新贻接任。

慈禧太后将曾国藩调往两江，主要是想让他练兵，顺便将这个影响力巨大的重臣调往京畿附近，便于监视。

京师附近的防务，向来由满蒙八旗军队负责，但北方清军遭受了三次沉重打击。林凤祥、李开芳率太平军北伐，北方清军付出极大的代价方才将其平定。八旗军队尚未恢复元气，又被英法联军在八里桥重创，大半骑兵折损。尔后北方清军南下镇压起义军，胜保的马队被陈玉成歼灭，僧格林沁兵败身死。僧格林沁阵亡后，北方已无大军镇守。

湘军统帅刘长佑在同治二年（1863）时总督直隶，抽调绿营精锐，参照湘军的营制，搞了一支练军。刘长佑虽是直隶总督，但名望不够，和他捣乱的人甚多，练兵成效不大。曾国藩此次北上，自然是为了练兵而来。

咸丰二年（1852）曾国藩以礼部侍郎身份主持江西乡试，在安徽太湖县接到母亲去世的消息，就回家奔丧，此后创立湘军，在外征战多年，再未回过北京。十六年过去，曾国藩重返京师，风物依稀如旧，心境却大为不同。他先探望了湘军元老塔齐布的家人。塔齐布去世后，家族也颇不幸，他的二弟、三弟都已病故，只剩下八十寡母带着五个孙女。曾国藩见到塔齐布的母亲，心情异常沉痛，“相对涕泣”。[①]

曾国藩在京师时，曾得权相穆彰阿提携，他此次回京，微服简从，去往悄悄已故十余载的穆彰阿家中探望。穆彰阿多次主持科举，门生故吏遍天下，乃清代罕见的权臣，不料晚年遭咸丰帝罢黜，家族日渐败落。曾国藩到了昔日座师家中，面对穆彰阿不成器的儿子萨善和萨廉，自是感慨万分，“不胜盛衰今昔之感”。[②]

同治帝在京城设宴招待朝中大臣，曾国藩坐了汉臣之首，恩遇一时无两。慈禧太后也多次接见他，曾国藩却因此对国事更为绝望。他对幕僚说：两宫太后才地平常，召见自己问话，没有一处问到要害；皇帝年幼，无从得知其才德；军机大臣也不值得期待，恭亲王人聪明而无根底，晃荡不能立足，文祥为人正派但规模狭隘，亦不知求取人才，倭仁操守较好，可惜才薄识短；其余朝臣更是不堪，国家甚是可忧。[③]

曾国藩在直隶任上的主要任务是练兵，因为时间紧急，权柄有限，练兵不多。他在直隶任上最大的业绩，是把前任糊涂虫官文等人积欠的案件给审清了，仅仅一年时间，他清理了近四万件积案和新案，他的身体健康也因此大大受损。

同治九年（1870）二月初，曾国藩患上眼疾，双眼看不清东西，“眼蒙”还十分怕光。他开始时并不在意，仍坚持办公和看书，只是晚上看书时用铁罩挡住灯，不让灯光直射眼睛。后来眼疾日益加重，让儿子曾纪泽察看他的眼睛，发现“右眼黑珠，其色已坏”，若用手挡住左眼，就什么也看不见，显然右眼已完全失明。“右目既废，左目亦昏”，曾国藩为此心烦意乱，找了很多名医诊治，自己也在查阅眼科医书《审视瑶函》，但都没有效果。病急乱投医，曾国藩甚至试着念《小光明咒》，把民间的各种巫医气功都用上了。[4]

直隶省连日亢旱，“麦秋全坏，无可救药”，遇上荒年，曾国藩这个总督“无可措手之处”。公务私事皆不顺心，他担心自己从此成了废人，每日“郁郁不畅”。他笃信打坐养气的办法能调理身心，于是大白天用芦席、布匹把窗户塞住，一个人在黑暗里静坐。[5]长期久坐黑暗之中，他的精神更加颓废，意志更加消沉，尤其在静坐时不断反思一生悔恨怨尤之事，更是“忧灼无已”。欧阳夫人也在这时候患上重病，加上天气亢旱闷热，曾国藩全家陷入一种昏怠衰颓的气氛里。

个性刚强的曾国藩强打精神处理公务，还每日吟诵《孟子》，以孟夫子的“浩然正气”为自己提神。然而朗诵时“气不能振”，他自我反省是因为年老气衰，加上心中有愧怍之事，自然不免气虚。四月十六日这天，他晨起时突然眩晕，“床若旋转，脚若向天，首若坠水”，连续四次，无法起坐。[6]

眼睛失明加上眩晕，从现代医学的角度看，大概是心脑血管病。目疾不能用眼，眩晕无法用心，曾国藩心、眼并废。既忧生死，更忧身后之事，处于生死之间的大恐怖，曾国藩“寸心忧灼，迄无宽舒”。他这期间与儿子曾纪泽谈话，多谈家乡往事，给兄弟写信，亦发出“不知此生犹得与弟相见否”的哀叹。[7]

但曾氏的修为定力终究过于常人，他读范仲淹的文集，用“千古圣贤，不能免生死，不能管后事，一身从无中来，却归无中去……即放心逍遥，任委来往”来解脱自己。他挣扎着坚持办公读书，闲时阅读纪晓岚的《阅微草堂笔记》，以书中怪力乱神的幽默故事来解忧愁。曾国藩为此撰写一联自勉：

战战兢兢，即生时不忘地狱；坦坦荡荡，虽逆境亦畅天怀。

曾国藩本性多欲、暴虐、倔强，乃是人群中最下等的性情，但他早年以理学中的检身之法约束本性，在很大程度上战胜了自我；中年以后得悟道家之学，以圆融冲淡的黄老心法化解长期压抑的戾气，实现了与本性的和解共存。他修为已达极高境界，纵然此时眼盲心悸，对世道亦颇绝望，却仍能勉力奋进，自拔于身心的煎熬。

五月廿五日，天降大雨，京津一带旱情终得缓解，曾国藩也为此精神一振，在日记里高兴地写下“农家从此稍慰矣”。虽然眼睛还没复明，眩晕时有发作，他却大感快慰。

就在此时，朝廷下发谕旨，让曾国藩负责查办“天津教案”，这件让他背上百年骂名的大事终于爆发了。

二 东西文化碰撞出的新问题

教案，通常指入华传教士及其在中国的教民，与不信教的中国民众发生冲突后引发的恶性案件。清朝原本严禁传教士在中国活动，但常有传教士不顾禁令，强行进入中国境内传教。鸦片战争后，传教士开始在通商口岸建立教堂；第二次鸦片战争后，传教士大量进入内地，不断引发与中国民众的冲突，酿成“教案”。

基督教的教义、教规，与中国传统社会风俗差异很大，在传教过程中常因文化差异引发冲突。如基督教认为人生来就带有原罪，不但我们自己有罪，连我们的父母，乃至祖宗都有罪，这让讲“孝道”的中国人很难接受。基督教不准崇拜上帝之外的一切偶像，中国祭祀祖宗的传统也在他们的禁止之列，这也时常诱发冲突。

基督教的教堂平常关门闭户，不让外人参观他们的宗教活动，以保持神秘、肃穆。然而在中国人看来，你们有什么见不得人的勾当怕人看呢？传统中国讲男女大防，教堂里却男教徒和修女生活在一起，民众不免产生教堂里在行“荒淫之事”的联想。教堂吸纳了一些中国女性入教，入教后让他们与原生家庭减少来往，加上传教士宣传婚姻不用父母之命、媒妁之言，应当由男女双方两情相悦、自行择偶，这得罪了很多保守人士，指其为“淫邪”。

如果仅仅是文化上的差异和冲突，尚不至引发流血事件。实际上，佛教传入中国之初，也因为提倡剃光头、不婚不育、离开家庭而引发文化之争。但佛教最终还是相对平稳地融入中国社会，进而被中国文化所吸收——中国本来就是宗教宽容的国度。不同的是，佛教是和平进入中国，而基督教则是伴随侵略传入，这就放大了文化冲突，或者说，文化冲突和反侵略的民意最终交织在了一起。

佛教经西域传入中国之时，无论是天竺还是西域诸国，对中国皆无高高在上的优势心理，反而彼时中原王朝是他们仰视的强势文明。是故佛教传入中国之后，非但不以其教义挑衅中国固有之风俗礼教，反而小心翼翼地对自己的教义做出符合中国文化的调整，减少其融入中国的阻力。王浮作《老子化胡经》，把佛陀说成是中国老子的徒弟，早期中国僧侣不仅不加辩驳，甚而以此作为佛教非外来宗教的证据到处宣传。佛教的高僧们，屡屡比附儒家经典，把佛教的教义解释得与孔孟之学几乎一致。佛教的护法神原本是乾达婆、迦楼罗这样的域外名称，智顗大师却将护法神改为汉将关羽，这就是佛教最终能为中国人接受的原因之一。

晚明耶稣会组织传教士来华，当时欧洲相对明朝尚无战胜者的心态，利玛窦等传教士也针对中国的风俗，将明显不会被中国人接受的规矩做了修改。晚清传教士再度来华，他们靠本国侵略军的坚船利炮打开传教大门，带着殖民者的优越感，带着消灭“落后文化”的骄傲姿态来华，他们不但不像早期传教士那样试图去理解、尊重中国风俗，反而想暴风骤雨地清扫这片土地上的旧文化。

当《圣经》和军舰同时到来，传教士就会试图用武力传教，去抹平他们传教路上的阻碍。他们利用特权压服中国地方官为传教开路，为了修教堂他们肆无忌惮地在中国圈地。如果遇到无法抵挡的冲突，他们就会呼唤本国炮舰到中国沿海进行武力威胁。你一副赤裸裸的上等人嘴脸，民众如何能够相信你宣传的教义？你毫不掩饰自己的武力威胁，民众又岂能相信你在传播“福音”？

在城市里，一部分较早接受西方文化的新知识分子，或者为洋行服务的买办，很容易被传教士发展入教。而在农村这个中国保守主义最坚实的堡垒里，聚族而居的农民，肯信洋教的人甚少。一些名誉败坏后遭到村民唾弃，已经“社会性死亡”的农村边缘人，被迫加入洋教求得庇护，为自己寻找新的社会组织。

当这些边缘人加入教会，获得洋教士的庇护，同大量与自己一样的教民抱团后，他们就会试图报复之前嫌弃自己的村民，这必然引发教民与普通民众的冲突。冲突发生后，传教士通常会援引治外法权来庇护教民，因此在民众的眼中，教堂成了万恶之源。深层次的反侵略斗争心理，和表层的文化冲突结合在一起，教案就越来越多。

教案发生后，地方官僚因为恐惧洋人，怕教案成为西洋各国开战的借口，被迫弹压民众，委曲求全，然而他们内心却深以为侮。官僚士绅本就是儒家文化的传承者和守护者，他们对洋教的教义深恶痛绝。尤其值得指出的是，差一点灭亡清王朝的太平天国，亦是以上帝的名义起事，因为这层关系，士绅阶层常常深恨洋教。在士绅眼中，洋教既是替“洋鬼”侵略中国的先锋，也是太平天国这种内乱的煽惑者，它是千年礼法社会之大敌，其害尤胜鸦片和枪炮。士绅和民众最后在反洋教的立场上达成了一致，很多教案背后都有地方士绅的支持。

在晚清诸多教案中，“天津教案”规模甚大，影响也极深远。“天津教案”的起因，正是“迷拐”和“折割”。

“折割”指采取活人器官、肢体进行巫术的罪行，是中国刑律中的重罪。明末的时候，“折割”开始与洋教联系在一起。民间风传西洋传教士会挖小孩眼睛来点铅成银，或者用人的肢体炼制邪药，“折割”的传闻还被魏源收进了《海国图志》。“迷拐”亦称“拍花”，指精通邪术的人贩子，携带有邪恶的巫药，在人身上一拍，或者给人一闻，就能迷惑其心志，操纵其行为，最后将人拐走。

同治九年（1870）之时，天津地区也在盛传洋人“迷拐”中国孩童，然后在教堂里用孩童的心脏、眼球炼药，据说这种药在欧洲市场很大，以至洋人大量在天津“迷拐”幼儿。因为京津地区连日不雨，气候干燥闷热，民心也十分浮动，这则传闻就在天津地区广泛传播，弄得人心惶惶。

天津的天主教仁慈堂在河东埋葬了一些夭折儿童，因为埋得很浅，棺木被野狗刨出来了。据天津武官左宝贵等人所言，被挖出来的尸体很多器官不全，现场惨不忍睹，民众益发认为这是教堂用儿童心脏炼药的证据。

恰在这时，天津府县声称抓获了两名“拐子”，名叫张栓、郭拐，衙门在抓获审讯之后将其处决。[8]天津官府贴出的告示说，张栓、郭拐承认受人所托，四处“迷拐”幼孩取脑、挖眼、剖心，用来炼药。天津知府张光藻是深得民众支持的“循吏”，他在人心惶惶之际抓获处决“拐子”，得到天津父老极高的赞誉。他的告示承认“迷拐”“折割”确实存在，又进一步引爆了舆论。张光藻没有宣布委托张栓、郭拐的幕后主使是谁，只在告示中悬赏民众捉拿“拐子”，于是天津民众纷纷四处搜查“迷拐”。各种传闻越来越多，供职于教堂的教师沈希宝就被民众当成“拐子”暴打一顿后扭送官府，经天津知县刘杰审问后，确认他是送学生回家，才予以释放。[9]

五月十二日，村民李二自称兄长被人“迷拐”，他带了很多村民追上“拐子”，将其抓获送官。“拐子”自供名唤武兰珍，他使用的迷药是法国天主教堂里的教民王三所给，拐一个人报酬五个银元。李二的控告激起了天津民众的愤怒，为平息民愤，县令刘杰押送武兰珍到天主教堂对质，大批民众也前往声援。由于天主教堂并无武兰珍所描述的“栅栏”“席棚”，“门庭路径”也对不上，加上教堂中没有找到王三，刘杰选择息事宁人。天主教堂的主事者谢福音与官方约定，以后教堂要收养孤儿或者招收学生，必须到地方官府报备。倘若收养的孤儿不幸死亡，不得私自下葬，先要报官验尸。[10]

直到此时，天津官方的处理都算得上有理有节，与天主教堂的两个约定，也是打消民众怀疑的正确措施。可是民众对刘杰的处理不够满意，依然在教堂外聚集示威，与教堂发生了一些武力冲突。法国驻天津领事丰大业前往通商大臣崇厚处交涉，据崇厚的说法，丰大业踹门而入，直接向自己开了一枪，他这位通商大臣险些被击中丧命。丰大业的书记官西蒙手持利刃，打砸官署。众人劝住丰大业后，躲进内室的崇厚才出来相见。丰大业再度持枪逼迫崇厚，让他派兵弹压民众。天津民众听闻衙门和法国人起了冲突，遂敲锣聚众，前往增援。两边正对峙间，丰大业突然朝天津知县刘杰开枪，击中刘杰的随从。

在旁声援的天津人见洋人竟敢加害本国官员，顿时怒不可遏，一拥而上打死了丰大业和西蒙。打死丰大业后事态失控，众人又拥向天主教堂，放火焚烧教堂。[11]愤怒的天津人此后更将法国领事馆、仁慈堂、英国讲书堂、美国讲书堂和一些洋行烧毁。冲突中约二十名洋人被打死，其中包括法兰西、比利时、意大利、爱尔兰、俄罗斯等国人。冲击教堂的过程中，天津民众从教堂里搜到教民王三，抓到另一名“拐子”安三（安三也供称他拐人的迷药是王三所给），还从教堂里找到了一百五十名据说是被拐来的中国人。

三　曾国藩舍命救场

“天津教案”震惊世界，教案发生后，法、俄、美、英、普、比、西七国联合向清朝发出照会表示抗议。西洋诸国威胁说，倘若清廷不能妥善处理此事，他们将联合对付中国。英法从香港、上海等地，调集数十艘军舰开赴天津外海实施武力讹诈。稍后法国军舰直接炮击天津，并宣称如果在十几天内不能得到满意的解决，定将天津化作焦土。与几十年后的八国联军相比，此时少了意大利、日本、奥匈帝国，多了西班牙、比利时。风吹虎穴，蚩尤跸路，大战似乎一触即发。

“天津教案”的棘手之处在于，曾国藩的湘军在太平天国灭亡后已大部裁撤，剩下还堪一战的三支主力，曾国荃所部新湘军在湖北被捻军歼灭，霆军在尹隆河战后遣散，刘松山部划给了左宗棠。淮军在平捻后，裁撤了四成兵力，还剩下三万多人。教案爆发前三个多月，左宗棠在西北打了败仗，湘军名将刘松山阵亡。李鸿章坐镇襄阳，正在添募军队准备赴西北增援左宗棠。除去为西北战场牵制的主力，清廷此时能调动的湘淮军只有两万多人。列强以武力威逼，清廷不敢与之开战，只能“力保和局”，做出妥协退让。然而“天津教案”不管其案情如何，天津士民终究占据了反侵略的大义，妥协太过又会引发民意的反弹。原本外事应由三口通商大臣崇厚办理，但事端一开，朝廷知道崇厚的威望、能力都无法应对此事，急忙通知直隶总督曾国藩赴天津坐镇。

曾国藩本在重病之中，一只眼睛已失明，本当以病为由推脱不出，但作为清王朝的忠臣，如此紧要关头，他也不忍心置身事外。曾国藩留下了遗嘱，抱病接过了办理“天津教案”的重任。

还未抵达天津，曾国藩就与崇厚通信，了解了案件的大致情况，也与恭亲王奕䜣及李鸿章等人交换了处理意见。他对朝廷建议，同英、美、俄等国的交涉，必须与对法国的交涉分成两个事件处理。此事的起因是民间传闻法国天主教堂“迷拐”“折割”，复因法国领事丰大业两次开枪而激化，中、法是直接冲突的两方。英、美、俄等国并未牵涉“迷拐”“折割”，是暴怒的天津民众焚烧法国教堂时被殃及的一方。清朝对法国有是非曲直可论，对英美俄则相对“理曲”。曾国藩认为，对被殃及的英、美、俄等国，应该尽快道歉赔偿，趁早结案，不给各国援助法国的借口。[12]与法国的交涉，曾国藩则认为，首要问题在审清“迷拐”“折割”是否属实，被抓获的武兰珍、王三是否和教堂有关。如果查实与教堂无关，清朝只能严惩涉事人员，作出让步。如果查实与教堂有关，教案事出有因，就无须向法国妥协。当然，为了力保和局，他认为，即使教堂确实参与了“迷拐”，处理时也不妨“浑含”一点，给法国人留一点面子。[13]

除了曾国藩选择的突破口“迷拐案”外，“天津教案”还有一个重要的节点——丰大业对中国官员开枪。“迷拐”是引发天津民众围攻教堂的起因，然丰大业对中国官员开枪，尤其是击伤刘杰的亲随，是事件升级为流血冲突的关键。丰大业的莽撞不但导致冲突升级，也是对中国的重大外交挑衅。曾国藩为什么不在这个问题上做文章呢?因为与法国人交涉时，对方可以辩解，是天津民众先武力攻击丰大业，丰大业才开枪自卫。率先开枪引发暴力冲突，与冲突发生后开枪自卫，是性质完全不同的事件。丰大业率先开枪是中方的说法，当时并没有监控录像这种技术手段，现场也无可信的第三方势力见证，法国人可以就开枪的时间节点反复与中国扯皮。作为国力相对弱势的一方，曾国藩很难用这点对付法国人。如果“迷拐”案能搜集到确切的人证物证，在交涉中更为有用。

除了“浑含”处理不够强硬外，曾国藩的处理办法，应该还是得体的。当然，他也做好了万一处理失败，战争爆发的心理准备。他出发前给儿子留下了遗嘱，又从各地调集军队做好战备。曾国藩从保定调了数千人到天津待命，为避免刺激洋人，他对外宣称，天津本地军队不肯卖力捉拿犯人，他才调动这几千人前来搜捕涉案人员。此外，曾国藩将淮军精锐铭军九千人，召至天津附近。他致函在襄阳的李鸿章，通知他做好与洋人打仗的准备，万一战端开启，应立即放弃入陕增援左宗棠的计划，率军增援天津。曾国藩还写信鼓励刘铭传说：假如法国继续在天津炮击威胁，开战或许是意料中的事。现在国家毫无军事准备，实在不是长远之策。我已将你的铭军大队调到天津附近，所幸洋人在大沽口兵不多，就算从越南、日本调来一些部队，想来也不过数千人，铭军全部出动，尚可与洋人对敌。前日在清江见面，阁下说若洋人胆敢兴兵来犯，必将投袂而起，如今乃英雄建功立业之时，阁下若能前来统御大军，即为大局之幸。[14]

虽说已尽可能调动了军队，但曾国藩亦无战胜的把握。他能调遣的湘淮军只有两万多人，加上天津是海滨城市，没有海军配合，仅靠陆军胜算极低。何况天津一旦沦陷，洋兵就能直指京师，假如太后没有与法国人战斗到底的决心，京畿附近的战争肯定无法持久。

清廷想息事宁人，接下来事态却有失控的迹象。法国公使罗淑亚向中国通报说，教案爆发时，天津人在冲突中损毁了各国旗帜。国旗为国家象征，损毁各国旗帜，可视为外交挑衅乃至断交宣战的信号。曾国藩在给李鸿章的信里说，教案时有发生，但打死领事是第一次发生，事情较为严重，加上冲突时老百姓不懂国际规则，损毁了各国旗帜，也许会引发战争。[15]

总理衙门与各国的交涉也不顺利，按曾国藩最初设想，应该对英、美、俄、比等国妥协退让，对法国据理而争，以此分化法国与其他国家的联合。但英国和比利时的态度非常恶劣，说此事非寻常赔偿能够了结，将来必有战争。罗淑亚也威胁说要请命法国皇帝，是战是和待皇帝裁决。朝廷对这种威胁感到恐惧，曾国藩覆函奕䜣安慰他说：损毁旗帜，可用中国民众不懂国际规则，中国官方绝无“背和绝好”之心为说辞斡旋。罗淑亚虽然咄咄逼人，估计也还留有转圜余地。万一战争真的开启，也是“无可如何之事”。

事情的“转圜余地”，就在“迷拐”案。如果坐实了法国天主教堂确实参与“迷拐”，中国就在外交上赢得了主动。曾国藩是颇具实证精神的学者，不信怪力乱神之事，也不信各种“折割”巫术。他知道西洋的医药来自科学而非邪术，所以他直接从情理上否定了“折割”，专心查探有无“迷拐”。

天津士民最初谣传，在冲击教堂时找到了教堂挖人眼炼药的罪证，一部分罪证经陈国瑞带到北京上报朝廷，一部分罪证被崇厚消灭。曾国藩到天津查访之后，确认洋人没有用幼童的眼珠和心脏炼药，陈国瑞亦无罪证在手。他向前来举报的天津士民仔细查问，发现他们皆无确切证据。[16]

“迷拐”一案就棘手得多，曾国藩和天津地方官都非常希望能证明教堂确实参与“迷拐”，这样才有交涉的余地。可是读完卷宗，再上堂亲自审讯后，曾国藩发现“迷拐”很难定案。张光藻所办的张栓、郭拐一案比较粗糙，之前已有洋人质疑，认为拐子的姓名不可能恰好叫张栓、郭拐，像是随意安排的外号。可惜张栓、郭拐已经正法，只能抓住武兰珍、王三这条线索。只是王三一案的卷宗，也做得十分糟糕，罪犯究竟是王三还是王二并没有搞清楚，狱中叫王三的人又不停地翻供毁供。

曾国藩的推测是，“拐子”贩卖人口到教堂的事应有发生，但无法证明教堂有主观上拐人的意图。当时教堂办有收养孤儿的机构仁慈堂，如果有人将被遗弃的孤儿送到教堂，教堂会向该人发放一笔奖励。如此则难免有人直接拐卖儿童送到教堂领赏，教堂发放的奖励实际上成了对拐卖的变相鼓励。

教堂收养的孤儿，大多因病遭到遗弃，送进教堂后修女们还会对孤儿“洗礼”，这会加重病情，导致孤儿死亡率极高。当然，也不排除有教堂人员虐待儿童。教堂收养的孤儿死亡后，很多被草草安葬，甚至暴尸荒野，尸体因而遭到损坏，容易与中国民间摘取器官炼药的“折割”传闻联系到一起。因为列强侵略而产生的反抗情绪，民众对洋人十分厌恶，将这些故作神秘的洋教士视为邪恶的化身，于是教堂“迷拐”“折割”的传闻就四处传播。[17]

除了仁慈堂收养孤儿的行为变相鼓励了拐卖幼童外，因教堂平时很难招到信徒，不法教民拐卖成人到教堂的事，也应当存在。天津民众从天主教堂里找到的一百五十名中国人，经曾国藩问询，其中有两人说自己是被拐卖来的。

为防刺激洋人，曾国藩在给朝廷的奏折中说，迷拐、挖眼剖心查无实据。但他另外写了一封密折，说教堂参与拐人的事“实难保其必无”，就算教堂没有直接拐人，对拐人一事，也不至于一点不知情。为防泄露秘密，刺激洋人扩大事端，他将这封密折按下没有上奏，但最终在六月二十八日的奏折中告知了朝廷。[18]

教堂参与拐人，“实难保其必无”，不等于有证据保其必有，若无可靠证据，即使解救了两名被拐成人，教堂亦可以辩解他们对此不知情，曾国藩必须找到教堂直接参与拐人的证据。但武兰珍、王三的口供，因为过于离奇，不能作为直接证据。武兰珍供称：王三给我的迷药，是一种非常精细的药末，装在一个纸包里。我到了穆家口，遇见一个二十来岁的人，穿一身浅蓝色衣裤，我倒了一点药在手掌里，在此人脸上一抹，他就完全变成了一个傻子，跟着我走，我赶紧返回天主堂，把他交给王三看管。[19]

武兰珍的说法，同中国自古以来“迷拐”“拍花”的说法一致。用“迷药”控制被拐人，让他按自己的指挥行动，这种传闻直至今日还时见民间传播，然而公安部门多次发文辟谣，指出能控制人思想的“迷药”尚未被发明出来。有人回忆自己被人用“迷药”控制，乖乖地把钱交给对方，事后也被刑侦专家指出，他们不是被“迷药”控制，而是被罪犯利用心里的贪婪实施诈骗。从医学的角度，即知武兰珍的口供不实。

另据武兰珍所供，王三给他的迷药有解药，配方是甘草、一只蝉壳和一些昆虫经火烤干磨成粉，再用麻油调和。他的叙述非常具体，听起来颇为可信。但直到今日，世上所有的麻醉剂都没有解药，甘草、蝉壳和昆虫能解迷药显然是无稽之谈。这种配方很像是中药，但中药都是煎服后才能起效，华佗的麻沸散也需要口服。武兰珍所供迷药，是一些抹在脸上就能起效的粉末，不像采自天然的中药，更像化学提纯的西药。王三被捉后，供称他的迷药是天主教堂神父谢福音所给。神父所用当然是西药，西药迷人，中药为解，实在匪夷所思。

为什么武兰珍会给出如此离奇的口供，而王三、安三又不断翻供呢？曾国藩在日记里记录，王三实际上是王二，他身上有多处伤痕，安三身上则有“烧伤”“跪伤”，经查明是差役赵春等人用刑所致。[20]天津地方衙门的想法是赶紧把此案办成铁案，朝廷才有和法国人对峙的依据。可是这些差役把案子办得糙了，这样“刑求”所得的供状，在洋人那里是不被采信的。将来让王三和洋人对质，有了洋人撑腰，王三极可能当堂翻供。张光藻给曾国藩的信里说，他怀疑迷药是王三自己的，之所以说是谢福音所给，是因为谢福音已死，他想“卸罪死者”，让死人背锅。

四　屈辱的和局

此案疑点重重，但曾国藩没有时间深究。一方面，慈禧太后越过恭亲王和军机处，直接以上谕的形式给此案定下了调子：“中外商民相安已久，朝廷一视同仁，但分良莠，不分民教”。上谕的意思是，中外是相安无事的，处理案件时应“不分民教”，即不得袒护中国人。这道上谕后边还有一句话，“将各处通商传教地方，随时保护，毋任愚民借端滋事”，把天津闹事的民众定为借机闹事的“愚民”，立场已很明确。翁同龢也在日记里写道，上头认定此事的缘由，是天津人胡乱猜疑教民而“生衅”。将事件的起因定为天津人主动挑衅，慈禧太后向洋人妥协的意图非常明显。[21]

得知普法战争即将爆发，法国的力量都被普鲁士牵制，无力大规模入侵中国，向来急躁的法国公使罗淑亚突然变得非常温和。普法战争在六月二十一日爆发后，为防止被中国看穿虚实，虚张声势的罗淑亚突然变得极端强硬。此前他只是要求处罚天津地方官，严办凶手，赔偿损失，现在却要求知府张光藻、知县刘杰和提督陈国瑞抵命。[22]罗淑亚宣称法国水师提督已率舰队赶到，法国将从越南调陆军北上，若清政府不服从法国要求，法国舰队立即到北京撤侨，然后断交开战。

法国要张光藻、刘杰、陈国瑞抵命，理由是“天津教案”是张光藻、刘杰捏造事实，污蔑教堂制造出来的；陈国瑞以反洋教闻名天下，是天津人心里对抗洋鬼子的“英雄大帅”，据传围攻教堂时陈国瑞在现场提供了支援，所以法国人也要求杀他。

曾国藩此时还不知道普法战争爆发，但他老于政事，也没有被吓到。他认为，捉拿焚烧教堂的凶手尚可，处决官员就完全不行。陈国瑞根本和此事无关，张光藻和刘杰等府县官员亦无大过，最多就是案子办得急切了点，听信了地方上的谣传，对王三等人用刑搞了些不确切的罪状出来，从未有制造冲突的想法，怎么能处决呢?[23]张光藻是有名的“循吏”，深得天津民众爱戴，把他杀了岂不是激起更大的民变？眼下天津民意沸腾，很多人都跃跃欲试，想要同法国决战，连捉拿凶手都做不到。

崇厚此前已按法国人的意思放了王三等教民，曾国藩就答复法国人说，中国官员最多撤职，送京师由刑部论罪，不可能抵命。针对朝廷的恐慌，他也分析说：法国在大沽口军队很少，突然说要开战，其实就是洋人一贯的恐吓手段。法国军舰放几炮示威，只是为了吓唬天津人，我断定他们不敢大规模进攻。和中国开战这样的大事，光法国一家肯定不行，必须要拉上英、美、俄等国，而其余诸国现在正和中国通商，未必都愿意打仗。就算英国有心帮助法国，也要说服议会拨划军饷，等英国议会吵完那都是明年的事了。只要拖到秋冬时节，出海口被冰冻，那就更不会打仗。[24]

但慈禧太后已经做出了全盘妥协的决定，她在六月一号的上谕里，要求惩罚煽动祸乱之人，弹压天津士民以“慰各国之意”。据翁同龢的日记，六月初八日，朝廷已向法国承诺，参与天津教案之人，无论贵贱，必定会为洋人“抵偿”。同时，御史们要求严查“迷拐”的奏折都被“留中不发”，刑部也告诫属吏，对“迷拐”案都不必深究。这就等于告诉文武大臣，“迷拐”案不用查了，天津地方官也不用保了，为了防止法国人开战，直接妥协投降即可。[25]

按照这层意思，崇厚和曾国藩商议，把张光藻、刘杰革职送刑部议罪。曾国藩先拒绝了崇厚，后来退了一步，同意了崇厚的主张。将张、刘送刑部问罪，罪名轻重都操持在朝廷手里，既给了法国人面子，也留了回护本国官员的余地，不至于杀官抵命。[26]

曾国藩心知把张光藻、刘杰送刑部论罪是天大的冤狱，他在给郑敦谨的信里说，办此冤狱，“至今深恨此事外惭清议，内负此心……固萃六州之铁不能铸此错矣”。[27]曾国藩熟谙官场规则，官员一旦下了刑部监狱，就算将来从轻发落，也会在狱中受尽折磨。可他也知道，朝廷很多事情，只要拖上一段时间大概就不了了之了，于是他将张、刘二人放走，让他们回老家避风头。他一直拖延不去抓捕，想拖到教案了结后，再设法从轻发落，如此自能免去二人牢狱之灾。

法国人对此很不满意，一直胁迫清廷处决地方官，不然就要开战。当时还盛传法国人将在广东招募四千匪徒，组成“洋枪队”报复清朝。慈禧太后没有国际视野，亦无军事常识，当然吓得魂飞魄散。但精擅权术的太后，也发现她迎来了一个绝佳的机会收拾曾国藩。她已下了严旨，必须保全大局，让法国人满意，“迷拐”案不能深究。要让法国人满意，“天津教案”肯定会办成在世人眼里“丧权辱国”的案子。既要“力保和局”，又要“民心允服”，曾国藩顿时陷入进退两难的困局。作为“天津教案”的负责人，他势必在名誉上遭到重大打击。

于是，每当曾国藩的行为较为强硬时，慈禧就下旨勒令他退让，当曾国藩开始遵旨退让时，她又发动言官斥责曾国藩妥协。慈禧借醇王之手，发动大量清流制造舆论，把曾国藩比作“秦桧”，骂为汉奸、卖国贼。将张光藻、刘杰革职查办，本是遵从朝廷“无论贵贱，必令抵偿”的主张，在曾国藩奏请将二人革职后，醇王发动的清流却借此掀起汹汹物议，批判曾国藩妥协投降，有辱国体，搞得他“谤讥纷纷，举国欲杀”。曾国藩放跑了张、刘，朝廷却一日一催，指责曾国藩包庇犯官。慈禧为此特意专谕责问，说张光藻、刘杰乃是戴罪之人，必须留在天津听候查办，怎么能一个躲在顺德，一个躲在密云呢？曾国藩放跑二人，“实属不知缓急”，“国法具在，岂能宽宥”。[28]

慈禧忙着和曾国藩斗法，法国人却是越来越强硬，不停地催促清政府杀三位官员抵命。法国人色厉荏苒，曾国藩却获知了普法战争的消息。他在给曾纪泽的家书里说，普鲁士和法国正在打仗，法国内忧正急，根本不可能和我们开战，或许能轻松解决“天津教案”。[29]

既然知道普法战争爆发，法国不能在东方和中国长期对抗，曾国藩就拿丰大业率先开枪为理由和法国交涉。此前他把“迷拐”作为突破口，是因为中国处于弱势的一方，现在法国陷入战争，中国可以更加强硬，他立即拿丰大业率先开枪来进行交涉。他对法国外交官说，教案的爆发，不仅仅是民众听信谣言，冲击了教堂，教案升级的关键，是法国领事丰大业对深得民心的中国官员开枪，才激起了民众怒火，使得势态升级。罗淑亚说中国民众毁坏法国旗帜，打死法国官员是严重的外交挑衅，那丰大业对中国官员开枪，同样是严重的外交事故，是丰大业先挑衅了中国主权。不管“迷拐”是否存在，丰大业枪击中国官员，才是教案的导火索，在此次教案中，理屈的是法国人，所以拿中国地方官抵命，是无理的要求。

此前曾国藩通告法国人，张光藻和刘杰已革职拿问，清朝自会对其处罚，但为洋人抵命绝无可能。至于教案中冲击教堂、杀伤外国人的凶手，他会加紧捉拿。中国可以按每人五千两白银的标准，给外国死者抚恤，教堂的财物损失，也会按价赔偿。他判定法国人恐吓不成之后，一定会接受这个折中的方案。

教案拖了两个月后，法国已在普法战争中战败，法皇拿破仑三世在色当被俘，中国实际能以更小的代价解决教案。但曾国藩是个以“诚”为本的老儒，他认定外交中一定要讲诚信，哪怕一时被欺骗定下不妥当的约定，也不能反悔。既然此前已向法国人提出了上述处理意见，他在获悉法国虚实后也不好再改口。

另一方面，由于国际知识不足，多数清朝官僚意识不到普法战争带来的机遇。比如刘坤一就说，列强是“阳分阴合”，表面上英、美等国在北京和上海多方安抚华人，好像与我亲善，实际上他们的兵船也和法国一起到天津示威，可见他们是“唇齿是固，狼狈为奸”。[30]

欧美各国都在图谋中国利益是事实，他们一定程度上能联合侵华也是事实。然而刘坤一的见解，错误地将中国和外国划为两个实体，未能意识到中国乃是诸国中的一国，外国并非一国的事实。这种说法虽然在怒斥列强狼子野心时很过瘾，很解气，但也造成了一种误会：洋人是铁板一块，中国和任何一国对抗，等同于对抗所有列强；如果没有把握同时打败所有欧美国家，就只能妥协。这种错误观念，否定了中国在国际上可以利用列强的矛盾获取外交主动的可能。

普鲁士击败法国，俘虏法国皇帝，逼迫法国割让阿尔萨斯和洛林、支付五十亿金法郎的赔款，如此血海深仇，他们怎么能够立刻联手对敌呢？法兰西第二帝国已经崩溃，巴黎工人起义就在眼前，第三共和国宪法颁布还要五年之后，如此混乱的政局下，他们哪儿还能和诸国协调一致出兵侵略中国呢？可悲的是，当时清朝官员大多持有刘坤一这种看法，慈禧更是畏洋如虎，那么，曾国藩议定的查办官员、抓捕教案涉案人员、支付赔款的方案，于他们而言已是求之不得。只要不杀官员，赔点银子，杀几个平民，对清廷来说有什么打紧？

非常可笑的是，公元1870年6月，清廷作出派崇厚为使节，携带国书赴法国当面向法国皇帝致歉的决定。但崇厚拖到11月动身时，法皇拿破仑三世在9月2日与十万法军一起被俘于色当，法兰西第二帝国已经崩溃，临时执政的是路易·朱尔·特罗胥为首的“国防政府”。10月份，法国最精锐的军团十七万人在梅斯投降，普军此后长困巴黎四个月，以五百门重炮昼夜炮击，法国临时政府存亡莫测，清朝使节哪还有道歉的对象？崇厚使团抵达法国马赛是1871年1月25日，这时法国仍然乱作一团。他到马赛前一周，普鲁士国王威廉一世

崇厚使团访问法国

在法国的凡尔赛宫加冕为皇帝，宣布建立德意志帝国，德军开进了巴黎，到1871年3月3日才撤离。法国临时政府在德军威慑下，忙着搜罗战争赔款，移交军事要塞，无法和崇厚举行正式外交谈判。3月18日巴黎公社起义，随后控制巴黎全城，临时政府逃亡，能不能反攻回来还未可知，至少在五月底巴黎公社失败前，他们没有合法性代表法国与崇厚交涉。

法国人颇有表演、讹诈的精神，尽管临时政府是个朝不虑夕的草台班子，能否代表法国都不确定，他们的外交官居然在四月份煞有介事地和崇厚接触，“严正”与崇厚交涉“天津教案”善后及外交礼仪，崇厚也一本正经和他们抗辩，堪称天下最滑稽的事情。后人如果忽略法国“城头变幻大王旗”的背景，单就崇厚与法国临时政府外交官朱尔·法夫尔等人的交涉文书做研究，说不定还能写出一段“划时代”的中外交通大事记出来。

冲击教堂的主要人员，被天津人视为英雄，早在平民掩护下一哄而散了，曾国藩只能尽量抓捕一些疑犯交差，他前后一共逮捕了八十余人。第一批被捕的人里，参与打杀洋人的，只有冯瘸子等十一人，另有四人不肯招认，因有人指证，遂一并算作案犯。在审讯时，发现这十一人里穆巴是被冤枉的，差役又抓到承认杀了洋人的范永，最后以范永替换穆巴，仍是十五人。第二批被抓捕的人里有刘二等五人被证明参与殴打外国人，两批加在一起就是二十人。

参与“天津教案”的民众，当然不止二十人，但曾国藩认为，既然只杀了二十个外国人，那就用二十人抵命。他在给宝鋆的信里说：眼下不能再抓人了，天津人都支持打洋人，他们把打杀洋人的场景绘画出版。有人把这些场景刻成印章，画成扇面，走街过市得意扬扬。被抓的人，个个都抵死不认罪，逃逸在外之人，家家都为他们提供庇护。二十人已经凑足，就不能再继续抓捕了，再抓定会激起民变。如果顺从法国人的意思，多多杀人抵命，那天津杀二十，其他口岸杀四十，今天杀二十，明天就得杀二百，民意反弹之后，在严重的华洋对立下，洋人在中国怕是再无立足之地。[31]

五　稀里糊涂的胜利

“天津教案”办到这里，慈禧太后已非常满意，“和局”保住了，不杀地方官，朝廷的底线也守住了，更重要的是，她所忌惮的奕䜣和曾国藩，威信大受打击，一切都完美无缺。

后之论者多有夸赞慈禧利用“天津教案”沉重打击曾国藩，利用权谋之术获得了大胜，政治上极为老辣。事实上，曾国藩的清誉确实受到严重打击，慈禧又何尝获得了胜利？“天津教案”虽然是曾国藩在前方办理，但这种事关国体的大事，他没有全权处置的权力，最终结果都要等上谕确认。虽然慈禧采取了时而逼迫曾国藩妥协，时而怒斥其软弱妥协的手段，以这种捉摸不定的态度逼迫曾国藩，以这种模棱两可的态度掩盖自己的妥协立场，但“天津教案”最终的赔偿方案，必须由上谕确定，如果慈禧太后真觉得曾国藩是不要脸的卖国贼，她完全可以下一道上谕予以否决。她既然下了上谕全盘接受曾国藩的处置意见，这个黑锅怎么甩得出去呢？把教案的起因定为天津人闹事，强迫曾国藩抓捕张光藻的，都是上谕，天下人对此皆洞若观火。

“天津教案”并未在曾国藩手上办完，因为两江总督马新贻遇刺，慈禧只能把曾国藩调往两江处理马新贻案，教案改为李鸿章接手。曾国藩的离任，为朝廷修改教案处理办法提供了条件。若是慈禧太后比曾国藩更强硬，这时完全能够让新的办事大臣李鸿章改一套处理办法。结果曾国藩离任后，李鸿章还是照曾国藩的办法处理此案，慈禧亦未发上谕否决，那教案妥协的责任，慈禧怎么能逃脱呢？

慈禧玩弄了一个推诿卸责的小聪明，以为能让曾国藩一人来承担罪名，嗣后士林对曾国藩的群起攻之，似乎验证了她的高明。士林为何对曾国藩群起攻之呢？世人并不认为曾国藩是丧权辱国的祸首，辱骂曾国藩，是因为他们原本对曾国藩寄予厚望，希望这位刚正不阿的宗师，能顶住朝廷卖国的压力为天津市民的义举鸣冤。对曾国藩的攻击，源自世人对曾国藩不能坚持原则的失望。他们的矛头为何没有指向最后审结此案的李鸿章呢？因为李鸿章从来就不是大家心中的模范和良心，他们对李鸿章从未抱有期望。用今天的话说，士林的心态，是一种失望，一种“你曾国藩这样浓眉大眼的都投降了”的幻灭感。

曾国藩放跑了张光藻、刘杰，朝廷就越过曾国藩，下令钱鼎铭、恩福将二人抓捕归案。张、刘被判流放黑龙江，是经刑部审定，朝廷下诏认可的，皆与曾国藩无关。相反，曾国藩和李鸿章还为二人筹措了一万一千两白银的路费，又致信驻防东北的将军，请求对二人妥善照顾，勿要让他两人受罪。这些事情，世人都看在眼里。谁是对法妥协的最大祸首，士林与民众不可能不清楚。他们怒骂曾国藩，有的人是失望于曾国藩未能顶住朝廷妥协的压力，有的是受太后和醇王策动，恶意打击曾国藩而已。

晚清签署的一系列不平等条约，虽然表面上，士绅和民众的矛头都对准办事大臣，但这些条约最后都要朝廷认可。天下人并不愚蠢，他们并非茫然无知，在革命爆发之前，他们以骂大臣的方式表达对皇帝、太后的不满，等到清末革命爆发，起义群众的口号可就变成了“推翻清王朝”，不再是“诛杀卖国大臣”了。

慈禧不是一个合格的政治家，真正的政治家，应当在深刻认识到法国的外交困境后，给前方外交的大臣有力支持，支持他们把“迷拐案”查清，支持他们把丰大业开枪的问题查清，有礼有节地争取到一个体面的外交结果，又不在国际上造成国家信誉的损失。她把教案当成一个折辱大臣的机会，置国家的外交形象和实际利益不顾，是不明大义和不顾大局的表现。此后慈禧一再玩弄这种手段，表面上看，她确实把一些需要敲打拿捏的重臣弄得颜面尽失，但同时她也一次次地消耗国家的信誉，折损国家的体面，最后让举国上下对朝廷都失去了信心，这哪儿是高明的政治手段呢？

“天津教案”，是各方势力纠缠斗争的情况下，由于包括曾国藩在内的大臣对国际大局不甚明了，办成的一次失败外交。它是清朝整体的失败，而不仅仅是曾国藩个人的失败。尽管当时各种舆论都指向曾国藩，但世人都清楚，曾国藩不是此案的第一责任人。曾国藩去世时哀荣极备，各方对他的评价并未因此消减，哪怕是和他一直言论交锋的左宗棠。曾国藩的儿子曾纪泽，更在多年后与慈禧对谈时，让慈禧承认了曾国藩在“天津教案”中没有过失。

“天津教案”事涉外交，晚清灵魂人物们的外交态度恰好能从此案看得分明。

曾国藩在“天津教案”中的表现不够强硬，不能不说他对洋人有所畏惧。曾国藩不是外交上的强硬派，他只算基于清朝衰弱的国力，适当做出妥协的务实派。左宗棠在维护国家权益方面要比他强硬得多，但曾国藩总算还是有底线，虽不值得褒扬，终究也无须过多指责。

至于慈禧太后，有人认为，她既不是洋务派，也不是顽固派，超然于两派之上，维持一种派系的平衡。就事实而言，太后确实既不支持洋务派，也不支持顽固派，但说她“超然”就未免过分拔高。她不支持任何一派的缘由，是她和这两派政见都不同，或者说，她根本就没有政见。

洋务派试图学习西洋科技，实现“师夷长技以自强”。除了像左宗棠这样“孤勇”的泼胆汉，洋务派因深知工业文明的强大，在完成工业化以前，不敢贸然和洋人开战，遇到危机总想保“和局”，以“妥协”换时间发展。亦因为熟悉洋务，了解近代外交，他们从不觉得外交上完全没有博弈的空间，正如“天津教案”的处理中，奕䜣和曾国藩总想通过查清“迷拐”案来获得和法国人交涉的主动。除了个别人外，他们只能算是妥协派，但还不能算作投降派。

暂时以醇王为代表的保守派是排外的（醇王后来变成了洋务派），他们痛恨洋人扰乱中国，因而对西洋事物产生极大的厌恶，他们拒绝西来的文明，一心想把洋人赶走。吴相湘在《晚清宫廷实纪》中曾断定，“天津教案”是醇王一手主持，经陈国瑞之手发动，目的是制造事端，激起民众反侵略的义愤，最终修改条约驱赶洋教。[32]醇王制造“天津教案”一事虽无确切证据，但教案发生后，醇王确实是非常坚定的排外派或者说抵抗派，他甚至以辞职为威胁，要求朝廷对法强硬交涉。

甚至醇王也不是真保守派，他未领班军机前，结交顽固派官僚，以保守言论闻名朝野，这是他与奕䜣政争的手段，亦是他迎合太后，邀宠要权的表演。学者潘向明曾指出，醇王取代奕䜣主持军机，大行其志后，在办洋务上的成绩反而超越了奕䜣。醇王主政时期，创设总理海军事务衙门，建成第一支近代海上力量即北洋海军，支持直督李鸿章修建中国第一条铁路，并把兴建铁路作为一项基本国策确定下来。醇王还支持鄂督张之洞创办当时亚洲最大的钢铁联合企业汉阳铁厂，将开始于中法战前的电报事业继续推广延伸。[33]

醇王领班军机时，对左宗棠十分敬重，将李鸿章引为知己，可知他并不顽固。潘向明认为，醇王早年被当作守旧派领袖，是因为他所受教育比较传统，导致其思想趋于守旧，但其后醇王见识渐多，已逐渐转为开明。事实上，与其说醇王中年后思想上完成了“变法”，不如说他早年的守旧顽固，是一种表演，是对慈禧的迎合。只不过，醇王与顽固派的共识，是驱逐列强，慈禧与顽固派的共识，是拒绝现代文明。洋务派是开明而妥协，顽固派是保守而强硬，慈禧则是保守而投降，与这两派都不同。

无论洋务派还是顽固派，都是有自己政治理想的官僚，他们的行为并不完全出于自身利益的谋算。慈禧没有西学知识，不能理解工业文明，她的丈夫咸丰就因英法的逼迫而早逝，她对西洋文明非常厌恶，自然不会支持洋务派。但她陪同咸丰北狩热河，英法军队的蛮横和强大给她留下终生抹不去的恐惧，她不但不敢支持强硬对外，连奕䜣、曾国藩那种适度抗争都不敢，她是彻头彻尾的投降派。所以“天津教案”中，她虽然不断利用醇王一系制造舆论打击曾国藩，却不断逼迫曾国藩做出退让，连曾国藩放跑的张光藻都被她严令捉拿归案。她对洋人既厌恶又畏惧，她害怕持久的外交争执带来的风波，只想尽快结案，以维持自己的权力和地位。

国家太平无事之时，帝王往往会“超然”于朝堂各派之上，挑动官僚的派系斗争，以保持政治力量平衡，防止权臣坐大。而当国家用事之时，明智的帝王根据时势需要确定路线后，会坚定支持符合他路线的一派，让朝堂只出现一个声音，不会再行牵扯平衡之术。尤其遇到乱世，有政治智慧的帝王绝不会再玩“异论相搅”的手段，因为再“党争”就会亡国亡天下。正如宋神宗一旦确定宋朝非变法无以为继，就会罢斥“旧党”，大用王安石等人。

同治年间正是清朝百废待举之时，中国已远落后于时代，再让保守势力给工业化捣乱，国家就再无希望。慈禧大搞“异论相搅”的派系平衡，缘于她没有真正的政治主张，也没有完全信得过的政治派系，更没有办法重建一支压倒湘淮军的经制之师，这种孤立让她感到恐惧。在朝堂上，她利用醇王牵制恭王，在地方上，她利用湘淮集团相互制衡，因为她没有可信任的官员和军队。她真正信任的人，从来就不是醇王这种坚定排外的顽固派，而是一些只会摇旗呐喊却无政治能力的言官。“利用太后地位故作势态所要弄的一场狡狯的恶作剧……求助于一些无权无勇又无能的伴食大臣来为她张目助威……处处表现出她的种种虚弱。”⑪

千年未有之变局来临，当国家面临前所未有的抉择时，慈禧却把精力用在阴谋诡计和派系平衡上，让整个国家无所适从。她不肯全力支持洋务运动，把洋务办成中央统筹的举国之业，结果让洋务运动变成了地方官自主的裱糊工程。但若她坚决支持顽固派的主张，鼓舞民气，和列强战斗到底，虽然国家无法顺利实现近代化，甚至会变得更加愚昧落后，倒也不失血勇，说不定付出惨重牺牲之后还能打出个胜利来。用曾国藩的话说，大事临头，中枢时战时和，漂移不定，大事就再不可为了。

【注释】

①② 见《曾国藩全集》第19册第129、132页，岳麓书社2011年版。

③ 见赵烈文《能静居日记》第3册第1259页，岳麓书社2013年版。

④ 见《曾国藩全集》第19册第294、297、302、304页，岳麓书社2011年版。

⑤ 见《曾国藩全集》第21册第519页，岳麓书社2011年版。

⑥ 见《曾国藩全集》第19册第315页，岳麓书社2011年版。

⑦ 见《曾国藩全集》第19册第314页，岳麓书社2011年版。

⑧⑨ 见《曾国藩全集》第11册第478、479页，岳麓书社2011年版。

⑩ 见《曾国藩全集》第11册第479页，岳麓书社2011年版。

⑪ 见《曾国藩全集》第11册第479、480页，岳麓书社2011年版。

⑫“臣与崇厚往返函商，拟先将俄国误伤之人及英美误毁之讲堂，速为料理，应赔偿者先与赔偿，不与法国一并议结，以免歧混。”见《曾国藩全集》第11册第483页，岳麓书社2011年版。

⑬⑮⑱ 见《曾国藩全集》第11册第287、289、504页，岳麓书社2011年版。

⑭“中国全无准备，实非长策。……此时洋人在大沽者人数尚属无多，即续调安南、日本等处驻防之兵，计不过数千人，我以铭字全军御之，尚可稍与枝梧。阁下前在清江相见，曾言如与洋人构兵，必当投袂而起，今遇此事，正英雄建树奇勋之会。倘践前诺，非惟国藩受赐，实亦大局之深幸。”见《曾国藩全集》第31册第308页，岳麓书社2011年版。

⑯“臣抵津后，查讯挖眼取心有无确据，绅民俱无辞以对。内有一人言眼珠由陈大帅自带进京。大帅者，俗称陈国瑞之名也。其为讹传，已不待辨。原其讹传所起，由崇厚前月二十四日专弁到京，向总理衙门称有搜出眼珠盈坛之说。其时，仓卒传闻，该弁未经考实，致有此讹。其实眼珠如至盈坛，则堂内必有千百无目之人。毁堂之时，何无一人见在？即云残害，其尸首又将何归？此可决知其妄者。”见《曾国藩全集》第11册第503、504页，岳麓书社2011年版。

⑰ 见《曾国藩全集》第11册第494页，岳麓书社2011年版。美国驻华公使镂斐迪也持有相同看法，见《中国近代史资料丛刊续编·清末教案》第5册第2页，中华书局2000年版。

⑲ 见《中国近代史资料丛刊续编·清末教案》第6册第345、346页，中华书局2006年版。

⑳ 见《曾国藩全集》第19册第335页，岳麓书社2011年版。

㉑“有旨通饬各省保护教民，不得妄开衅端，内有‘天津人影射教民，怀疑生衅’等语，又有‘但论良莠，不论民教’云云。派大理寺卿成林署三口通商大臣。闻派崇厚赴法国议事。”见《翁同龢日记》第二卷第808页，上海辞书出版社2020年版。

㉒ 见《曾国藩全集》第31册第303、304页，岳麓书社2011年版。

㉓ 见《曾国藩全集》第31册第301页，岳麓书社2011年版。

㉔“若其有意与中国为难，直欲搅乱十年通商之大局，似非法国所能专主，仍须先与各国商定。各国以生意为主，未必皆愿动兵。如英国之饷筹自商人，必商人愿出饷项而后定议，此则祸端之发须俟明年，本年决可无事。

秋冬以后海口冰合，尤无足虑。”见《曾国藩全集》第31册第306页，岳麓书社2011年版。

㉕见《翁同龢日记》第二卷第808、809、810、812页，上海辞书出版社2022年版。

㉖ 见《曾国藩全集》第31册第306页，岳麓书社2011年版。

㉗ 见《曾国藩全集》第31册第310页，岳麓书社2011年版。

㉘ 见《曾国藩全集》第12册第35、36页，岳麓书社2011年版。

㉙“法国罗公使第二次照会，欲杀府县。余坚执不允，渠无如何……问布国（普鲁士）与法国构兵打仗（此信甚确），渠内忧方急，亦无暇与我求战，或可轻轻解此灾厄。”见《曾国藩全集》第21册第533页，岳麓书社2011年版。

㉚ 见杨天宏《中国的近代转型与传统制约》第409页，四川人民出版社2021年版。

㉛ 见《曾国藩全集》第31册第322、323页，岳麓书社2011年版。

㉜ 见吴相湘《晚清宫廷实纪》第94页，中国大百科全书出版社2010年版。

㉝ 见潘向明《论醇亲王奕譞》，《清史研究》2006年第2期97页。

㉞ 樊百川《清季的洋务新政》第一卷第254页，上海书店出版社2009年版。

十六、曾国藩乱判刺马案

一　离奇的案情

同治九月二十五日（1870 年 10 月 19 日），原为两江总督马新贻在校场阅武的日子。为整顿绿营战斗力，曾国藩总督两江时规定每月二十五日阅武，所有武职官员都要演练武艺和射技，称为校射。校射后由总督亲自评阅，作为升迁标准。马新贻继任江督，仍旧沿袭曾国藩的做法。

不料天不作美，这日大雨滂沱，暴雨直至中午仍未稍息，马新贻只得宣布阅武延后举行。

九月二十六日天气放晴，阅武正式举行。原两江总督部院被洪秀全改为天王府，在湘军进城时被烧毁。因为财政吃紧，过了六年仍未重修，马新贻只得借原江宁知府衙门办公（今为南京一中校址）。他办公的衙署右侧有一条狭长的箭道，穿过箭道就是阅武的演武厅。

这天的阅武，从早晨六点一直进行到上午十点，参加阅武的武官、随从甚多。尽管天气炎热，马新贻还是戴上了镶嵌红宝石的朝冠，插上孔雀花翎，身着九蟒四爪蓝色朝服，胸挂核雕翡翠珊瑚朝珠，威风凛凛地出场。虽然二十六日的阅武是临时决定的，但周围前来围观的市民太多，甚至发生了踩踏事件。阅武结束后，负责护卫总督的督标中军副将喻吉三留在校场约束士卒，马新贻自己从演武厅后步行，经西角门回府，前后有多名侍卫随行。

马新贻走到西角门口时，突然有人跑到跟前拦路跪下，口称向马大人求助。这人是马的同乡——武生王咸镇，此前曾两次向他乞援。见有人拦住去路，护卫叶化龙赶紧上前将他推开，另一名护卫唐得金也上前查问。两名护卫离开，马新贻仍继续前行，才走两三步，西角门外偏南处窜出一人，一边口中喊冤，做出打千请安的样子，一边却猛然从靴筒里抽出利刃，直扑马新贻而来。马新贻见他来势凶猛，急忙蹲下躲避，只见刀光一闪，右肋已被刺中。马新贻"哎呀"一声，用含糊的山东话喊了一声："找着你了（扎着了）!"

总督身后的差弁方秉仁急冲向前，奋力夺下匕首，其余侍卫一拥而上，将刺客按住。副将喻吉三闻声赶到，指挥一众侍卫将刺客捆缚起来。刺客并不慌乱，对众人说："养兵千日，用在一时""我张文详（祥）也，刺马者独我为之，无与他人事。今我愿已遂，我决不逃"。[1]

马新贻被抬回衙署后，医生揭开衣服诊治，见伤口深达数寸，但皮肉内缩，伤不见血，只是颈项浮肿，指甲乌青，推测刀上或许有毒。马新贻自知不起，赶紧口述遗折，由嗣子执笔，转交江宁将军魁玉代奏。他在床上硬挺到第二日，最终死去，遇刺时就任两江总督还不到两年。

两江总督乃是东南重臣，竟然被人在光天化日之下刺杀，消息传出后，天下震动。因刺客当场被抓获，江宁将军魁玉与江宁布政使梅启照主持了对刺客的初步审理。魁玉、梅启照下令在上元县县衙审问刺客，知府孙云锦与上元县令、江宁县令等人参与审讯。

经初步审理，得知刺客是河南人，名为张文祥（清朝官方文书，会在罪犯名字上加三点水，写作张汶祥）。但张文祥的口供，实在骇人听闻，又涉及了马新贻见不得人的“阴事”，连续两次审讯，官员都不敢记录供词。

因为审讯的官员不敢记录供词，张文祥最初供称的案情没有官方档案，但有不少初审官员、幕僚零星地对外透露了一部分。参与初审的刑名师爷陈镜题之孙陈功懋回忆，他祖父曾对他口述过初审情形：张文祥自称是捻军孙葵心部下，曾在咸丰七年时，于庐州俘虏马新贻，后将其放回，两人因而有了交情，张文祥和一帮捻军小头领后来投靠马新贻。张文祥的妻子罗氏到马新贻府中当佣人，被马新贻纳为三姨太，张文祥恨其夺妻，遂策划刺杀。按陈功懋所述，马新贻遇刺原因之一是“渔色”，加上马新贻被捻军俘虏后隐瞒朝廷不报，反而一路升迁，这供词一旦传出去将极大损伤朝廷颜面，孙云锦等人不敢录供。[②]

在魁玉的指示下，问官反复“熬审”张文祥，张文祥只能反复翻供，然其供词大多荒诞不经，无法向朝廷交代。魁玉只得上奏朝廷说张文祥的口供“一味支离”“语言颠倒”“一味闪烁”，因而无法结案。

魁玉等官员不敢按张文祥最初的口供结案，反复“熬审”，是为了凑出一个既保存朝廷颜面，又合乎情理的案情。但张文祥顺口胡编，案情越编越离奇，魁玉、梅启照无法编出合乎逻辑的卷宗，只能请求朝廷另派大员审理此案。

清廷一边催促曾国藩抓紧审结“天津教案”，回任两江总督，一边又派马新贻的同年张之万以钦差的身份赶赴金陵与魁玉会审此案。张之万和魁玉会审后，终于给了朝廷一份案情经过，交代了张文祥刺杀马新贻的动机。

张文祥的妻子罗氏被一个叫吴炳燮的人诱拐，他曾向马新贻控告，马新贻没有受理此案，张文祥对此心怀忿恨。妻子被诱拐后，张文祥在家乡无地自容，跑到湖州新市镇开小押（小当铺）。马新贻整顿社会秩序，下令禁止一切小押。张文祥因为这条禁令折了本钱，失去生计，因而更加痛恨马新贻。张文祥曾是太平军士兵，素与浙江海盗有来往，马新贻在浙江巡抚任内，剿办南田海盗，屠戮张文祥同党甚多。张文祥被在逃海盗龙启云煽惑，旧仇新恨一起发作，决意刺杀马新贻，为他的海盗同党复仇。[3]

根据张之万上奏的案情，张文祥刺马出于私怨，并无朝中官员主使。如此荒诞的说法，根本无以服天下。此时朝中公卿人人自危，若不审个水落石出，他们怎肯善罢甘休？于是朝廷一边催促曾国藩接手刺马案，一边又派出刑部尚书郑敦谨与曾国藩会审。郑敦谨连审二十几天，毫无头绪，最后只得会同曾国藩，将张之万提供的案情补充一些线索上奏朝廷，就此结案。因为曾国藩、郑敦谨“乱判葫芦案”，张文祥刺马成了晚清史上一桩悬案。

二　漏洞百出的结案

魁玉、张之万、曾国藩、郑敦谨四位重臣上奏的案情，对张文祥刺马动机的解释完全不能成立。刺马案发生时，各地反清义军已基本覆灭，坚决反清的义士大多死于战场，意志不坚定的慑于清军威势，要么投降，要么隐姓埋名，四处躲避衙门的追捕，根本顾不上复仇。参与镇压起义的统兵大帅，战后遭到刺杀的仅马新贻一人。马新贻打过的仗很少，就算真有太平军、捻军残部要复仇，首选也应是曾国藩、李鸿章、左宗棠这种杀敌无数的大帅，而不是战功寥寥的马新贻。

吴炳燮诱拐张文祥妻子罗氏，按照冤有头债有主的原则，张文祥报复的对象当是吴而非马。相比张之万的奏折，曾国藩、郑敦谨的结案词对“夺妻案”补充了更多细节。根据曾、郑的奏折，张文祥原本在宁波开当铺，太平军打进宁波时，他把银钱数百两交给妻子罗氏，让妻子带子女出城避难，自己留在城中观望。因为太平军后营护军陈世隆是他旧相识，陈世隆就带他加入了太平军。后见太平军大势已去，他与被俘的清军士兵、同乡时金彪一起逃亡。到福州后时金彪成了马新贻的手下，张文祥当了一个普通的兵勇。

张文祥战后回到宁波老家，发现妻子罗氏已被吴炳燮诱拐，自己的钱财也被吞没，就向县衙告状。县令将罗氏判归张文祥，只是吴炳燮吞没张文祥家产一事缺乏证据，无法追回财物。马新贻到宁波巡视，张文祥写了呈状拦轿告状，马新贻觉得区区小事不值得关心，就把呈状掷回。吴炳燮听说此事后非常得意，到处嘲讽挖苦张文祥，而且再次拐走罗氏。张文祥不得已再到衙门告状，衙门帮他将罗氏带回，但仍然没有追回银钱。

从曾国藩的这段描述看，张文祥并非勇敢好斗之人。妻子被人诱拐，不敢直接上门夺回妻子，也不敢报复仇人，吴炳燮对他如此欺凌，他只能向衙门鸣冤，怎会有胆量刺杀总督？何况马新贻只是拒绝重审此案，没有直接加害于他。

曾国藩所奏张文祥第二条杀人动机，缘于马新贻禁止典当，加上当地土棍讹诈，在湖州开当铺的张文祥本利皆亏走投无路，所以要杀马新贻泄愤。这条动机更加荒唐，一个被土棍讹诈的可怜人，连土棍都不敢杀，居然敢谋杀总督，岂不是天大笑话？张文祥后来受酷刑而死，据围观者说，他面不改色，坦然受死，这显然是不惧生死的死士，哪里像被人欺凌的懦夫呢？[4]

魁玉、张之万以及曾国藩、郑敦谨给出的三条杀人动机都无法令人信服，因此无论当时、后世，人们都怀疑张文祥背后有大人物操纵。尤其张文祥被捕时，曾高喊“养兵千日，用在一时”，显然并非一般的挟私报复，幕后必有主使之人。

除了动机不明之外，此案疑点还有许多。马新贻校阅武官，原定在七月二十五日，因天降大雨而临时改在二十六日。一个开小典当铺的平民，又怎能清楚总督的行踪，把握精准的刺杀时机？张文祥背后，“定然”有人为他提供情报。

封疆大吏护卫、随从甚多，不可能轻易被孤身作案的死士刺杀，与义军有血海深仇的曾、左、李，始终未被刺杀即为明证。张文祥刺马时，马新贻的护卫们在干什么呢？督标中军副将喻吉三负责保护马新贻安全，案发时他却不在现场。刺马之前，先有武生王咸镇引开了护卫唐得金、叶化龙，张文祥才突然暴起，刺杀得手。喻吉三离去，以及王咸镇拦路求助，看起来都像在为张文祥刺马打配合，好像是一起有组织的刺杀。

张文祥说“养兵千日，用在一时”，那是谁养了张文祥呢？几位审案大臣给出的解释是海盗龙启云。可是区区一个海盗，哪儿有胆量谋刺总督？根据档案、实录、年谱考察马新贻生平事迹，他任职浙江巡抚期间，总共只会剿水匪、海盗两次。一次在同治四年（1865）底五年初，因黄岩镇总兵刚安泰巡洋遇到海盗，全军战殁，马新贻出动水师，在海门洋面清剿海盗，为刚安泰报仇。一次在同治七年（1868）初，马新贻下令手下剿杀嘉湖枪匪。这两次出兵都与南田盗匪无关，且南田主要是无业游民在此安家，自道光三年（1823）订立章程后，官方文报已无南田盗匪案。所谓南田海盗和龙启云，大概是凭空编造的。[⑤]

张文祥又是如何得知马新贻的行踪呢？据审案报告说，他最初想找一同自太平军中出逃的同乡时金彪打探消息，不料时金彪已经进京，他没能进入总督衙门。他在总督衙门外徘徊时，看到督署墙上张贴的告示，得知总督会在每月二十五日检阅武弁，他就策划在阅武时刺杀马新贻。这是试图解释张文祥的情报来源，然而这明显是凭空编造。马新贻因为大雨推迟了一日阅武，并未在二十五日出现，张文祥却仍然精准掌握了刺杀时机。

为张文祥牵制护卫的王咸镇，如何得知总督的行踪呢？王咸镇被捕后供称，他此前因为生活困顿，两次请总督施以援手，马新贻都帮了他。他这次窜出来跪地求助，是得到了刘学的指点。刘学本是马新贻的轿夫头子，因为赌博遭革职后，在城里开烟馆谋生。王咸镇在街头偶然结识刘学，刘学指点他在七月二十六日这天去演武厅拦轿求助，这恰好为张文祥送上关键的“助攻”。王咸镇的口供，反而显得郑敦谨等人关于张文祥情报来源的说法非常荒谬。王咸镇是武生，乃半个官场中人，且与总督是旧识，都需刘学指点后方知总督会在二十六日出现，张文祥又岂能掌握总督行踪？刘学早就被总督府赶了出来，又如何能知总督会将阅武推迟到二十六日？阅武原定二十五日，因天降大雨临时推迟，刘学指点王咸镇显然是在二十五日之前，莫非他还能掐指一算，预测天气？总督护卫喻吉三临时离去，事后解释是因为士卒尚未完全解散，他留在校场监督约束。[6]此三人的供词都疑点重重，审案的大臣们却轻轻放过，认定他们没有参与谋刺总督，喻吉三事后被革去提督衔，降二级留用，王咸镇被革去武生功名，刘学被仗责，所受责罚都很轻。

三　可疑的审案人

除了结案报告漏洞百出，审案的各位大臣乃至慈禧太后的行为都很可疑。总督被平民刺杀，天下公卿皆物伤其类，胆战心惊。审案的大员理应及时查清案情、消泯祸根，他们却都在拖延时间。曾任江苏巡抚的张之万，是与马新贻同科的状元郎，被朝廷认定为审理此案的不二人选。他从淮安出发至金陵查案，五百里的路程竟然走了一个多月。张之万在瓜洲曾中途下船到岸上如厕，茅厕外持械护卫的随从居然有二百多名，想来他也知道此案有极深的隐情，担心自己的安危。开始审案后，他自称对张文祥“熬审”多日，却始终无法获得可靠的口供。张之万前后拖延数月，最后发给清廷的案情报告，仍是他到任之前魁玉审定的版本。一心查明案情的孙衣言提议对人犯用刑，张之万却严词拒绝说：万一人犯受不住大刑死了，如何对朝廷交代？有人猜测张之万是害怕审出惊天案情，自己扛不住责任，就只能一拖再拖，拖到威望更高的官员来负责此案。

张之万审案毫无进展，慈禧太后让曾国藩回任两江总督，接手刺马案。谁料曾国藩竟然一再推辞，不肯承担责任。经朝廷反复下令，又得李鸿章劝解，他才勉强接任。接受江督任命后，曾国藩仍在设法拖延时间。慈禧召见他时，他答应即日就出发，实际上耽搁了六天才动身，沿途多和弟子、故吏宴饮，走了一个多月。

江苏巡抚丁日昌母亲去世，按惯例应辞职回家丁忧，朝廷令张之万接任江苏巡抚。焦头烂额的张之万不等朝廷对刺马案做出指示，就匆忙离开金陵上任，把烂摊子丢给曾国藩。然而曾国藩到了金陵后，整整两个月时间，既不看卷宗，也不与人犯接触，完全不管案子。清廷迫不得已，再派刑部尚书郑敦谨南下办案。郑敦谨自称路上雨雪交加寸步难行，用了四十天才到金陵。

郑敦谨到金陵的前一天，曾国藩才拿出刺马案的卷宗看了一遍，圈定了会审人选，此后二十日从不参与会审，任由郑敦谨施为。郑敦谨主持审案二十余日，没有更多发现。直到郑敦谨确认实在审不出幕后主使，只能按照张之万留下的结论上报后，曾国藩才匆匆浏览了郑敦谨的审讯记录。奏折定稿后，曾国藩终于出席了最后的会审，却坐在边上一言不发。孙衣言再次提出要对张文祥用大刑，曾国藩、郑敦谨都不同意。参与会审的孙衣言、袁保庆认为此案尚未审清，不当草草结案，不肯在奏折上署名，最后奏折就只以曾国藩、郑敦谨的名义上奏。

郑敦谨事后的行为也非常诡异，他审完此案本应即刻回京复命，却走到清江浦就上奏说自己得了重病。郑敦谨在奏折中说自己因病不能继续当官，不再回京述职，直接回家养老。显然，郑敦谨对此案的审理非常不满，迫于某种压力判了“葫芦案”，心中有愧只能辞官。曾国藩让属下奉上程仪（路费）五百两，被郑敦谨婉拒。曾国藩反复去信劝说，他最终也没收下程仪。陪同郑敦谨南下查案的两名随员，满郎中伊勒通阿回京后就被下令回家养老，汉郎中颜士璋则被流放甘肃。可见，朝廷对此次判案结果非常不满。

受知于马新贻的孙衣言事后多次替故主鸣冤，说这起案子是冤案，真凶还没被抓出来。他给马新贻写了一篇《神道碑铭》，详尽叙述了此次查案的荒唐经过，以及他对此案的一些推测。马新贻的兄弟马新佑同样不认可此案判决，一方面四下奔走，推动此案重审，一方面又编订《马新贻年谱》，为兄长鸣不平。他后来任职浙江，被浙江官场嘲讽打击，最后郁郁而终。

四　案情的戏剧化发展

刺马案发生才数日，民间已有说书人在讲述此案第三个版本，不到半月，上海竟有戏班子照这个故事表演《刺马》曲目。编一个话本容易，创作戏曲却非常困难，《刺马》戏曲上演如此之快，似乎也是有人提前准备。这第三版《刺马》故事，是后世影响最大的版本。按戏曲里的情节，刺马案由来是这样的：

马新贻在安徽办团练剿捻时，曾兵败被俘，俘虏他的人，正是捻军张文祥。张文祥与曹二虎、石锦标（即时金彪）是一同落草的好友，俘虏马新贻后，见他气度不凡，言谈之间颇有英雄气概，就把他留在山寨，结为异姓兄弟。马新贻年龄最长，是大哥，曹二虎是二哥，石锦标是三弟，张文祥最幼，是四弟。

安徽抗清局势江河日下，张文祥兄弟每日惊恐不安，马新贻趁机劝说大家投降清军，谋一场富贵。因为敬重马新贻是深有见识的读书人，曹二虎、石锦标、张文祥就随他降了安徽巡抚。山寨中的弟兄，从此改编为马新贻的嫡系军队，因马新贻字谷山，故称山字营。

有了山字营为根基，马新贻屡立战功，一直做到了巡抚。马新贻官做大后渐渐忘本，逐渐疏远张文祥、曹二虎这帮兄弟，担心这群草莽出身的贼寇误了他前途，所以他一路高升，却不肯提拔曹、张、石等兄弟，还找借口将他们调出。

曹二虎妻子容貌甚美，还在山寨落草时，马新贻就对她垂涎三尺，眼下做了大官，就干脆与曹妻勾搭成奸。为了与曹妻长相厮守，他将曹二虎调往外地任职。张文祥撞破马新贻的奸情后怒不可遏，将此事告知了曹二虎。曹二虎找马新贻讲理，却被马新贻杀害。因见马新贻见色起意背叛兄弟，张文祥和石锦标计划刺杀马新贻。马新贻护卫很多，又常在官袍下穿铁甲，寻常兵器无法刺穿。张文祥为了报仇，在家苦练刺杀之术，每日用数层牛皮绑在一起，蒙上铁片，再用匕首练习穿刺。经过多年训练，他终于能一刀刺穿甲胄，才实施了此次复仇。[7]

《刺马》的故事非常精彩，无论是寻常百姓，还是文人雅士，甚至现代文艺青年，都能从这个故事中找到乐趣。对于大众而言，《刺马》的故事起于兄弟结义，终于兄弟背叛，开头让人想起刘、关、张桃园三结义，结尾让人想起瓦岗寨兄弟反目，正是民谚“宁学桃园三结义，不学瓦岗一炉香”在晚清的精彩演绎。山寨招安后遭官府谋害的情节，令大众想起梁山好汉的悲剧下场。马新贻与兄弟因美人而反目，又使刺马故事兼有背义、反叛、复仇、艳情等深受大众喜闻的元素。特别是马新贻之死，与《铡美案》中忘恩负义的陈世美下场一般，回应了中国民间朴素的正义观与因果报应之说。《刺马》故事集齐了古代话本、传奇中的诸多要素，是中国话本、戏剧中难得的佳作，非大家不能为之。

对于官僚士绅而言，这个故事涉及乱世中结社自保的流民、见色起意的无良官僚，足以激起他们对心性修为、治世方略的思考。对现代文艺青年来说，这个故事讲述了在命如草芥的乱世，人的兽性和欲望被加倍放大之后，各种欲望纠缠产生的悲剧。那种压抑、迷失，在兽性和人性的挣扎中偶尔一过的良知，夹杂官场、战场明暗斗争的惊心动魄，其文本的巨大张力，几乎达到了世界名著的层次。看完这个故事，不但可以思考在秩序崩溃之后，在理性与欲望之间纠结的兄弟之情，感慨雄性之间的竞争和妒忌，甚至还可以思考曹妻这位女性在杀人如麻的官、匪中的生活经历，感叹她的意乱情迷、彻夜不眠，她的长吁短叹与艰难抉择。所以《刺马》故事诞生后，在民间流传极广，经久不衰，在现代还多次被改编为影视剧，就文本的杰出来说，堪称中国版的《乱世佳人》。

这个故事的源头，应该就是张文祥最初的供状，只是将张文祥之妻改作曹二虎之妻。该故事虽然精彩，却不符合史实，编故事的人只考虑情节对读者的煽动力，却忽略了将故事线索与真实的历史进程缝合，常为史家嘲笑。

通过一系列戏剧、评书传播，普通民众乃至中下层官僚都同情张文祥，厌恶马新贻。汹涌的民意，逼迫朝廷放弃对刺马案的深究。当大众都认定马新贻罪恶滔天，朝廷再反复查案、抓人，就成了为奸贼张目了。

五　扑朔迷离的幕后主使

正因如此，刺马案未能继续深究。真凶和幕后主使究竟为何人？后世只能根据结案时所述案情的疑点，根据各方利益进行推测。因为没有可信的证据流传，后人也只能推测，且很多推测并不符合逻辑。

根据谁是最大受益者，谁就是凶手的原则，今人多猜测刺马案主谋是曾国藩，然在当时最受猜疑的，却是江苏巡抚丁日昌。刺马案尚在初审时，太常寺少卿王家璧就在一封奏折中，揭发刺马案主谋是丁日昌。参与审理刺马案的袁保庆，同样支持丁日昌谋害马新贻的说法。据说王家璧的奏折一上，京中士大夫多“从而和之”。

丁日昌杀人的动机是什么呢？按照王家璧的奏折，起因是马新贻办了丁日昌公子杀人案。[8]丁日昌的公子涉嫌杀人，事在同治八年（1869）十月。丁日昌一个出了五服的远房族人丁炳，回原籍时路过苏州，前来拜会丁日昌。丁日昌在外勘察水灾，不在苏州，丁炳就带了随从在青楼寻欢作乐。因为争风吃醋，丁炳与水勇徐有得发生冲突，前来巡查的游击薛荫榜（mián）为了攀附丁日昌，以“滋事”为名棍责徐有得，因为下手太狠，徐有得回去后因伤暴卒，闹出了命案。

为了平息物议，丁日昌抢先向朝廷请罪，奏请将丁炳和薛荫榜革职。清廷同意将丁、薛二人革职，但仍命令马新贻彻查此案。马新贻审案期间，民间风传案发当日，丁日昌的侄子监生丁继祖也在现场，只是闹起来时先跑了，随后又传丁日昌的公子，即将分发知府的丁惠衡也参与了冶游。甚至还有传闻说，丁惠衡与一个富商子弟争风吃醋，下手打死了对方。丁日昌逼不得已，上奏将丁继祖和丁惠衡一同斥革，同时自请“失察”之罪。丁日昌甚至对外宣称，他已准备行家法打死丁惠衡，只是丁惠衡提前逃离了丁府。

王家璧在奏折中说，他远在陕西都听到了丁日昌纵子为非作歹的事情。根据他查访的消息，丁日昌为了儿子逃脱命案曾向马新贻请托。因马新贻拒绝了他的请托，丁日昌生了报复之心，于是策划刺杀马新贻。

王家璧的说法并不可靠，根据郑敦谨的调查，丁氏族人涉嫌参与谋害水勇一事，丁日昌在马新贻接手案件前已自请有罪。马新贻接手命案后，从未传讯丁惠衡，他根据证人的供词认定，丁惠衡与命案无关，只是亲随范贵涉事其中，因此丁惠衡有疏于管教的责任，应交部议处。豪门恶少打死人后，令亲随、族人顶罪在旧时并不鲜见，丁惠衡未必与命案无关。马新贻既未传讯丁惠衡，事后又认定丁惠衡不在命案现场，明显有回护包庇之意。

丁日昌在马新贻审理案件之前，先行举报了自己的儿子，在马新贻接手案件后，他自请将儿子革职，这比马新贻判决的交部议处还要严重。从情理上看，他没有向马新贻请托的必要。加上马新贻对丁惠衡颇有回护，丁日昌不应仇恨马新贻，更不会铤而走险杀人，丁日昌的杀人动机不成立。[9]

值得一提的是，马新贻的兄弟马新佑长期为兄长鸣冤，他在进京伏阙喊冤时求见了李鸿章。马新佑对李鸿章说，他扶乩请仙得到启示，兄长的案子当是同城大官主使，具体是谁不知，但不是丁日昌。[10]

丁日昌背上谋害马新贻的骂名后心灰意冷，加上母亲去世，他就辞官回到故里，隐居了几年。李鸿章不断劝他出来做事，他也屡屡推辞。据李鸿章推断，朝中大臣之所以借口丁日昌涉嫌刺马而大加挞伐，其因在于他乃是胥吏出身的“浊流”。丁日昌平日醉心工程技术，又热衷洋务，朝中文官多耻于与“匠户”同朝为官。加上他为政操切苛严，得罪了很多官员。

至于王家璧，李鸿章根据他先攻击丁日昌，后攻击刘铭传，猜测他是因为与湘淮集团的恩怨挟私报复。丁日昌隐居在家，终日郁郁寡欢，也不出言辩解，直到光绪年间再度复出，他才对人说，自己在上海任职时，撤了王家璧兄弟的差使，两家因此结仇。慈禧太后在接见丁日昌时安抚他，你在江苏为官，官员都恨你，但百姓是感激你的，王家璧对你的构陷，我是不信的。

时人多怀疑丁日昌，后世却多疑曾国藩。关于曾国藩是刺马的主谋，有一条证据常被引用。马新佑曾言，兄长马新贻出任两江总督前，曾入朝陛见皇帝和太后，多次到养心殿向慈禧太后请安。马新贻最后一次陛见慈禧出来，惊恐万分，大汗淋漓，连朝服都湿透了。离京赴金陵前，马新贻曾对家人说，我此去吉凶难料，万一身有不测，家里人千万要忍气吞声，不要到京里告状，如此方可自保。

后之论者因为已先存有曾国藩谋刺马新贻的想法，马新佑的话就理所当然被做出如下解读：慈禧太后让马新贻就任两江总督，是为了肃清曾国藩在两江的势力，谋划除去曾国藩。马新贻知道对付曾国藩兹事体大，搞不好就要掉脑袋，所以提前留下遗言，万一自己被曾国藩杀害，兄弟们千万不要喊冤，免得被势力雄大的曾国藩诛灭。

那慈禧太后让马新贻怎么对付曾国藩呢？一般推测，曾国藩兄弟打下天京，洗劫了洪秀全留下的金山银海，慈禧对此非常恼怒，让马新贻查找湘军私吞太平天国圣库的证据，一旦找到证据，就会出手对付曾国藩。还有人推测，马新贻出任两江总督，提拔孙衣言、袁保庆等人，打乱了曾国藩在两江的人事布置，因为马新贻试图替朝廷从湘军手中夺回对两江的控制，所以遭到曾国藩谋杀。

前一种推测且不论，后一种推测看似有理，其实完全站不住脚。前文已多次分析，曾国藩没有久任两江总督的打算，他在平定太平天国后，什么官都不想做。平定太平天国，乃开清以来人臣所立第一功，勋业比康熙年平定三藩犹胜几许。若能在打下天京后辞官归隐，他毕生的事功将完美无缺，反倒继续做官，做得越多，错得越多，有很大可能晚节不保。正因天京之役后，曾国藩继续做官，才有“剿捻无功”和“天津卖国”两个污点，极大地折损了他的威望。

曾国藩将自己的书斋命名为“求阙（缺）斋”，他推崇的人生境界是“花未全开月未圆”，又怎么会眷恋两江总督之位呢？离任两江总督后，他出任的是比两江总督名位更高的直隶总督，就算从求权势的角度，他也不当有回任两江的想法。更何况，对他来说，只有回到老家休养，安全才能得到保证，只是朝廷一直不肯放他回籍，强行让他做总督。

曾国藩剿捻无功，由李鸿章代替时，他即上奏要求革去自己一切职务乃至爵位，只以闲散人员的身份留在军中帮弟子做事。为什么要留在军中呢？他在给曾国荃的信里说，如果辞去一切官职，他要么回老家归隐，要么去京城养病，但都有不妥之处。回老家归隐林泉，自己权威太高，很难处理和地方官的关系，搞不好步步荆棘；在京城养病，又怕引起京城士大夫的谤议。实际上，他有两个担忧没有说出来，朝廷不敢放他回家，怕纵虎归山；他自己不敢进京，怕从此身不由己。

李鸿章希望曾国藩回任两江总督，为自己筹饷，曾国藩却不给门生颜面，反复上折力辞。这是不是惺惺作态呢？从李鸿章的反应来看应该不是。因为朝廷以李鸿章为钦差大臣督师，令曾国藩回任两江后，曾国藩赖在李鸿章的营中不走。李鸿章既怕两江无人筹措粮饷，又怕老师在营中自己无法施展，便反复劝说老师回任，曾国藩不为所动。根据刘体仁在《异辞录》里的说法，李鸿章最后用了强硬的手段挤对老师，把钦差大臣的关防交给老师，声称老师在营，弟子不得不一切听命老师，那就只能把朝廷关防移交老师了。

李鸿章的这种挤兑很失礼，也很无赖，可是曾国藩八风不动，仍然赖着不走。营中诸将帅误会曾国藩是眷恋名位，贪图钦差大臣名头高于总督才不走，于是纷纷跑来给他找台阶下。他们对曾国藩说，乾隆皇帝时，遇到大战，前线由钦差大臣统兵，后方由大学士王持后勤，可见后勤大臣的名位，与前锋的钦差一般无二，如今老师回任两江总理后勤，正与此相同。

曾国藩得了这个台阶仍然不走，可见他完全不是贪恋权位，就是为了趁机把自己变成闲散官员。最后李鸿章对曾氏说：老师您名望如此之高，就算抗旨不回两江，朝廷也不敢对老师用强，只是九帅曾国荃近日连吃败仗，老师如此强硬对抗朝廷，难道不怕朝廷借口战败针对九帅？曾国藩听了这话才幡然醒悟，启程回任两江。

马新贻遇刺，朝廷再次让曾国藩出任两江总督，曾国藩仍然反复请辞。李鸿章多次写信劝老师回两江，说两江形势极其复杂，一般人根本弹压不住，马新贻遇刺就是明证，只有老师这样的勋臣才能稳住两江。曾国藩力辞之后，朝中主事的大臣纷纷致信李鸿章，让他设法把曾国藩劝去两江上任。

后世论者以为曾国藩想要久任两江总督一职，是混淆了曾国藩个人的利益和湘军的利益。湘军被裁撤后，很多兵勇没回湖南老家，而是留在江南生活，尤其金陵在战争中惨遭摧残，人口稀少，被裁撤的湘军兵勇占了金陵房屋，留在城中营生。他们希望老师曾国藩永远待在金陵，庇护他们的利益，曾国藩个人却想离任求得解脱，他和湘军兵勇的利益并不一致。他裁撤湘军，实质上是为保全个人安危，出卖了湖湘子弟。

至于说慈禧让马新贻查访圣库中“金山银海”的下落，就属于无稽之谈，这在前文已有论证。值得重提的是，朝廷若欲诛杀曾国藩，关键不在有无罪名，而在朝廷有无镇压湘淮军的决心与能力。如果不敢彻底镇压湘淮军，曾国藩无论罪名多大，慈禧都不敢杀他的头。如果慈禧做好了镇压湘淮军的准备，让马新贻去查曾国藩的罪状就是多此一举，“莫须有”又有何不可？就算要给天下人一个说法，“肃党”的罪名重提便是。曾国藩是实打实的“肃党”，朝廷从未因此动他，反而为他弥缝，说他不是“肃党”。因此马新贻担负查访曾国藩的罪名一说，基本站不住脚。

曾国藩奉命查办刺马案后的反常行为，反而证明他与此案无关。假使张文祥刺马是出于曾国藩的谋划，以湘军势力之大，定会为张文祥安排接应，保护他脱身，或者第一时间杀人灭口，不留下任何罪证。就算曾国藩一时失算，未能妥当安排，导致张文祥被抓，曾国藩首先要做的，是将张文祥杀死在监狱里，免得事情败露。可曾国藩接任两江总督后，一再拖延，任由其他大臣审讯张文祥。难道他对张文祥这个死士如此放心，认为就算把他交给酷吏“熬”上几个月，也不会吐露半点真相？世上没有绝对可靠的死士，只有死人才不会乱说话。曾国藩不在第一时间掌控局面，难道真的敢赌朝廷查不到任何蛛丝马迹？

慈禧如果真怀疑曾国藩，就不会让曾国藩主持刺马案，哪怕慈禧受了惊吓，决心和曾国藩妥协，也必须掌握案情真相，拿到把柄，才有和臣下进一步博弈的可能。慈禧派来协助曾国藩查案的大臣，是刑部尚书郑敦谨。郑敦谨是湖南人，乃是曾国藩的旧识，如果曾国藩有重大嫌疑，就不应该派出郑敦谨。

参与审案的孙衣言曾言，他多次提议对张文祥刑讯逼供，但无论张之万，还是曾国藩、郑敦谨都不同意。这是后世怀疑曾国藩的一条重要理由，人们认为，正因为张文祥是曾国藩的人，所以曾国藩不准对他用刑，怕他受刑不过，吐露真相。可是，如若曾国藩真是指使张文祥的幕后黑手，他应该第一时间批准对张文祥用刑，而且一定要安排行刑的人下死手，瞬间让张文祥毙命，断绝一切后患。曾国藩不肯对张文祥用刑，正是为了避嫌。张之万和他都怕张文祥受刑不过死在公堂上，无法对朝廷交代。张文祥本人未受大刑，他的子女亲友却多受刑，结案时他被判挖心凌迟，比受刑还要凄惨，儿子被判阉割之后发配边疆，可是张文祥至死也没有咬出曾国藩。

为了论证马新贻因为出任两江，动了曾国藩的利益而遭到报复，论者常说马新贻与曾国藩关系很差，是慈禧用来制衡湘军的棋子，理由是马新贻提拔的一干人才，如孙衣言、袁保庆，都是用来替代湘军势力的。倘严校史实，这种说法基于一个认知错误，误把湘军集团等同于百分百由湖南人组成的集团。其实，湘军集团中有很多骨干并不是湖南人，如阎敬铭山西人，李孟群河南人，丁日昌广东人，陈宝箴、梅启照江西人，沈葆桢、郭伯荫福建人，严树森、鲍超四川人。马新贻虽是山东人，但他亦隶属湘军，正是为了避免过分刺激湘淮集团，慈禧才会选择马新贻来担任两江总督。

马新贻发迹于安徽，与曾国藩、李鸿章过从甚密。他是李鸿章的同年，二人都是福济的门生。他在安徽办团练，长期与李鸿章父子合作，算得上李鸿章旧部。据李希霍芬回忆，他到金陵与李鸿章见面时，李鸿章就住在马新贻府上。[11]李鸿章的女婿张佩纶，是马新贻师傅张印塘的儿子。马新贻的另一位恩主袁甲三亦是曾国藩的好友，袁、曾二人在京师时一同追随倭仁学习理学。袁甲三一族与曾国藩、李鸿章利害相关，他的侄孙袁世凯后来在李鸿章的庆军中发迹，接了李鸿章的衣钵。

因为常年在安徽任职，曾国藩、李续宜、唐训方都做过马新贻的上司，曾国藩很欣赏他的才干。马新贻署理安徽布政使，是经湖北巡抚、湘军大员严树森向曾国藩举荐，曾国藩与李续宜联名保举而得。[12]署理安徽布政使后，朝廷命令马新贻在蒙城一带办理军务，很长时间无法到省履职。他在蒙城面临苗沛霖的进攻，形势危急，曾国藩四处拨饷调兵增援，因为各处湘军都拨不出兵勇，曾国藩发信苦求上海的李鸿章派人救援马新贻，信中甚至提到“私情”二字。[13]

马新贻在蒙城打仗，不能到省实授布政使，又兵微将寡、处处危机，曾国藩找借口上奏朝廷，调他回省城“接篆受事”，这才得到了实授。[14]可见曾国藩对马新贻的庇护，如同对待自家子侄一般。马新贻生平最大的战功，是跟随安徽巡抚、湘军将领唐训方镇压苗沛霖。马新贻与唐训方相交莫逆，他所纳第一个小妾，是唐训方的婢女。

攻陷天京后，曾国荃请病开缺，朝廷以马新贻代曾国荃出任浙江巡抚，马新贻正式跻身封疆大吏的行列。他非常激动，一接到上谕，就与李鸿章联袂到金陵拜谢曾国藩的提携之恩。他到浙江走马上任，特意从曾国藩处要走了几个还没大用的曾门弟子。

不但与李鸿章、曾国藩关系密切，马新贻与左宗棠的关系也很好。在浙江巡抚任上，马新贻最倚重杨昌浚、孙衣言、蒋益澧三人。杨昌浚是左宗棠的心腹，孙衣言是曾国藩的知己，蒋益澧是曾国藩、左宗棠手下大将。凡左宗棠主政浙江时参劾的官员，马新贻一般不再提拔，遇到人事任免问题，他先提前致信左宗棠，得到许可后才进行调度。左宗棠幕中缺人，不断写信要求马新贻从浙江调人给他。可见马新贻抚浙，与左宗棠亲自掌控浙江一般无二，他亦是湘军中的核心成员。左宗棠夸马新贻“虚怀商榷”，曾国藩夸他“遇事变通”“有过人之聪明”。

曾国藩和马新贻的书信来往很多，马新贻在浙江刻书，每有新书刻出，曾国藩必向他讨要，曾国藩把马新贻当成了自己的传人之一。清朝官场惯例，下属给上司写信，要附上手版（本），以示尊敬。曾国藩给马新贻写信说：你要经常给我写信，畅所欲言，但经常通音讯，就得略去烦琐的礼仪，礼节太周到，真诚的意思就少了，以后不要再用手版了。写信不用手版，是曾国藩对门生的特殊恩遇。

根据曾国藩在同治三年（1864）的日记，我们能看到马新贻与恩主曾国藩过从之密。仅在这年二三月间，曾国藩的日记就记录了他与马新贻的多次交往。二月初五日“马穀山方伯（马新贻）新到，久谈”，二月初七日，“请万篪轩、马穀山等中饭”，二月初八日“午初出门拜万、马二方伯”。四天之中，两人见面了三次。七月，曾国藩在初八、初九、十一日、二十二日，都给马新贻写了信。十二月，曾国藩在初三、初五两天都与他“久坐”“久谈”，初六特意请他用了午饭。像这种连续数日久谈，一起用饭，是曾国藩最亲近的门生才有的待遇。

最特别的是，马新贻赴两江总督任上时，因为他在浙江没有领兵，又不爱任用私人，曾国藩特意给他送去了巡捕郑兴仪和四名供使唤的侍卫。[15]如果用阴谋论来说，这是曾国藩在马新贻身边埋下了钉子，但略去阴谋论，只有至亲之人，才会赠送、接受贴身侍卫，足见二人关系之密切。

马新贻在两江总督任上，最信任一文一武，文则孙衣言，武则袁保庆。因为审刺马案时，孙衣言和袁保庆均不同意在奏结上署名，事后孙衣言又到处喊冤，后人多以为马新贻用孙、袁取代了湘军之人，得罪了曾国藩。但实际上，孙衣言是曾国藩的至交，湘军幕僚之一，他虽不同意曾国藩对刺马案的处理，但和曾国藩本人并无芥蒂。曾国藩去世后，孙衣言还写了一副赞誉极高的祭文，感叹曾国藩有大志未酬，被湘军将领们称为最知曾国藩心曲之人。孙衣言只是怀疑马新贻案另有主使，甚至怀疑过一些湘军将领，却未曾怀疑曾国藩，他自始至终都是曾国藩的心腹。

袁世凯的嗣父袁保庆，与湘淮军交往更深。因为他的叔父袁甲三本就是总督，他无须拜入曾国藩门下，但他实质上是曾国藩和李鸿章的部属。他的嗣子袁世凯后来在李鸿章麾下的庆军任职，因为嗣父和李鸿章的私谊而得大用。袁保庆与庆军统领吴长庆结义为盟兄弟，吴长庆原本是合肥东乡团练，因曾国藩的提拔得立庆字营，在援沪时被划拨给李鸿章，成为淮军大将。如果袁保庆是马新贻用来替代湘淮军的“外人”，李鸿章就不可能重用他的子侄。

由此可见，马新贻主政两江，多用曾、左、李旧人，实与曾国藩、李鸿章主政两江并无区别，曾国藩犯不着派人杀他，何况以曾国藩之老谋深算，要搞掉马新贻，尚有很多“干净”的办法。

六　马新贻的真正“使命”

如果不预设曾国藩要谋害马新贻的结论，马新贻陛见慈禧时汗流浃背，还可以做出另一种解读：慈禧要让马新贻做一件违背良心的大事，马新贻因而被吓得汗流浃背。正如历史上多次发生的事一样，替人干脏活做“白手套”的人，不怕办事不力，只怕幕后主使杀人灭口。他怕慈禧太后在事后将他灭口，所以才会对兄长说，万一自己死了，千万不要告御状。如果他防备的是曾国藩，亦未必能猜到敌人会使用刺杀这种粗鄙暴虐的手段，也许仅仅是栽赃去官呢？倘若他真防备曾国藩下毒手，那就定会让兄长在他遇刺后进京告御状，请求慈禧复审此案。只有把事情闹大，闹得天下皆知，才能让幕后之人有所顾忌。唯他提防的对象是太后，才会让家人不要进京，而京城，恰恰是长年布局南方的曾国藩鞭长莫及之地。

慈禧太后召见即将赴任两江的曾国藩时，曾有如下对话：

（太后）问："马新贻这事岂不甚奇？"

（曾国藩）对："这事很奇。"

问："马新贻办事很好。"

对："他办事和平、精细。"[16]

慈禧和曾国藩的对话，显得非常冷淡，并无对心腹重臣被杀的关切，问过两句后，就不再过问审案之事。曾国藩等人办案一再拖延，慈禧也没有过分逼迫，虽然下过几次圣旨催促，却没有采取严厉的举措。

因此，当时也有不少人推测马新贻是被慈禧太后所杀。这个说法甚至得到了外国传教士的认可。法国传教士高龙鞶在《江南传教史》中说，当时在江南的传教士大多认为，马新贻对洋教太好，因而得罪了慈禧太后。当初陈国瑞在金陵，得到布政使梅启照支持，到处发动市民反洋教，印发了很多小册子，宣传洋教士杀小孩炼药。马新贻为了保护洋教，直接下令全城禁闭，搜捕传播谣言之人，逼得陈国瑞逃往天津。不久后"天津教案"爆发，洋人多以陈国瑞为罪魁祸首，叫嚣要取他的人头。马新贻听闻教案后上奏朝廷，怒斥天津衙门失职，放任反洋教的"暴徒"横行霸道。

在华传教士们一致认定，马新贻因为偏袒洋教的言行，激怒了慈禧和醇王，慈禧太后、醇王授意，陈国瑞、李世忠策动，合力将马新贻杀害。传教士们还说当时南京、上海等地的人，多数坚信此事。

马新贻被慈禧、醇王指使杀害的阴谋论，倒比曾国藩杀害马新贻一说，更符合逻辑，它能解释为什么张之万、曾国藩、郑敦谨都有意拖延审案，事后又草草结案，因为这涉及太后、亲王。这也能将慈禧召见马新贻之后，马新贻汗流浃背的反常行为联系起来。

但慈禧杀马新贻的阴谋论，有一个巨大的漏洞。马新贻一直袒护洋教，并非突然暴露。如果慈禧痛恨他支持洋教，就不会迅速提拔他到两江总督的位置。马新贻不是曾国藩、李鸿章、左宗棠这样手握雄兵的巨头，并无嫡系军队，这种官员即使官至总督，慈禧太后亦能随手将他撤换。以慈禧的权力，有很多办法拿捏马新贻，根本不用刺杀。

除非我们再把这个阴谋论扩大一些，把慈禧与恭王的恩怨加进来，这样才能把漏洞圆上。马新贻一路高升，并非朝廷要用他分化湘军，而是曾国藩刻意为之。因为马新贻和李鸿章一样，和曾国藩的关系若即若离，用马新贻正如用李鸿章，好像分化出了新的山头，然则大局仍在曾国藩掌控之中。曾国藩对马新贻的重用，得到了奕䜣的支持，因为奕䜣就是洋务派，马新贻亲近洋人的立场很得他喜欢。同时憎恨曾国藩、奕䜣的慈禧，遂策划杀害马新贻，这既是剪除曾国藩的羽翼，又是向恭王示威。这样的阴谋论，听起来合情合理，但它和其他推断一样，违背了一个最大的原则，就是查无实据，没有任何史料为依据。

倘若把曾国藩个人的利益和湘军集团的利益稍加分割，则会有一个稍有证据的推论。郑敦谨的随从，随他查案的汉郎中颜士璋曾经将审案的经过写在了《南行日记》里，遗憾的是，这本日记没有传下来。据他的曾孙颜牧皋回忆说，日记里有明确写道，“刺马案与湘军有关”“刺马案背后有大人物主使”。这是明确认定，刺马案是湘军策划。

另外，张文祥的供词里有一句很关键：他从太平军里逃出来后，“投到黄少春大人营内。剃发要献计破贼出力，报效营里”。黄少春原本是太平军将领，战败后投降了左宗棠，作战十分得力，不到三十岁就出任浙江提督。张文祥还说，因为湘军参军需要保人，他们无人作保，未能加入湘军，但黄少春赏了他们每人一块银洋的盘缠。

从供词可以看出，张文祥确实和湘军有一定关系，他至少在湘军黄少春的军营里待过，黄少春对他很好，所以他要“报效营里”。至于他说因为没人作保未能加入湘军，就不一定是事实。参加湘军需要作保是曾国藩在衡阳练兵时定下的规则，出省打仗后大量招抚降兵、溃卒，这条规则早就没有严格执行。因此，张文祥有很大可能加入了左系湘军，但到底是审案人员对口供做了处理，掩盖了事实，还是黄少春让他不留军营，在外头办别的隐秘之事，就不得而知了。

应曾国藩的邀约而主持金陵书局的张文虎，在日记中提到，张文祥操湖北口音，是湖南人，不吃猪肉面，疑为回教人士。这一条信息很受关注，如果联系张文祥曾投黄少春一事，几乎能断言张文祥就是湘军士卒。但张文虎的记载，很可能出于误记，因为他是听“方委员”即金陵书局方阆仙转述，而方阆仙又是从别处听来，或许将河南误作湖南。湖南方言众多，相隔百里就会语言不通，且湖南人不可能说一口湖北话。倒是张文祥所供自己为河南人，河南信阳方言和湖北一带方言差不多。

湘军刺杀马新贻绝非空穴来风，颜士璋怀疑马新贻为湘军所刺，与张文祥曾投黄少春有关。只是，湘军将士谋刺马新贻，不等于是曾国藩策划刺杀马新贻，也许只是湘军中下层军官的自发行为，未请示过曾国藩。更重要的是，黄少春不是曾国藩的下属，他是左宗棠的爱将。

湘军中下层军官刺杀马新贻的原因，孙衣言曾在给马新贻写的《神道碑铭》里隐晦地提到。他说，自从平定太平军后，很多武夫悍卒失业，流毒天下，大官们又不肯下重手治理，这些人越发肆无忌惮，终于引发了刺杀总督的大案。虽然没有明说，却是暗指谋害马新贻的人，是因裁军而沦为盗匪的湘军。

孙衣言比较了曾国藩和马新贻治理两江的思路，说曾国藩平定东南，想“与民更始”，行政比较宽松，刑法不甚苛严，遇事多加庇护包涵。正如前文所说，“中庸”的曾国藩，大战之后不肯在江南施以辣手，而愿示以仁义。马新贻接任后，行政比较严厉，办事非常讲规矩，抓捕盗贼立即诛杀。正因曾国藩阔略而马新贻操切，很多“小人”“逆贼遗种”都痛恨马新贻。

这段话隐约指出，马新贻是因为重拳打击“逆贼遗种”，最终引来杀身之祸。孙衣言表面上说“逆贼遗种”，实则影射被遣散后加入会党的湘军士兵。曾国藩对这些加入会党的前湘军士兵，向来以怀柔政策处理，他到京师，就听到很多士大夫抨击他和曾国荃包庇哥老会。

七　案件真相的推测

湘军十几万人被裁撤，由于后续处理失当，很多士兵遭遣散后没有拿到朝廷积年所欠军饷，有的发动兵变，如鲍超的霆军，有的四处作乱，扰乱社会秩序。虽说湘军出征多年，很多人发了大财，然而那都是中上层军官，底层士兵所获并不多，甚至连军饷都拿不到。曾国藩对这些被出卖的“湖湘子弟”心怀愧疚，一般不敢过多逼迫。他对曾国荃说：你在老家赋闲，遇到犯事的前湘军骨干，要尽量设法保全，就是对加入了哥老会的，也要尽量网开一面。[17]加上曾国藩本是湘军缔造者，威信极高，勉强能镇住金陵局势，矛盾没有立即爆发，换了别的大员，就很难保证了。李鸿章接替曾国藩的两江总督之职，曾国藩就叮嘱他说两江秩序动荡，盗贼遍地，至少要带三四千兵马护卫才好上任。马新贻刚到两江，李鸿章就断定他没有威望慑服东南群雄，两江从此多事。

马新贻到两江后，对治下闹事的湘淮军士卒严厉弹压，他曾上奏朝廷，对这些遣散的士兵，“非立置重典，不足以警顽凶”，这就激化了矛盾。马新贻试图整训绿营，重建国家经制之兵。裁汰湘军本是曾国藩一手主张，两江重建旗营和绿营，他也表示支持。曾国藩拉不下脸强硬镇压作乱的溃卒，马新贻能够替他唱黑脸，整顿秩序，他是非常欢迎的。曾国藩想同朝廷缓和关系，势必损害属下的利益，他不想与手下将士爆发冲突，正好让马新贻替他背黑锅。马新贻勇于任事，不料却遭湘军中下级军官谋害。这一猜测，想来应符合实情。

湘军集团想要清算马新贻，但刺杀两江总督牵涉极大，他们不敢亲自动手。就一些记载来看，他们的操作手法，应该是间接找人挑唆与马新贻有矛盾的人动手，然后私下布置，给杀手打辅助，让刺杀得以顺利进行。就是杀手本人，也未必知道有人在背后安排、布置，让平民刺杀总督这种不可思议的事情轻易成功。这是张文祥始终无法供出幕后主使的原因，因为策动刺马的人，从未和他有过直接接触，都是私下为他的刺杀开绿灯，比如设法把马新贻的行踪泄露出去，在刺杀马新贻的时候设法把护卫引开，等等。

最早接触张文祥供词的人，是江宁将军魁玉和布政使梅启照。如前所述，张文祥的第一版供词，其中有许多对马新贻名誉有损的内容，魁玉、梅启照认为这种供词有损国家体面，“不便直叙”，建议修改。此后他们反复逼供，最后让张文祥把供词改成了公开的版本，即海盗龙启运指使他杀人。

中国地理学先驱、著名教育家张相文，在光绪十四年（1888）游历金陵，偶遇曾在上元衙署参与审讯张文祥的小吏胡翁，据胡翁口述撰写成《张文祥传》。胡翁所述案情，即是马新贻因“渔色”卖友遭到刺杀。

安徽秀才金天羽，在他的《天放楼诗文集》中收有一篇《张文祥传》，自称得自时在上元县衙任职的桐城官员张祖翼。张祖翼所述情节与胡翁一致，都是马新贻因为“渔色”而被杀。这两篇《张文祥传》一前一后，皆声称来自上元初审现场，一为吏，一为官，应该有相当的真实性，能够证明张文祥最初的供词，确实是指责马新贻“渔色卖友”。只因这一说法与马新贻生平事迹有部分对不上号，一般不被采用。

这两份材料都是事后辗转口述，存在一定的记忆错误和细节失真，自然不能与马新贻的生平完全对应，但不代表它们完全出于虚构。论者反驳这两份材料，主要依据是咸丰七年（1857），马新贻不在庐州，且生平没有被俘的经历，这与胡、张所述马新贻咸丰七年在庐州被俘的说法严重不符。但根据《马端敏公年谱》，马新贻确实在咸丰八年（1858），陈玉成攻破庐州时，被打得全军覆没，只与时金标等护卫数人逃脱。他很可能在这次战斗中被俘，只是事后隐瞒了事实。胡、张所述情节，除了把咸丰八年说成咸丰七年，其余部分基本能与马新贻这段经历对应。

也有人质疑说，攻克庐州的是太平天国英王陈玉成，而张文祥自称是捻军，所以胡、张的口述不可信。可事实上，咸丰七年霍邱会盟后，太平军就在安徽与捻军联合作战，枞阳会议后陈玉成攻陷庐州，捻军孙葵心、龚德树、张隆、任乾都有参战，胜保描述庐州当时是“捻匪在北，粤逆在南”，张文祥作为孙葵心部将完全可能参战。

马新贻同张文祥有私人恩怨的说法，尚能从他处获得证明。文廷式在《知过轩随笔》中记载，张佩纶曾口述，他父亲张印塘早年追随马新贻，随侍父亲的弟弟张佩绪曾与张文祥同住一室，两人认识。张佩纶还说，张文祥确实和马新贻有纠葛，刺马一案的实情他知之甚详，但不能尽说，只能说张文祥是替人报仇，但不是自己的仇——即如民间所传，张文祥是为曹二虎报仇。

作为李鸿章的女婿，张佩纶所知的刺马案细节应该很多。按他的说法，张文祥曾在马新贻府中居住，还与他弟弟同住一室，那张文祥就很可能与马新贻有密切关系，马新贻因“渔色”而被熟人刺杀的可能性很大。这恰好能解释张文祥的情报来源，以及为何替他打掩护的人能知道他刺杀的计划。马新贻被刺杀时曾用山东话喊了一句“扎着了”，也有的目击者记录为“找着你了”，情急之下，南方人或许会把这两句话听混淆。如果马新贻喊的真是“找着你了”，那他大概一直在追捕张文祥。

历史学家邓之诚在《骨董琐记全编》中写过一篇《张文祥》，其中提到，自己有一位好友叫费润生，费润生的父亲彬如先生曾当过江宁将军魁玉的幕僚。据彬如先生说，魁玉手下有材官好色，魁玉就骂他说，连马新贻这样的总督大人都因为女人丧命，你还敢好色。魁玉是最早审理张文祥的人，他以此训诫属下，可见魁玉也认定马新贻确实是因“渔色”而遭刺杀。

刺马案审结后，对案情表示怀疑者甚众，但多数人并不认为刺马案有高层主使。相反，他们怀疑马新贻确有见不得人的丑事，朝廷草草结案，是为了替马新贻遮羞。曾国藩的好友王闿运曾说“屈杀张文祥”，甚至怀疑和马新贻起冲突的不是张文祥。王闿运在日记里记载，友人屺山夜里来访，谈论马新贻案甚久，屺山说朝廷不宜把马新贻这种大臣的隐私到处散发，应该对通报的案情进行修改，他对此表示赞成。[18]

上海有剧院演出刺马案，嘲讽马新贻见利忘义，为“渔色”而背叛兄弟，安徽巡抚英翰致信上海道涂宗瀛，要求下令禁演。前安徽巡抚乔松年却作诗嘲讽说“群公章奏分明在，不及歌场独写真”，这是暗讽曾国藩、郑敦谨身为大臣，不敢据实判案，他们所报告的案情，还不如戏曲真实。清廷为马新贻赠谥“端敏”，到处修祠堂纪念，翰林周寿昌讽刺说，修祠越多，马新贻的“桥段”传播越广，名誉越坏。还有人嘲讽道，马新贻得谥“端敏”，这“端”字可要仔细斟酌，因为马新贻很可能是“不端”之人。

根据各种史料的蛛丝马迹，我们可以大致拼凑出刺马案线索：湘军遭裁撤后，很多士卒流落在金陵一带为非作歹，甚至不少还和太平军残部、会党武装搅在一起。他们对朝廷卸磨杀驴非常不满，幸亏曾国藩威望甚高，又治之以宽，矛盾并未爆发。曾国藩离任两江，马新贻严厉打击湘淮军旧人，激化了矛盾，因而遭到谋害。

马新贻在庐州时，结识了原为捻军的张文祥，将其收为部下。他纳了昔日好友张文祥的妻子为妾，或是纳了张文祥好友的妻子为妾。湘军中有人得知后，设法挑唆张文祥复仇，在刺杀的过程中，他们暗中提供帮助，让刺马得以顺利进行。

曾国藩本人没有参与策划刺马，因为马新贻是他的门生，虽然施政操切，又打击了一些湘军旧人，但和他没有实质冲突。曾国藩喜欢后发制人，以堂堂之势破敌，不像搞暗杀的人。刺杀总督和谋反没什么区别，曾国藩如果能突破礼法约束刺杀总督，还不如直接举兵反清了。曾国藩所做的，应当是刺马案后为涉案的湘军将领打了掩护，让他们得以从刺马案中脱身。

曾国藩有很强的乡土观念，特别爱用湖南人，对同乡百般回护，知道旧部涉嫌刺马案，一定会设法帮他们脱罪。更重要的是，曾国藩很少主动发动阴谋，但一旦有大事发生，特别讲求借势用势的曾国藩，会设法在事后谋求利益最大化。如鲍超的霆军调往西北作战，因为欠饷发生了兵变，这次兵变不是曾国藩策动的，但在兵变后，他在一段时间内不管不问，任由事态扩大，借兵变向朝廷表达自己的愤怒，展现自己的力量。刺马案发生后，他也会设法庇护湘军子弟，让这个案子查不下去，让自己的政敌感到恐惧，震慑于湘军隐藏起来的力量，打消谋害曾国藩的想法。

刺马案在晚清政治史上有着极其深远的影响，虽然他不是丁日昌或曾国藩策划，但谋划刺杀马新贻的人成功地向朝廷释放了一个信号：朝堂上运用权术分化打击我们的公卿，别忘了我们都是刀头舔血出来的，逼迫太急，是会杀人的！

马新贻遇刺前一年，太后宠信的蓝翎太监安德海，奉命到江南置办皇帝大婚所用物件，经过山东时，被山东巡抚丁宝桢在济南就地正法。安德海、马新贻的遭遇，显示了手握兵权的地方官员，已具有与中央对抗的力量。清廷若不能重建有战斗力的中央军，仅靠分化、平衡之术操纵地方大员，一旦有人敢掀翻棋局，朝廷也无可奈何。

【注释】

① 分别见《曾国藩全集》第12册第197页，岳麓书社2011年版；《张文祥刺马》第36页，岳麓书社1986年版。

② 陈功懋《张文祥刺马新贻案真相》，见《文史资料选辑（21）》第197页，中国文史出版社1990年版。

③ 见《张文祥刺马》第8页，岳麓书社1986年版。

④ 见《曾国藩全集》第12册第196页，岳麓书社2011年版。

⑤ 见林乾《晚清三大名案》第248页，中国政法大学出版社2019年版。

⑥ 见《曾国藩全集》第12册第199页，岳麓书社2011年版。

⑦ 民间流传的张文祥刺马故事，有京剧、苏州弹词、方言剧等十几个品类，岳麓书社1986年出版的《张文祥刺马》收录了三个版本。

⑧ 见《曾国藩全集》第12册第205页，岳麓书社2011年版。

⑨ 见《曾国藩全集》第12册第203页，岳麓书社2011年版。

⑩ 见《李鸿章全集》第30册第335页，安徽教育出版社2008年版。

⑪ 见《李希霍芬中国旅行日记》第60页，商务印书馆2016年版

⑫ 见《曾国藩全集》第25册第202页，岳麓书社2011年版。

⑬ 见《曾国藩全集》第27册第14页，岳麓书社2011年版。

⑭ 见《曾国藩全集》第27册第24页，岳麓书社2011年版。

⑮ “兹送去巡捕郑兴仪一员，戈什哈四名，聊供驱使。”见《曾国藩全集》第

30 册第 463 页，岳麓书社 2011 年版。

⑯ 见《曾国藩全集》第 19 册第 358 页，岳麓书社 2011 年版。

⑰ “哥老会之事，余意不必曲为搜求。……即实缺提镇之最可信为心腹者，如萧孚泗、朱南桂、唐义训、熊登武等，若有意搜求，其家亦未必全无军装，亦难保别人不诬之为哥老会首。……即明知其哥老会，唤至密室，恳切劝谕，令其首悔而贷其一死。”见《曾国藩全集》第 21 册第 440 页，岳麓书社 2011 年版。

⑱ 见《湘绮楼日记》第 1 册第 159 页，岳麓书社 1997 年版。

终章：英雄的黎明

一　一事无成，以待来者

曾国藩晚年身体欠佳，若非公务很少外出。同治十年（1871）八月，也即去世前半年，曾国藩搞了一场两个月的军队检阅。他从金陵出发，经扬州、清江浦、丹阳、常州、常熟、苏州、松江、上海、吴淞口，将治下水陆各军巡阅了一遍。

尽管公务繁忙，身体也欠佳，曾国藩却经常抽空拜访江南名人墓地，他似乎对名人墓地有一种偏执的热忱。在扬州，他弃船登岸，步行至梅花岭，探访明末大臣史可法的墓地，还接见了史氏后人史兆霖。到了常熟，检阅完军队，他爬上虞山，拜谒孔门弟子子游和商代遗民虞仲之墓。[①]

数年前，还在军中办剿捻时，曾国藩从江苏徐州移驻山东济宁，途中不但去参拜了孟子庙，还特意绕道一个叫凫村的偏僻之地，瞻谒了孟母之墓。瞻谒之后，他还策马登顶凫山，远眺附近山水地势。他也曾抽空登泰山、游曲阜，在衍圣公陪同下瞻仰孔林，观赏了周朝留下的铜器，吴道子所画孔子像，感慨这些东西都是“生平所未见”。[②]

曲阜之行后，曾国藩特意到嘉祥县拜谒曾子林庙，曾子林庙是供奉孔门弟子曾参的地方。曾国藩自认是曾子后人，他到曾庙既是朝圣，亦是祭祖。他在这年的六月初七日中午到了曾子林庙，以子孙的身份行了三拜九叩大礼。曾子的名气远不及孔、孟、颜回，后人亦无大出息。曾庙规模狭小，加上曾氏后人无钱修整，“朽败已甚”。谒庙之后，他到主持曾庙祭祀的曾广莆家中探望。曾广莆家久已破败，祖屋前两道大门和堂屋颓毁不存，家人所居内室极为残陋，连雍正所赐的“省身念祖”匾额也没地方悬挂，只能放在一张桌子上。

虽说早就听闻嘉祥县曾家“圣裔”已经式微，亲眼所见之后，他仍深感不安。曾国藩在当天的日记里感慨道，一个古老家族的败落，确非人力所能扭转。事后他给了曾广莆四十两银子，还为曾子林庙捐了一千两银子的祭产。[③]曾国藩所在的湘乡曾氏，与嘉祥县曾氏没有共同的族谱，也未像正统曾子后裔一样，使用御赐的辈分排字。他此次拜访“祖家”，完成了和曾子嫡派后裔的联宗，正式成为曾子后人。他给曾纪泽的儿子起名曾广钧，“广”字即是嘉祥曾家的排字，以后曾国藩家族都使用曾子嫡派的字辈，他的子孙因此成了曾子的“圣裔”。实际上所谓曾子后人，最杰出的反而是他自己。

曾国藩为什么这样喜欢寻访名人墓地？他在同治七年（1868）的一次出游中，道出了真相。同治七年闰四月初七，曾国藩在江苏巡抚丁日昌陪同下，到苏州天平山瞻谒“范坟”。范坟是宋代名臣范仲淹的高祖范隋之墓。曾国藩在日记里说，范隋墓地风水，当地人称之“万笏朝天”，也有堪舆家说是“老山抽嫩枝”“落脉举顶”，他实地看后感觉并无神奇之处，“不知何以贵盛久远如此”。[④]

原来曾国藩此行，是来看范坟风水的。范仲淹生前高官厚禄，文成武德，身后则名声绵延，家族昌盛，这在历史上并不多。曾国藩自己身当百难之冲，经万千血战而为清王朝延寿五十年，如此赫赫功业，也是史上少有。但这种福德能遗泽几代呢？这才是曾国藩真正揪心的问题。所以他竟然乞灵于自己不信的堪舆地理，看看范坟究竟有什么特异之处。⑤

曾国藩去世后，他的知交孙衣言在祭文里写了这样一句话："而我之窥公，则固知其内视一己，实有未满之素志；外观斯世，尤有无穷之忧危。"孙衣言道破了曾国藩暮年的心境：究心世事之危难，忧愤壮志之未酬。曾国藩早年的志向是继往圣之绝学，成一家之学术；中年的志向是感乎人心、克定祸乱，开太平之局面；到了晚年，他不但有传统儒生治国平天下的梦想，更有驱除外侮、兴革国家之抱负。很可惜，他的三个志向，一个也没有完成。

生前之事无法办完，就只能寄希望于家族血脉之延续。曾国藩一方面努力培养家中子弟，一方面只能无可奈何地寄希望于风水迷信之类。瞻谒先贤墓地，既是对历史的缅怀，也是细心考察风水之说到底有无应验。一番探究之后，他发现像范坟这样的墓地看不出风水上的神妙，各地的风水理论亦相互矛盾，最后只能寄希望于子女教育。

曾国藩的家庭教育既有中国传统家风的特点，也有其浓烈的时代特色。从传统一面来说，他非常注重伦理道德对子弟的陶铸，特别强调孝悌、勤俭、读书。曾国藩的长子曾纪泽（老大曾纪第早夭，老二曾纪泽例称长子）出生时，他高中进士，次子曾纪鸿出生第二年，他已做到了礼部侍郎。所以对后代的教育，曾国藩特别强调勤俭和谦虚。

君子之泽，五世而斩，世上没有永世不衰的望族。富贵人家出身的子弟，自幼养成骄奢淫逸的习惯，一旦家道中落，就连基本的生存能力都没有。曾国藩的祖父星冈公立有四字家训，"书、蔬、鱼、猪"，曾国藩把它扩充为八字家训，"早、扫、考、宝、书、蔬、鱼、猪"。"早"为日常早起；"扫"为坚持洒扫房屋；"考"即敬奉显考，祭祀祖先；"宝"比较难理解，它指的是和睦邻里亲族，做到时时不忘贺喜吊丧，问疾济急，以人为宝。

曾家以此八字为家训，若能持之以恒，子弟就不会变成四体不勤、五谷不分的废材，纵是家族中衰，亦能维持生计。曾国藩在军中仍经常写信指导儿子种地，这是传统中国耕读为本的家风。他有一句名言：“天下古今之庸人，皆以一惰字致败；天下古今之才人，皆以一傲字致败。”⑥如果子弟能坚持早起洒扫、耕种养殖，必定不会养成懒惰的习惯，做惯农活和家务的节俭之人，更不会骄傲。

让家人过简朴生活，他自己也言传身教，以勤俭为本。除了简朴的家风易于持久外，这种生活作风也不易招灾引祸，遭到他人妒忌。李鸿章家族就非常讲究排场，因此惹了很多麻烦。刘秉章的儿子刘体信回忆，曾国藩坐船北上平捻时，李鸿章亦到金陵接任，搭载曾、李两家家眷的船队因而在长江碰头。按照官场迎来送往的惯例，曾、李两大豪门船队经行，沿途长江水师应当放空炮以示欢迎。恰逢曾国藩船上有小孩发痘，受不得炮声惊吓，所以提前知会水师各营，船队到时，各营头一律不用放炮。李鸿章的妻舅、按察使赵继元，护送李鸿章妻子到金陵，见沿途水师不肯放炮迎接，没有给出相应的排场，立即找湘军水师将领责问，要求按照迎接总督家眷的惯例鸣炮。有人告

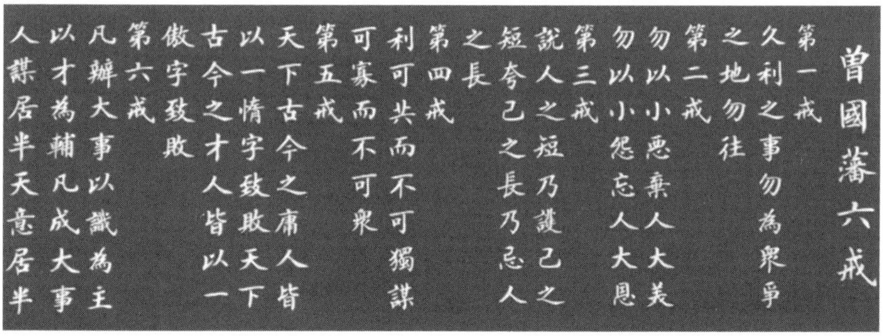

曾国藩“六戒”

诉他曾家打了招呼不允开炮，赵继元仍逼着水师燃炮迎送，不然就是湘军藐视淮军。

曾国藩知道后深为不怿，见到李鸿章后就挖苦他说：“你们家赵国舅，今日一起来的吗?”李鸿章听完非常窘迫，无地自容。日后李鸿章对刘秉章谈及此事，揶揄道：“你们不要以为老头子（曾国藩）是老好人，他实在是会糟蹋人。”刘秉章也戏问道：“李中堂又如何对付他?”李鸿章说：“我将我老门生的牌子拿出来，老头子就不好意思再生气了。”⑦

曾国藩在给曾国荃的一封家书里，责备曾国荃这个叔父给曾纪泽的路费太多。信中说，曾家后辈子弟，全都未见过艰苦的模样，容易眼孔大、口气大，平日呼奴唤婢，一旦习惯成自然，骄傲之气进入膏肓而不自觉，家就容易败掉。他给家眷、子弟定下规矩，外出乘船，不可张挂帅旗，经过府县各城，能避开就避开，不可惊动地方官长；万一远行非得坐轿子，不可坐四抬以上的。⑧

曾国藩的夫人欧阳氏也颇懂持家，她到曾国藩的安庆督署后，置办了七架纺车，带着女儿、媳妇一起纺纱。她规定每天必须纺纱四两，曾家女眷一般会忙到晚上二更才休息，曾国藩的总督署因而整日响着纺车声。有一次纺织到三更，曾纪泽已经入睡，欧阳夫人遂对大家说，给你们讲个笑话提提神：“有个老婆子带着媳妇纺纱到深夜，吵得儿子睡不着觉，儿子就呵斥妻子，说早晚得将她的纺车砸了。这时听见他爹在房里喊，我儿，能将你母亲的纺车一并砸了最好。”曾国藩在次日早饭时将这个笑话讲给属下听，闻者无不喷饭。⑨

曾国藩在教育子弟时，最难得的是没有传统家长那种专横，他很尊重子女的爱好，更能因材施教。曾国藩自己是作八股考科举的受益者，他却觉得八股文没什么用，儿孙可以不学八股文。父亲曾麟书经常叮嘱他早点教曾纪泽八股文，一向孝顺的曾国藩却拖着不办。曾国荃吃了没功名的亏，也催促他早点教侄儿作八股文，曾国藩却觉得八股文误人太深，既然曾纪泽能靠恩荫做官，大可不必走科举的独木桥。世变来临，他甚至隐隐觉得，当此大变之世，儿孙似乎不需走科场的路，也不必做官才有出息了。

“五经”是曾国藩一生学问根本，他当然会将“五经”学问传授给儿孙，他仅仅是抵触八股文。他先是宣称，等曾纪泽十四岁读完“五经”才开笔作八股文；等曾纪泽十四岁后，他继续设法拖延不办，说曾纪泽的天分本就不高，如果再浪费时间学八股文，学写试帖，其他学业必然荒废，便决定不让他学八股文。曾纪泽都十七岁了，曾国藩还在家书中对他说，八股文尽量不看不作。

他对儿子到底有怎样的期许呢？他希望曾纪泽做王引之。王引之是学问宗师王念孙的儿子，经史上的学问不下乃父。曾国藩非常羡慕这种经学传世的家风，所以对儿子说：我公务繁忙，学问做得不如王念孙，希望你

王念孙、王引之父子

的学问能比得上王引之。[10]左宗棠自比诸葛亮，他经常当众批评儿子才德不如诸葛瞻，意思是老子不下诸葛亮，儿子怎么会比不上诸葛瞻呢？曾、左志趣之差异，由此可见。

曾国藩曾说过，乱世处高位乃人生之大不幸，儿孙可为君子，却不必做官。他甚至对曾纪泽说：你如果不想做官，又连王引之都做不了，做个王羲之、陶渊明，能享受艺术和读书的快乐就很好了，只要不像嵇康、阮籍那般放荡就行。[11]这种教子理念，在今日已不稀奇，在当时却是惊世骇俗的。

曾国藩在公务之余，经常陪儿孙辈看星星，还教曾纪泽背星表，有时候也教他们读《孟子》。儿子不在身边，他就要求他们多给自己写信，他常说曾纪泽给自己写信太短，以后要多写信，把胸中所见，一一告诉自己，不妨驰骋议论，就是唐突一点也无妨，少年文字最贵峥嵘。

即使让儿孙读他所珍爱的圣贤书，曾国藩也非常注重启发教育。传统经学教育，先是死记硬背，然后再慢慢体会道理，他却要求塾师先给子弟讲清楚经文的内涵。他多次在家书里告诫曾纪泽，读书不可死记硬背，如果强行背书，会越背越蠢；读书一定要读出滋味，读出乐趣，而且要与养花、旅游这些人生乐事相结合。

他给曾纪泽定下的必须学会的功课，非但不是科场时文，甚至连儒家经典都不是。他定下的必学课程是天文和数学，因为在接触西学后，曾国藩越发理解科学的重要，所以他多次勉励儿子们学好数学与天文，而他自己未能学好这两门功课，实为终身遗憾。[12]

在这种开明的教育下，曾纪泽习得相当深厚的科学基础。他在《西学述略序》提到，白色诸色皆备，黑色诸色皆无，通过玻璃的折射，能看到霓虹中的七色，欧洲学者因而懂得了光学。同篇文章还提到了热胀冷缩、万有引力、传热导体等概念，曾纪泽的物理知识，大概相当于今日的中学生。

曾纪泽在曾国藩去世前就开始接触英语，在给父亲守孝期间，靠一本英文《圣经》和韦氏词典学会了英语。曾国藩次子曾纪鸿更是优秀的数学家、天文学家，二十五岁就完成了《对数评解》，还对李善兰的著作《算书》中的错误进行了考订。

深受实证精神影响的曾国藩，特别强调从实践中获取真知。他经常对部下说，要学会打仗，不能靠读古代兵书，而要走进营房，和士兵一起吃住、挖沟、站墙。对儿子的教育也一样，他多次安排曾纪泽到军中历练，在安庆会战的紧张时刻，他还让儿子住进了曾国荃的大营。曾国藩平日常令曾纪泽管理家中财务，还打发他去湘军的粮台管过一段时间账目。

曾国藩教育子弟，以传统礼法铸造其品格，以现代科学培养其才能，曾家子弟因而人才辈出，连续几代都出过不少英才，其福泽延续至今。

邓稼先

除了教育子弟，曾国藩还很留心培养弟子、幕僚，对天下人才实行“广收”“慎用”“勤教”“严绳”，李鸿章就称他为天下第一善教人的大人先生。有的幕僚战死、早逝，曾国藩也会悉心培养、照料他们的子弟。安徽书法家邓传密曾在曾国藩幕府担任幕僚，因为年事已高，将儿子邓解托付给曾国藩栽培。[13]不料邓解早夭，只留下八岁的独子邓绳侯。曾国藩令属下照顾邓绳侯，保护好邓氏这根独苗，去世前还嘱托李鸿章、左宗棠对邓绳侯加以看护。邓绳侯后来担任了安徽高等学堂校长，他的孙子即是著名科学家邓稼先。

曾国藩知道自己所知所学，已渐渐落后于时代，所以在去世前一年，他办了一件大事，即派幼童赴美留学，为国家的未来培育英才，“藉残躯暮齿，收远大之效”。

派遣学生到美国留学的倡议出自容闳，曾国藩得知后大加赞赏，全力玉成此事。按照当时的观念，纵然要“师夷长技”，也得先打好旧学根底，再去学习西学。曾国藩非常重视传统文化的力量，但他知道，读书人学完旧学后思维固化，再来理解现代科学会加倍困难，而且学完旧学后学生已经成年，学习能力远不如少年时分，于是他决定派幼童赴美留学。

他给朝廷上了一封奏折，提出派人出国留学。他指出，西洋技术之精妙，为中国所不逮，而西洋人的技术，都要到书院去分科学习。俄国彼得大帝为了学习新科学易服微行，到邻国船厂学习，后来又派儿子到英国学校读了好几年书。现今俄国的巨炮大船，不亚于英法，就是彼得大帝出国留学的明效。[14]

十个月后，曾国藩正式向朝廷提交了《拟选聪颖子弟赴泰西各国肄业折》。奏折中说：中国想要取洋人之长技，仅靠购买、仿造远远不够。科技的奥妙，如果不通过长期广泛的学习，无法洞彻其本源。百闻不如一见，本国子弟不亲自到国外见闻，必定学不好科学，古人说要学习齐国语言，须得把人送去齐国的山岳之间，何况如今呢？根据与美国签订的和约，中国人到美国留学，对方应当像本国人民一样给予优待，我们正好借此机会将国内聪颖的子弟送往美国。

征得朝廷同意后，曾国藩和李鸿章制定了留学章程：无论满汉各族，一律通过考试选拔，拟选十二岁到十五岁之间的少年一百二十名，分四批送到美国学习十五年。但在实际选拔时，很多人不愿意把孩子送到洋鬼子的地盘去学夷人之技，最后留学生大多来自东南沿海，尤其以广东人最多，广东人中又多半是香山人。

留美的学生学习十五年，学完后回国，由政府安排差事，不准加入外籍或私自谋业。赴美期间要求携带传统经典如《孝经》等，每年四月会考察一次中国学问，留学费用由海关拨给。这些留美学生大多成绩优秀，主持修建著名的京张铁路的詹天佑，就是首批留美学生，后来考入耶鲁大学。这些幼童中，容揆、欧阳赓、黄开甲、梁敦

留美幼童

彦进入耶鲁大学，邝咏钟、杨兆楠、邝景扬、方伯梁进入麻省理工学院，唐绍仪、吴仰曾也进入了哥伦比亚大学。

1881年时留美幼童被全部遣返，幸好他们当中不少已经完成了学业，回国后对国家发展起到很大作用。陆锡贵、黄耀昌、陈荣贵、邝荣光、唐国安、邝景扬、梁普照等人作为中国最早的矿业工程师，参与了唐山矿的建设。朱宝奎出任上海电报局局长，唐元湛出任电报总局局长，梁敦彦担任了外交总长，唐绍仪后来更做到民国总理。留美幼童很多还在海军任职，中法海战时，杨兆楠、薛有福和黄季良英勇抗敌，不幸随旗舰“扬武号”殉国。

孙衣言的祭文说曾国藩“实有未满之素志”，但他派遣到美国留学的学生，他在湖湘培养的湖湘后人，以及他在金陵所刻书籍，培养了大批新式人才，他“平天下”的素志，最终由这些晚辈实现了。

二　匆匆谢幕，忧患始终

同治十年十月十一日（1871年11月23日），曾国藩在上海度过了他的六十一岁生日，这是他在人世间的最后一个生日。

湖南将岁数非整数的生日称为散生，因为是散生，前来祝寿的宾客都没有行大礼，文员相见一揖，武弁只是请安。祝寿之后，曾国藩留下众人吃寿面，一共开了廿二席：内厅两席，招待两江治下的巡抚、布政使、提督及各书院的山长；外厅八席，坐府、厅、州、县官员；西厅二席，坐两江幕府和帮办江南机器总局的委员、士绅；厢房四席，都是提督以下的武官；其他随从还坐了六席。整个寿席花费五十四块银元，由属下冯竣光垫付。

吃完寿席，曾国藩接见了孙家谷，与他商谈洋务。孙家谷曾随蒲安臣使团出访美、英、法、俄等十一国，在外洋游历了三年，对洋务最为精通。送走孙家谷后，曾国藩继续翻阅上海新译成的《中外古今年表》，二更五点方才入睡。[15]

曾国藩离开金陵的两江总督府来上海，一是检阅两江治下兵马，二是视察江南机器总局，这是他人生最后的大事。曾国藩用时两月，将两江各处兵马一一校阅，参观陆军枪炮打靶和水师操演轮舟。这期间他大量接见了外国使节、商人、洋务官员和科学家，夜间除了阅读《资治通鉴》，还研究了日本改革家会泽正志斋的《新论》。十月十四日，他坐上了中国第一艘自行建造的军舰，江南机器总局设计的“恬吉号”，在水上检阅新式军舰操练，次日乘船返回金陵。[16]

回到金陵后，才到十二月十日，曾国藩会客时突然右脚发麻，有了中风的前兆。第二年（1872）开春，他在迎接河道总督苏廷魁时，觉得有痰堵在心口，有话说不出来，意识消失了一会儿，这是暂时性缺血中风，或称“小中风”。他意识到自己大限将至，开始对儿子曾纪泽谈及身后之事。曾国藩曾说自己生平不怕死，只怕大事不成，眼下时日无多，虽然“手颤心摇”，说不出话，但还是坚持办公、看书。

曾国藩青年时就身体不好，除了困扰终身的癣疾，他很早就有头晕的毛病。在翰林院任职时，他按照理学修身的办法打坐，发现自己久坐之后会头晕脚麻，不得不放弃。头晕脚麻是心血管不够健康的症状，应该加强锻炼，改变饮食，可是他的饮食习惯非常糟糕。他早年喜欢吃肥厚的肉食，连狐狸肉这种腥臊的野味都吃。中年以后他自创养生之法，减少了肉食，却偏偏喜欢用肉汤煮食蔬菜。他在家书里讲述自己的养生之法，是将鸡、鸭、鱼、羊、猪肉炖得极烂，以肉汤煮蔬菜为主菜，杂以湖南的酱菜、腌菜，“以为天下之至味，大补莫过于此”。[17]因为常年食用肉汤和腌菜，摄入过量嘌呤和亚硝酸盐，他或许因此心血管疾病恶化，得了高尿酸血症、高脂血症。

青年时就有心血管疾病，饮食亦不节制，加上常年劳心劳力，曾国藩终于中风。但中风之后，曾国藩仍挣扎着接见客人，批复公文。他每天阅读理学著作《二程遗书》，替儿子们讲解《孟子》，还审阅了《理学宗传》。曾国藩在日记里检点一生，说自己晚年异常颓唐，“精神散漫已久”，“如败叶满山，全无归宿”。他反省自己为官三十余载，虽官至极品，可惜学业一无所成，德行一无可许，老大徒伤，不胜悚惶惭赧。[18]

曾国藩自省学业一无所成，精神如“败叶满山”，应当是他晚年真实的心境。他曾总结，说自己的天性本近于学问，是个做学问的好材料，却因时势走上了战场，最后不得不掺杂机变，运用权谋，日夜与世俗文法斗争。这一切让他浪费心力一无所获，到了晚年非常悔恨。作为理学的忠诚信徒，曾国藩的至高追求是天理，但他一生所学所思，终究未能形成一套完整的理论体系，这是他毕生最大憾事。

曾国藩去世后，虽然功业彪炳，却终未如汤斌、张伯行、陆陇其一样“从祀文庙”，礼部反对他入孔庙的理由是“无著述，于经学亦无发明”。曾国藩乃“儒家精神世界崩溃的前夜”，是最后一位通经致用的大宗师。他打通了汉、宋之别，以汉学之笃实，补宋学之空疏，以乾嘉以来的考据求实精神，为理学家的“格物致知”补全了方法论。在曾国藩以前，理学家虽有“格物致知”的精神，终生追求万物之理，但多数理学家只能通过比附万物来解释儒家已有的道德伦理，没有从事物运行规律中总结“理”“数”、获得新知的方法，理学成了一门空疏不实的学问。

自明季顾炎武以来，汉学家发展出了一套细致精密的考据之学，逐渐有了比较、求证、归纳的方法。曾国藩打通汉、宋，以剖析、简要、综核（综名核实）的办法，从实践中求取真知。经过他的发展，传统儒学有了初步的观察物象、综合“理”“数”的方法体系。等他读到《几何原本》等科学著作，充分理解自然科学的逻辑体系后，与传统学问融会贯通，将传统儒学格物穷理的方法推到了一个更高的层面。曾国晚年的儒学思想，已开始具备近代特征，颇有从中国传统文化中自生出近代化的意味。行将没落的理学，在他手上，竟迸发出几分涅槃重生、新机焕发的态势。

实际上，曾国藩的学问不仅打通了程朱理学和乾嘉考据之学，他还融通了阳明心学。宋儒的志向是“得君行道”，依托君王、朝廷，自上而下地教化天下。王阳明自龙场悟道后，改“得君行道”为“觉民行道”，通过带动中下层士人的觉悟，自下而上地改变天下。曾国藩从未对清朝的朝廷、君王抱有希望，他从创立湘军开始，就致力于动员中下层儒生，以书生统带乡农，从底层完成“变法”，造就了经世致用、知行合一的圆融法门。值得一提的是，曾国藩重农而不抑商的思想，其来源显然是阳明学而非朱子学。

可惜曾国藩晚生了二百年，他没有时间和精力去完善这套思想，他的门人弟子也未能在他的基础上走得更远。千年未有之变局来临，已完成近代化的列强侵入中国，在随时可能“亡天下”的关头，这种“重新发明车轮”的实践没有充分施展的时间。即便如此，曾国藩的思想，亦是中国传统学问的一座高峰，令人惋惜的是，他毕生学问只能零光片羽般，散见于奏折、书信、日记，未能纂成体例精宏的褎（xiù）然巨籍。

在曾国藩的影响下，他的长子曾纪泽对数学、力学都有独到的理解，另一个儿子曾纪鸿更是著名的数学家，曾氏后人从事自然科学研究的非常多。尽管曾国藩于科学所知甚深，但在近代化实践中，却远比他的弟子李鸿章保守。除了在操办实业时显得迟疑，曾国藩显得保守的另一个原因，恐怕是他始终笃信中国传统文化的精神力量，始终坚持传统礼法。他一边阅读《几何原本》，做化学实验，研制蒸汽机，一边宣扬忠孝节义的礼教。他于道德伦理上的保守，在那个大争之世显得很不合时宜。但百年之后，回头再看曾国藩的坚守，那种打着火把在狂风骤雨中前行的悲壮努力，却隐隐有一种历史的先知：在万族争雄的十九世纪，对传统伦理、文化的坚守，是国族认同的基石。只有捍卫住这种认同，才有凝聚人心、留存民族血脉的可能。

晚年的曾国藩，终日笼罩在“望死”的悲观情绪中。镇压太平天国之后，他一度非常喜悦，以为自己效忠的王朝即将中兴。他修复了湘军攻打天京时，在金陵城墙上炸出的缺口，在旁边立下石碑纪事：“穷天下力，复此金汤，苦哉将士，来者勿忘。”[19]他希望后来人永远记住清朝政治腐败引发太平天国运动的教训，努力推动国家的发展。然而“中兴”终究只是一种幻想，曾国藩希冀的那种万物竞发、生机勃勃的局面并未出现。

攻克金陵后，一度因为王朝危机而收敛的党争和权斗再度泛滥，清朝衰败的趋势，相比战前并无好转。曾国藩手握重兵，一时风头无两，却终究难挽狂澜。为了平息猜忌，他自剪羽翼，裁撤了湘军，加上朝廷对湘淮集团的防范打击，他的权柄遭到很大削弱，想办的大事很难推行。远方欧美的电气革命已如火如荼，清朝的油灯烛火却摇摇欲熄。

同治六年（1867）五月十一日，他对幕僚说：今日有四川士人来访，言谈举止完全不类士大夫。前日有同乡赠诗给他，排不成排，古不成古，国家所得人物如此，简直一代不如一代。文章关乎国运，天下事看来也就这样了。李鸿章剿捻不利，他又说大局如此败坏，自己免不得还要北上救急，可是眼下自己精力颓唐，恐怕难了此局，只能祈求速死，不用看这个糟糕的局面。他说话时神气极为凄怆，语调凄凉如秋风敲竹。[20]

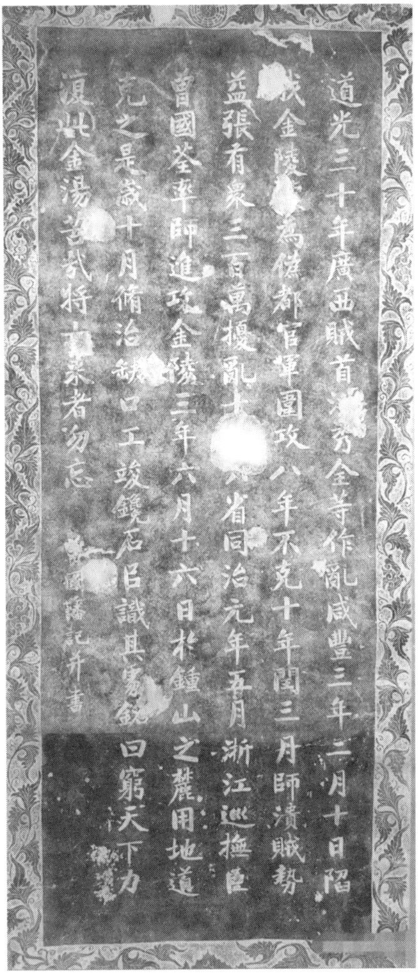

太平门缺口碑

也是在这一年，曾国藩与赵烈文进行了一次在后世非常著名的对话。曾国藩谈及时局，口风一转，试探着对赵烈文说：听京师来人讲，京师气象不好，市井之中有人明火执仗抢劫，市肆之中乞丐成群，连妇女都裸身无衣裤。民穷财尽如此，恐怕会生出大乱，如之奈何？赵烈文则言辞犀利，直接说出了那个著名的判断。他说清朝若是“抽心一烂”，就会“土崩瓦解”；有朝一日，根本颠仆，则州郡各自为政，大清灭亡最多不出五十年。曾国藩反驳不能，只得无奈地说：“吾日夜望死，忧见宗祏之陨。”剧变呼啸而来，他却无力回天，只能祈求自己赶紧死，不愿看到这天崩地裂的一幕。[21]

不但对清朝的命运感到悲观，曾国藩对自身的处境也颇失望。他自觉当官越久，陷入世俗权力斗争越深，名誉越加败坏，学问德行越加损毁。加上身体不好，一只眼睛失明，他心境悲凉，日记里常有诸如“寸心焦灼，了无生趣”之类的记述。

他年轻时就能“自拔于流俗”，到了晚年，仍不断以儒家圣贤的宏阔志向来抵御求死的悲观。曾国藩直到去世仍然手不释卷，每天研习经史百家的著作，还大量阅读新译的现代著作。友人莫友芝就从他手上借得英国天文学家赫歇耳所著《谈天》十八卷和英国传教士慕维廉所著《地理全志》。去世前两年，尽管一目失明，长期眩晕，他在直隶总督任上，以一年时间结清了同治七年（1868）以前的旧案一万两千零七十四件，同治八年（1869）以来的新案两万八千一百二十一件。

曾国藩晚年努力地求取新知，刻苦忘我地工作，但“他看不到大清王朝的前途何在，而他自己已不可能身负起‘挽狂澜于既倒’的重任；他明白自己已落后于时代，已不再属于他所生活的这个时代，但他也不愿消极地等待时代的淘汰”。[22]

三　人间一股英雄气

曾国藩镇压太平天国，成功为清王朝续命，但他为了战胜太平军而做出的一系列制度变革，反而为清王朝的最终覆灭种下根源。太平天国战争期间，清王朝的权力结构发生巨大变化，地方督抚从满汉大体平衡，变成汉官占据主导地位；掌控权力的社会阶层，从拥有大量土地的士绅，变成中小地主、自耕农、商人；出任地方大员的官僚，从空谈心性义理的老官僚，变成究心经世之学的中年实干家。

曾国藩所带动的这一系列变革，其影响延绵至清末，最终敲响了清王朝的丧钟。因湘淮军这种武装的存在，地方督抚掌握了财权、军权，进而扩张到人事乃至中枢决策，破坏了中央集权。到清末新政时，朝廷开始借新政削弱地方权力。当地方财权被收归中央后，地方督抚既无财力，也无心思镇压当地革命党，甚至在看到朝廷深层改革的可能不复存在后，很多地方督抚加入了反清的行列。

曾国藩及其继任者致力于打击满洲贵族的权力，不断从满大臣手中夺走地方治理之权。这种行为，最终引发了满洲亲贵和汉族官僚的党争。因为湘淮集团提倡现代科技，满洲亲贵就宣扬株守祖制来对抗这种思潮。而满大臣的这种逆反心理，使他们失去了拥抱现代文明的可能，也与汉大臣的分裂愈演愈烈。两大政治集团公开决裂，为辛亥革命推翻清朝统治创造了条件。[23]从这个角度来说，曾国藩既是清王朝的拯救者，亦是清王朝的掘墓人。

曾国藩在他三十多年的军政生涯中，发掘、培育了大量经世致用的人才。他让这些人在实践中磨砺其实务之才，复以儒家的美德养育其为官之德。他大办学堂，不但培养学生的才能，还陶铸其精神。他培养的人才在晚清最后数十年的历史中，不但维系了国家的存续，还为整个社会的现代化奠定了根本。

甲午之后，湖南在全国变法展开前，率先进行了局部维新，对国家制度变革做出了探索。戊戌变法时，除了对曾国藩颇有看法的谭嗣同，参与变法而在事后被株连的湖湘人士名单里，还有曾广钧、曾广河、左孝同等曾、左后裔。

曾广钧是曾国藩的长孙，曾中过进士，与祖父一样入了翰林院。曾广钧除了旧学功底出色，还对现代数学、物理学有深入研究。他与谭嗣同、梁启超等维新派交往甚密，甲午战争时曾率五千军队赴辽东作战，因为清廷求和停战而未能赶上与日军交手。左宗棠的小儿子左孝同曾参与创办北洋机器局，甲午年在时任湖南巡抚吴大澂的军中帮办营务。甲午战败后，这些湘军后人，都走向了谋求变革清王朝旧制的道路。

“戊戌政变”后变法失败，曾广钧提前逃亡金陵，躲到了湘军经营多年的两江地界，得到诸位叔伯庇护，未被慈禧清算。曾国荃的孙子曾广河在谭嗣同遇害后，因后悔未能力劝谭嗣同逃亡而服毒自尽。左孝同在湖南主持中国第一个警察局——湖南保卫局，因为与曾广钧一样处于湘军势力最强大的地区，幸运地保住了性命。

湘军虽然成功镇压了太平军，但在多年的战争中，湘军将士却深受太平天国反抗精神的影响。平定金陵后，很多湘军兵勇加入了反清会党哥老会，到后来甚至发展到营官不通过哥老会就无法指挥军队的地步。朝廷多次要求在湖南打击哥老会，曾国藩兄弟却对他们多有回护。按曾国藩的说法，湘军中哪怕已获得一品武将头衔的将领，家里都私藏了武器，并与会党有瓜葛，实在无法深究。

曾国藩在金陵刻印《船山遗书》，遇到反清排满的文字不作删改，只是打上空格，似乎有欲盖弥彰的嫌疑。《船山遗书》，以及曾国藩广布天下的《李秀成自述》，使颇多湖湘后人受到反清思想的影响。曾国藩本人没有反清的意愿，他却不介意湖湘后人接触外面真实的世界，了解新时代的思潮。“戊戌变法”失败之后，许多湖湘子弟如唐才常、黄兴、宋教仁、蔡锷都走上了革命之路，与从小听闻洪秀全故事长大的广东志士合流，一举推翻了清王朝。

自明代以来，士林无耻、学风败坏、人心混乱，士大夫阶层已失去古来儒生那种英雄气概。进士出身的官员，只知“多磕头、少说话”，没有承担天下使命的勇气，更无统领千军万马决胜疆场的能力。面对汹汹来袭的世变，他们得过且过，早无“虽千万人吾往矣”的气魄。

明清易代之际的惨烈战争，摧毁了底层的组织力，清代自康熙以来的反清起义，多数随起随灭，既无组织，亦无理想。湘淮军与太平天国的战争，正唤醒了士林与民间的英雄气概。以曾国藩为首的湖湘士子兴复古之弘略，恢复了出将入相、定远边塞的气魄；而洪秀全、杨秀清这群起自民间的豪杰，激扬起中国基层社会的英雄之气。在这之后，左宗棠这样的读书人像前辈班超那样书生从戎，竟能不辞万里艰险奔赴绝域，为国家肃清边患。任化邦、张宗禹这样的农夫，也与徐达、常遇春一样，有了纵马驰骋，与草原骑士争锋的豪情。在晚清最后半个世纪里，从儒生到农夫，中国英雄辈出，正是这种英雄豪情，最终完成了国家的救赎。

同治十一年二月初三（1872 年 3 月 11 日），曾国藩接到总理衙门来信，正在沉思办法，忽然头部眩晕，口不能言，过了许久方能发声，但他坚持看完了公牍才去休息。初四日午刻，曾国藩回光返照，精神突然健旺，他邀请幕僚薛福成下了围棋，连赢了两局之后还起身将薛福成送到门外。

两江总督署西辕门

送走薛福成后，曾国藩办公到傍晚，写下了人生最后一则日记："既不能振作精神，稍尽当为之职分，又不能溘先朝露，同归于尽，苟活人间，惭悚何极！”[24]写完日记，曾国藩在曾纪泽陪同下出门散步，走着走着突然脚下一滑。曾纪泽扶住父亲，询问是不是鞋子穿得不安稳，曾国藩回答说自己脚下发麻。曾纪泽急忙让随从将父亲抬回总督府西花厅，曾国藩坐在椅子上不能说话，默然到晚上七点，溘然长逝，时年六十一岁。[25]

风云不感，英雄无归，作为中国最后一位在历史上有巨大影响的儒家士大夫，曾国藩“在风雨飘摇的末世做一次告别演出式的呈现，绚烂而又凄婉”。[26]曾国藩在新近落成的两江总督府去世，离他搬进去不过七十余天。两江总督府即洪秀全的天王府，天王洪秀全也在八年前逝世于此。时运轮回，天机难测，洪、曾这两位一同卷动晚清历史风云的宿敌，最后都在同一个地方辞世，为这段波澜壮阔的历史画下句号。

在曾国藩之前，江忠源、胡林翼、杨秀清、石达开、陈玉成、洪秀全、李秀成、多隆阿、任化邦等风云人物已先去世。北国三千里，江南四十州，二十年来，战火燃遍江河，白骨露于原野。在这麒麟绝迹、凤凰不飞之时，英雄起于垄亩，起于棬枢穷巷，起于青灯黄卷之间，誓为天下杀出一条血路。然而晦朔且长，夜犹未央，英雄们在前路未明之时就在自相残杀中纷纷倒下，只留下一缕氤氲天地的英雄之气。也正是这一缕英雄气，经五十年的涵养后喷薄而出，充塞天地，改塑山河。

作为这场千古罕有的历史大戏的主角，曾国藩一生事业开始于长江上游的荆楚之野，造极于长江下游的帝王之州，最后也在此地悄然离世，他一生都与这条奔流不息的大江共始终。暮年之时，看着浩荡的江水，不知曾国藩心中会不会蓦地响起关汉卿苍凉的唱词：

“这也不是江水，二十年流不尽的英雄血。”

【注释】

① 见《曾国藩全集》第 19 册第 478、482 页，岳麓书社 2011 年版。

② 见《曾国藩全集》第 18 册第 261、262 页，岳麓书社 2011 年版。

③ 见《曾国藩全集》第 18 册第 298 页，岳麓书社 2011 年版。

④ 见《曾国藩全集》第 19 册第 44、45 页，岳麓书社 2011 年版。

⑤ 见许敬《那些到访木渎的江苏巡抚》，《苏州杂志》2020 年第 1 期第 82 页。

⑥ 见《曾国藩全集》第 20 册第 525 页，岳麓书社 2011 年版。

⑦⑨ 见《曾国藩逸事汇编》第 216、120 页，岳麓书社 2018 年版。

⑧ 见《曾国藩全集》第 21 册第 198、219 页，岳麓书社 2011 年版。

⑩“高邮王怀祖先生父子，经学为本朝之冠，皆自札记得来。吾虽不及怀祖先生，而望尔为伯申氏甚切也。”见《曾国藩全集》第 20 册第 389 页，岳麓书社 2011 年版。

⑪“若能学到陶潜、谢朓一种冲淡之味和谐之音，亦天下之至乐，人间之奇福也。尔既无志于科名禄位，但能多读古书，时时哦诗作字，以陶写性情，则一生受用不尽。第宜束身圭璧，法王羲之、陶渊明之襟韵潇洒则可，法嵇、阮之放荡名教则不可耳。”见《曾国藩全集》第 21 册第 39 页，岳麓书社 2011 年版。

⑫ 见《曾国藩全集》第 20 册第 373 页，岳麓书社 2011 年版。

⑬ 见《曾国藩全集》第 17 册第 427 页，岳麓书社 2011 年版。

⑭ 见《曾国藩全集》第 12 册第 117、118 页，岳麓书社 2011 年版。

⑮⑯⑱㉔ 见《曾国藩全集》第 19 册第 489、491、532、533 页，岳麓书社 2011 年版。

⑰ 见《曾国藩全集》第 21 册第 453、454 页，岳麓书社 2011 年版。

⑲ 见《曾国藩全集》第 14 册第 164 页，岳麓书社 2011 年版。

⑳ 见赵烈文《能静居日记》第 2 册第 1051、1060 页，岳麓书社 2013 年版。

㉑ 见赵烈文《能静居日记》第 2 册第 1068 页，岳麓书社 2013 年版。

㉒ 见姜涛《曾国藩和他的时代》，《晋阳学刊》2011 年第 4 期第 97 页。

㉓ 以上据杨天宏《中国的近代转型与传统制约》第 8—57 页内容整理。

㉕ 见《薛福成日记》上册第 99 页，吉林文史出版社 2004 年 12 月版。

㉖ 见张宏杰《曾国藩传》第 377 页，民主与建设出版社 2019 年版。

图书在版编目(CIP)数据

平天下/周禄丰著. --长沙:岳麓书社,2024.8. --ISBN 978-7-5538-2097-2

Ⅰ. K252.09

中国国家版本馆 CIP 数据核字第 2024AJ8904 号

PING TIANXIA

平天下

作　　者:周禄丰
出 版 人:崔　灿
出版统筹:马美著
策划编辑:刘　文
责任编辑:李郑龙
责任校对:舒　舍
封面设计:东合社—安宁
营销编辑:谢一帆　唐　睿　向媛媛

岳麓书社出版发行
地址:湖南省长沙市爱民路 47 号
直销电话:0731-88804152　0731-88885616
邮编:410006

版次:2024 年 8 月第 1 版
印次:2024 年 8 月第 1 次印刷
开本:640mm×960mm　1/16
印张:28
字数:344 千字
书号:ISBN 978-7-5538-2097-2
定价:88.00 元

承印:长沙超峰印刷有限公司